U0461356

领悟统计

Thinking Through Statistics

［美］约翰·李维·马丁（John Levi Martin）著

高 勇 译

重庆大学出版社

前　言

统计学的书已经够多了，为何还要再来一本？更何况，作者还不是统计学家！

原因在于，如果你是实际做研究的社会学家，统计学家并不能帮上你的忙。他们很友善，统计学很有趣，但是**他们**想解决的难题和**你**想解决的难题不是一码事。事实上，我们将在本书中看到，很多时候，他们针对**他们的**难题而提出的解决方案，往往会使**你的**难题变得**更加不可解决**。

为什么会这样？因为统计学家的任务是确定参数估计与总体推断过程中的难题，然后尽可能解决。他们可以保证给你一个最佳的答案，但**前提**是你必须已经知道**正确的**模型。但是，在社会学里（以及多数社会科学里），我们并不知道正确的模型——我们并未完全掌握这个世界中发生的各种过程。如果有一天我们已经完全掌握了正确的模型，需要做的仅仅是确定数值估计，那我当然求之不得。但是，我们用统计数据分析想要做的，恰恰是要知道应该相信哪个模型。这与统计学家的任务是两码事，而我这本书要处理的就是这个任务。

面向的读者

你从事的是社会科学研究（如社会学、政治学、公共卫生、应用经济学），并且想从正规的数据分析中学到一些东西。你已经学过至少一门统计学课程，熟悉多元回归的理念。你应该能读懂一个方程，但是不必熟悉矩阵运算。你看过或者听说过一些很酷的新方法(如网络分析和空间统计)，对此感兴趣。但是你不必非要量化一个变量对另一个变量的因果效应，以便对“干预”进行预测。有很多书是解决那样的问题的。但麻烦在于，我们实际面临的多数难题，是没有办法硬套到那种格式里的，那么做也不能帮我们把事情搞清楚。

对方法技术非常了解的读者可能会感到不耐烦。好多时候我还在耐心地逐步引导、用示例来说明时，你已经知道我要讲什么了。你会认为“这**显而易见**，大家都知道！”但是相信我，大家并不知道。即便大家在课堂上学过，也很有可能忘光了。

资料来源

我会在书里讲一些真事。也就是说，我会用真实的研究作例子。那些研究很优秀，但我有时候会直言不讳地指出这些研究中存在的错误。它们不是“我的做法与此不同”，不是“我的角度与此不同”，不是“我们可以做出更好的假定”。我会指出，错误就是错误。如果**我**说错了，那显得愚蠢的人就是我自己。我承认，我有可能**在某些地方**说错。在学术圈子里，这种毫无保留的批评会让人觉得很不舒服。

我以前也觉得这样让人不舒服。但是，我看到了优秀的研究被那些根本未能理解它的评审专家拒搞，优秀的研究者被拒绝给予教职。我意识到，回避矛盾的做法使得我们的学科在奖励那些草率而糟糕的研究。我在课堂上教书时会提到巴斯克的《宽恕与铭记》(我在《领悟方法》一书中讨论过这本书)，那时我的这种感受尤其强烈。在那本民族志中，地位较高的医生坦陈说，他们即便知晓某位同事并不合格，甚至在伤害病人，他们也会缄默不语。年复一年，我读到那些段落都会感到无比愤怒。我想："如果是我，我绝对不会这样！"但是有一天，我突然意识到，我和他们**没有区别**。我知道其他社会学家发表的论文里有错误，但我缄默不语。因为那样会让人觉得"太苛刻""没风度""不讲情面"。

这种我也曾持有的态度，其实是把审慎的私德混淆成了职业伦理。更直言不讳地说，这其实连私德都算不上。在我交往的人当中，学术圈是最为胆小怕事的。如果有人不那么胆小怕事，他就会被群起而攻之，因为他太爱"惹是生非"！

学术圈里还有一个习惯，就是爱用"复杂性"来掩盖对己不利的证据。把科学争论降格成255个字的"微博体"当然不对，但是我们也不应该用"事情很复杂"这种说法来推卸责任。面对有理有据的批评，你只要说一句"好吧，但事情比那更复杂"，就可以敷衍过去。但是，真理**不是**"这儿有点道理，那儿也有点道理"。你必须直面批评。你必须表明立场。

在某些点上，你会面临道路上的岔口。你要么相信你自己做的是社会科学，它是严肃的研究领域，它配得上人们的尊敬和支持；你要么相信它只是个笑话，或者一种娱乐，或者一种轻闲的差事。如果你和我一样选择前一种观点，那么你就不能允许自己的领域给那些错误的东西盖上同意的印章。我们需要同心协力，我们不是想**搞倒**哪个人，我们是想**巩固**我们的领域。你发现了别人研究中的错误并公之于众，并不代表你是个坏人；你曾经在研究中出现过错误，也并不代表你在这之前和之后不能做出优秀的研究来。

当然，我完全理解，这样做必然会招致人们更仔细地审查**我的**研究。从事研究以来,我就保留了我所有的中间数据文档和程序。如果人们发现了其中存在着令人难堪的错误,我认为至少这证明我的大观点是正确的:我们的实践使得坏研究排挤掉了好研究。

最后一件事:提升社会科学水平最快的一种方式就是,那些顶级的期刊要拒绝发表任何不能公开自己数据的论文。你不一定要公开**整个**数据集,但是你要公开让别人可以重复你的分析的那些数据。是时候这么做了。

关于符号的说明

我会在各章之间保持符号用法的一致性。因此,虽然我会尽可能保留引用作品原有的符号用法,但为了明晰起见,我会进行一些修正。一般而言,随机变量会用斜体来表示(注意,一个"随机"[random]变量仅仅表明它可以取分布中的任意值,而并不表明它本质上是"随机生成"[stochastic]的),常数项也会用斜体来表示,但通常会是小写。如果有一个自变量、一个应变量、一个控制变量时,我会分别用x来表示自变量,用y来表示应变量,用z来表示控制变量。我会用黑体的小写字母表示向量,用黑体的大写字母表示矩阵,但是在我要强调它们作为随机变量的性质时(而非元素的组合),我会把它们都写成斜体。我在讨论集合和集合的元素时,我会把它们写成斜体,但集合的元素用小写表示,集合用大写表示。在不会引起混淆时,我会用X来表示一组自变量(而非完整的数据矩阵)。

在讨论包含误差项的数据集的组成时,我会用ε代表这个误差项。这个误差项的分布或者会被描述为$N(m,sd^2)$,这代表一个均值

为 m、标准差为 sd 的正态分布；或者会被描述为 $U(min,max)$，这代表一个位于最小值 min 和最大值 max 之间的均匀分布。为了简明起见，我一般把系数表示为 b，而不去区分样本系数和总体参数。模型的截距项（常数项）表示为 c。

对于多数数据结构来说，下标 i 表示某个个体（全部观察数为 N），j 表示某个情境（全部情境数为 J），但是在二元数据（dyadic data）中 j 表示某个方位（全部方位数为 J），k 表示某个变量（全部变量数为 K）。当一个数据矩阵的列数不等于变量数时，我会用 M 来表示其列数。因此一个传统的数据矩阵会表示为 $\boldsymbol{X}_{N \times M}$（例如，有些列可能是变量的交互项）。最后，不同的行动者会用 A、B、C 来表示。在第一次提及某些重要术语时，我会用黑体来表示。

关于一些词语用法的说明

关于词语的用法，有两点要说明。

第一，“data”（数据）这个词原本是一个复数名词，它是“datum”的复数形式。但是，它现在有变成“不可数”名词的趋势。这听起来有点滑稽，因为“数据”原本就是为了计数。在本书中，当这个词的用法更强调复数和区分时，我把它当成复数名词；在其他场合，我把它当成单数名词，这样听起来会顺耳一些。类似地，当“statistics”用来指某种数据形式的统计量时，我把它当成复数形式；当它用来指调查领域中积累起来的智慧时，我把它当成单数形式。

第二，我经常使用“经得起推敲”（defensible）一词来表示“这样做是可以的”。此时，我并不使用“正确”或“正当”。因为我们必须承认，在很多情况下存在着多种分析路数。它们虽然差异很大，但都合乎情理。如果我们审视一种分析路数的每一步选择，都找不到明显的不当之处，那它就是**“经得起推敲”**的。你自己可能不选择这种做法，但是你能够看出它是有逻辑的，并没有明显的薄弱之处。

这好像是一个相当低的标准，其实不然。一种分析路数通常会包含许多项决策，它的强度取决于其中最薄弱的一环。在很多研究中，其中的某一环节（即我们最强调的那个环节）特别强韧，但其他环节太过薄弱。如果我们的每一项研究都能达到“经得起推敲”的标准，那就很厉害了。①

最后，我给用来生成示例的每个R程序代码进行了编号，如R 3.1就表示第3章中第一个示例的程序代码。你可以扫描旁边的二维码获得这些程序。我这些程序写得很简陋，我当年学编程时用的是早已被淘汰的编程语言FORTRAN。但是它还算清楚，能让人明白。我欢迎读者改进这些程序！②

章节梗概

第1章说明了我们面临的难题，解释了现存的统计学书籍无法帮助我们解决这一难题。这一难题就是，我们不得不在如下条件下从数据中获取知识：“真实的”或“最佳的”模型并不确定，而且模型参数并不对应于任何实际的社会过程。对于统计分析在社会科学中能

①“经得起推敲”基本上等同于约翰·杜威（John Dewey）讲的“有正当理由的可断定性”（warranted assertibility）。在他眼里，这就接近于“真实”（true）。

②改进的程序可以发送到万卷方法投稿邮箱313745784@qq.com。

够发挥的作用,我提出了一种比多数现存理论都更贴合研究实践的看法。我们的目标并不是参数估计,而是从数据中获取知识,参数估计只是达到这一目标的手段。

第2章的重点是要说明,进行任何计算前都要先了解数据,如果不这样做,你会遇到各种各样的麻烦。

第3章简略地讨论了因果性的概念,介绍了对选择性(selectivity)难题的传统思考方式,它强调从观察数据中**难以**推出因果模型。即便你的研究目标并不是因果推断,这些思考方式也非常有用,因为我们面临的真正难题就是这些重要的未观测变量引发的。从选择性的角度来思考问题,能够帮助我们在分析时发现此类陷阱。

很多社会科学家的研究目标未必是得到干净的因果估计,他们更多采用"控制变量"的策略。在第4章中,我讨论了如何用控制变量是好的用法,如何用控制变量是差的用法。

接下来的几章讨论了更复杂的数据结构。第5章从**变异**(或**方差**)的议题着手,强调研究者必须了解数据中的大部分变异落在了哪里。在此基础上,我们讨论了"嵌套"式数据结构。在这种数据中,主要的变异可能落在不同的层面,此时,我们要确保数据分析与理论命题是吻合的。

第6章讨论了在比较多个单元(units)中某种情况出现的"可能性"时会遇到的陷阱。比如说,哪些单元是一些聚合体(如城市),哪些情况的出现是某个计数变量(如城市中的教堂数量)。我们有一些经验法则来应对这类问题,但是这些经验法则的不当使用可能导致虚假的结论(即不符合事实)。

接下来的几章讨论了观察嵌入于某种时空分布(embedding)的

数据结构。这些时空分布，其实隐含着某些未观测变量的信息。第7章中讨论了时间分布和地理空间分布，第8章中讨论了社会空间（即社会网络）的分布。我们往往以为，某些操作（如固定效应模型）能够“抵消”掉这些时空分布的效应，其实由于时空分布中隐含的那些未观测变量的作用，即便做了这些操作，案例也仍然彼此相关。这时，我们很容易得出一些虚假的结论。

第9章讨论了三种“好得让人生疑”（too good to be true）的分析方法：潜类别混合模型、定性比较分析、微观模拟仿真。使用这些分析方法有所发现的门槛非常低，甚至根本没有门槛，因此很容易得出虚假的结论。

最后，“结语”把各个线索归拢了起来，然后讨论了研究伦理问题。

致　谢

我要感谢肯·弗兰克（Ken Frank）和汤姆·迪兹（Tom Dietz）：他们是手稿的审读者，推动我在数个方向上的讨论更为深入。与他们的交流令人愉快。另外一位匿名评审也提出了重要的指正意见。能够与出版社的凯尔·亚当·瓦格纳（Kyle Adam Wagner）、李维·斯塔尔（Levi Stahl）、玛丽·柯拉多（Mary Corrado）、琼·戴维斯（Joan Davis）、马特·埃弗里（Matt Avery），以及道格拉斯·米切尔（Douglas Mitchell）合作，真是我的荣幸；我对他们的贡献、包容和善意心存感激。乔·马丁（Joe Martin）制作了第7章中的新泽西地图，谢谢你！

我把手稿中涉及到研究实例的部分(好多是对研究的批评)寄给了这些研究的作者。这些研究者指出了我在分析时存在的很多问题:对他们的工作有误解、夸大其词或其他错误。我深深感谢他们的指正,从中受益良多。马修·萨尔加尼克(Matthew Salganik)阅读了第8章,他可能未见得对我的看法都同意,但他真的是很棒的对话者。

我想致敬许多学问优秀、人品卓越的方法学者。我很幸运,能够受到他们的惠泽,其中有些人,我甚至有幸得到了他们的亲身教授。

首先要感谢迈克·豪特(Mike Hout)。我曾经一度是在反对统计学阵营中的,是他让我认识到统计学的魅力。他向我展示,如果你想了解社会世界,那么数字往往是重要的途径。

其次是利奥·古德曼(Leo Goodman),他的著作一直是我思考统计学过程中的指引;有他这样的老师和同事,我真是太幸运了。

还有罗恩·布雷泽(Ron Breiger)。布雷泽是我在本书中提出的那种数据分析路数的真正先驱。如果你了解布雷泽在数理社会学方面的研究,特别是他与同样卓越的菲利帕·帕蒂森(Philippa Pattison)合作的研究,你就会知道当在理论上有必要时,他的头脑能够处理最为晦涩难解的复杂问题。但是他却反过身来,去努力打牢我们技术的**基础**,以便在任何具体情况下我们都可以真正理解自己知道了什么,自己能知道些什么。他把这一切与对世界当中规律性的本质的深刻理解联系起来。我曾经有幸看到过他的某些研究在发表之前的初稿(有时就是在一张餐巾纸上的草图),那让我及时地改变了自己的想法。

第四位是我最好的老师之一:亚当·斯莱兹(Adam Slez)。遇到亚当之前,我自认为是一个有点过于严苛的人,会强迫学生反复推敲他们的发现,尝试其他解释方式,但是私下里我也会怀疑这样做是否值得。现在我不知道怎么做才对的时候,往往会问自己:“如果是亚当,他会怎么办?”想到如果自己偷工减料就会让他失望,这比其他东西更能激励我。

第五位是赫伯特·海曼(Herbert Hyman)。我上本科的时候,有幸参加过海曼的数据分析讨论课。我当时不以为然。直到我在快写完《领悟方法》时,又读了他1954年写的有关访谈的书。我才震惊地发现,对于访谈中的社会心理过程,他的思想早已远远超过我们现在的理解。如果我能亲口告诉他这一点就好了。斯人已逝,记忆永存。

第六位是奥蒂斯·达德利·邓肯(Otis Dudley Duncan)。我并不认识他,但是他对我影响巨大。我在几乎一切事情上都站在古德曼这一边,但是有一件事我不赞同他:他曾经用统计推论的利剑来打击哈利森·怀特的数理社会学(这场有关群体规模模型的争论几乎被人遗忘了,但我在本书中会提到的)。但是,对于邓肯的为人,我却无可挑剔;他对我来说不仅是一位方法学者,而更像是教父。邓肯致力于一门真正**严肃**的社会科学——在其中个人的成就会变得过时,而且越快越好。他创立了一些重要而精彩的方法,但是一旦有更好的方法出现,他就呼吁人们赶快把那些与他的名字紧密相联的方法扔掉。我热爱邓肯的一点,说起来略有些令人心伤而无可奈何,正是他承认自己成就的局限性。他的《社会测量笔记》(*Notes on Social Measurements*)其实是卓越的自我批评,他永远在寻找更好和更严格的方式。他对于心理测量的热情激发了豪特,然后豪特又传给了我。我们永远怀念他。

第七位是斯坦利·李伯森(Stanley Lieberson)。李伯森力图让我们更加严肃地对待自己的工作,绝对不要用一些肤浅的数学来掩盖自己**概念**上的虚弱。他不仅呼吁人们远离垃圾式的研究,而且以身作则树立了优秀的榜样。本书希望沿着他开创的路径再有所前行。研究者都应该去读一下他写的《把它落到实处》(*Make it Count*)[①]。

最深的敬意,我要献给吉姆·威利(Jim Wiley)。他是我的导师。我们合作过许多重要的研究项目,但好多研究成果我们从未发表。他热爱数学,热爱难题。但是,在我们从事"青年健康研究"的时候,我搞出来一些非常酷炫而复杂的统计模型,他却拒绝看上一眼。他只是埋头于一大堆表格,反复琢磨。他对我说:"约翰,这是公众健康。我们出个小错,是要死人的。"那句话让我清醒,让我铭记。这样的事情,还有好多好多。我要把这本书献给威利,我的良师和益友。在他身上集中了我认为的科学家的所有宝贵品质:热爱这个世界;热爱自己的手艺;热爱周遭的世人。这本书集中汇编了从数据中学习的核心原则;那些原则都是我从他身上学来的。如果我们都能像威利一样,世界会更加美好。

①此书已有中文译本:《量化的反思:重探社会研究的逻辑》,陈孟君译,巨流图书公司(台北)1996年出版。中文译本的书名与原书名有较大改动;"把它落到实处"似乎更合乎原著本意。——译者注

目　录

第1章

导 言

导览：我先要说明一个根本问题(meta-problem)：现实难题的要害是我们根本不知道真实的模型(true model)是什么，而不是我们不知道如何以最佳方式来拟合真实的模型；因此，在“统计学”课上学到的多数东西解决不了我们面对的上述难题。本书要直面这些难题，因此首先就要理解使用统计学来了解社会世界的现实方式。我援引实用主义和证伪主义，为上述方式给出了我认为最合乎情理的辩护。

统计学与社会科学

统计学的局限

统计学中的大多数内容都与我们不相干。我们需要的，是能够帮助我们在关于社会世界的各种不同见解之间进行裁决(adjudicate)的方法。对于这一任务来说，只有在极少数情况下，把某一个模型(或某一组模型)的估计变得更加精准是重要的;在多数情况下,那都无关紧要。这就好比说,医学投入大量资源(以及大量的猴子和兔子)来研究如何让人长生不老,而这明明是办不到的事。研究者把精力都投到这种根本办不到的事情上,却忽略了更加重要的现实问题。为什么会这样?这可能是因为研究"如何让一个九十九岁的富翁精神矍铄"更加有利可图,也可能是因为这里确实有很多有趣的生物医学问题。但是,如果你看看周遭的现实世界(而不是所谓的"有效需求"),就会知道现实中最主要的医学问题其实很简单,就是营养、锻炼、环境风险这些我们已经熟知的东西。但是,这些看似简单的问题在实践中要做得到却很**困难**。相比之下,试着找些灵丹妙药来让人起死回生,确实要好玩得多。

统计工作也是如此。统计学科要研究的,几乎都是如何获取**真实**模型中参数的最佳估计(我戏称之为"佳偶估计"[①])。统计学家坦承,他们的工作范围只是如下内容:在你已经知道了应该使用什么模型这一最重要的内容之后,他们来想办法准确地估计参数[②]。遗憾的是,我们费心去做统计,通常就是因为我们不知道正确的模型是什么样的。现实难题并不是真实模型给定时如何获取参数的最佳估计,而是如何避免被模型结果误导而相信了错误的模型。我们对社会世界提出种种见解,然后让现实世界来提醒

①作者在玩一种语言游戏。最佳估计的英文为best estimates,作者戏称其为"bestimates"(最佳-伴侣),有戏谑其不可能实现之意,故在此勉强译为"佳偶估计"。以下对此词仍然译为"最佳估计",以显现原意。——译者注

②除此之外,确实有一些关于模型选择的统计学研究,我稍后会讨论;还有一些关于诊断错误模型的统计学研究,我则无暇涉及了。

我们是否犯错了——更多的是在我们**确实**犯错了的时候发出这种提醒。

我们如何做到这一点呢？我想用木匠手艺来打个比方。从数据中获取真相其实是一门需要学习的手艺。手艺的要诀之一恰恰是要知道什么时候**不能**太花哨。在教别人如何制作椅子的时候，你不能让他锯好木头块后，直接用280号的特细砂纸来打磨。你得告诉他先用锉子，然后用80号砂纸，之后再用120号，再用180号，再用220号，这样循序渐进最终成形。可是，多数统计学教材教你的，都是一下子就给你一堆280号的特细砂纸。如果你的零件已经精准到位，那你就不用往下看了。如果在你面前还只有一堆木头，那就请继续往下读。

很多读者会提出异议，说统计学的最新进展已经不再需要给定真实的模型。事实上，有很多有趣的研究已经探讨了如何对多组模型进行分析，有一些甚至不需要有真实模型存在于你考察的集合当中（Burnham and Anderson，2004：276）。有一些方法可以从模型集中选出一个最佳模型，还有一些方法提出了**跨模型的**更优参数估计，另一些方法则基于模型的不确定性来更好地估计参数的不确定性。在社会学中，有从贝叶斯统计学的角度对此进行的阐发，也有从信息论的角度进行的阐发。贝叶斯理念的出发点是，我们要考察的是一组模型，然后比较在看数据之前和之后得到的先验概率分布和后验概率分布。

我和其他人一样，一直热衷于这些方法（参看Raftery，1985；Western，1996）。但是，即便采用这些方法，我们也只能够考察所有可能模型中的极小一部分[①]。在进行模型选择或模型平均(model averaging)时，通常要考察的也只是一组固定的变量(数目接近于10这一级别而非100这一级别)的某些可能组合形式。我们通常还会设定模型的统计分布，比如说在广义线性模型中设定连接函数和误差分布的形式。

上述这些方法很重要。随着计算机提供的便利日益增加，人们会越来越多地对于各种模型进行详尽的搜索。我相信，未来人们会逐渐把这些方法视为“标准的做法”。我们甚至可以跳出贝叶斯框架，来考察方法在其他方面的稳健性。例如，在最近发表的一篇精彩论文中，弗兰克等人(Frank et al.,2013)对某些变量取值排列出了所有可能的合并方式，然后与自己偏好的模型进行比较，以便从中选出最佳模型。但是，它并未解决我们的基本难题，我们甚至无法确定自己是否**接近**了真实模型。

你可能会认为，采用那些统计学家开发出来的更精准的模型参数估计方法，这即便解决不了我们的最大难题，但是至少不会有什么**坏处**。如果我们的模型接近真实，那么这会让估计量更精准；如果我们的模型并不真实，至少这也不会有坏影响。但是在很多情况下(虽然并不必然)，对于**完美**模型来说最优的估计方法，对于错误模型来说却是**较差**的估计方法。

在我上研究生的时候，普通最小二乘(Ordinary Least Square，以下简称“OLS”)回归广受抨击。我们认为，它几乎在任何情况下都不适用。只有那些没脑子的人才会用这种方法，聪明人则会对线性模型唯恐避之不及。我们喜欢列出回归分析的那些假定，由

①有些贝叶斯统计学不需要一组模型，但那并不能解决我在此讨论的问题。

此(自以为)表明了回归的结果有多么不靠谱。

我以前有两辆摩托车。一辆是特别酷炫的、排量达850cc的、平行双引擎的诺顿突击队(Norton Commando),这是最后一款脚踏启动、带大号英国双引擎的诺顿摩托车,发动机、传动链、变速箱都是分离的,轰鸣声就像音乐一样动听。另一辆是平淡无奇、规规矩矩的本田CB 400 T2,它最大的特点就是没有特点。

我对那辆诺顿摩托车了如指掌:我把它完全拆开来换零件;我细致研究过那些密密麻麻的零件图,只是为了搞清楚需要何种稀奇古怪的扳手来扭动一个小零件。我有这么一辆古董摩托车,可是我妻子从来没有担忧过我的安全问题,虽说当时我家里还有小孩子。曾经发生过的最大一次事故,是我被突出来的一个螺丝蹭破了手指。因为它基本上只待在车库里。我只是在车库里不断摆弄它,弄得满地油污。

相比之下,那辆本田乏味之至。你按下按钮,它就启动;你挂挡,它就前进;你到地方了,就关了它。[①]需要在别人面前炫一下时,我会开那辆诺顿;但是需要实际办事时,我就开那辆本田。OLS回归和本田摩托车好有一比:你看不上它,不欣赏它,可实际办事的时候老得靠它。

一个实例

我觉得摩托车的比方挺有说服力的,但你未必也这样认为。

①因为它太土了,我给它前面加了一对鹿角。后来,有一位高速公路巡警告诉我,一旦出事,鹿角可能会把行人刺穿,那样我就得偿命。于是,我取掉了那对鹿角。

那让我们再找一个实际例子看一下吧。下面这个例子的数据来自1976年的全美选举调查(American National Election Study, ANES)。你对政治意识感兴趣,想了解一下党派在妇女议题上的不同立场是否会影响到人们的投票行为。你把国会选举中的投票作为一个二分变量,1代表投共和党的票,0代表投民主党的票。你主要关心性别差异,但是也认为受教育程度对投票有影响。因此,你先进行了一个通常的OLS回归,结果如表1.1中的模型1所示(参见附录中的程序R1.1)。

表1.1 一个例证

	模型1	模型2	模型3	模型4	模型5
模型类型	OLS	logistic	HGLM	OLS	HGLM
性别	−0.017 (0.031)	−0.071 (0.130)	−0.011 (0.152)	−0.039 (0.033)	−0.107 (0.164)
教育	−0.083*** (0.018)	−0.348*** (0.078)	−0.383*** (0.093)	−0.029 (0.022)	−0.166 (0.108)
常数项	0.620	0.497	0.734	0.633	0.808
随机效应方差			1.588		1.552
秘密项				−0.081*** (0.021)	−0.352** (0.111)
R^2	0.021			0.028	
AIC		1374.9	1264.5		1112.6

性别差异在统计上并不显著(**那个**理论被驳倒了),但是教育是显著的。这是一个重要发现!你写了一篇论文准备提交,在此之前先把论文给了一个擅长统计学的朋友看,他对教育程度更高的人更可能投票给共和党这一结果也很感兴趣。他微笑着说这

很有道理，因为教育能够让人更好地理解经济议题（我猜他很可能自己**就是**共和党）。但是，他告诉你说，你这里有一个重大疏漏。你的因变量是二分变量，因此你的模型有误，你应该用logistic回归模型。他给了你一本操作手册。

你赶紧回去运行了logistic回归，结果如模型2所示。你明白，模型1和模型2中的系数不可以直接比较。但令人欣慰的是，你的基本发现仍然成立：性别系数只有其标准误的一半，但教育系数是**其**标准误的四倍。你把这一结果加到论文中，把它又交给一个经验更为老道的统计学家朋友看。他说，你的结果很有道理（我猜他可能**也是**共和党人），但是你在方法上有疏漏。你的案例并不是统计独立的。ANES样本是按选区抽样的，[①]同一选区中的人进入样本的概率并不是独立的。同一选区是对相同的国会议员来投票，因此这一点非常重要。你困惑地提问说："我该怎么办？"他说，稳健标准误模型（robust standard error model）就可以应对观察的非独立性，但是既然同一选区选的是"相同的国会议员"，那么最好的办法还是在选区层面加入一个随机截距项（random intercept）。

你马上参加了一个混合模型的短训班，学会了如何运行"层级广义线性模型"（hierarchical generalized linear model，HGLM），结果如模型3所示。你的统计学朋友是对的，教育系数有所改变，它的标准误也大了一点。但是你的结论仍然成立，它相当稳健！但是，你把论文拿来给我看。我才不相信那些受教育程度更高的

①1976年ANES调查的抽样单元其实并不是选区，而是跨选区的；在1978年的调查中，抽样才是按选区进行的。但是你的这位统计学朋友对于这些细节并不是太上心。

人投共和党人的票是因为他们更聪明，更不相信这是因为他们更好地理解了经济形势。我告诉你说，关键在于那些受教育程度更高的人往往更**有钱**，而不是他们更**聪明**。你面临的难题是模型设定错误(misspecification)，而不是统计估计错误。

我找到数据，把收入加进去运行了一个OLS回归，结果如模型4所示。标有“秘密”的那一行就是收入测量值(我不想让你猜到这是怎么回事，但是你可能还是猜到了)。噢，不！现在你的教育系数变得只有原先的1/13大小了！看起来决定投票的是收入，而不是教育。你的论文只能扔进废纸篓里了。这时候你突然想到：“别急！这些数字并不**对**，我需要运行的是针对二分变量的logistic HGLM模型！那可能会让我的发现起死回生！”你去运行了模型5，可结果并没有根本改变。

在这个时候，你肯定恨不得杀掉那几个统计学朋友，但是他们并没有错。他们做了**他们**应该做的事情。你不能把社会学家该干的事情推给统计学家去干。他们能够帮助你得到**正确**参数的最佳估计。但是，参数应该有哪些，你自己并没有搞清楚。这里的教训是(我知道你已经领会了，但还是要加深下印象)：花费太多的时间担心那些花哨的枝节，没有太大意义。狄德罗(Denis Diderot)曾经写过一个愚人，他不敢向大海里撒尿，因为怕担上把人淹死在海里的罪过。你应该担心的是遗漏变量(omitted variables)，那才是真正能淹死人的东西。

远离OLS有时候确实很有必要，但是在多数情况下，它并不是关键所在。事实上，在假定被违背的情况下，OLS仍然很稳健。面对取值范围有限的计数数据(count data)，它给出的确实不是**最**

佳估计，但是也不会太离谱，即便数据是二分变量。此外更重要的是，它与数据的某些独立于模型的（model-independent）性质有着密切的关系。回归方程中的“斜率”系数，你可以把它解读为某种因果效应估计，但也可以把它理解为重新标度后（rescaled）的偏相关系数。这种描述性的解读方式非常灵活。如今的方法专家都会告诉你说，要尽可能接近行为模型（behavioral model）。我认为，这种说法有些片面。有些政治家会讲要“致力于和平，立足于备战”，我会说“致力于模型建构，立足于数据描述”。接下来我要概述一下当前对于如何使用数据的通行看法，先从一些术语来讲起吧。

模型、测量与描述

社会学家在谈论“模型”“测量”之类的词时有些草率；统计学家就比较严谨，在这一点上我们应该向他们学习。模型是对现实世界的陈述，它具有可检验的推论（testable implication）。它既可以是某种独立性的陈述（如古德曼提出的对数线性模型其实就是认定总体中某些变量并无内在关联），也可以是有关机制或过程的陈述（如因果路径或行为模式）。

通常，模型中都会有参数。这些参数可能有某种“现实”解释（如某类人做某事的概率，或者两种资源在交换时的“价格弹性”），但也可能没有直接的现实对应物。参数的**估计值**（estimates），其用处并不完全在于对它们进行直接的意义解读。它们的用处在于，我们可以用统计学检验来判定某个参数在总体中是否可能为零，借此来看数据是否支持我们讲述的那些“故事”。我们把这种做法当成一种原则性的经验法则（rule-of-thumb）。近来这种做法受到了许多人的严厉抨击（确实有其道理），但是我会捍卫这种做法。这里的关键是要知道，参数未必都有可解读的现实对应物，但它们仍然是有用的工具。

参数估计值与**测量**是两码事。**测量**指的是我们与测量单位（单独且逐次地）进行互动，以此得到信息的具体过程（我在《领悟方法》中专门讲过这一点）。然而，参数即便有某种现实意义，对它的估计也不涉及任何具体的互动过程。模型参数与**描述性统计量**也是有区别的，尽管有时候两者的边界有些模糊。描述是对数据中的信息进行汇总，它是**独立于模型**（model-independent）的。不管你对世界的认知是何种模型，均值都是有意义的[①]；它的**意义**也不会改变，除非你有意抬杠。与此相反，一旦某个复杂的模型（如结构方程测量模型）被否定了，那其中的某个参数估计值就毫无意义了。

优秀的数据描述的本质就在于此：它让你能够对数据进行汇总来简化它，给你一个入手之处；它能够展现出数据的内在结构，帮你理解某些特别有用的侧面，那些与数据本质和研究问题密切相关的侧面；与此同时，它不要求你对世界本身进行任何具体的

---

①如果你是个诡辩家，你可能会马上想出一些理由来反驳我。一个连续变量的分布有N个观察值，那么你就有分布的N个矩统计量（moments），它们都是描述统计量。一阶矩是均值，二阶矩是标准差，以此类推。利用这N个矩，你可以重建整个分布。对于某些分布来说，前两个矩就足以描述其特征；对另一些分布来说，可能需要四个矩。但是不管是什么分布，N个矩足以描述其所有特征。因此你可能会说，有一些描述统计量对所有模型来说都是有意义的，但是另一些描述统计量只对少数模型来说才是有意义的，这里有一个连续统。你说得没错，但是这并不能驳倒我的论点。

假定。如果你有一个许多连续性变量的相关矩阵(OLS等模型处理的对象其实就是相关矩阵),那么经典的描述方法就是传统的因子分析。我上研究生的时候,因子分析比OLS还要受人鄙视。它没有任何理论内涵。迈克·豪特(Mike Hout)说,因子分析几乎就是巫术,不管你给的是什么数据,它总能够得出结果。我在第9章中会讲到,如果某种方法“总能出结果”,这通常是一种很坏的方法。但是,因子分析有一点与其他总能出结果的方法不一样,它的结果相当稳健。因子分析当然并不完美,你也不应该把它当成一种模型。它原本就不是**模型**,它是描述,是对数据的简化。但是,这种简化很可能揭示了数据的一些关键特点。

邓肯(Duncan,1984b,1984c)提醒过我们,相关矩阵不是万能的。他说,要发现能够真正解释数据的结构性参数,数据的协方差模式远不是一个可靠的向导。但是,多数统计方法的基础其实都是奇异值分解(singular value decomposition)这一数学技术。我们用这种技术,把数据矩阵分解为了行空间和列空间。布雷泽和梅拉姆德(Breiger and Melamed,2014)已经说明,多数方法都可以看成是这些结果的重新标度(rescale)或者投影(project),前者如对应分析(correspondence analysis),后者如回归分析。因此,常见的线性模型可以看成是为了特定的分析目标而对统计描述结果进行的**投影**(projection),它和描述**并不是**非此即彼的。

有很多方法专家认为,最好先对人的行为假定进行理论建模,然后把这些转译成为数学模型,其中的参数就是对理论模型中某些关联的量化表达。对他们来说,OLS接近于数据描述这一事实表明了它有多么粗糙。但是我认为,我们最好能够使用尽可能接近于描述的模型,然后利用数据来剔除那些错误的理论。下面,我们来讲解用以指引这种工作的统计学使用方式。

实用主义的看法

统计学是什么和应该是什么

“统计”这个词源自何处,人们对此并没有一致的意见。这个词的意义很含糊,它既可以指作为分析对象的那些原始材料(即那些数字),也可以指用来分析这些材料的工具。我们可以肯定,最开始时这个词只是指前者。这个词的英文词根来自“state”,而“state”又有两个意思:一方面指“国家”,一方面指“状况”。因此,统计兼具这两方面的意思,它最初指的是“能够表明国家状况的那些数字”(参看Perason,1978;Stigler,1986)。

但是,作为应用数学分支的统计学起源于如下发现:用一个有限的甚至相当小的样本就可以估计出(1)总体中的某些数值特征的取值(如平均身高),(2)总体中的方差,(3)每一种估计的误差可能有多大。这是统计学的核心——“中心极限定理”。“中心”一词不是用来修饰“极限”的,而是用来修饰“定理”的。它是统计学的基础。统计学就是研究如何从样本推断总体的。

统计学对于推断的强调始终如一,而关注对象逐渐从描述统计量(如均值或相关系数)转移到了模型参数(如回归系数)上,由此引入了一种新的误差类型。一个回归系数出错,有三种可能的方式。第一种是**计算**出错了，放到现在来说就是程序写错了。第二种是计算虽然正确，但是样本中的值仍然不等于总体中的值，而后者才是我们想了解的。如果样本是完全的，我们就能得到正确的值。这是**推断**出错了。第三种是计算和推断都没有错，但是模型是错的。这是**提问**(interrogation)方式出错了：不是人家给出的答案不对，而是我们自己原本就没提对问题。对于描述性统计量来说，错误只可能来自于计算错误和推断错误；对于模型来说，错误还可能来自于我们提问方式的错误。

麻烦的事在于，通常我们学习的统计学对于提问方式的错误很少提及。在统计学当中，你必须知道事情本身是怎么回事(或者至少可能是怎么回事)，然后还必须有对这些因素的测量，然后统计学才能够告诉你正确的估计值是多少。否则，它就帮不了你。那么，我们该怎么办？有一种说法认为，我们应该用数据来检验理论。我可以非常确信地说，**那种**方式的效果不好。

对于应该怎样做社会科学，我有一种建立在实用主义(特别是皮尔斯[C. S. Peirce]和杜威[John Dewey])思想上的基本看法。(如果你对此不感兴趣，完全可以跳到下一节。)这种看法对于数据与知识的关系比现在的主流看法更为自洽，更能够帮助我们在实践中提高研究水准。依据这种看法，你首先必须有一些很感兴趣却又不理解的东西，其次要想出对此有哪些可能的合理解释(plausible explanation)[①]，然后利用数据进行裁决。

当我们想出对此有哪些可能解释时，千万不要只局限于自己提出的"理论"，而忽略掉其他社会科学家会感兴趣的假设或解

①这个概念是由伟大的地理学家钱伯林提出的(Chamberlin，1965[1890])。

释。如果“理论”指的是“大家都已经知道的东西”(如“板块构造理论”),那么你的研究应该以理论为指引。如果“理论”指的是“我自己的预设”或“我自己的主张”,那么先预定了理论再进行分析就是在浪费时间。就算你有天大的理由,也没有资格想忽略什么就忽略什么(第9章中我们会看到,这样做会导致非常糟糕的结果)。

你不能只从**你自己的**理论出发,而是必须顾及研究共同体中的各种不同看法。尽管这一理念不符合传统观念,但是它符合安德森提出的新钱伯林主义(Anderson,2012)。这种实用主义对科学工作的看法,与统计学对科学工作的通行看法有很大差异[①]。按照传统科学哲学的看法(这是指导大多数统计实践的频率学派[frequentist]的基础),你要从零开始构建模型。你要独立提出一个针对现实的模型,然后去检验它。然而,此时你必须同时检验无数事情。要检验“收入是否影响投票”,你必须要考虑“这个变量测量的是收入吗?”“中心极限定理适用于此吗?”,甚至“其他人有意识吗?我怎么知道自己不是缸中之脑(brain in a vat)[②]?”你必须确保每一个假定都能经得起推敲,结论才能成立。

这种实用主义对科学工作的看法,与贝叶斯学派也有差异。在贝叶斯学派看来,在对从经验世界获取到的证据进行解读时,你应该把你对世界的理解和信念融入其中。坚定的贝叶斯派会

①你可能会奇怪,既然秉持实用主义立场,为什么我却对理论而不是**实践**问题更感兴趣。我不想把话题引偏,只是简单地一说,原因在于我们关注什么问题,往往取决于**其他人**存在什么问题……

②“缸中之脑”是一种哲学思想实验:设想你其实只是一个与可以完美模拟外部世界体验的精密电脑程序相联的大脑。作者在此意在说明一种彻底怀疑论的立场。——译者注

认为，如果你**真的真的真的真的真的真的真的真的真的**（9个"真的"）相信资本主义生产方式比社会主义生产方式更容易导致心理健康问题，你就有理由给这个模型赋予0.9的先验概率值[①]。但是，实用主义把科学理解成**共同体**的事业，认为没有人可以单方宣布某件事是可能或不可能的。

此外，在实用主义看来，我们做研究不是从零开始的，而是从现在的立足之处开始的，即我们普通人以为我们了解的那些东西。你未必能够证明这些是百分百正确的，这些东西可能是根本没有根基的，但**那**就是我们的立足之处。它们在哲学上未必能够经得起严格推敲，但是且让我们用科学来改进它们。有些日常知识可能是错的，但如果它不太重要，那就由它去。如果它真的重要，现有知识又不够好，那就让我们试一试用科学吧。

换而言之，只要统计分析能够改进我们从日常生活中以为自己知晓的那些东西，那么即便量化过程当中仍然有很多不精准之处，我们也要严肃地对待这些证据。我们的目标，是利用数据的威力和方法的严谨，在人们选择接受何种解释的过程中施加影响。我们应该如何达到这一目标？

我主张，我们在实践中要采用严格的**证伪主义**（falsification）。现如今，证伪主义已经被人当成是落伍的思想；提到证伪主义，人们就想到那位古板的德国科学哲学家波普尔（Popper，1959［1934］）。很多人对波普尔的理论以及证伪主义的批评都是有道

①我承认，现在确实有一些非主观主义的贝叶斯派，至少他们自己（以极高的主观信心）认为自己是非主观主义。但是他们仍然接受模型**是有概率的**这一观念。如果你不是一个主观主义者，那么要想解释这个观念，就只能认为存在着一系列不断裂变的平行宇宙。

理的,但是那些批评对我们来说不重要。证伪主义作为一种科学哲学也许确实有问题,但作为指导**我们**实践的原则,它是一种好办法。我们使用统计学,不应该是为了估计真实世界的参数值,而是为了排除那些与现存证据不一致的对世界的解释方式。

在各种勾连证据与解释的可能方式中,证伪主义与我们使用统计学的现实情况最为相符。我们可以把对某一现象的所有可能解释想象成一个平面,如图1.1左边部分所示。按照传统统计学的看法,我们要先提出一个模型,然后再估计其参数,估计量越精确越好(形象地讲,围绕星形的半径越小越好)。但是,一旦真实情况远离我们的起始模型,我们就会连真实情况的边都摸不着。我们使劲地收紧缰绳,殊不知公牛早已经脱缰逃走。

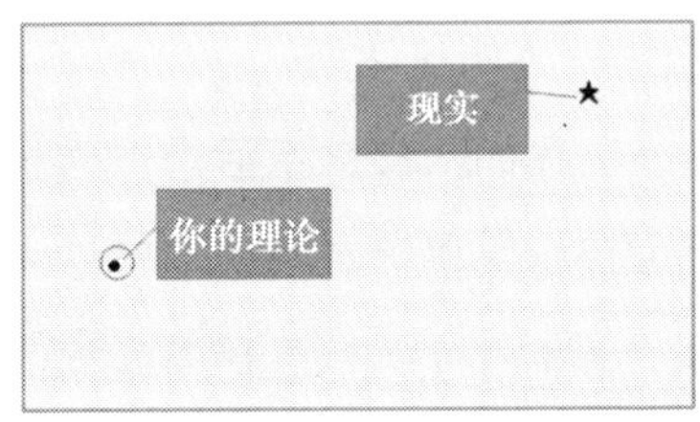

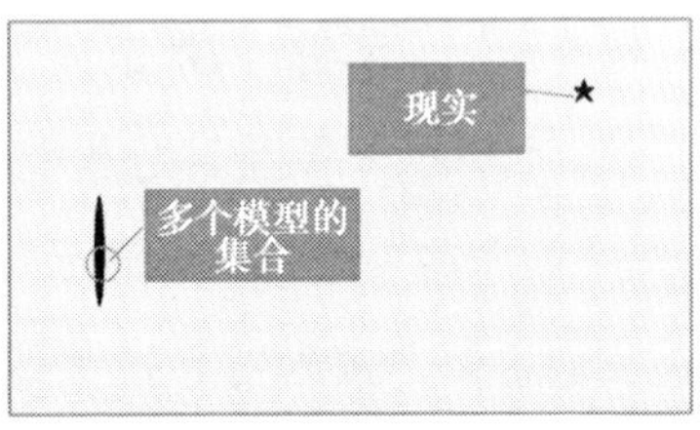

图1.1　使用统计学的传统方式和贝叶斯方式

你可能会说,传统的方法就是证伪主义。我们做的不就是否决零假设(null hypothesis)吗? 我们不是一直就在证伪模型吗? 其实不然。在传统方法中,多数情况下我们否决的是某个参数,而不是模型本身(只有有些对数线性模型会对模型本身进行检验)。我们否决了模型中的某一个**参数**,但是不会因此就说:"看来**这个回归分析背后的整个想法并不真实**。"

你或许认为,贝叶斯方法可能能够帮助我们避免"不断收紧一个空缰绳套子"的窘境。贝叶斯方法据称不仅可以得到更佳的最大似然估计值,而且扩展了我们对世界的视野。贝叶斯方法能够同时考察一系列可能的模型,然后选择出最佳的模型,还能够把模型的不确定性纳入到参数估计中。(其实,那些传统的统计学路数在融合了信息理论之后,照样可以达到这些目标。)但是,贝叶斯方法也只能考察这个空间中的一小部分。即便有一些更具野心的方法试图考察多种连接函数和多种变量组合,它们仍然局限于一小部分变量,而且肯定不能包括那些"未意识到的未知因素"(unknown unknowns)(请参看图1.1的右边)。许多贝叶斯方法能够用在我提倡的这种证伪主义路数中,但是我在此并不会讨论它们。原因很简单:尽管贝叶斯派的思想历史久远,但是具体技术的兴起为期很短。现在进行"完全贝叶斯"技术分析越来越便利。利用这些技术,我们可以在估计参数及其标准误时考虑到不确定性因素(即我们对于不同模型的先验信念与后验信念)的影响,可以在拟合度和简约性之间权衡,以选择合适的模型。这一切全都是**好事**。但是,一来这些技术也并不是一劳永逸的仙丹[①],二来我们需要一段时间才能找到"感觉",知道这些新技术在实践中该如何使用。既然**所有**的工具都并不完美,最好还是使用那些你对其优点和缺点都已经很明白的工具——与此同时不断开发新工具。

因此,最重要的事情并不是如何精准计算具体的数值,而是

①我们永远无法把不确定性完全考虑到,因为可能的模型其实是无限的,而不是局限于我们手头正在考察的这些预测变量当中。我们最大的困难并不在于参数**估计**,而在于模型**设定**。因此,我们需要的东西不太可能由新的统计学解决。研究者只能辛勤工作,通过使用他们理解的技术来真正把握数据中的过程,来加以解决。

要有一套能够指导我们在各种模型中进行有效探索的工作逻辑。如果没有一套这样的工作逻辑,你否决了一个错误模型,很可能又落入了另一个错误模型,而错误模型的数目是无穷多的。我们希望,在不断否决错误模型的过程中,推断能力能够不断增加,能够不断逼近更好的模型。我们不能只是盲目尝试,而要在否决错误理论的同时,选择更为接近真相的理论。

证伪主义的工作路数是这样的:首先提出一系列的可能解释,然后试着提出一个问题,对这个问题的回答将整个空间分为了两部分(参看图1.2中的左图)。这种问题即检验1,但它并不是那种"一锤子敲定"的"决定性的检验"(critical test),它只是认定证据更有利于某一方而不是另一方。之后,我们再提出一个相关的问题(参看图1.2中的右图),进一步去缩小选项的范围。最终,我们把范围缩小到了这个空间中的右上区域。这个区域有两个重要特征:第一,它涵盖了这三个竞争性理论中的其中一个;第二,它同时涵盖了现实情况。这种路数的优越之处在于,即便还有一些"未意识到的未知因素"(unknown unknowns)存在,即那些影响我们的发现但我们没有意识到的因素,我们仍然加深了对各种可能解释的理解,从而得到了非常有用的结果。

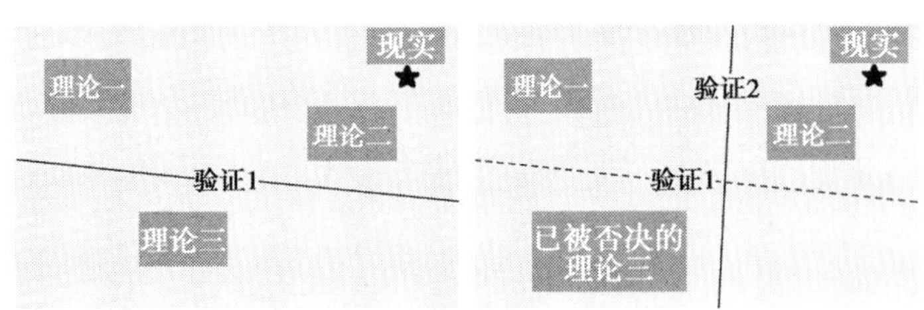

图1.2 证伪主义者使用统计学的方式

需要强调的是,这只是一种**理想**状况。我们往往并不能断定某一部分空间"完全没有可能",而只能赋予各种假设不同的可信度,认定证据更有利于某一方。这可以用数学形式表达为各种信息标准(information criteria)。我认为,只要是同一个研究共同体,都可以在内部进行类似的事情,即便有些答案是无法用数学形式来表达的(如一种理论的证据是民族志,另一种理论的证据是统计分析)。这样的做法确实不容易,但确实更好。下面我们来看看在实践中如何贯彻这种做法。

具体的做法

下面来看一下,我们如何具体地用统计来达到上述目标。举例来说,你有一个关于投票的数据,想借此研究人们的政治行为。你可能会拟合政治投票对收入和教育的回归方程,然后想尽办法去确定教育对于投票行为的"因果效应"是多少。但是我认为,所谓的"因果效应"在现实生活中指涉的到底是什么,其实很难说得清楚,而且即便这种东西确实存在,我也不相信你用统计方法能够真正地捕获它。许多统计学教材会说,如果确定不了因果效应,你就应该放弃这项研究。但是,我们完全可以发挥回归结果在描述上的功效,以此来裁决不同的解释,而未必需要去捕获现实世界中的因果参数。

还是用前面的例子来说,研究者比较教育程度较高的人和教育程度较低的人,发现教育程度较高的人投给共和党的比例更高。他想出了一种解释,认为教育程度更高的人对经济政策的复杂性和预算平衡的必要性有更为准确的把握。这类经济政策通常是共和党的主张,因此教育程度更高者更可能支持共和党。这是一种故事或者说法。面对这种说法,一种分析路数是把教育当成一种"原因",它面临着很多的"混淆变量"(confounders)。然后,你去竭尽全力来确定这个因果参数的正确估计值。

但是,还有另外一种分析路数。你就把这当成一种**比较**,对教育程度较高的人和教育程度较低的人的比较。按照上述观点中的逻辑,如果你按收入水平把样本分成几组,那么在每一组中教育程度较高的人仍然更可能投共和党的票。也就是说,在收入分组之后,他的解释应该继续成立。你按收入水平把样本分成了十个组,然后考察**每一组**当中教育程度较高者和较低者对共和党的投票率差异。结果你会发现,教育程度与共和党支持率的关系消失了,甚至反过来了:在每一个收入组中,那些教育程度较高者**更不可能**投共和党的票!

我们由此认为,前面那位老兄的说法并不可信。现在,我们也明白了**为什么**它不可信:在样本中,教育与收入是相关的,那些家庭收入更高的人更可能投共和党的票。换而言之,"教育和投票之间的关系"与"收入相同时教育与投票之间的关系"完全不同。你得把这两种关系都搞懂才能理解美国政治。

我们按收入水平把样本分成了十个组。如果十个组当中教育与投票的关系都比较接近,我们就不必用十个数字来表示这种关系,只需要用一个数字就够了。这个数字,就是回归方程中的斜率。如果用矩阵计算的语言来讲,上面的做法就是对一个复杂的数据空间进行处理,为了忽略掉次要维度先进行旋转,然后再投影,以此来回答一个有关复杂比较的问题。

我们这样做是基于线性**假定**的:在那些(对变量进行交叉分类而得到的)小类中,教育与投票的关系是一样的。我们认为上述假定**合理**,那是因为有如下原因:(1)过去我们曾经发现过此类简单的关系;(2)我们没有足够的数据来继续深究;(3)我们对此不太在乎——即便错了也不会有什么大麻烦。(这听起来有些过于随意,但是在进行严肃的研究时,我们必须合理地安排自己的精力,对每一个细节都深究是做不到的。)如果把回归比较弄得**太过**复杂,那么就很有可能什么结果也得不到。只加入一个线性假定,这无关大碍。再加上一个假定,比如说两个预测变量之间彼此独立,它就不那么牢靠了。再加上十多个假定,它牢靠的概率基本上相当于中彩票。总而言之,我们利用回归模型,一方面是要发现数据中存在的相对稳健的模式,另一方面是要排除对这些模式的某些错误解释。

当然,人们**可以**想出一些理由来,说明那位老兄说的故事仍然有可能是对的。我们有可能用**另一个**变量来进一步分组,结果结论又反过来了。或者,我们仔细琢磨之后,发现还有一些理由说明他可能是对的,只是无法用现有的数据来证明。但是,这时候举证的责任(burden of proof)就换到了对方身上。除非他能够提出极其确凿的证据来,**那个**说法就会被否决。我们就此彻底理解了教育与投票之间的关联了吗?不一定。但是,这样做起码要比**认定**教育以某种神秘的方式**引发**了投票,然后去**估计**这种因果路径的强度要好些,因为那样做你了解不到新东西。

总之,在此统计学并不是用来估计你设想出的某种故事中的参数，它恰恰是用来**否决**某些故事的，是用来证伪某些观点的。我们通过描述会发现一些简单的模式，对此有各种不同的可能解释，我们想用数据来否决其中的某些解释。统计学的任务，是确保我们尽可能否决那些**应该**被否决的解释，而不是那些不应该被否决的解释。如果最后经过上述考验的解释接近于“真实”的情况，我们就胜利了。

让我给你们讲一个真实的例子，来说明这种方式的合理性。我的第一本著作《社会结构》出版以后，尼尔·格罗斯（Neil Gross）在《当代社会学》杂志上发表了一篇非常细致的书评，但是调子是全面否定性的[①]。所以，当我知道他正在研究的问题是“为什么教授们全是自由派”时，我真是好开心。因为这个问题如此困难，几乎不可能回答好，何况他还并不是一个统计学专家。我需要做的就是冷眼旁观，等着他摔倒在地，然后再若无其事地跨过去。

实际上，最后他做到了（Gross，2013）。他怎么做到的？他并没有把一切都押在某一个模型中的某一个系数上。他先是摆出了一个稳健的发现：教授们中很大比例都是自由派。然后，他对于这一事实精心构建了各种各样的不同解释：自我选择，他人的劝阻，捕获，皈依。之后，他审慎地考察我们拥有的各种不同证据，通过多变量分析来发现那些相对稳健的结果，不断地评估证据更偏向于哪种解释。最为重要的是，他在这样做时努力地把自己的调查立足于对一个具体切实的过程的理解，即一个人的职业生涯在其生命历程中如何展开。他从来不指望对一个简化模型中的一个参数进行“正确”估计就能够万事大吉。

①“‘缺乏眼光’！以后我会证明你才是‘缺乏眼光’，我会的！”我这样喋喋不休了一个星期。

总之，我们有点太害怕模糊性了：因为**只有**客观世界是如此这般时，我们的统计学工具才能完全经得起推敲，所以让我们**假定**客观世界就是如此这般地吧（参见Gigerenzer，1991）。[①]我认为，我们不能这样自欺欺人。我们应该采取更为现实的工作方式：探究不同的解释，反复进行检验，以此从数据中获取新的知识。但是遗憾的是，在课堂教学中，这样一种工作方式却往往被当成了最**差劲**的做法！

“过度拟合”与“从数据中学习”

在读研究生的时候，我们都被告诫说要远离“数据挖掘”（data mining），不要从数据中搜刮各种有趣的发现。理由是，我们学到的统计学都要求你（在不了解数据的情况下）先来构建假设，再来检验假设。你在掷硬币前得先说明白自己要的是正面还是反面，否则这是没有意义的。如果你**确实**得先**看一眼**数据才能有假设，那就把数据分成两半，一半用来看一眼，另一半用来检验。

我们先来重温一些基本概念。**拟合**（fit）是指预测对真实的接近程度。**模型选择**（model selection）是指选择相信哪个模型。最好的模型，通常并不是拟合得最好的模型。为什么呢？因为对**这些**数据拟合得最好的模型，很可能对**另一些**数据拟合得很差。它把眼前的这个数据当成“最后的决战”（the last war）来对待。在

①我经常听到这样的回应——“只要你能想得到，你就能为它建立模型”。你花五分钟来思考社会世界中的事情，你通常就能够写出一个看起来挺对的模型来。但是，你再花两小时真正地对它进行思考，你就能明白那个模型为什么不对。如果再花八小时来思考，你就能明白如果不对诸多未知之事进行假定，你就根本提不出任何一个合乎情理的模型来。

两个拟合一样好的模型中，我们更偏好参数少的模型。这不是因为我们就是喜欢简约，而是因为参数较多的模型中很可能包括了一些只用来拟合**这个**样本的特殊之处的参数。但是，模型选择所要决定的是总体当中哪个模型更可能成立，所以我们必须综合拟合度和简约性两个方面来下判断。拟合只是针对**这个样本**而言的，所以在推论总体时，我们必须克制自己过度拟合的愿望。花太多精力来看数据，这提升了拟合度，却降低了我们进行推论的能力，因为过度拟合的模型对总体来说是错误的模型。因此人们总结出一条规则：不能基于数据告诉你的东西来选择你的模型！这种基本理念可以追溯至弗兰西斯·培根[①]。

上述结论是从统计学的基本原理中逻辑推导出来的。但是，在我认识的数据分析高手中，没有一个人会那样做。他们都会细致地察看数据，来了解真正发生的过程是怎么回事。确实，有时候会有“过度拟合”：我们得到了“假阳性”(false positive)[②]的结果，表面上看起来我们的理论是成立的，其实这只是由于**这个**数据的抽样波动而导致的运气罢了；换了另一年的数据，我们就得不出

①培根在《新工具》第106条中讲过：“在用这样一种归纳法来建立原理时，我们还必须检查和核对一下这样建立起来的原理，是仅仅恰合于它所依据的那些特殊的东西，还是范围更大和更宽一些。若是较大和较宽，我们就还要考究，它是否能够以对我们指明新的特殊东西作为附有担保品的担保来证实那个放大和放宽。这样，我们才既不致拘执于已知的事物，也不致只是松弛地抓着空虚的影子和抽象的法式而没有抓住坚实的和有其物质体现的事物。一旦这种过程见诸应用，我们就将终于看到坚实希望的曙光了。”(此处译文摘自《新工具》，许宝骙译，商务印书馆1986年版，p82-83。——译者注)统计学家提醒我们要小心过度拟合，这是有道理的。

②“假阳性”指当事实上并不存在某种关系或事物时，检验结果却错误地以为某种关系或事物存在的情况。——译者注

同样的结果了[①]。但是，对数据进行细致察看的研究者，得到“过度拟合”结果的可能性要比你以为的低得多，甚至比那些循规蹈矩的“检验者”还要更低。如果采用正统的方法，在四十次研究中，由于抽样误差的存在，可能会有两到三次得出错误的结论。这已经是这种办法能指望的最好结果了。但是，如果你细致地察看数据，得到假阳性结果的可能性会比这更小。

原因如下。传统的“检验者”事先有一个她希望真实的假设。比如说，她希望反驳那种认为只有女人才会支持“女性主义”（在反对传统性别角色的意义上）的观点。因此她找到了抽样数据（比如说综合社会调查GSS），结果显示在对非传统的女性性别角色的支持程度上，男女两性的差异并没有统计显著性（我大约在1993年做这种分析时情况确实如此）。但是，有批评者会说：“这可能是由于男女两性在教育上有差异。”我们的研究者很紧张，赶快把“教育”作为控制变量加入。结果并没有什么变化，性别参数仍然不显著。谢天谢地！

在这样一种“理论检验”的工作方式中，研究者并不想从数据中了解到新的东西。她的心思全都放在了保住自己的理论上，她并不关心事先未曾想到的任何东西——除非别人向她指出来。即便有人向她指出来，这种提醒也不会帮她对背后的那些社会过程或社会模式有更为清晰的认识，而只会进一步模糊她的视线。她的目标是，一方面努力保住自己的发现，另一方面通过塞入更多的控制变量来照顾一下别人的想法。这样做的后果是，控制变

①现在已经有一些方法，能够帮助研究者在进行了多个检验的同时正确地计算参数的统计显著性。这些方法的使用越来越常见了。

量越多,她就越搞不清自己到底在做什么。(在第4章里,我们会详细讨论控制变量的问题。)这种方式,其实是在鼓励你在差不多的地方就要**收手**。所以,这种研究策略其实并没有看起来那么“严谨”!

真正严谨的策略是,我们并不能止步于当前的主导性解释(即便我们认为“并没有什么事发生”),而是要继续从中推导出**其他**可检验的假设来。研究者发现了性别系数并不显著,但她不会止步于此,因为她想真正了解男女两性到底是什么情况。她会想:“如果男女两性确实是一样的,那么我把样本按性别分组以后,在每一组中预测变量的系数都应该是相同的。”她这样去做了,发现教育变量的系数在两性间是相同的,但是收入变量的系数在两性间是有差别的。

为什么会这样?这时,研究者关心的不只是检验自己的假设,而是要对事实有真正的了解。她继续深究,发现收入变量测量的其实是**家庭**总收入。也许我们得搞清楚这到底是**谁的**收入。她把样本中那些已婚且夫妇双方都有工作的人筛选出来,把家庭总收入分解为男性收入和女性收入。猜猜你会发现什么?女性的收入越高,她的传统主义倾向**越低**;男性的收入越高,他的传统主义倾向**越高**。

真正的研究者到此仍然不会止步。真正起作用的到底是女性收入的绝对高低,还是女性收入占家庭总收入的相对比例,还是她参加工作这一事实?我们可以分不同年份来构建模型吗?模型系数在不同年份会有什么变化吗?等等。这种做法会被人抨击是在“数据挖掘”,但是它比起只是检验原有假设更可能有真正的发现——你沿着当前假设指引的方向一直前行，直到发现这条路走不通了：所有的东西都很吻合，但这表明你应该能看到X，可是X并不存在。这时，你必须修正你的当前假设才能继续前行。这就是我们称为“学习”(learning)的过程。在这个过程里，我们更看重的是**稳健性**(用不同方式可以得到同一发现)和**内部效度**(对不同发现的解释可以彼此印证)，而不是统计显著性(即那个似乎带有魔法的星号*)。

此外，这种方式有助于你牢记数据背后其实是实在的事例和人。你在思考问题时会落到实处，而不是急于去检验某种抽象的理论。它是你要解开的谜题，但是就像优秀的侦探一样，你要先确定作案的嫌疑人，再去判断他们的作案动机。我的这一发现背后，是哪些人在行动？哪些人在关键变量上取值较高？哪些人取值较低？促成了这一现象的，是那些取值较高的人，还是取值较低的人，还是他们共同促成的？

你可能对这种探究数据的做法仍然心怀忐忑，因为统计学老师告诉过你检验前先看数据就是在作弊。那么你可以去问一下老师，是不是**整个科学共同体**对于一个研究问题也只能有一次检验。他应当会说，绝非如此。我们要在以往研究结果的基础上，提出新的假设，然后检验它。既然如此，在**自己**以往研究的基础上，提出新的假设再来检验它，凭什么就是错的？凭什么同样的事情，我隔壁办公室的人做就是对的，我自己做就是错的？

科学确实是通过构建假设来进行的。但是，这是一件你往往需要**在一星期里做十多次**的事情(我在《领悟方法》里提到过这一点)。你不断地探究数据得到假设，不断地在数据中检验其中蕴涵的各种推论。如果不这样做,科学的进展就会变得过于缓慢。科学共同体作为一个整体可以这样做,你也可以这样做。

裁决的标准

对不同解释进行比较与裁决时,一个重要议题就是在统计上的裁决标准应该定在哪里。我们要明白,要解决的问题不同,要比较的对象不同,应当采用的标准也就不同。在经典的统计学中,比较的对象主要是零假设。那些零假设通常是这样的:“事情完全是随机的”;“这个变量一丁点影响也没有”;“事情之所以这样,就是因为抽样时运气不好”;等等。这些假设一听就不靠谱。因此在检验**自己的**理论时,如果比较的对象是那些零假设,那标准就要定得严一些。你不能因为自己比一个笨蛋强一点,就证明自己很聪明,因为这并不能说明你的主张比所有**其他**假设都更令人信服。这就好比,爱因斯坦不会因为自己比一个木偶人莫蒂默·斯纳德强,以此来证明自己是对的。①

对一组模型进行比较(这组模型可以包括但不限于零模型),然后看证据更支持哪个模型,这种方式更好一些。但是,这种方式相当于给所有的模型赋予相同的权重,这一点未必合理。因为不同的解释实际涵盖的范围大小其实未必相同,这一点很可能会影响到我们的结论(下面我会详细解释这是什么意思)。因此,没

①莫蒂默·斯纳德(Mortimer Snerd)是演员爱德佳·伯根(Edgar Bergen)用来表演双簧的一个木偶人。伟大的社会学理论家和批评家索罗金(Pitrim Sorokin)曾经用莫蒂默·斯纳德作为傻瓜的例子。索罗金可能在广播里听过伯根的节目,但是他不一定知道那个斯纳德其实只是一个木偶。如果索罗金不知道,那犯傻的可能就是他自己。

有一个数值可以作为标准适用于所有情况，我们必须具体情况具体分析，看自己要讨论的命题属于何种类型。

研究者通过统计要做的事情，其实可以看成是在给事物“定性”（qualify）；这是我借用别人（Boltanski and Thenevot，2006［1991］）的一个说法。例如，说“雇主歧视黑人”，其实就是给“雇主”添加了一个新的性质：**有歧视的**。其他人要用证据来阻止或去除这种“定性”。因此，我们可以参考一下法律系统中的“定性”过程，以便有所启发。①

在法律中，如果是“**刑事**”案件，证据要绝对地有利于公诉人，他才能够赢。道理在于，刑事诉讼中的双方是国家与公民，它们的力量并不对称。要判定被告人有罪，公诉人的证据必须达到所谓的“排除合理怀疑”（beyond a reasonable doubt）标准——除了被告人犯罪之外，从证据事实当中再不能够得出其他的逻辑解释。在社会科学研究中，对应的标准就是p值检验和95%置信区间。那么，什么时候应该采用这样的标准呢？假使有人主张把某一件事情定成某一个性质（“事情就是这样的”），然而不该定性却错误定性的后果非常严重，但应该定性却把它漏掉了则无关大局，这时你就应该采用这种“刑事”视角。这种情况通常就是你在为某种**干预**行动（如一项新政策）进行辩护。这时候如果使用统计推理来进行论证，就**应该**从严把握。

在法律中，如果是“**民事**”案件，那么证据对哪一方的支持程度超过了50%，哪一方就可以赢。这时候并不是国家与公民的对

①皮尔斯是这种观点的先驱，他提出应该以这种方式作为评判不同学术研究差异的标准（参见Peirce，1985［1865–1866］：337–350；1985［1866］：357–504）。

抗，而是两个公民在争论双方的边界应该划在哪里。无论怎么划，总得有个边界。如果谁首先提出争议，谁就面临更多的举证负担，这是不公平的。在社会科学研究中，这种“超过50%就赢”的标准在什么情况下是合理的？我们可能以为，当服务于某种实践需求，行为与否总得有个决定时，这种标准是合理的。其实**不然**。恰恰是研究问题与实践有一定距离、选项比较少、数据也很缺乏时，这种标准才是合理的。例如，一些历史学家研究美国革命中政党制度的形成基础，他们逐渐形成了两种大理论。第一种理论认为这与阶级关系有关（尽管他们可能用的是别的名词）。某种精英代表的是土地利益，某些精英代表的是产业利益；某些人的利益在于西部扩展，某些人与此没有利益瓜葛。第二种理论认为这与当时的具体历史情境有关——哪个精英派别能够掌握州长职位，这把精英们分裂成了不同的网络，因为掌握了职位就能垄断赞助机会。并没有什么急迫的需求，要我们必须对这个问题做出定论。可以直接回答这个问题的资料很难找到，因为当事人早就过世了，他们的自我表述则相当可疑。某一种理论的支持者利用新的分析来前进一步，就意味着另一方后退一步。此时，“超过50%就赢”的标准是合理的。

如果我们的问题是要不要把可卡因非罪化，情形就不一样了。我们面对的也是两方（要与不要），但是并不能简单地看手头的证据偏向于哪一方，就采用哪一方的意见。此时，把双方赋予同样的权重是有误导性的，很多早期的概率理论都曾经落入这个陷阱（我在此援引的是皮尔斯的杰作）（参见 Peirce，1985[1865-1866]，339）。比如说，我们要讨论某一项教育计划能不能提升未来收入。你可能认为，教育对收入的影响要么有，要么没有；证据偏向于哪一方，我们就选择哪一方。这时你把“完全没有影响”的先验概率设定为了0.5。但是，“完全没有影响”换个说法就是“教育对收入的影响正好为零”。影响正好为零，这种事件发生的先验概率其实小到几乎可以忽略不计，你不做研究也能判定这种影响不会正好就是零。“有影响”和“没有影响”这两种假设看似对等，其实不然：前者覆盖的范围非常大，后者覆盖的范围非常小。皮尔斯指出，先前有好多种对概率进行数据表述的尝试，都是在这个问题上犯了错：我们把对“**问题中可能情况的无知**”和“对概率的合理设置”混为一谈，就好像我们不能确定“骰子是否会掷出一点来”，因此干脆认定骰子掷出一点和掷不出一点的概率都是0.5。皮尔斯说，用来构建概率时，分母不能是我们脑子中想到的类型数目，而应当是**客观世界中实际可能出现的状况数目**。①毒品管理政策的选项其实远不止两种。我们把**自己中意的**选项挑出来，把它作为一方，所有其他选项作为一方，认为先验概率都是1/2，这就大大夸大了它的发生概率。

在毒品管理政策的例子中，我们可能轻易地肯定了某个选项。与此同时，我们也可能会犯相反的一种错误：轻易地否定了某个选项！这是因为我们误以为“未能驳倒零假设”就代表着“零假设一定是对的”。现在许多统计方法的专家都会强调说，观察研究（observational studies）并不能真正确定环境因素的因果效应，

①因此，我们计算可能性的方式不同，得出来的结论也会不同。原来有三种假设A、B、C，但是现在我们把A分成两个子类别：A1和A2，许多方法就会给予A = A1∪A2更高的先验权重！

因为这些研究当中存在着很强的选择性(我们在第3章中会讨论“选择性”问题)。这确实是事实,因此有人会利用这一事实,干脆否认某项政策有效果。但是,通过数据排除了零假设,并不能代表你支持的那个假设就是对的;同样,通过数据不能排除零假设,也并不能代表你支持的那个假设就一定是错的。在许多情况下不能排除零假设,是因为我们无法进行精确的估计,而不是我们确实证明了真实效应就是零。数据表明“效应有可能是零,但也有可能很强”,而我们却告诉别人说“统计分析表明效应就是零”,这样做太不负责任了。

我们如何来平衡这两种不同的错误?首先,如果统计证据比较弱,那么我们就不要轻易用它来否定既有的看法,哪怕那些既有的看法只是基于个人经验、传闻、常识等证据得出来的。那些证据可能不入社会科学的法眼,但也仍然是证据。你可以在这些证据上有所提升,但要知道缺了这些东西,社会生活就没法运转。

其次,我建议当问题更类似于**民事**问题时,应该采用贝叶斯方法的标准来从一组模型中选择何种更优;当问题更类似于**刑事**问题时,应该采用传统方法的标准。更重要的是,我们应该努力使自己的研究接近适于民事法则的情形。在那样的研究中,作为一个科学共同体,我们已经把可能选项的数目压缩到了易于把握的程度,然后进行多种类型的研究来评估证据对于每种选项的支持程度。但是,如果我们的研究问题**不属于**这种类型,或者由于可能选项太多(即我们对事情所知甚少),或者由于我们提出的理论非常新,我们就应该使用刑事准则(即经典统计学)。这种立场正迅速地成为少数派，因此我要明确地捍卫它。

对盲目行为的不盲目捍卫

如果你读过埃文斯-普里查德（Evans-Pritchard）的《努尔人的宗教》（*Nuer Religion*），你就应该对于毒药神谕很熟悉（如果你还没读过，一定要去读一下）。这种神谕是一种靠碰运气来决定一些困难事项的方式。在面临事关生死的大事而无人可以确定怎么做才对时，很多社会都会这样做。在这种情况下，有时候占卜术是比深思熟虑更好的决策方式。至少一旦决策失误，没有人会必须承担责任。这种神谕需要准备好一定剂量的毒药。剂量刚好既有可能让鸡死，也有可能让鸡活。给鸡灌下毒药之后，你提一个问题，然后看鸡是死还是活，以这种仪式来决定某人是生还是死。统计学中也有类似的过程：你运行一个回归之后，来看p值是显著还是不显著，以这种仪式来决定某人的学术生涯是生还是死。

有很多人反对把统计显著性当作一种标准来使用，并提出了很好的论证。最令人印象深刻的是，美国统计学会最近对于用此类检验来进行论证的做法提出了措辞强硬的驳斥（参看 Wasserstein and Lazar，2016）。反驳的理由是很充分的：我们的研究问题往往并不是要去检验总体中零假设是否成立；我们实际所做的往往也并不是单边检测。支持的理由就薄弱多了。既然如此，我为什么还要支持这种做法？原因很简单：尽管毒药神谕并不一定正确，但只要它与真实答案之间确实有一定的相关，我们又想不出更好的办法,我们就最好采用这种办法。

因此,当我们的研究问题类似于**刑事**问题时,就应当沿用p值的老办法。依据p值来决策的办法确实简单粗暴:有两个发现,一个的p值为0.0499999,另一个的p值为0.0500000。那就接受第一个,否决第二个。但是,这种简单粗暴在社会科学中有时是必要的。为什么呢?因为社会科学不是那种有硬技术的学科。在物理学中,自然界会检验你,你能够造出冰箱来就说明你对,造不出来就说明你不对。在社会科学中,自然界没法检验你。因此,我们必须在那些日常研究中有一套像这样的程序标准。[①]在需要依据**刑事**标准来下判断时,我们需要**增大**工作的严格性和程序性;在需要依据**民事**标准来下判断时,我们需要**减少**工作的严格性和程序性。

在类似民事案件的研究情境中,我们有一群研究者,他们知道相关的可能解释有哪些。他们使用经过汇编的数据资料来进行辩论,判断何种解释才是对的。在类似刑事案件的研究情境中,研究者面对的只有自己,他没有与之争论的对手,大自然也没有办法判断他是对还是不对。我们可以用各种各样所谓的复杂、特殊、微妙来给自己辩护。在这种情况下,我们必须施加更严格的约束,因为此时犯"假阳性"(false positives)错误(把实际无效的东西误以为是有效)的可能性太大了。如果结果的显著性为p = 0.07,即便你有很多理由认为这个事情是值得重视的,我仍然会建

①这就引出了一个严肃的伦理议题:当结果处于边界附近时怎么办。我会在本书结论部分对此进行讨论。这也导致了所谓的"p值调整",即研究者对模型进行调整以便让p值从0.053变成0.049。我认为,充分地检验从某种解释中推衍出的各种结论,可以最好地抵制上述做法。此外,分析者应该常常会发现,他们无论怎么调也难以让p值调到0.053以下。

议你再去寻找更为稳健的证据。当然，如果你非要和我争辩这件事情，我只会笑而不答。

当然，你应该更关注从数据中获取新知，而不是进行检验。这意味着，我并不赞同对p值的传统解读方式。那种方式认为，你不能提前看数据，而且你对数据只能进行**一次**检验。研究从来**不是**那样进行的，你也永远**不要**那样做研究。在探索数据时，你可以把p值当成一种引导工具，但是别忘了你还有其他工具，如原始数目的大小、比例的分布、斜率的变动、子样本的容量大小等。气象学家在使用气象模型时，只是把它当成众多信息中的一项，他还会实际看其他各种因素；我们在探索数据时，也应该把p值只当成众多信息中的一项。

但是，在研究完成时，结果应该既让我们自己信服，同时也符合传统的显著性标准。当然，我们进行的并不是那种不准提前看数据的一次性检验，因此你可以说我们的p值算得不对，我们的程序太过宽松。但是，似乎为了弥补这一点，我们传统上进行的都是双尾检验，而我们的理论是单侧理论，这一点上我们又过于严苛了。①

需要强调的是，对统计显著性的这一辩护只限于对传统类型数据的分析：数据是综合调查数据，出于通用目的而收集，基于同样的条件向众多研究者开放，大家可以进行复制性研究来验证（而不是由研究者自己收集的、已经渗透了其假设的数据）。我不赞成在实验研究中（如在社会心理学中）使用p值。

---

①按道理说，**不应该**进行任何双尾检验，因为这就好比牛顿说不管物体稳定**加速**或者稳定**减速**，都证明他的理论是正确的。如果要检验的系数可以朝**任何**方向变动，而且无论怎么变动都能有一套说辞，那么这个研究就是有问题的。但是，**假设**自己做的就是双尾检验，按这种方式来使用统计学却不失为一种好的做法。

最后总结一下,我们的目标不是估计参数。估计参数只是我们达到目标的**手段**。我们的目标,是看有没有一些对社会现象的解释是可以(暂时)排除掉的。你可能会觉得这一目标太低了,但是科学的重要部分就是让你了解自己的局限。如果你想要更为高远的目标,那就看一下本章尾声中对数理社会学的介绍。我认为数理社会学即便未必是当下现实行动的目标,它也应该成为指引我们的志向。当然,志向总得超过能力,否则那还能叫志向吗?

尾声:为数理社会学而呼吁

有人认为如今统计学已经日薄西山,而数理社会学则会如凤凰涅槃般重生。统计学的核心议题是从样本中进行推论,但是如今我们有数以百万计的观察对象,因此经典统计学处理的问题已经不再重要了。相比之下,物理学家提出的社会网络分析已经渗透到许多领域,这激发了很多人用严格的数学方式来处理问题,而这些问题原本就属于数理社会学的核心。但是,我认为数理社会学并**没有**凤凰涅槃,甚至处于彻底被人遗忘的危险中。你可能**并没有明白我讲的是什么**。也就是说,你并不明白这两种研究路数其实是根本不同的。

数理社会学是要寻求社会过程和社会结构背后的数学。它想要追求真正的社会科学,这也许是一种唐吉诃德式的努力。列维-斯特劳斯的结构模型是数理社会学中的重大突破,安德烈·韦依(Andre Weil)和哈里森·怀特(Harrison White)随后对此进行了数理表述。当然,乔治·A.伦德伯格(George A. Lundberg)和乔治·K.齐夫(George K. Zipf)也做出了重大贡献。随后,怀特及其合作者司各特·博曼(Scott Boorman)、罗纳德·布雷泽(Ronald Breiger),以及凯瑟琳·卡利(Kathleen Carley)及其学生卡特·博茨(Carter Butts)又做了许多工作。同样重要的还有拉扎斯菲尔德(Paul Lazarsfeld)对于静态模型的研究,还有科尔曼(James Coleman)对于社会过程的研究。

数理社会学有点像早期的晶体结构学。在电子显微镜没有发明之前,化学家试图通过研究晶体结构来探索分子的结构。水分子组成了六方晶体(这就是雪花是六边形的原因),盐分子组成了长方棱柱,等等。要想得到这些有着明确形式的晶体,你就需要有这种分子的纯净溶液。如果有人因为你的样本并不是从自然界的盐水中完全随机产生的(比如说从大西洋、太平洋、印度洋中各取一点儿)而批评你,你会认为这完全是在胡搅蛮缠。这就像巴顿(Allen Barton,1968)所说的,解剖学家不能从一个有机体的各种细胞中随机抽取,然后把它们混在一起进行研究。但经常是,我们为了进行统计推断而做出类似的事情,结果却使得结构本身更难被看出来。统计推断是统计学家的工作,有了功劳也是他们的,他们才不会关心我们社会学家想要解决什么问题。

统计学家可以帮你真实地估计出美国人的平均教育回报。你也许可以把这个估计值算到四位小数以后,但是这对建立一门社会科学没有太大意义。为什么呢?因为如果我们沿密西西比河把美国划成两部分,那么东部和西部的教育回报就可能是不同的。你可能会说美国人因此有两种“类型”,但是如果你再把这两部分划分一下,就可能得到四个不同的教育回报数值,你可以不断地这样划分下去。这些数字其实是一些人为的数字,只是我们进行测量时沿用的一些惯例的结果。这些数字并不是不变的常数,它们只是那些真实的不变常数被混杂在一起之后导致的一个结果。**那些真实的不变常数,我们并没有理解,那才是需要进行数学表述的东西**(虽然并不一定可以用参数的形式来表述)。统计学家可以帮你找到参数的最佳估计,但不会关心你的这些参数是否真有意义。

哈里森·怀特和利奥·古德曼都是我非常崇敬的社会学家,他们之间曾经有过一场争论。他们争论的问题如今听起来有些古怪:在一个社会场景下人们会自发地形成多个群体(比如在大使馆的社交聚会上人们会三五成群地聊天),那么我们应该如何为这些群体的规模建模?这场争论很好地展示了数理社会学家和统计学家不同的习性,以及统计学家能够在争论中占优势的原因。怀特(White,1962)从统计机制出发,提出了解决这个问题的严格数理方法,这种方法是建立在科尔曼之前的研究基础上的。但是,古德曼(Goodman,1964)认为怀特的解决方法是有问题的。[①]最大的问题是,怀特把落单者的期望数量设置为一个参数而不是随机变量。也就是说,他完全忽视了它是有抽样变异的。

这种批评当然有它一定的道理。但是关键在于,数理社会学

①另外,怀特对于社会流动表也提出了一种在理论上经得起推敲的建模方法,而且也是基于统计机制的。但是,古德曼提出的对数线性模型虽然没有理论根据,但是统计表现却比怀特的模型更好,结果轻而易举地击败了怀特的模型。

家进行数理表述的对象，其实是**此时此地**有着固定人数的**此**群体。这些数理表述可能并不适用于由所有群体构成的总体，但那无关宏旨。数理社会学家关心的原本就不是抽样推断，因此统计学无权对那些精巧的模型横加指责。数理社会学家的目标是对结构建模，他们有理由不关心抽样推断。

但是，现如今数理社会学面临着土崩瓦解的危险，原因是大量模拟研究（simulation work）涌入进来。许多年轻学生认为自己会做数理社会学，原因仅仅是他们会玩计算机。但其实根本不是这样的。遗憾的是，现在学术期刊里满是这种东西，反倒把真正的数理社会学排挤出去了。因为真正的数理社会学很难，没有多少人能评审那类东西。结果精彩的数理社会学研究越来越少，固然社会学研究的数理严格性在提升。数理社会学应该成为我们追寻的圣杯。它可能是可望不可即的，但是如果我们干脆就不相信社会互动是有数理性质的，那么为什么还要埋头于数字之中呢？（相关例子参见Newman，Strogatz，Watts，2001）

在这本书中，我讨论的是如何得到合理的参数。但是，我的立场是：如果社会生活**存在**某种数理**秩序**，我们就要尽全力去发现它；如果**不存在**数理法则，我们也切勿把统计模型当成真实存在的偶像，它只是我们用来排除错误想法的一种**工具**。在接下来的几章中，我们就来讨论使用这种工具时应遵循的一些原则。

第2章

熟悉数据

看我们找到了什么?

最薄弱的链条

这一章的观点很简单:在进行任何像样的统计工作之前,你必须先要真正熟悉数据:它们是哪儿来的,是谁因为什么原因收集了这些数据,这些数据看起来是什么样的,你对它们有什么直观感受,等等。在这里多花些功夫,你可以避免很多麻烦。事先下一分的功夫,胜过事后十分的补救。

你可能认为,一本有关统计学的书并不需要讲解这些简单的内容。其实很需要。你还记得我的主要观点吧?我们需要对自己的工作有清醒的认识,我们**不**完全了解真实的模型、真实的设定以及其他真实的事情,因此并不能确保得到的数字是真实的。为什么我们**不**了解真实的设定呢?有三个理由。首先,我们关心的大多数理论问题涉及到的过程(例如"影响")或者状态(例如

“政治老练”)并不能直接测量。即便你**可能**想出了一种办法来测量它,但数据中未必有这样的测量。其次,我们并不充分了解这个世界的运行方式,因此无法对它提出一个足够好的模型来。这是很严重的两点局限,但我们对它们无能为力。第三个原因不一样,那是我们自己的原因:我们由于**愚蠢和懒惰**而没有真正去了解数据。

当然,我不是说所有人。但是,确实有不少社会学者并不真正**了解**他们所使用的数据。他们并不真正理解数据是怎么来的,因为他们根本没有亲自收集过数据;他们只负责书写项目申请书,数据是请别人去收集的。他们会天真地看待数据,就像小孩以为礼物是圣诞老人为他们放在圣诞树下的。他们没有想过,这个天上掉下来的礼物可能是里面隐藏着危险的特洛伊木马,需要谨慎检查。正如我在《领悟方法》中讲过的:“送到眼前的礼物,收下便是;但是一定要先认真检查一番。”

导览:首先,我会先讲几个警示故事,说明在使用调查数据时我们很容易自以为有所发现,实则不然。然后,我会论证有一种对科学的认知是有害的,因为它诱导我们误以为通过**命名**就可以把一组数字变成一个理论术语,但实际上稻草永远也无法变成金子。测量就是测量。如何发现测量的本质?接下来,我会依次讲解三个策略:第一,用描述方式(尤其要用可视化方式)来考察数据;第二,尽其所能地了解数据的生成过程;第三,去考察数据的形式特点:它在整个可能性空间里居于何处,它的变异范围和共变范围(variation and covariation)落在了哪里。最后,我会说明哪一类研究项目最有可能在数据质量上引发争议。我建议你在那里安营扎寨，然后做出好的研究来。①

几个警示故事

我小时候，大人都是这么教育小孩的："你想玩那个搅拌机吗？是个好主意！你把手伸进去，然后摁一下开关，墙壁上就会布满血迹，你会拉出来一块儿洁白的、像铅笔一样尖的骨头，然后你会血流不止，当场丧命。"这样小孩就会牢牢地记住：搅拌机可不是玩具，千万别碰它。我讲下面这些警示故事，也是要你牢牢地记住：一定要对论文质量严格把关，否则就可能当众出丑——不要指望同行评审人。希望你在读完本章时一定记住这一点。

勒诺·韦茨曼（Lenore Weitzman，1985）使用洛杉矶离婚法庭得到的抽样数据考察了男性和女性在离婚之后生活质量的变化。她惊奇地发现，男性的生活质量有显著改善（42%），女性的生活质量却下降了73%（在这个测量中100%意味着生活毫无质量可言）。她觉得这太极端了，于是让下属核对了好几次，结果没人发现有错误。于是她发表了这项研究，引起了很大的震动。以前也有人进行过类似的研究，但没有人有过类似的发现。最后，彼得森（Peterson，1996）回去找到了那些纸质的档案，重新进行了数据录入，发现从原始数据中根本没法得到那些结果。韦茨曼（Weitzman，1996）解释说，她想过重建数据来把问题搞清楚，却没有**追根究底去查看那些原始数据**。她基本上是说，她对事情不知

①本书出版的过程中，霍华德·贝克尔（Howard S. Becker）也出版了一本极好的书《证据》（*Evidence*）。研究者都应该去读一下那本书。（本书已经有中文版。——译者注）

情，很多决策其实是那些默默无闻、早被遗忘的研究助理做出的。

犯过这种错误的不只是社会学家。汤姆斯·赫恩登（Thomas Herndon）是阿默斯特学院的一个学生，他有个课堂作业是要求他们找一篇经济学论文来模仿重做一遍。他选择了卡门·莱茵哈特和肯尼思·罗格夫合写的《债务时代的增长》（ReinHart and Rogoff, 2010）。这篇论文很有影响，被很多人引用来为政府的紧缩政策辩护。但是，莱茵哈特和罗格夫的数据遗漏了澳大利亚、奥地利、比利时、加拿大和丹麦（这些国家的英文首字母正好是从A到D）。赫恩登发现，如果把这些国家包括进来，结论就会发生很大变化（Herndon, Ash, and Pollin，2013）。

你可能认为没有人会再犯这种错误。但是，我刚刚读完一篇寄给我让我评估作者是否有资格获得终身教职的论文。这篇论文使用的是美国综合社会调查（General Social Survey，GSS）数据中的2000个案例，但是结论却比我用GSS数据来考察类似问题时发现的结论更加言之凿凿。原因在于，他的分析中包括了两百多个原本不应该包括的案例，这可以从他对数据的描述中看出来。他把很多的缺失值重新赋值为“0”，正是这一举动使他得出了那样的结论：在很多个变量上都是缺失值的人，在散点图上被放到了左下角，由此出现了完美的相关关系，而这些案例原本是根本不应该放进去的。这样一份教职申请，真是太糟糕了。

小心被“理论”蒙蔽

有时候，你的理论会蒙蔽你。人人都会出错。不过，如果错误正好和自己的理论吻合，我们就可能会犯了错却毫无察觉。一个原因在于，它让我们很愉悦；另一个原因在于，此时我们的头脑处于亢奋模式而非怀疑模式，即便那些验证了我们成见的数据模式看似**有点**奇怪，我们也总能够想出些辅助解释来把它说通。我们不会琢磨这些辅助解释是否靠得住，因为大多数人在失望的时候才会去反思。这就是社会科学应该采用我在第1章里提出的“竞争性研究模式”（competing research programs）的另一个原因：这种模式比让人去验证某种理论的模式更容易发现自己的错误。

举一个宗教社会学里的例子吧。这个领域里曾经有一个最受人关注的命题，认为我们可以用理性选择模型来完美地解释人们的教派归属：不同宗教之间的竞争越激烈，人们的宗教情感投入就会越高。这和以往的“神圣的帷幕”（sacred canopy）观点完全相反，那种观点认为宗教的多元化将会削弱人们的宗教信仰基础[①]。芬克和斯塔克（Finke and Stark，1988）给出了一些与理性选择理论相吻合的证据。但是，布劳尔特（Breault，1989a）用另外一组数据得到了完全相反的结论。芬克和斯塔克（Finke and Stark，1989）回应说，他们有一个同事用布劳尔特的数据进行了更全面的分析，结论和布劳尔特完全不一样。这是怎么回事呢？

丹尼尔·奥尔森（Daniel Olson）最后平息了争议。劳伦斯·扬纳科内（Laurence Iannacone）很大方地把用来计算表明“每个县的宗教多元度与宗教信仰比例存在正相关”这一关键证据的SAS程序给了奥尔森。他们用$1-\sum_i p_i^2$这一公式来计算宗教多元度，其

①“神圣的帷幕”是美国宗教社会学家彼得·伯格（Peter Berger）提出的宗教社会学理论。参见《神圣的帷幕——宗教社会学理论之要素》，高师宁译，上海人民出版社1991年版。——译者注

中的p_i是这个县属于第i个宗教群体的人数比例。但是奥尔森发现，程序中用的却是$\sum_i p_i^2$，并没有用1来减。他们为什么没有自己发现这个错误呢？因为得到的结果与自己的理论吻合，所以就不再认真检查了。相比之下，布劳尔特是怎么做的呢？"我谨记从方法教育中学到的忠告，不畏繁琐地对每条观察记录进行了核对，计算了3100多个县的宗教多元性得分，以此来确保结论是正确的。"因此，他对于自己结论的信心从未动摇（参见Breault，1989b）。

现在，这一争论已经完全解决了。人们逐渐认识到这一理论问题是有关历史变迁的，它无法用横截面数据来解答（参见Voas，Olson and Crockett，2002）。我们在第6章里还会看到，线性模型对于那些彼此纠缠的因素不一定管用，而我们在处理比值时经常会遇到这种情况。但是，要认识到这些问题，就需要有人对原先的做法提出否证。

因此，即便你的发现和你的理论相吻合，也要再细致地检查一下。这一建议同样适用于你有别人从未提及过的新发现时。人们都没有发现它，可能只是因为它根本不存在。我在第9章中将会简要提及的布鲁赫和迈尔的那篇论文就是这样一个例子（Bruch and Mare，2006）。他们有一些稳健的结果，但是有一个结果出乎所有人的意料：这一个众所周知的居住隔离模型的结果居然和大家预想的完全相反。但是，这类模拟程序是那种计算机新手在学会了"Hello World"[①]之后就可以上手的东西。因此，**所有**人都没有发现，唯独你发现了这一问题的可能性是很小的。如果你有类似

①"Hello World"是几乎每一门编程语言的第一个示例程序，也是每一个学习编程者学会的第一行代码。同时，它也被用来检测代码是否被成功编译、装载以及运行。——译者注

的发现，明智的做法是在发表之前先去广泛征求一下大家的意见。

最后，如果你的发现会产生轰动效应，你往往会急于发表。最为极端的一种情况是你想做一些被年轻人称为“搏出位”(dick move)的举动，好比为了吸引别人的眼球而把强奸归咎于受害者，或者说种族主义有助于经济发展，或者说肥胖者更可能会犯罪，等等。那确实会让你获得许多关注，但未必是你想要的那种关注。因此，你最好还是**真正**细致地核对一下自己的研究。即使你的动机并不是想博人眼球，这一点也仍然成立。

例如，约翰·多诺霍和史蒂文·列维特(Donohue and Levitt, 2001)有一个惊人的发现，美国堕胎的合法化使得二十年后的犯罪率降低了，因为堕胎合法化使得那些最有可能犯罪的年轻人不再被生出来。这是一个很严肃的论点，逻辑链条听起来合乎情理——这种从人口构成出发提出的命题，我还会在第3章中提及。但是，很多人觉得这里有问题，因为它似乎把犯罪归咎于穷人，而不是不平等或受剥夺。我其实认为，这里最重要的问题是数据中的变异方式诱导了研究者，使得他的提问方式预先决定了他更可能得出某些答案，而不是其他答案。(这一问题极其重要，因此我们接下来会花整整两章来讲解“变异范围处在哪里”。)如果我们只把犯罪和罪犯关联起来(而不考虑社区环境或受害者)，那么我们对于犯罪“成因”的解释最后就很可能落在了那些“罪犯”头上，即便它未必是最重要的成因。[①]再者，这种命题得到证实的难度

①可能有很多既有名又有钱的人，比方说政客和实业家，我们从未把他们当成犯罪的原因。但是，有可能如果他们的母亲把**他们**堕胎了，犯罪率会比现实情况更低。也许我们倒是应该认真考虑一下这种可能性。

是非常大的,因为这需要提出确凿的反事实证据,而大自然很少为我们提供这类证据。但是,批评者却比较容易找到其中的错误,他们发现多诺霍和列维特遗漏了一些控制变量,也没有用人口数把他们的关键测量标准化(Foote and Goetze,2005)。①

因此,在发表这类研究之前,不要相信你的理论,也不要相信你的朋友。把它寄给和你意见相左的人。他们才是你真正的朋友,因为他们会给你挑错。再举一个例子吧。我在这本书里用了很多真实的例子,因此我把初稿寄给了提及到的那些人。大多数人都有反馈意见。他们的反应各不相同,但是都有助于我表述得更为准确。我有一个地方绝对是犯糊涂了(现在想起来还让我直冒冷汗),迈克尔·罗森菲尔德(Michael Rosenfeld)客气地向我指了出来,从而使我免于丢脸。

犯错我们都会,但是说到挑错,我们都更擅长挑别人的错而不是自己的错。所以让别人来帮助你吧。在公开发表自己的成果之前,先去征求别人的意见。②

①多诺霍和列维特对此重新进行了研究,说明在考虑上述因素之后,堕胎合法化对犯罪的效应依然存在。但是,他们的论证很难说服读者,因为其中需要太多并不现实的假定。对他们研究的批评,并不是认为其中有什么具体的硬伤,而是认为揭示这种仅仅发生一次的历史事件有如此幽微隐晦的影响实在是不太可能的——除非这种影响极其巨大且直接。要回答多诺霍和列维特提出的问题,你必须去猜想,如果美国联邦最高法院没有将堕胎合法化,哪些(现实中并不存在的)小孩将会因此而出生,这些(现实中并不存在的)小孩中哪些可能会犯罪,以及他们犯罪时会处在哪个州,哪些会因犯罪而被逮捕,哪些本来没有犯罪却被当成罪犯逮捕……。其中的不确定因素实在太多了。

②斯多葛派哲学家爱比克泰德(Epictetus)讲过一个故事。他的老师鲁佛斯(Rufus)因为他在一个三段论推理中犯了一个错而批评他,他满不在乎地回应说:“何必大惊小怪,我又没有把给神殿给烧了。”鲁佛斯说:“愚蠢的人啊,三段论就是你的神殿!”(参看《爱比克泰德论说集》第七章,王文华译,商务印书馆2009年版。——译者注)

小差错会有大影响

上面考察的是分析者犯错导致的差错。但是有时候我们还要考虑到，**受访者**同样也会犯错，而且小差错会产生大影响。米赛雷等人（Micceri et al.，2009）把这称为“格列佛效应”（Gulliver effect）：由于“大人国”的误差干扰，我们很难准确估计“小人国”的规模。比如说，我们想了解有同性性取向的青少年数量。没有人能说清楚，才刚刚经历青春期的青少年在多大程度上能够理解性取向这个概念，但是有研究表明在9到14岁的青少年当中可能约有1%的人有同性性取向（Austin et al., 2004），这个数字到了高中会更高，但具体是多少仍然不清楚。假定我们对9到14岁的青少年进行一次大规模调查，问他们是否有同性性取向。如果每一个人有3%的概率会答错，我们得到的结果就不会是1%，而是3.94%（$1 \times 0.97 + 99 \times 0.03 = 0.97 + 2.97 = 3.94$）。我们不仅夸大了这个群体的规模，而且被我们当成有同性性取向的人当中其实多数人并没有。由于规模较大的群体中有人会犯错，规模较小群体的人数就会被大大推高。这是经常发生的事情，尤其是你最感兴趣的那些群体。你去看一下调查当中的“上层阶级”，就会发现其中有很多是工人，他们只是答错了或者编码编错了。①

你可能认为把随机误差定为3%有些不合情理。但是，实际情况可能更糟，因为误差通常都**不是**随机的。也就是说，样本里面包括进来的人可能是捣乱鬼或糊涂虫：他们有意地在搞乱你的

①流行病学家对这一点非常了解。即便采用相当准确的检验，对于某些罕见疾病来说，被诊断为阳性的多数人其实都并没有患病。

调查。比如说,这些捣乱鬼会扭曲我们对青少年同性性取向的考察。我们发现那些有同性性取向的年轻人在随后的成长中遭受到了很多挫折,但是这既可能是因为他们确实遭受了痛苦,也可能是因为那些所谓的同性恋者其实原本只是一些捣乱鬼:他们坐在班级的后排,故意声称自己对男孩有兴趣,或者有其他各种怪癖,最终找了几年乐子之后被送到了教管所。

越是廉价的数据,其中捣乱鬼的比例越高。说实话,我有时也会接到一些用机器提问的电话调查。这时如果身边有小孩,我就会把听筒递给他;如果没有小孩,我就会去厨房一边做饭,一边随机按键。我猜想,在每一个生产垃圾信息的廉价电话调查背后,都可能有一份调查公司和某个研究生签订的合同。不过,即便是最高质量的研究数据,也存在有捣乱鬼的问题。

比如说"全国青少年健康纵贯调查"(简称Add Health),这是研究青少年发展最重要的调查数据,用它进行过很多重要的研究,数据质量相当高。即使如此,它也不能够完全避免捣乱鬼的问题。沙文-威廉姆斯等人发现(Savin-Williams and Joyner, 2014),在学校里进行的自填问卷当中,有253个学生说自己装有假肢,但是随后进行的家访中发现其中只有两个人承认装有假肢。难道他们像蝾螈一样,具有断肢再生能力吗?或者,在学校面对不是自己人的场景下,他们只是认为给出一些滑稽的答案会显得特别逗乐?在调查中被认为对同性具有"浪漫好感"(romantic attraction)的年轻人当中,很可能有相当一部分只是捣乱鬼。还有另外一些人误解了这道题目,因为"浪漫好感"这种说法对于美国人来说实在有些含糊不清。

因此，当你对规模相对较小的群体下判断时，一定要相当谨慎。最后再讲一个现在很有名的例子。马克·雷格勒鲁斯(Regnerus，2012)使用新数据写了一篇文章，那个数据原来的目的是确定不同类型的儿童养育环境对其随后健康状况的影响。(他并没有认真核对结果就发表了结果，那些同行评审者也是相当草率。)他想看一看同性家长(gay parents)养育的儿童在长大后心理健康状况是否会更糟糕。他发现确实如此。但是对于他研究的那代人来说，被同性家长养育大的儿童是极少的。他需要特别小心来确定他研究的那些人确实是他想要谈论的那些人，而不是一些糟糕的受访者或者捣乱鬼。但是他并未这样做。他还混淆了家长中只有一方对同性有“浪漫好感”的情况(沙文-威廉姆斯指出，这种措辞特别容易使得原本并不是同性性取向的人误答成自己是)和双方都是同性恋的情况。程和鲍威尔(Cheng and Powell，2015:620)发现，在数据中有一些关键案例中的受访者的身高为7英尺8英寸，体重88磅，结过8次婚，有8个小孩；还有一个受访者在1岁时就曾经被捕，他完成整个调查只花了不到十分钟。把这些可疑的案例都剔除之后，你猜怎么着？作者的结论也被剔除出去了。①

①在本书出版过程，我们获知苏林斯(Sullins，2017)发现全国健康统计中心的数据存在差错，结果导致2004年到2007年间被归为同性家长的那些人当中，其实有四分之三都是被错误分类的异性家长！

物化与唯名论

物化

我们已经讲过由于计算错误而引发的差错,以及由于受访者误答而引发的差错。但是这些仅仅是最明显的,还有许多其他原因要求我们必须在进一步分析数据前反复思考。即便面对如普查数据这样的高质量数据,我们也要对“数据记录的究竟是什么”有怀疑性的审视。在此我想用一个时髦的词“物化”(reification)[①],或者用怀特海(Whitehead)的话来说,叫“实际性误置的谬论”。在理论课上,总有些学生自作聪明,把“物化”说得一无是处,好像只有笨蛋才会那样做。其实不然。正如黑格尔所表明的,如果你拒绝把任何东西视为确定不移的物,你就根本无法思维。在资料当中,多多少少总会把某些东西看成是确定不移的物。只要测量过程中被视为确定不移的物的东西,在现实世界中人们也视其为确定不移的物,那么这种测量方式就行得通。但如果情况并非如此,我们就需要对测量结果保持警惕。

一个很好的例子就是官方统计数据(如美国人口普查)中对种族的分类。普查数据来源于问卷调查,现在越来越多的是用自

①“物化”这一术语源于黑格尔哲学体系,后来经过卢卡奇在《历史与阶级意识》中的详尽阐发,而成为重要的社会理论概念。作者在这里用它指一种思维陷阱,即把原本是人的实践活动和社会关系的产物当成确定不移的物(thing)。本书作者在另一本著作《领悟理论》中对此有更详尽的解读。——译者注

填问卷的方式进行。许多学者已经注意到了美国人口普查局对人们的分类方式在发生变化。但是除此之外还有一些变化，那些变化并不在普查局的计划之内，而是来源于回答过程的复杂性，而正是这一点可能会使得某些研究设计以失败告终。事实上，人们对美国人口普查员的行为进行了研究，发现种族测量的结果其实是普查员与当地居民的一场谈判。对拉丁美洲人口普查的研究更加有力地证明了上述结论。容易预想到，对于某些问题来说，不同的数据收集方式(邮件问卷还是上门面访)会得到不同的调查结果。

研究者发现，在拉丁美洲的跨种族婚姻中，妻子通常会“随”丈夫的种族。如果丈夫是白人，妻子更可能“变成”(即自认为是)白人，而不是丈夫“变成”非白人；如果丈夫是黑人，她更可能自认为是黑人，而不是丈夫自认为是非黑人。把种族当成一种确定不移的物，这种做法在道德上或科学上是否正确姑且不论，但是在这里它作为一种分析策略是有问题的。因为我们的研究对象自己并没有把种族当成一种确定不移的物，他们拒绝如此行事。不能因为政府这么说，我们就认为就是这么回事。①

事实上，使用普查中的种族数据需要很小心才行，因为种族

①劳曼(Ed Laumann)有一次讨论数据上报制度(data reporting regimes)时谈到过一件事。1997年，流行病学家对疾病控制中心通过地方政府收集的衣原体感染者数据很是困惑：为什么印第安纳波利斯有那么多患者，而底特律却几乎没有人患病？为什么芝加哥在短短几个月中患者数量迅速上升？他们追根究底，找到了原始数据的出处。原来在印第安纳波利斯，当时正好有一个当地医生是性传播疾病的专家，他正在动员所有医生为他做衣原体感染的检测，以便进行一项相关研究。在底特律，当时城市财政濒于破产，连请人处理公文表格的钱都拿不出来。在芝加哥，当地的疾病控制中心官员正在进行相关培训，刚启动了一项疾病监测项目。在第6章里我们会再来讨论如何处理类似的汇总数据。请牢记这个故事给你的教训。

的类别和用来判定种族的程序一直处于**持续的流变**(constant flux)当中。有些数据(如1890年人口普查数据中的“混血”类别)在调查刚结束时,普查局就承认是不可靠的。政客们会对统计部门施加压力(Hochschild and Powell,2008),要求调查人员把有黑人血统的比例控制在接近八分之一左右(Bennett,2000:166),但是具体怎么做却没有明显的指示。混血人数从1910年到1920年急剧下降,“全国城市联盟”的官方杂志《机会》对此大加评论,但其实这只是因为1910年普查中雇了很多黑人调查员,使得调查出来的混血人数大大增加(Hochschild and Powell,2008:70)。人口普查中的种族在1960年以前是由调查员来填写的,1960年后改为受访者自己填写,结果导致此前与此后的统计数据很难直接比较。

“物化”是一个远比你想象的要更大的陷阱,因为对很多人来说,它其实是以某种**解决方案**的形式出场的。我们被教导说,如果人们对某些理论术语有争议,那么解决方案就是让每人都以自己的方式去“定义”它们。在多数情况下,这相当于让人们进行有误导性的物化而不予纠正。下面我会先讨论这种方式当中存在的问题,然后再讨论如何解决这些问题。

唯名论的陷阱

在《领悟理论》(Martin,2015)中,我强调过,社会学家**想事**的时候往往用理想类型,但**做事**的时候往往遵循唯名论。**唯名论**是一种认知理论(同时也是一种认识论的基础),这种理论认为我们能够在外部世界中看到一般性(如“哺乳动物”)的唯一原因就是,我们以这种方式界定出了一般性。如果我们并不相信“哺乳动物”这一概念,我们就无法把它们看成是哺乳动物。与此相反,**实在论**认为普遍性是内在于外部世界的本质当中的。

因此,我们(唯名论者)对于知识的**理论**是,研究者可以根据自己的目标“构建”出“概念”来,好比可以造出一些盒子来把具体的事物归置进去。你把少年犯“界定”为“年龄在18岁以下、有过一次以上被捕经历或三次以上轻微罪行记录者”,那么对于你的操作来说,“少年犯”就是这样的。我在此并非想说唯名论的做法一无是处。但是问题在于,我们**做事**的时候是按唯名论来做的,但是轮到解读研究发现的意义时,我们却又转向了实在论。无论你对于少年犯如何**界定**,以及对于案例如何进行编码归类,轮到你在**想事**的时候(比如琢磨少年犯的成因或后果时),你头脑里依据的很可能是对少年犯的某种具体而**实在**的图像(也许是高一时欺侮过你的那个混蛋),但是这种图像可能和你界定到那个类别中的典型案例并不一样。

再比如说“移民”。人们通常按照是否在美国出生来界定“移民”,这当然可以。但是,学生们常常会把“移民”认为是**成年**后移居美国的人,这才是他们对“移民”这一概念的理想类型。除了公民身份以外,一个在8个月大的时候随父母来到美国的孩子,可能和那些父母在临产前四个月移居美国因此在美国出生的孩子更为相近,而不是和那些成人之后才移居美国的人更为相近。

你不能界定完就了事。拿你自己的定义之网向世界随便一撒,然后不管捞上来的是什么东西就拿去分析,这是不行的。你得认真地看一看,自己真正捞上来的是什么东西。如果你不认真检查,就很可能会得到一些古怪的结论,例如多数死于枪击的“儿童”都是被其他“儿童”杀死的,多数“家庭暴力的施暴者”都是妻子,等等。①

用概念术语来替代数据资料的做法还有一种危险,但还没有被人们充分认识到。一种常见的认知错误是,人们往往过分关注某种二元概念或连续性概念的某一端,因为我们把这些概念作为**标签**贴到了那一端上(他们在认知上是被“凸显”的,参见Zerubavel,1997)。例如,种族被分成黑人和白人,但黑人是凸显的范畴,白人则是寻常的范畴。随机抽选的一个美国人会被假定成是个白人,白人好像并不带有任何信息。结果我们在考虑“种族”效应时就往往会觉得只和黑人有关,好像只有黑人才有种族这回事儿一样。②我们在考虑“教育”效应时也往往会觉得只和教育程度较高者有关,觉得和他们接受的教育有关。但是,实际上数据模式背后的驱动力未必会按照你对术语的理解来行事。你应该多去看看数据,而不是凭空臆想。

①原因在于,如果我们把十六七岁的人也界定为“儿童”,就会看到很多“儿童”间的自相残杀;如果我们把“家庭暴力”界定为“任何形式的身体击打”,就会发现女性比男性更容易这样做(因为女性的击打更不可能对配偶造成什么实质伤害)。

②我承认我也做过这样的事。我曾经对选举行为做过层级线性模型(hierarchical linear model)的分析,其中把种族的斜率设置成了随机的,但这个模型对于早年间的数据是失效的。我去核查数据以确定问题出在什么地方。我对样本中的每个国会选区(congressional district)都列出了种族和支持政党的列联表,最后得到了以前就已经知晓的两点教训。第一,在《选举权法案》颁布之前,在南方很多选区中根本没有**一个**黑人受访者曾经投过票。第二,种族参数上之所以有差异,并不是由于黑人。在那时候**能够**投票的黑人几乎全都投票支持民主党。种族参数上的差异是由于**白人**的投票有差异。但是由于我们把它称为“种族”,所以我开始时愚蠢地认定它一定和黑人有关。

"理论检验"的蒙蔽性

上面讲的内容似乎是显而易见的，但实际上人们对此仍有分歧。许多社会学家，特别是那些教方法课的人，会认为你应该先有一个明确的理论，然后去界定自己的概念，想办法把概念转化成某种测量，然后再来检验你的假设。我认为，这种做法会鼓励我们浪费太多时间在那些没有任何具体指向的东西上。

比如说，有很多关于"社会资本"（这是个极具误导性的概念）的研究。对"社会资本"有很多不同定义和看法，其中之一是科尔曼提出的（Coleman，1988）：他认为那些嵌入在"社会闭合"（social closure）网络中的高中生成绩会更好。科尔曼生活在伊利诺伊州芝加哥大学所在的海德公园。在那个地方，你每天看到的是同样一些人。人们之间的关系是多重的：那个人既是你的同事，也是你儿子的朋友的爸爸，还是你的邻居，还是你在市镇委员会的伙伴，等等。那种小城镇人们的关联过分密切，简直令人压抑。科尔曼觉得，就是这样的社会闭合使海德公园的孩子们（或者在天主教学校上学的孩子们）成绩更好。因为他们的父母互相认识，一旦小孩逃学，父母马上就能知道。

科尔曼与人合作进行了一项问卷调查（1988年全国教育纵贯研究[NELS]），这个调查对于"社会闭合"进行了测量：他们请学生家长说出他们孩子的好朋友的父母的名字。随后，有很多分析者开始对科尔曼的假设进行检验，大家想看看"学生家长知道的孩子好朋友的父母名字数量"（即"社会闭合"）在多大程度上可以预测学生的成绩。结果,卡博纳罗(Carbonaro,1998,1999)在**个体**层面考察了两者的关系,结果发现社会闭合对学生成绩是有作用的。摩尔根和索伦森(Morgan and Sorensen,1999)在汇总的学校层面考察了两者关系,结果发现社会闭合对学生成绩不起作用。这与我们在社会学里最希望看到的那种有"理论聚焦"的争论很符合。

但是,霍里南和库比切克(Hallinan and Kubitchek,1999)表明,这场"理论检验"的基础并不牢靠。因为争论双方都没有注意到:测量出来的所谓"社会闭合度"上的差异,其实跟"社会闭合"并没有太大关系,那些差异是由另外一个社会过程导致的。我也发现了这一点。我和一位学生在重复这些研究时,发现其中有些模式令人困惑,于是去网上查看调查的编码手册。①有关"社会闭合"的问题是这样问的:"您知道你孩子的某个好朋友的名字吗?"如果回答"不知道",就跳到下一页;如果回答"知道",就请被访者说出这些名字来,最多五个。然后,对于每一个提及的朋友再问被访者"他/她是否和你的孩子一起上学","你是否认识这个小孩的父母"。

你得先知道你孩子好朋友的姓名,然后才会被问及是否认识他们的父母。因此,测量出来的所谓"社会闭合度"差异,其实并不是"社会闭合度",而是"**是否知道他们孩子的好朋友的名字**"。事实上,那些知道他们孩子的好朋友名字的家长,往往也都认识其父母:家长平均能够说出孩子的4个好朋友的名字,平均能够说

---

①网址为 https://nces.ed.gov/surveys/nels88/pdf/10_F2_Parent.pdf;获取时间:2016年11月27日。

出孩子的3.3个好朋友的父母名字。不知道孩子好朋友的名字，自然就不认识其**父母**，也不知道其**鞋号**，也不知道其**最喜欢的颜色**。我们甚至可以猜想，如果把“你是否认识这个小孩的父母”的问题换成“是否知道这个小孩的鞋号”或“是否知道这个小孩最喜欢的颜色”，模型预测结果大概差不了太多。

按照传统的方法来说，社会闭合理论只要成功地预测到它所声称的测量和结果之间的关系，就应当受到表彰。摩尔根等人就回应说，那道题**试图**测量的是社会闭合，所以它最后测量出来的就是社会闭合。这种回应完全没有道理。我主张还是要原原本本地去看数据，去琢磨现实生活中的社会过程可能是怎么回事，而不是只停留在抽象概念上。这背后是“社会闭合”这一社会过程吗？也许是的。这背后是家长进行“积极介入的养育方式(active parenting)”这一社会过程吗？听起来似乎更合理。也许，这只是表明这些学生身处的学校类型比较特殊，它只是对于学校环境的一种粗略测量。你可以对学校环境用其他指标来进行测量(如课桌上被乱刻乱画的比例；门口小卖部“脆米花”的销量，等等)，然后把这些指标作为控制变量加入到模型中，看看这种解释是否合理。这就是控制变量的策略，我们会在第4章中再详细讨论。

对于社会闭合与学生成绩之间的关系，摩尔根和陶德(Morgan and Todd，2009)使用了另一种更贴切的测量方式再次进行了研究。这一次他们还采用了更严格的因果推断框架(Morgan and Winship，2007)。结果发现，加入的控制变量越多，系数就越小；直到最后，效应消融不见了。这表明确实有某种社会过程在发生，但是其中有太多的因素彼此纠缠在一起，我们无法把某个因素单拎出来进行明确的因果论断。

总结一下，不要以为我们把事情定义成什么样，就可以对数据中呈现的模式按照原先定义好的方式来进行解读。你的方法训练无法支持你这样做。有时候，我们得做一个量表，得把很多个答案组合成一个数字。这时，我们实质上就是在进行定义。这里边也有很多陷阱，我们得慢慢讲。

测量、量表与指标

我们的唯名论立场往往会让我们误以为所有变量都是测量。但是，**测量**应该立足于某一事物的某一种特性，那应该是在现实世界中切实存在的东西，而不是只存在于实验室里。因此，并不是给事物赋予的任何数字都能算是测量。例如，把我们对某人的各种不喜欢之处堆砌起来进行加总(在我看来，很多心理学测试就是这样做的)，其结果就根本算不上是一种“测量”。从抽象的哲学层面区分真正的测量和唯名论的错误行为并不容易，但是你在实践中应该能够做到这一点。你碰到一些不太确定的东西时(如从因子分析中获得的某种“一般智力”因子)，最好要有一些怀疑精神。

这儿有一个最近的例子。法拉若等人(Ferraro et al.，2016)最近声称，他们使用美国中年生活数据(MIdlife in the United States)发现，只有约四分之一(27.3%)的美国成年人**没有**被父母虐待过！就算其中有31.5%的人只是“偶尔”被虐待，这也表明超过40%的美国人有过经常被虐待的经历。

这令人震惊。但是如果你看一下威斯康星大学老年研究所的“量表说明”(Institute on Aging, University of Wisconsin, 2004)的第24页就会发现，他们所称的“虐待”指的是“在你的成长过程中至少有一次”如下经历：

> 1. 父母辱骂你/生闷气或拒绝和你说话/跺着脚走出房间/以言辞或行为来激怒你/威胁要打你/生气地摔东西或踢东西。
>
> 2. 父母推搡你或抓你/打你耳光/朝你扔东西
>
> 3. 踢你、咬你、用拳头打你/用东西打你或试图打你/殴打你/掐你或勒你/烫你或烧你。

在上述内容当中，有一些确实是虐待，有一些则不是虐待，还有一些简直是逗乐。按照上面的说法，如果有一次你管你爸爸叫笨猪，他拒绝和你说话，那么他就是在虐待你。

这当然是个极端的案例，但我们用唯名论的方式来处理量表时，确实会忘记实际的数据说的是什么，而只记得自己给这个量表起了个什么名字。例如，政治心理学家感兴趣的一个问题是某些政治观点是不是源于某些人的“权威主义特质”。具有“权威主义特质”的人的一个特征是，在某些权威损害某些群体时也会跟从去攻击这些群体中的人(当然他还有其他特征)(参见Martin, 2001)。我们做一个量表来测量它，方式是看在权威认同的事项当中受访者会赞同多少项。我们从低到高，给每个人都打了分数。

但是，在这个量表上得分较**高**和真正体现了这个概念的实质，这两者可能完全是两回事。有时候，我们用一系列特征来界定量表，但最终促使我们得到经验发现的那些人其实只具备这些特征中的少数几项非核心内容。我们用某些概念特征来进行解释时，得先确定这些特征在我们认为体现了这些概念的人身上确实存在。例如，持保守立场且反对平权运动（affirmative action）的人在量表上可能得分很高，但他们未必具有我们理解的所谓权威主义攻击性。如果他们攻击性很"低"，我们就需要反思自己的想法。通向科学的地狱之路，就是由不加反思、不加批判、总是沿用惯例的方法决策铺成的。

概念和量表/指标之间的不匹配还有另一种形式。如前面所讲过的，我们往往被名字误导，只关注一个变量的两端当中"凸显"（marking）的一端。如果我们测量的是"教育"，就会认定我们谈论的事情一定是"受教育多的人"促成的，其实现象却有可能是那些受教育少的人导致的[①]。做量表挺好的，它有助于减少简单

①在构建量表时，我们常常会给予某一些回答更大的权重，这时你在两端中"凸显"哪一端，结论会有很大不同。比如说，我们请人们对一些东西（如食物A、B、C、D、E、F）按照相似性程度分类。他们可以自行决定分成几类。第一个人分的是[AB] [CD] [EF]，第二个人分的是[ABC][DEF]。

我们首先从**接近程度**来考虑问题。他们都把A和B分在了一组，但是第一个人只把A和B分在了一组，第二个人则在同一组中还包括C。这是否说明，A与B的关联在第一个人看来比第二个人**更**紧密，我们应该给他的回答更大权重呢？第一个人的分类里只有三个同组关系[AB] [CD] [EF]；在第二个人的分类里有六个同组关系（即[AB] [BC] [AC] [DE] [EF] [DF]），是第一个人的两倍。因此，有些方法专家认为，应该依据这一点进行加权：第一个人列出的接近程度应该是第二个人那里的两倍。

但是，现在再从**差异程度**来考虑问题。第一个人没有把B和C放在一起，第二个人没有把C和D放在一起。但是第一个人分了三组，第二个人只分了两组。这是否说明，C和D的差异在第二个人的心里应该比第一个人心里对B和C的差异还要更大呢？按照这种逻辑，我们应该这样加权：第二个人列出的差异程度应当是第一个人那里的两倍。

然而这样下来，我们对第一个人和第二个人都进行了双倍加权，这就相当于都不加权。这个逻辑可以帮助我们理解拉什模型[Rasch，1960]的一个反直觉推论：如果你给予难题和简单题相同的权重，那么不加权的简单原始分数就是某个潜特质的充分统计量。

测量当中出现的误差，但是代价是更大的危险：理论概念和真实世界之间的关联被削弱了，我们可以随心所欲地生成很多数字，然后再贴到并不适宜的事物上去。忽视数据本身的性质，却依赖于我们对加总出来的结果的某种命名，这种做法是绝对错误的。但是怎样做才对呢？

指标与量表的构建

人们之所以要构建指标（indicator），是因为他们认识到我们的测量方式往往是不准确的。例如，用来测量人的自尊（self-esteem）的一道经典题目是：你是否同意“我能像大多数人一样把事情做好”。但是，如果受访者正好是位85岁的老人，他想到的事情正好是跑跑跳跳这类事，那么尽管他很有自尊，他还是会对这道题回答“不”。因此，至少对这些人来说，我们是无法用一道题来把握自尊这个概念的。于是我们就问好多问题，这些问题与自尊都有**一些**关系。把这些问题的答案加总起来，就很可能把那些自尊之外的因素抵消掉了，因此我们就得到了比原先做法更好的一个指标。这些测量都是间接的，但是加总起来以后，就可以近似于某种直接测量。这些逻辑都是有道理的。

但是，我们需要更深入地来思考构建指标的这种逻辑。对某种潜在特质的各种**后果**的测量，和对这种潜在特质的各种**原因**的测量其实有着很大的差别。对各种后果的测量之间应该会存在共变关系（co-vary）。我们会有很多统计量来确定一组测量是否可以构成好的指标，但这些统计量其实都假定测量的是共同原因导致的各种后果。但是,如果我们测量某件事是通过它的各种**原因**,那么测量之间就不一定存在共变关系。实际上,有时候它们呈现出来的甚至是反向的共变关系:失业和工作过劳都会让人心理紧张(stress),但是如果你失业了,你就不可能工作过劳。

我们不妨把对原因的测量称为**指标**(index),把对结果的测量称为**量表**(scale)。这种区分在某些社会和行为科学领域当中确实存在,但是并不普遍。[①]那我们就用更为常见的一种区分办法:**必要**条件和**充分**条件。如果没有a就没有b,那么a就是b的**必要**条件。空气是着火的必要条件,因为没有空气就不会着火,但是只有空气并不意味一定会着火。如果只要有a就一定有b,那么a就是b的**充分**条件。如果你已经有了压缩空气和燃油蒸气,火花就是燃烧的充分条件。有火花就一定会引发燃烧,但是火花并不是引发燃烧的唯一方式(柴油发动机就用不着火花)。

我的直觉是,总体而言,与通过后果来测量某些现象相比,通过其原因来测量要更好。因为我和大家一样,觉得现实生活的因果关系指的往往是充分条件,而不是必要条件。例如,抑郁会让人缺勤,但是缺勤的原因未必是抑郁。因此,如果你用缺勤天数来测量抑郁,就会有很多问题。但是如果被解雇会增加人的抑郁,它就总会增加抑郁。

我没有办法用数学来证明上述观点。我也承认,通过原因来

①在社会学中,我们在更为严格地思考术语之间的潜在关系时往往会用"指标"这个词,而"量表"的用法更为广泛(例如,有时候有多个定序选项的单个变量也被称为"量表")。这种用法引发很多混淆。因为在日常用法当中,那些胡乱拼凑一些项目然后进行加总出来的数字也被称为"指标",而在心理学中"量表"指的是与心理测量有关的内容。有些研究者则用"量表"来指把多个多选题的结果进行加总的测量方式。

制订指标有一个难点：在多数情况下，我们无法穷尽**所有**可能的原因，这样就会有偏差。例如，好多事情都会引发心理紧张：配偶死亡、失去工作、被判有罪、巫术附身、商业调整、婆媳矛盾。著名的霍姆斯-拉赫压力量表（Holmes-Rahe Stress Scale）包括了前面列出的大部分内容，但是他们没有包括巫术附身。为什么呢？因为福尔摩斯和拉赫这类人没有因为巫术附身而心理紧张过。

但其他人会。在许多社会里，可能最令人紧张的事情就是被人施加了巫术，这甚至可能会让人紧张得要死。就算在美国，也有些人因为被人施加巫术而心理紧张，虽然我们不知道具体数字。但是，多数人制订指标的时候还是从自己的角度出发考虑的，他们至多会考虑那些"和我们差不多的人"。

所谓"理论驱动"的研究方式就有这样的问题。如果理论是对的，一切都好；如果理论是错的，那就一切都完了。但是，理论通常都没有那么完美。它们是局限的，它们并不能容纳其他的人、其他的地方、其他的时代，因此我们不能完全相信它们。我们需要学会进行"理论推敲"（theorize）：不是给自己的研究结果添加一些花哨的词汇，而是要对数据的生成过程进行理论推敲。你会发现，这要比你课堂上玩弄那些抽象术语要有趣得多。你的入手点不再是那些大胡子们讲了些什么，而是你的数据资料说的是什么。你得检验数据是不是牢靠，就像你在爬树的时候，在把全部重量放上去之前，得先试试树枝是不是够结实。之后，你就可以对于全局有一个鸟瞰，了解数据当中究竟有什么内容了。

多了解来源

家谱调查

你现在已经明白，不能因为它是“数据”，你就可以放心地用它来解决自己的疑惑。如何解决这个难题呢？首先，你要留心它的“出身”。在多数情况下，数据源于访谈。作为数据来源的访谈，和很多问卷调查的分析者认为没有科学性的深入访谈，并无本质区别。数据质量取决于整个链条中最薄弱的一环，这往往就是访谈本身。可是，很多定量研究者对于访谈过程毫无了解，甚至根本不想去了解。（感兴趣者可以参看海曼[Hyman，1954]对于访谈过程进行的精彩的现象学描述。）

第一个警示故事讲的是美国社会的隔绝程度在快速增长。在美国社会学会的头号期刊上，迈佛森等人（Mcpherson et al.，2006）发表了这个惊人的发现。他们使用的数据非常好，那应该是美国质量最高的数据——美国综合社会调查（General Social Survey，简称GSS）。在1985年，GSS调查中包括了“社会关系”（Social Ties）模块，询问人们会和谁交流重要的事情。（这被称为“核心讨论网”；这种测量亲近关系的方式好不好，我们一会儿再讨论。）这个模块在2004年又被调查了一次。迈佛森和他的同事分析了新的数据，发现连一个亲近关系都**没有**的人数有了大幅度增长。这个发现如此重大，他们自己也有一些怀疑，因此讨论了好几种可能的解释(但就是没有推敲结果本身的真假)。在论文里,他们表示并不能确定变化的幅度范围。但是既然这是一个无法给出合理解释的谜题,他们就发表了这篇文章。

回头去看,他们还是有些草率;对美国社会非常了解的社会学家(如费舍尔[Claude Fischer])会确切地告诉他们,这**不可能**是真的。如果温度计显示室外是华氏75度,但你看到湖水还在结冰,那你应该相信温度计呢,还是自己的眼睛?

安东尼·裴和肯尼思·桑切格林(Paik and Sanchagrin,2013)最终解开了这个谜题。问题出在访谈上。有些访谈员很糟糕,他们(直接或间接地)表达出自己不想在访谈上花过多的时间。他们在做访谈的时候,诱导受访者回答说自己一个朋友也没有,这样就可以把这整个部分跳答过去。裴如何能意识到这一点,而其他分析者和批评者没有意识到?因为他在芝加哥大学读研究生时,亲身参与过这个机构(即全国舆论研究中心)的数据收集工作(但参加的不是这一项调查)。他明白访谈的过程,所以知道该去哪儿找问题。①

现在我们讨论一下调查题目本身,即用“核心讨论网”来测量社会关系的方式。它合乎情理吗?答案是:在测量一个极其含糊的抽象概念(如“网络”)的所有方式中,它合乎情理的程度至少不低于其他方式。问卷里的提问方式和具体措辞是花了大量心思才选定的,绝对不能是随便抓来的一句话(比如“你有几个好朋

①李和比尔曼(Lee and Bearman,2017)对于斐和桑切格林的证据提出了质疑,但是在这个数据中,不同访员接触到社会隔绝者的模式有非常大的差别,而现实世界中访员之间应该是相差不大的,这一点是不容易说得通的。李和比尔曼对于网络**规模**的一般议题提供了重要信息,而斐和桑切格林的研究关注的是社会**隔绝**。两种路数都有各自的发现。

友”之类）。问卷编写者已经做到了最好。但是，如果你因此把网络当成确定不移的实体，那就不合乎情理了。大多数人都会有一些社会关系是起伏不定、时断时续的，在朋友和熟人之间、熟人和陌生人之间也没有一条清晰的界限划分。在回答这类有关“谁”的问题时清楚地列出名字来，这是相当困难的认知任务。困难程度其实还得加倍，因为题项还需要一些解读才行：什么才算是“重要的事情”？

你自己怎么理解这道题无关紧要，关键是你得知道受访者是怎么理解的。比尔曼和派瑞吉（Bearman and Parigi，2004）使用同样的题项进行了一次调查，但是还询问了他们谈论的是些**什么事情**。结果发现，有些人认为自己谈论的所有事情都算不上“重要”（你仔细想想还真是这么回事），而另外一些人认为鸡毛蒜皮的事情也很“重要”。[①]此外，我们可以想到，在一段时间被认为是“重要的事情”，随后可能会变得不那么重要了。在《辛普森一家》里，丽莎原本为自己难看的项链而忧心，但国家危机出现后，这件事的重要性就下降了。如果有重要的政治事件在发酵时，很多受访者会下意识地以为，“重要的事情”指的就是那些有争议的**政治**事件——那些自己根本不会去谈论的事情（Lee and Bearman，2017）。

在涉及抽象的事物（如“社会网络”）时，一定要先把那些标签搁置到一边去，努力去理解人们起头（prompting）、回想、标记的整个过程，数据就是在这些过程中生成的。即便我们无法实际观察这一过程，通过看问卷也能明白这一过程的很多方面。如果我们

①我认识一些同行，他们感觉，只要是**他说的**话，都挺“重要”；因此，我们**所有人**都是他的核心讨论网成员。

发现数据的生产过程是有缺陷的，就要对数据有一些怀疑的态度了。

怀疑态度

在另外一些情况下，数据的来源并不是访谈，因此你无法追根究底，找到原始的纸质资料。对于有些很有吸引力的数据来说尤其如此，它们本身是组织机构工作的副产品。你要牢记：分析的可靠性取决于最薄弱的环节。把可靠的数据和不可靠的数据拼接在一起进行分析，结果也不可靠。这一问题日益突出，因为现在出现了各种各样的"免费数据"，据说能够便捷地帮你解决问题。但是，老话可能还是对的：一文钱一文货。

我们来看一个最近的例子。如果你生活在美国，就会感觉到现在的富人比以前更有钱了。人们想知道这种变化背后是什么原因。吕雨佳（音）和格伦斯基（Lui and Grusky，2013）认为，原因主要在于这些精英具有的**技能**，如今"分析性"技能的回报比以前更高了。

但是，如何判断一个工作需要多少"分析性"技能呢？他们在网上找到了一个免费数据库，名叫"职业信息网络"（Occupational Information Network，简称O*NET），上面有每种职业需要多少某种技能的得分。这些估计量的构建花费了大量的工作（参看Tippins and Hilton，2010），有很多研究证明它们是有信度的。但是，信度和效度是两回事，这里最关键的是效度。O*NET花了很大力气来确保回答的效度：他们要求受访者辨别某种技能对这一职业的**重要性**和需要的技能**平均水平**，还用简要示例进行了锚定校准(anchoring)。[①]前述两位研究者完全了解这个数据的性质，他们讨论了上述议题。

但是，他们的关键论证取决于对分析性技能的评分是否有效。我不太确定人们是否擅长于给自己的工作评分。但是，我确信那些专业评分员们不擅长于此。在大多数情况下，他们对这项工作的了解只是工作名称和一小段工作简介。很多O*NET评分似乎完全是根据偏见给出的。例如，哪些职业最需要推理能力？排在第二位的是"法官"和"警方侦探"(O*NET区分了一项技能的**重要性**和现职者在这项技能上的**平均水平**；在O*NET数据中，对于侦探来说推理能力很重要，但是他们实际拥有的推理能力却和泌尿科医生差不多)。水管工需要的推理能力比这两种职业都要低很多。令人生疑的是，"赌场筹码兑换员"和"赌场发牌计分员"所需要的推理能力和实际拥有的推理能力居然完全一样。

这并不是说，只有赌场筹码兑换员才有资格评判自己的工作需要多少推理能力。我也承认这些技能都是工作所需要的，人们的评分和实际的技能之间存在非随机性的关联。但是，在涉及像"分析性技能"这样的抽象概念时，我们需要心生警惕：无论是受访者还是评分员，他们的态度虽然很认真，但也可能只是在重复某种偏见。人们可能只不过是对此持有**相同**的偏见，这并不能确

①例如，测量"批判性思维"的七度量表中，他们的简要示例如下：2代表了"能够判断出下属迟到的理由是否成立"；4代表的水平是"能够对顾客的投诉进行评估并做出合适的回应"；6代表的水平是"能够写一个诉状来挑战联邦法律"。7是最高水平，如果要我给出示例，我会说这代表"能够写一本著作来批判性地考察官方数据的有效性"。

保我们能够发现上层越来越有钱的原因①，而只会遮蔽不平等的真正原因。

“分析性技能的回报在增加”只是一种解释方式，但是还可能有另外一种解释。想象一下，在十八世纪的加勒比海上，海盗黑胡子（Blackbeard）②和他的朋友努力建立了一个水手数据库。他问道：“弟兄们，当海盗船长最需要什么本事呢？”棉布杰克（Calico Jack）正在用心地啃骨头，他说：“要我说，咱们这号人的分析能力就是比人强。”“就是！千真万确！”随后，有些对航海一窍不通的人想搞清楚为什么基德船长那么有钱。他们找到了那个数据库，然后认真地做了回归分析，最终得出结论：这是因为他们的分析能力更高。看吧，那些有分析能力的人才能当上船长，就连海盗们自己也这样说。我也认识一些高层经理人，其中有些人也不能说一点分析能力没有，但肯定远远低于那些退休金都被他们掠夺走了的下属们。这里说的其实是人们熟知的一个马克思主义观念：有钱的人往往会制造出一些有利于他们进一步获取金钱的“事实”来。这种解释未必正确，但是你必须认真考虑这种假设！

最后，在进行跨国研究的时候，仅仅去读翻译过来的编码手册是不够的。很多常用的跨国研究数据库都存在严重的翻译问题。2001年的世界价值观调查（World Value Survey）显示，99%的越南人赞同军事统治！其实这是因为翻译成越南语之后，意思从

①事实上，吕雨佳和格伦斯基担心受访者会夸大自己职业所需要的能力水平（他们的打分确实比专业的打分员给的分数更高），因此对于那些分值提升得过快的职业，他们以打分员的分值为基准进行回归，从而调整降低了其分析性能力的分值。那可能是对的（这并不会在很大程度上影响结果），但是我们一定不能因为打分员、高层工作从业者、教授们都一致同意那些收入低的职业就不需要什么技能，就把这本身当成了一种效度检验！

②黑胡子、棉布杰克、基德船长都是西方世界最著名的海盗名字。——译者注

"军人统治"变成为"统治军人"(Kurzman,2014)。更麻烦的是,在研究像"价值观"这一类事情时,并不是所有的文化中都有能够彼此清晰对应的内容,因此根本不可能找到**正确**的翻译!遇到这种情况,还是放弃为好。

交叉验证

如果你已经搞清了数据的来源出处,并没有发现有什么大问题,那么下一步应该怎么办?你应该尽可能地进行描述性分析来了解数据的内在效度。

我在威斯康星大学的时候听过一个求职演讲。那个演讲者使用的数据是从两方面收集来的,例如分别问丈夫和妻子每个人做家务的比例。她的研究问题是妇女的工作时间是否会改变这种平衡。她把丈夫和妻子的回答进行了平均,但是却没有去考察丈夫的回答和妻子的回答的一致程度及其原因。杰里米·弗里兹(Jeremy Freese)和我对视了一下,都下意识地摇了摇头。结果当然没有通过。你首先得了解自己手里的东西是什么,然后才能去"解释"它,对吧?

我吃惊地发现,人们在使用这类从两方面收集来的数据(如学校中学生的打架和欺凌、夫妻间的暴力)时,很少去列一个简单的列联表,来核对他人的说法和自我的说法。要想**从**数据中了解东西,首先应该了解数据**本身**。要了解它们在哪些地方是一致的(处在列联表的对角线上),在哪些地方**不一致**。不要掩盖不一致,而要去认真考察。你会从中得到大收获。

例如，我一直在使用“本杰明·泽布劳基城市交往数据”（Benjamin Zablocki's Urban Communes Data Set）中的社交网络数据。这个数据质量很高，我认为是极其优秀的社交网络数据。但是，数据里仍然有不一致之处。张三说他和李四从来不见面，但李四却说他和张三经常见面。有一两个地方，这是由于受访者或访谈员的差错造成的；但在多数地方（数量其实也很少），这是由于解读不同造成的。怎么样才算是“见面”呢？泽布劳基的题项没有歧义的（“……**当面**聚会”），但还是有些人会认为打电话也是“当面”。

甚至关于是否已婚，数据里也有一两处不一致。这并不意味着这个数据很“糟糕”，或者这个受访者说了“假话”。很多受访者认为稳定的同居就是婚姻关系，另一些人则认为必须要领证才算是婚姻关系。甚至，对于两个人是否办过婚礼也可能有不一致的看法。你可能短暂地参与过一个异端教会，在那里由教主主持仪式与某人结婚了。但你觉醒之后不再相信这些了，于是认为那个婚礼是无效的，你从来没有结过婚，现在也不是已婚的人。但是你的那位“对象”仍然在那个教会里，坚信你们的灵魂已经生生世世永远捆绑在一起。

事实上，不一致之处往往比一致之处更能给人启发。以“全国健康与社会生活调查”为例（Laumann et al.，1994），它不只是简单地调查发生了什么事，而且还调查人们行动的**意义**，质量非常高。在这项调查中（与其他对当代美国人的调查一样），男性声称拥有的性伴侣的平均数量要比女性声称的多。这初看起来似乎是不可能的。这种不一致有时被人用来证明这类调查结果是不可靠的（如Lewontin，1995）。其实这并不是摒弃使用这些数据的理由,相反它是研究男性和女性如何理解性这件事的极好机会。首先,只要进行细致的分析,就能发现这些偏差有可能并不是想象出来的。如果对女性来说性伴侣越多就越不会回答上述问题,对男性来说性伴侣越少越不会回答上述问题,那么两者的实际差异就会被夸大。如果样本中的男性比样本中的女性更可能在样本框之外有性伙伴,那么也会有同样的结果。比方说,如果男性往往与比自己年轻的女性有性关系,那么他们的性伴侣中就有更高比例落在样本框(通常只包括成人)之外。

此外,批评者以为上述差异的存在只能说明人们在**说谎**。但是,上述差异可能源自人们**回忆**上的差异、**定义**上的差异、**认知**形式上的差异。例如,如果你现在15岁,去参加一个啤酒聚会,在喝掉五杯啤酒之后,第六杯又喝了一点但没有喝完。那么你喝了多少杯?如果是和朋友们聊天,你就会说:"这次聚会真嗨呀,我喝了六杯!"如果是被警察约谈,你就会说"只喝了四杯",因为那都是些小杯子;你甚至会说"只喝了三杯",因为杯子只有八成满。在确定某种肢体互动属于什么性质时,同样的事情也会发生。

幸运的是,我们可以去检验这些解释是否成立,办法是将伴侣关系分为不同类型分别考察,看男女两性在自我表述上的不一致是扩大了还是缩小了。例如,我们可以只考察年龄相近的伴侣关系(或者只考察年龄差距较大的伴侣关系),看男女两性的不一致程度是否会变小。如果不一致完全是由于抽样框的差异造成的,我们在进行这样更聚焦的比较时,就会看到不一致程度会变小。当然,不一致程度变小并不意味着我们能够认定男女两性在自我表述上就完全一致。但是,如果发现这种不一致**并未**降低,我们就可以认定男女两性在自我表述上确实存在差异；这在理论上有重要意义，我们可以继续探究其原因。此外，如果你发现在某些类型的伴侣关系中，男女两性的自我表述差异最大，这其中很可能就包含了能够帮你找到差异产生原因的线索。

为了说明如何进行这类分析，我们来看"全国健康与社会生活调查"中的一个令人惊奇的结果。它发现男性天主教徒声称自己有过异性肛交的比例是最高的，几乎是新教徒的两倍，甚至高于无宗教信仰者。(安德鲁·格里利[Andrew Greeley]是一位天主教神父，但他也在全国舆论研究中心工作，同时还写色情小说。在不写小说的时候，他就很喜欢到处讲这些事情。)但是女性天主教徒声称自己有过肛交的比例要低于男性天主教徒，虽然高于新教徒而低于无宗教信仰者。即便我们考察最近一次性行为的情况(这会更为准确)，男女天主教徒的上述差异仍然存在。当然，男性天主教徒可能与不信仰天主教的女性进行肛交，因此这并不一定意味着男女天主教徒的自我表述存在差异。他们也回答了其性伴侣的宗教信仰，因此我们可以只考察发生在天主教徒之间的关系，但此时上述差异仍然存在：声称自己与天主教女性有过肛交的天主教男性比例，高于声称自己与天主教男性有过肛交的天主教女性比例。

样本中的天主教男性与女性并不是彼此的伴侣，因此有可能男性和女性的回答都是准确的，两者的不一致可能是由于抽样误差造成的。那么你可以推算一下，如果总体当中男女两性不存在差异，你在样本中观察到这么大差异的概率有多大。这一系列考察可以帮助你逐步把握男女两性存在差异的本质所在。在这个例子中，数据分析结果会告诉你，你根本不必再去继续追究这种差异是由于尴尬(如肛交被作为一种避孕措施),还是由于不同的表述习惯了(男性认为只要有这种方式的性行为就是肛交,女性认为只有这种方式而没有其他方式的性行为才算肛交)。

总而言之,你不要害怕回答者对同一件事情有不一致的回答,这正是你想要的入手点。这会让你有能力借此厘清那些用单方面数据难以厘清的事情。

这里我们讨论的是不同的人对同一件事的不同回答。你还可以用多种方式或者在多个时点向同一个人提问,然后比较其回答。两次回答存在不一致,这并不意味着数据是糟糕的。人确实会改变主意。但是,没有人会从断肢变成健全人。在"青少年健康纵贯调查"中,我们就是用这种方式甄别出了那些糟糕的回答者。如果能够去检验个体回答的内部一致性却**故意不去**检验,那你就是在耍心眼了。最后,有时候我们能够从人们的回答模式中甄别出存在问题的访谈来:在某道题后,他突然全部都回答"同意"或者"不知道",这通常表明他对访谈厌烦了或生气了,或者把电话递给了他一周岁的儿子。

描述数据

找到感觉

在确定自己的数据不是垃圾之后,你对数据的态度就从质疑转变为信任了。你开始要让数据来引导你的工作了。你要问的第一个问题是“我能用这个数据回答什么问题?”答案要通过数据探索才能找到。你在进行充分的数据探索之后,就会对数据的优劣有直观的感受了。有时候你会发现这个数据虽然不是编造的,但是并不好。原因并不是它和你的想法有相悖之处,而是你从中什么新东西也找不出来。**优秀**的数据往往是这样的:它和你的想法直接相悖,因此你从中能够找出新东西来。你寻找新东西的入手点,往往就是列表格。两向表、四向表、六向表……,只要你的头脑还受得了,就尽可能详尽地列下去。

在这样做的过程中你就会找到感觉,知道要沿什么方向去探索。“这个表中,92个人中有17个选这项……那个表中,108个人中有29个选这项……那就是19%比27%……这个差异不值得琢磨……还有个表,108个人中有37个选这项……17/92与37/108……,这个事情就值得琢磨一下了……”。你会有最初的一些推论(“也许这两个东西之间的差异是关键之处”),但是这些推论没有被证实,你就会意识到这条路可能行不通。数据又会帮助你产生新的假设,然后你再沿着这条路去探索。

下面这个例子是我写作本书时正在进行的一项研究。我想**同时**测量人们对于“占领华尔街运动”的支持度和对于“茶党运动”的支持度,借此来了解人们的政治意识形态立场与政党制度的关系。让我来告诉你,我把那些表格铺到了地板上之后发现了什么。首先,支持其中一项运动的人往往不会支持另一项运动。这在意料之中,不值得进一步琢磨。其次,民主党人或者自由派往往会支持“占领华尔街运动”而不支持“茶党运动”,而共和党人或保守派往往会支持“茶党运动”而不支持“占领华尔街运动”。

你可能觉得这不过是常识而已,用数据发现这些内容实在是太愚蠢了。但是,我接着先根据是保守派还是自由派、有没有接受过大学教育将人群分为四类,然后对每一类人群列出是否“占领华尔街运动”和是否支持“茶党运动”的交叉列联表(这是一个2×2×2×2的表)。从这些表中能看出什么呢?

在每一种意识形态类别**内部**,对“占领华尔街运动”的支持和对“茶党运动”的支持都是正相关的!这表明了一种很有趣的理论:是否支持“占领华尔街运动”和是否支持“茶党运动”测量的其实都是某个人对社会现状是否有一种“恼火生气”的感觉,而他的意识形态立场则使他对于哪一种运动更容易得到响应进行了**排序**。通过引入其他数据,我们可以进一步检验这种理论。当然,如果你得到了理论假设就止步于此,那你就可能会出现“过分拟合”的问题。你应该继续去检验你的解读是否正确,但这里的检验指的不是要你去进行某种**统计**检验,而是要你去检验这种理论的各种**实质**推论是否成立。不必担心,以后会有很多机会来驳斥你的假设。现在我们主要关注的还是如何产生这些假设。

化繁为简

上述做法之所以有效,是因为认知科学(而非统计学)说明,我们大多数人很容易识别出某种模式来。我们能通过**听觉**或**触觉**感受到某种模式,但最擅长的还是通过**视觉**感受到某种模式。最容易说服他人的方式是让他看到这种模式(Latour,1986)。在社会科学研究中使用这种能力的难点在于,我们的环境通常都太过复杂，以至于我们不能识别出模式来。因此在很多情况下，解决办法在于把数据简化成为某种形式，使得你可以识别出其中的模式。

因此，人们通常所谈论的“数据可视化”(visualizations)就非常重要。我前面讲过的列联表其实也可以看成一种数据可视化。列联表的优点在于它具有通用性，可以快速生成，易于理解(在你知道如何读表以后)。只需要一个单元格频数、一个列百分比、一个行百分比，你就可以开始工作了。

有很多可视化方法能够让人受益匪浅。但是，最简单的那种“预制图”(参数已经预先设定好)有可能会误导你。你必须花些时间来对它们进行调整，以便适用于你的数据。有些图被大家公认为是不适于展示任何数据(如“饼图”)，另一些图则只适用于某些问题和某些数据而不适用于其他数据(如“条形图”)。有些图对于低维数据结构(如对应分析)来说是**极好**的，但是不适于展示高维数据。你可以用“旋转”或者不断地“切片”的方式来把握三维数据，但是我自己从来没有能够在头脑中想象出四维数据是什么样子。或许我们能够生成某种数据的三维全息图，它在我们沿第四个维度前后移动时可以不断变化，这样便可以展示出四维数据来。或者我们不仅可以上下移动，还能够左右移动，这样便能够展示出五维数据来。但是这一切都是假想，留给未来考虑吧。

数据可视化的关键在于，它能够让你尽快对数据有直观感受。举例来说，人口学家对于所谓的“年龄-时代-世代”问题很熟悉。事情发生了变化(如离婚率)，我们想知道变化的原因是人们的年龄(无论是谁，到了这个年龄之后就会发生变化)，还是由于时代（无论是谁，处在现在的时代都会这样变化），或者世代（80后那代人就是和其他人不一样）。麻烦在于，上述三个变量当中，某一个变量都是另外两个变量的函数（年龄=当前时代-出生世代）。因此我们无法把这三个变量同时引入分析。在数学上来讲，这是一个无解的问题。

但那只是在数学上无解。在社会学上，它是有解的。表2.1显示了这种数据的结构。纵向的维度代表年龄，横向的维度代表时代（即进行观察时的时间）。单元格里写的是世代（人们出生的年代）。我们使用10年为一个阶段，把这10年间的人都合并在一起。注意在表中，一个世代会向右上角不断上移（表中的箭头表示的是1910世代的上移轨迹）。表2.2中是我自己编出来用来演示的数据（假定它们是已婚女性在婚后一年内就有小孩的比例）。

表2.1　年龄、时代与世代表的结构

	时代										
	1900	1910	1920	1930	1940	1950	1960	1970	1980	1990	2000
100	1800	1810	1820	1830	1840	1850	1860	1870	1880	1890	1900
90	1810	1820	1830	1840	1850	1860	1870	1880	1890	1900	1910
80	1820	1830	1840	1850	1860	1870	1880	1890	1900	1910	1920
70	1830	1840	1850	1860	1870	1880	1890	1900	1910	1920	1930
60	1840	1850	1860	1870	1880	1890	1900	1910	1920	1930	1940
50	1850	1860	1870	1880	1890	1900	1910	1920	1930	1940	1950
40	1860	1870	1880	1890	1900	1910	1920	1930	1940	1950	1960
30	1870	1880	1890	1900	1910	1920	1930	1940	1950	1960	1970
20	1880	1890	1900	1910	1920	1930	1940	1950	1960	1970	1980
10	1890	1900	1910	1920	1930	1940	1950	1960	1970	1980	1990
0	1900	1910	1920	1930	1940	1950	1960	1970	1980	1990	2000

表2.2　年龄、时代与世代数据矩阵

	时代										
	1900	1910	1920	1930	1940	1950	1960	1970	1980	1990	2000
100	11	6	10	10	59	28	10	11	7	13	12
90	10	5	8	7	68	22	12	6	8	10	8
80	6	5	8	6	66	71	7	8	7	6	10
70	7	11	11	11	54	24	12	7	7	11	8
60	7	13	13	5	27	54	9	9	5	5	5
50	8	5	10	13	54	84	8	12	7	10	6
40	9	12	7	9	13	25	7	6	11	10	11
30	9	10	8	11	40	18	12	6	7	7	10
20	12	9	12	12	26	77	9	7	10	6	10
10	5	12	10	8	41	36	7	5	13	13	5
0	10	7	9	5	35	68	10	10	11	6	5

可以马上做个小测验：你能从中看出什么？你可能会看出一些东西来，但也可能会看错。你可能会看出1940年代和1950年代与其他年代有所不同，这一点是对的。你还可能会看出60岁和70岁也和其他组有所不同，这就有些不确定了。我们可以把它制作成图，使得图中的灰度与单元格中的数目成比例（图2.1）。这是用R软件做的一个简单的黑白图（R2.1）。但是它表示了这种模式只是一种时代效应。你在表的行中似乎也看到了某种模式，但是那只是由于我们的肉眼对于1位数和2位数之间的差异比较敏感，其实在这个表中，主体部分中的数字是完全随机的（在从5到13的数字中随机抽选的）。

这个例子中存在的模式是非常明显的。表中的所有数字都是从5到13的数字中随机抽选的，除了中间两行是从5到85的数

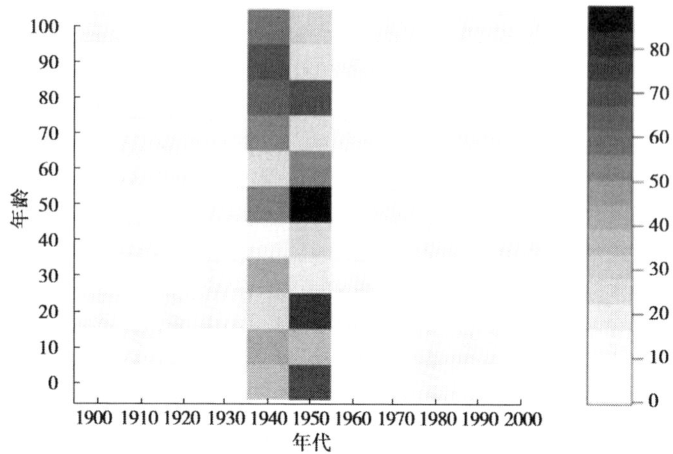

图 2.1 年代效应

字中随机抽样的。除非你什么也看不见，否则就能看出这一模式来。现在来看另一个比较微妙的例子：请问表 2.3 中的数据中存在什么样的模式？这一次你就很难直接看出来了。我们还是试着把它制作成图吧（图 2.2，R2.2）。

表 2.3 又一个假想的年龄、时代与世代数据

	时代										
	1900	1910	1920	1930	1940	1950	1960	1970	1980	1990	2000
100	13	6	7	9	5	13	6	20	8	11	11
90	5	10	7	9	8	6	20	5	6	9	7
80	12	7	10	6	9	23	11	6	6	9	9
70	13	7	8	12	18	13	8	7	8	11	15
60	12	11	9	18	7	9	8	12	12	8	11
50	5	11	22	6	13	12	9	9	23	11	7
40	10	9	12	10	10	11	6	22	12	9	9
30	11	13	11	10	10	9	11	6	7	11	12
20	6	12	9	11	5	17	7	13	11	6	9
10	7	11	8	10	15	9	9	6	13	10	8
0	6	10	6	16	8	13	7	5	10	7	11

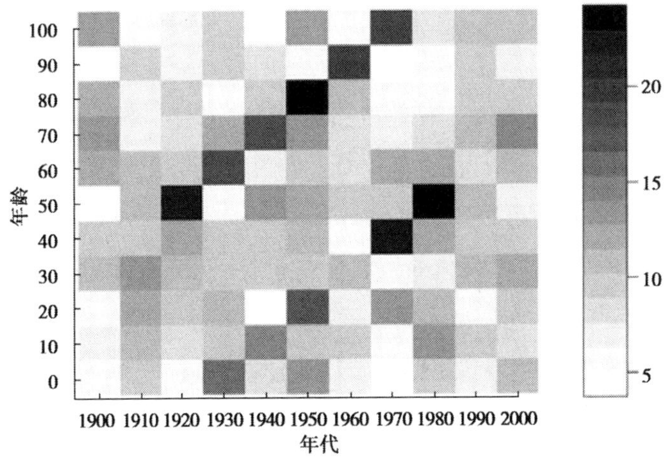

图2.2 世代效应

看图就清楚多了。如果看不清,可以眯起眼睛来(我自认为这是一种很重要的方法技巧)。看起来有两个世代与众不同,分别是1870世代和1930世代。从数学上,你是没法证明这就是世代效应,而不是年代与年龄的某种复杂的非线性交互作用的。但是不用管这些,直接去了解这两个世代在早年间经历了什么,有什么共同之处吧。

简单的数据可视化不仅可以发现某个主题,而且有时还可以证明它。最近有一个很好的例子,维埃斯和谢弗斯对于美国的世俗化进行了研究(Voas and Chaves,2016;Hout and Fischer,2014)。很多宗教社会学家对于美国宗教的兴盛印象深刻,将此作为重要证据来说明即便在发达国家当中,也并不存在世俗化的趋势。维埃斯和谢弗斯(Voas and Chaves,2016:1531)用折线图展示了不同世代对宗教的忠诚度随时间的变化轨迹。这些折线**没有任何**交义。在任何年龄,美国的每一个世代的宗教忠诚度都比前一个世代更低。[1]这就是社会科学当中的证明方式。逻辑上讲,当然有可能存在其他的解释。但是既然还没有人提出其他解释,我们就接受这种解释。举证的责任这时已经落在了别人身上。

总之,我们可以通过各种方式来编排数据,以识别出其中存在的模式。数据可视化的目的就在于此。没有能够包治百病的灵药,有些数据作图确实根本没有什么用(比如说至今还会有人只是为了炫技,用大型网络数据绘制出仿佛毛线团一样的"网络图"来)。你应该做的就是暂时把理论放在一边,就像去探索一个地方的地貌一样去探索数据。有没有一些变量全部堆积在某些取值上?有没有一些变量完全没有变化?有没有其他变量有着几乎同样的变化趋势?如果你有一个全国性数据,数据的分布结构是按地区展开的,就一定要绘出地图来,或者至少区分城乡来分析。不要明明**知道**数据有某种特征,却非要用某种技术手段来把它"控制"掉,这种做法就相当于你非要在布鲁克林找一位种玉米的农民,来了解他对于用水政策的看法。相反,你要带着你的兴趣或者直觉,尝试在数据的呈现中深化它们;你已经了解数据的那些不可避免的特性,因此也会选择与之最相匹配的数据呈现方式。

①新移民的加入会带来更强的宗教忠诚度,但是这并不能否定人们的宗教忠诚度在变低这一事实(Voas and Chaves,2016:1546f)。热水会逐渐变冷,这一点并不会因为你可以不断往里添热水而被否定。此外,移民的宗教忠诚度没有强到足以补偿本地出生者的宗教忠诚度的降低。

另一方面

我热衷于模式识别。但是有一种做法与模式识别看似相似,其实却是个陷阱。我将其称为“玩数据”(messing around with data)(我在《领悟方法》第8章中对此略有涉及)。你得到了一个新数据,然后试验各种算法,对数据进行各种转换,使用你知道的各种炫酷技术,做出各种图表来,对某种算法的作图进行编码,然后再用某种算法再编码再作图……。你熬到凌晨四点的时候,终于得到了一张极酷的图,但是你怎么也搞不清是怎么画出来的。

归纳指的是寻找稳健的模式,那些模式不需要对数据进行过分的涂抹揉搓,它是直接跳入你的眼帘的。“玩数据”并不能帮助你对真实的数据有切实的了解,其作用有点像比萨饼上面的那堆配料。你以为那些花里胡哨的配料都是肉,但是你知道它们是怎么做出来的吗?我不告诉你,因为怕你会吐。他们使用了好多加工的办法,而里面其实没有多少肉。遇到这类花哨而空洞的东西,你最好躲远点。接下来,我们还是来看一些好懂又可靠的技巧,帮助你明白手头的数据在可能的全部数据集中的位置。

数据落在哪里

“别忘记那些你没量出来的东西”

“迷幻疯克”乐队[①]唱出这些不朽歌词的时候，很明显针对的就是社会科学研究者：他们错失了对某个现象的最重要解释而毫无察觉，仅仅是因为它没有被测量。(很可惜，他们在正式录音版中剪掉了我最喜欢的一小节。他们在那一节里还指出了，别忘记数据中那些没有足够变异的东西。)

在我们的方法中，你要解释某一个量的变异，**只能使用**另一种量的变异；这就好比说，你要敲开一块岩石，就必须用另一块岩石。因此，不管你的理论是什么，你的解释一定得是在数据里存在变异的某种东西。如果某个变量在数据中的取值范围是有删节的(比如说你只调查了某一个年龄段的人)，它就不太可能有很强的解释力。更糟糕的是，数据变异集中在哪个**层面**(level)，你会很自然地强调某种解释而不是另一些解释。基于个体层面的数据，你最终提出的很可能就是个体层面的解释，除非你事先就知道自己在寻找非个体层面的解释，然后把它转换到个体层面的数据中。你的数据是有关罪犯的，你的解释很可能就是罪犯的个体特征；你的数据是有关受害者的，你的解释很可能就是受害者的个体特征；你的数据是有关不同国家的，你的解释很可能就是

①“迷幻疯克”乐队(Funkadelic，或译为“疯克德里克乐队”)是一支活跃于1970年代的美国乐队。“You can’t miss what you can’t measure”是他们的一首著名单曲。——译者注

国家层面的不同特征。

你有可能会想出其他假设来，甚至可以去检验那些假设。但是，你的数据类型和数据中变异的分布都会潜在地影响你提出特定的解释。更一般而言，如果某个东西根本**不存在**变异，它就不会作为原因而显现，即便它确实就是原因。因此，你首先要明白，你手头的数据是何种类型？

顶部与底部

如果你仔细琢磨，就会知道对于数据（尤其是你的因变量）有三件事必须要知道：顶部在哪儿，底部在哪儿，大多数在哪儿。多数变量的取值范围都是有上下限的，或者是因为实际如此，或者是因为测量手段所限。在顶部那里，你不可能再上升，只能下降；在底部那里，你不可能再下降，只能上升。这就引发了所谓的“上限效应”（ceiling effect）和“下限效应”（floor effects）。这意味着，我们都不用看实际数据，就可以预测很多模式。

例如，我们可以预料，最上层的1%的家庭中的孩子与其父母相比收入会**下降**，最下层的1%的家庭中的孩子与其父母相比收入会**上升**。但是，这能说明收入在走向逐步均等化，或者认为马太效应不存在吗？当然不能，它只能用来说明一个普遍适用的统计学道理：事物存在着向均值回归的趋势，但这并**不**意味着代际之间存在着负相关关系。①

①也就是说，如果你妈妈有7英尺高，你可能会比7英尺矮一些，但比平均水平还是会高一些。

更加微妙的是,如果真实世界当中的关系并不对称,在靠近底部时得到的结论与靠近顶部时得到的结论就很可能并不一致。在一个关于儿童交友的调查中,我们询问他们朋友的情况,但最多只允许他们说三个朋友。结果,大多数儿童都能说出三个来。因此,数据反映出来的差异,其实是哪些儿童"**人缘极差**"。这个变量很可能会被**称为**"好人缘",但是它根本解释不了与"**人缘极好**"相联系的那些事情。

在考察效应的异质性时,这种上限效应和下限效应会导致数据中呈现某种有规律的模式。比如说,我们要测量教育对收入的影响。我们有三个人:一个接近收入下限;一个位于中间;一个接近收入下限。处在下限的人只能向上;处在上限的人只能向下;处于中间的人向上向下都可以。你会想得到,收入与教育之间的关系在中间部分最强。事实上,通常就是这样。

我们可以把数据分成不同子集(subsets),然后对每个子集运行相同的模型,由此得到一系列"局部"参数(local parameters)。我们对数据分组时,是明确地这样做;我们在构建交互项系数时,是含蓄地这样做。上限效应和下限效应,往往会使得这些局部参数呈现出各种各样的U形模式。这里有一个经验法则:如果因变量的取值是有上限和下限的,那么你按**因变量**的取值分组就会使斜率呈现U形模式,按**自变量**的取值分组就会使斜率呈现倒U形模式。

让我们进行一个简单的模拟(R2.3)。仍然以教育对收入的影响为例,假定教育(x)对收入(y)确实有影响。但是,我们无法精确地测量收入,而是只能知道每个人属于六个等分组中的第几组(或者第几层)。我们把这个收入的**测量值**称为变量z。我们通常见到的数据,往往就是这样的。无论x取何值,x与y之间的真实关系都是一样的。[①]但是我们观察不到y,因此并不知道这一点。因此,我们有两个问题:教育对收入的效应,是否因**教育**水平不同而有所不同?教育对收入的效应,是否因**收入**水平不同而有所不同?

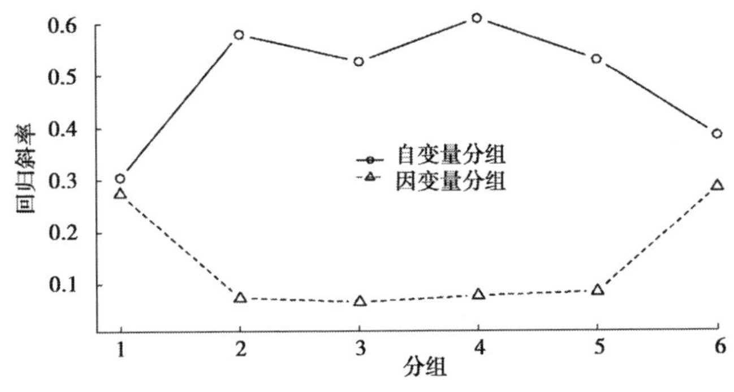

图2.3　局部系数中的上限效应和下限效应

为了回答第一个问题,我们按教育x的高低将案例分组,然后对每一组运行收入测量值z对x的回归。结果,斜率在中间类别当中往往是最高的。(参看图2.3中的实线。)为什么呢?因为在教育最高水平那一组当中,即便收入的**真值**y在增长,但是由于存在上限效应,它无法转化为收入**测量值**z的增长。你可能认为这个道理很简单,你肯定不会这样做。但是,假如你没有按教育水平的高低将案例分组,而是按某个与教育**高度相关**的变量(如某种道德态度)将案例分组,同样的趋势也会出现。

①在我们的模拟中,关系式为$y = x + \varepsilon, \varepsilon = N(0,4)$;即真实的斜率为1.0,误差项在$x$的所有取值上都是正态同分布的。

再来看另一种情况。尽管我们可以测量出收入y的真值,但是还是按y的取值把数据进行n等分,从而得到变量z。你这么做可能是有意的,因为想运行"分位数回归"(quantile regression)。也可能你这么做并不是有意想按z来分组,而是想按另一个变量来分组,而那个变量恰好与z高度相关。例如,如果居住区严格按照居民收入分为不同层级,那么你在(按居民平均收入排序的)各个居住区中分别运行局部回归,得到的结果与前面其实是类似的。在这种情况下(参看图2.3中的虚线),我们会看到斜率在中间部分最小。为什么呢?因为中间部分中包括了一些x值(教育程度)较高但是误差项ε为负值的案例(他住在一个相对于其教育程度来说更贫穷的社区中),**同时还**包括了一些x值(教育程度)较低但是误差项ε为正值的案例(他住在一个相对于其教育程度来说更富裕的社区中)。我并不是要对倒U形曲线模式的发现一概否定,而是认为如果这种预测越是针对数据存在的刚性限制(hard stop)而做出的,其重要性就越值得怀疑。确实有很多文章把这种倒U形曲线当作支持他们特定假设的有力证据,实际上则根本不是那回事。

多数在哪里

即便没有遇到上限效应和下限效应,我们也需要明白自己的数据在可能性空间(space of possibilities)中处在什么位置。我们在前面已经看到,头脑中以为的和数据实际上的位置可能相差甚远。如我们在第1章里看到的,你构建了一个"威权主义"量表,用其他变量来对其进行回归。你在谈论和思考的时候用的词都是“威权主义”,因此以为数据反映的都是那些极端的、令人厌恶的威权主义分子。但是实际上,你是在用其他变量与均值的偏离来对量表得分与均值的偏离进行回归。你的数据有可能**没有一个**取到极端值!你的“力量”(可解释方差)全都来自于那些处于中间的人。统计学教师(像忠诚的涂尔干主义者一样)往往会警告你要小心那些讨厌的特立独行者(即极端值或离群点)。但是,那些随波逐流者(数据中没有取极端值的大多数)有时同样可能会扭曲你的结论。

例如,丹尼尔·施奈德(Schneider,2012)有一个关于工作中性别角色的理论。根据从事某些工作的人中男女两性所占的比例可以对工作进行排序。一项男性占到95%的工作往往被认为是男性职业。施奈德认为,那些自己的性别与工作的性别**非常吻合和非常不吻合**的人,往往在工作**以外**都会更多从事符合性别刻板印象的活动。这意味着,在男性占到95%的岗位上工作的男性,或者在男性只占5%的岗位上工作的男性,在周末都更有可能去踢足球;而在男女各占50%的岗位上工作的男性在周末更有可能打毛衣。

施奈德推论说,如果上述逻辑成立,那么在预测是否会从事符合性别刻板印象的活动时,回答者工作岗位中的男性比例以及这个比例的二次项都会是显著的。施奈德的数据确实验证了这一推论,他非常兴奋。发现在男性占到95%的岗位上工作的男性更有可能从事符合性别刻板印象的活动,这很平淡乏味;但是发现在男性占到5%的岗位上工作的男性**也**更有可能从事符合性别刻板印象的活动,这就很精彩了。这个发现符合施奈德提出的"认同威胁"概念,学术期刊的评审人也对此表示了赞同。

你有没有看出问题出在哪里?问题在于,在男性占到5%的岗位上工作的男性人数极其稀少。二次项主要拟合的其实是分布中**另外一端**的精确形状。对那些在性别错位的岗位上工作的少数人,二次项并不在乎他们。换而言之,**数据并不在理论所指向的地方。**[①]施奈德并没有把数据分段,来看他的理论命题是否足够坚实。(他使用了两个数据。在工作岗位中男性比例较低的这一端,在一个数据中存在负向关系,在另一个数据中不存在任何关系。应我的要求,他非常大度地进行了上述检验。)

在一定程度上,这支持了我在《领悟方法》中讲过的一个观点:**不要**老想着"检验"自己的理论,至少不要像统计学课上老师教过你的那样。那种做法就好比,因为有人治好了一个病人就给予他医学学位一样。如果你真想检验那个理论,就得真去挑战它,给它找一个相当的对手,然后来场决斗。施奈德是按我们通常的做法来"检验"理论的。他的理论意味着会有U形曲线出现,所以他就去检验U形曲线,但是他没有意识到,U形曲线的出现是由于他理论中最平淡乏味的部分,而不是他以为的理论中最有趣精彩的部分。如何才能避免这种错误?很简单,作图时要同时显示边缘分布(很多情况下被称为"边缘图"[marginal plots])。图2.4就是使用模拟数据做出的边缘图(R2.4)。

①也就是说,理论想讲的是那些在男性占到5%的岗位上工作的男性;数据描述的是那些在男性占到95%的岗位上工作的男性。——译者注

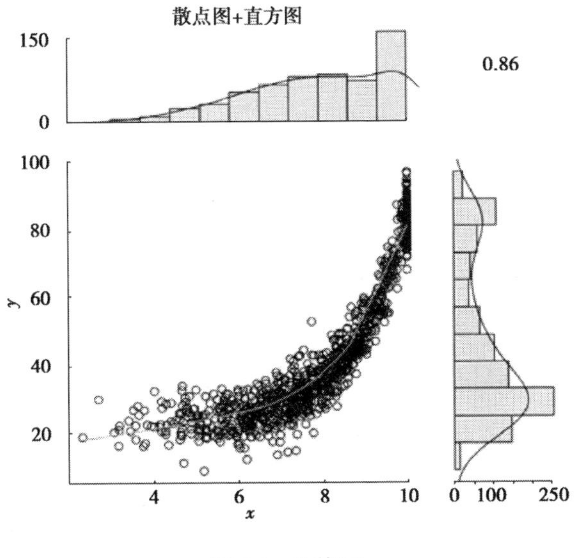

图2.4　边缘图

还有一条，你的预测（尤其是你认为具有理论重要性的那些预测）一定要紧密地贴合数据来进行。如果数据中几乎不存在某一类案例，你还非要对它进行某种理论预测，那么就算这种预测再有趣，它也是具有误导性的。这种情况并不罕见，有些人通过回归常常会得出一些搞笑的结论，类似于"回归预测出了一个大学毕业的5岁女孩当挖掘工人时的收入"。我们往往想在极端案例中展示自己的观点，此时就容易犯这种错误。戈德堡等人最近有一篇令人印象深刻的论文（Goldberg et al.，2016），他们在一个公司中抽取了601名员工及其电子邮件作为样本，从中计算出了"文化契合"和"网络约束"得分，两者的相关系数为r=0.316。这篇论文是文本分析的范例，其结论也无可置疑。但是，作者在展示发现时构建了四种理想类型，两种为吻合类型（符合相关系数的走向)，两种为错位类型的，然后预测这四种理想类型的结果。作者定义这些理想类型时，要求它们在“文化契合”上的得分落在均值上下两个标准差之外，在“网络约束”上的得分位于第10百分位数以下或第90百分位数以上。问题在于，在那样的相关系数下，在每种吻合类型中只会有2个观察案例，在每种错位类型中大约只有不到1个观察案例(R2.3)。作者还作图展示了“文化契合”得分在上下三个标准差之外的情况。但是正态分布中处于三个标准差之外的比例只有0.27%，因此这样的案例几乎不存在。不是说我们不能进行外推，但是外推是有风险的。对此有一个很好的经验法则：在对“预测”线画图时，你一定也要同时把数据点画在上面。[①]

变异落在哪里

你已经知道了解数据分布在哪儿的重要性。除此之外，你在分析之前还需要了解数据中的变异和共变(covariation)落在什么地方。在一些学术会议中，在发言人用幻灯片讲文献综述或者与主题并不相干的一些理论时，我往往会直接翻到论文的后面去看。我尤其要去看他的相关系数矩阵。我会看得很细。我要理解数据当中共变模式落在了哪里。在这之后，我才会去看那些多变量分析是怎么做的。学生们有时候很奇怪，因为我好像比发言人还明白他的分析是怎么回事！我有时候确实会犯错，但多数时

①有些人先从回归系数外推而得到预测直线，然后又以此来证明这里的关系就是线性的。这种做法是骗人的把戏。

候我的提问都会正中要害。因为他其实根本不了解自己的数据**实际是**怎么回事。他知道他希望显著的某个系数有很大的标准误,但是他不知道**为什么**。其实答案几乎全都在他列出来的那个相关系数矩阵里。

有时候,那个简单的相关系数矩阵会告诉我们,发言人的数据无法解答他的问题。因为数据中**没有**任何变量和因变量相关。或者是因为**所有**变量都高度相关,纠缠在一起无法择清。在着手**解释**变异之前,你得先知道变异主要体现在哪些地方。对于复杂数据结构(如在多个时点对多个单元进行观察)来说,这一点尤其重要。变异主要落在了同一案例在不同时点的"变动"上,还是不同案例在同一时点的"差异"上?变异是均匀分散的,还是有些奇怪地聚集在几个点上?

布里格曾经指出(Brieger,2000),每一个变量其实就是划分案例的一种方式。因此,有很多变量虽然**名称**不一样,但是**实际**上划分出的案例模式是相同的。所谓"多重共线性"其实指的就是这回事,尤其当变量是定类的,或者案例数较少时。布里格(Breiger,2009)的一篇论文中谈论过一个例子(这篇论文每个人都应该读一读)。人们对经合组织(OECD)的18个西欧成员国进行过很多定量分析,研究他们政治结构的这个方面和那个方面有什么关系。在政体上,西欧国家可以分为三种类型;在变量空间上,它们构成了三个"块"。你把它们**叫成**什么,随你的心意。但是实际上你指的就是这三种类型。基于不同的**标签**,我们有80多种不同的理论,但这些理论使用的证据其实都完全一样(数据中的变异都落在了这三个"块"上)。不要把这些标签和背后的数据结构混为一谈。如果你了解数据中的变异落在哪儿,就不会犯这种错误了。

最后,我想重复斯坦利·李伯森(lieberson,1985)提出的一个精彩观点。他提出不要混淆“直接原因”(proximate causes)和“根本原因”(basic causes)。我在《领悟理论》一书中也表达过类似的意思,但用的词是“条件性解释”和“无条件性解释”。我们的阐释方式不同,但观点是一致的。李伯森指出,解释某种现象中的**变异**和解释这种现象**本身**是两码事,但我们却常常混淆这两者。一个简单的例子是,解释“为什么不同物体自由落体时速度不同”和解释“为什么物体会自由落体”是不同的。另一个复杂些的例子是有关职业分层的。为什么**这个**人工作一年只能挣1.2万元(或者没有工作),**那个**人工作一年却能够挣到1200万元?这是一个问题。为什么世界上会存在干一年只能挣1.2万元的工作和干一年就能挣1200万元的工作?这是另一个问题。如果你混淆了这两者,那么你用来“解释”分层本身的那些说法很可能只是表面的粉饰(whitewash),即便它通过了那些所谓的“因果推断”的标准。

尺度是什么

你在考虑数据中的变异时,要留心这可能遮蔽数据中的另一个方面:不同变量有着不同的**尺度**(scale)。同样大小的系数有可能有着非常不同的实际意义,因为用来测量变量的尺度是不同的。如果你了解数据中变量的尺度,你的报告中就不会出现像

“0.000***”这样烦人的字眼了。[1]了解变量的尺度,还会有助于你得到正确的系数。OLS回归分析不受测量尺度的影响,因为它的分析起点其实是相关矩阵,但是非线性模型会受测量尺度的影响。用来估计这类模型的很多统计运算都更为复杂,并不像你更熟悉的商业统计软件包那样易于上手。它们会从某个初始值开始搜寻最佳估计,搜索结果往往对于变量的尺度非常敏感。因此,让你的变量尺度和统计运算惯例中使用的尺度一致,这通常是有利的(至少是无害的)。

尺度听起来像是一个“小”问题。但是如果你不清楚尺度是什么,你就连“小”到底是什么意思也不会明白。事实上,我见过不少求职者由于不清楚自己参数的尺度而说出蠢话来。其中有一位研究者在言之凿凿地谈论某种社会过程,但是如果你明白参数的尺度,你就会知道他讨论的那个结果将在大约1200年后才能出现。

寿命有多长

最后,在很多情况下,你还需要了解抽样单元的寿命(lifespan)有多长。如果你对人进行抽样访谈,那么数据中只包括那些活到现在的人。严格地说,这个样本并不是那些同期群(cohort)的随机样本:数据中不包括已经死去的人。现在的死亡率已经很低,因此这里的偏误并不会太大,可能只有老年学家才

①还有些愚蠢的作者会在报告中呈现“$p = .000$”,甚至“$p < .000$”。至于这为什么愚蠢,读者可以自行思考,权当一道练习题吧。

会关注这一偏误。但是,同样的问题也会出现在其他情况中。

如果你对婚姻感兴趣,希望了解不同的族裔之间通婚或同居的比例。但是,有的浪漫关系可以维系很长时间,有的只维系了很短的时间。在一个人的生命当中,他可能有很多次婚姻,只是有些婚姻不再“存活”了。现在的人口普查数据是每10年收集一次。图2.5是一个示意图:每行表示一个人的生命,每个长条表示一段浪漫伴侣关系,时间从左到右前进。箭头表示我们抽样的时点。在样本中,我们会有过多的维系时间较长的关系,更少抽中维系时间较短的关系。但是,实际的跨族裔婚姻中维系时间较长的关系应该比数据显示的要少,维系时间较短的关系应该比数据显示的要多。

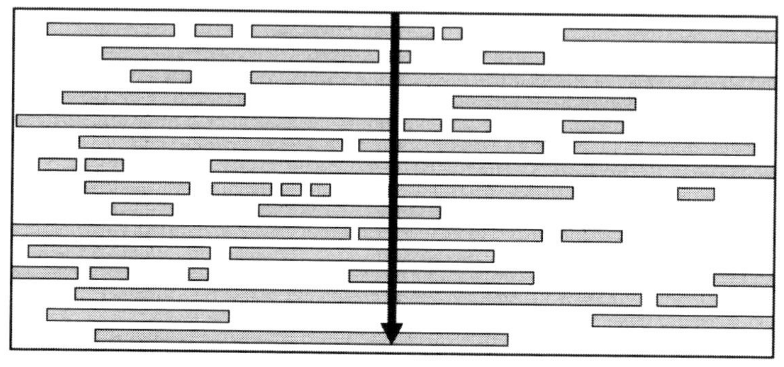

图2.5　对婚姻关系进行抽样

换而言之,对寿命有较大差别的某种事件在某一时刻抽样,这实质上不是对“事件”本身进行抽样,而是在对“事件—持续时间”(event-days)进行抽样。如果我们的本意就是对“事件—持续时间”进行抽样,那当然没什么问题。如果我们的本意是对“事件”本身进行抽样,只要能够知道事情的开始时间,问题也不会太大。但是即便我们知道它们的开始时间,仍然不能判断它们的结束时间。估计每个事件的存活时间,这是个有趣的智力挑战。有时候,要得到你想要的估计,你就得去接受这个智力挑战,并且赢得挑战。

不要轻信任何人

我已经讲过了解数据的重要性,你要明白数据是如何生成的。此外,你还要了解用数据来做分析时的每个细节,至少在力所能及的范围内做到足够了解。Stata软件出了错你不用负责,但是你的程序写错了你是**要**负责的。现在编程比以前容易多了,这当然是件好事,但是这也意味着你非常容易犯下严重的错误。社会学家都是靠自学学会编程的,你应该也不例外,所以更要小心编码中的错误。你现在可以用很漂亮的程序来展现一个网络,模拟一个模因(meme)的传播,用其他变量对某个变量进行回归,然后再把它们都汇聚到一个很酷的程序中。但要记住一点:越是在大数据中,小错误引发的后果越严重。

你如何才能意识到自己在编程中犯错了？只有**真正**了解你的数据,你才更可能发现程序中的错误。数据越大,你就越难对它有直观感受;程序越复杂,你就越难意识到你已经犯错。

那么你该怎么办？其实很简单。从数据中抽取出一小部分来,具体多少要取决于数据的类型,甚至小到10个案例、2个变量都可以。这些数据量要小到你可以打印出来,你一眼就可以看到全部数据,以及对数据的处理过程。你要对这一小部分数据运行程序,同时输出所有的中间信息,然后**手工核对这些信息**。有些东西你是无法手工核对的,例如需要迭代拟合的模型,此时你可以用另外一个运算程序来核对。你可以像约翰·亨利(John Henry)[①]一样和机器比拼一下,有时候你会因此发现一些有趣的结果。我曾经写过一个在多个组别中运行非线性模型的程序QAP(Quadratic Assignment Procedure,即二次分配程序)(Martin, 1999a),得到的结果却和当时最常用来进行此类检验的程序UCINET Ⅳ不相符。但SPSS的计算结果和我的相符,于是我把全部过程手算了一遍。结果发现,UCINET处理缺失值的方式中存在错误。这样的结果对我们是最好的。

在确信你的程序适用于10多个案例的小数据之后,再继续扩大规模。它对于100个案例的情况适用吗?对1000个案例,结果还是对的吗?这样做会让你在结果不太对劲的时候能够马上意识到。还是以QAP程序为例,有一度我感觉到程序得出来的p值不对劲。程序没有变,但是给出的统计量却不一样了。这太古怪了。我也说不清为什么,但是基于我对数据的了解,我不相信得出来的结果。我回去重新检查自己的程序,花了很长时间才发现了问题所在:其中有一行程序,将随机数生成器中的种子值“重置”为以百分之一秒来计数的当前时间。

这一行命令只需要在程序开始时运行一次,但是写程序时会把命令行的位置移来移去,所以它最终被放到了一个循环命令(loop)当中。当时也没有造成什么影响,但是后来我又移到了

①约翰·亨利是美国民间故事中的英雄人物。传说他曾经与气钻机竞赛,最后赢得了胜利。——译者注

一台运行速度更快的机器上，结果用了不到百分之一秒就完成了对置换后的数据的整个分析（我从来没想到机器会这么快）。这样，分析中就包括了很多完全相同的置换后数据，这是不应该的。原本应该有1000种不同的置换后数据，但我只得到了大约280种。

我怎么发现问题所在的？我让计算机程序输出每一步的结果，我核对了每一个重新排列后的数据，然后发现有很多都是相同的。这种事情人人都做得到，但是你得足够较真。另外，你不要害怕浪费成百上千张纸。如果你只在屏幕上浏览，那就很可能什么东西也看不出来。你需要把纸铺得满地都是。

另外，你在合并（merge）数据的时候也要小心。先取几个数据试一试，看看是否一切正常。不要只取第一行数据，因为很多错误并不会在第一行就显现出来，尤其是数据形式是数组（array）时，数据的维度会和你以为的不一样。数据核对确实极其烦琐，但是我敢保证，在花了一晚上核对完数据之后，你会睡得更安心。

结　论

社会统计学是一门手艺。如果你想当木匠，你就得先了解木头。它可以用来干什么？它的质地会怎样影响它的用处？不同的树种有什么差别？等等。你的数据就好比是木头。你可能已经有了一个漂亮桌子的设计了,但是别急着动手,先去仔细地选择木头,检查木头的质地,认真地观察木头。在对数据有所了解,确信它的质量之后,我们接下来就应该讨论如何用数据来提出问题和解答问题了。

第3章

选择性问题

选择性

变量、因果与现实世界

在这一章里，我们会简要地讨论选择性(selectivity)问题。有人认为，“选择性”这个概念之所以重要，是因为必须从数据中“压榨”出某种因果效应估计来——我认为那可能是件徒劳无功的事情。“选择性”这个概念之所以重要，是因为我们可以由它入手，去思考大多数社会科学在使用统计学时面临的一个大难题：在解读估计出来的参数时，必须要考虑“未观察变量”(unobserved variables)的影响。

为什么这是一个大难题呢？因为从统计学的角度来看，模型中未考虑的因素是无穷多的。你如何能够保证，那些既能够预测因变量、又与现有自变量相关的因素已经全部囊括在模型之中？这是做不到的。难道这个难题就无解了吗？不，它是有解的。按照我们在

第1章中讨论过的实用主义思路,研究的目标是改善现有的知识,优质的数据能够帮助我们达到这一目标。我们不需要考虑无穷多个可能的混杂因素(confounders),只要考虑那些**有切实可能**(likely)的混杂因素就够了(无论这些因素是否在我们的数据集中)。

我们应该从何处来入手?很好的入手之处就是人们**切实的选择行动**(selection)——他们究竟**实际做了**哪些事情,才妨碍了统计学家获得因果估计的企图?**我们**都是人,所以可以先问一下自己"我遇到这种事情会怎么做",然后再想一想"我听说过或见过别人遇到这种事情会怎么做"。如果你只是坐在那儿冥思苦想"所有可能的重要因素有哪些",那你最后列出来的往往只是一长串不相干的因素。(因为与模型中的自变量不相关的遗漏变量并不会扭曲你的结论。)从切实的选择行动入手,会让我们迅速聚焦于对我们的解读来说最为致命的那些因素。

导览:我先简要地介绍对于因果估计的经典理解,以及选择性难题是如何出现的,它又如何阻碍了我们对非实验数据进行因果解读。然后,我会介绍一种与现有教科书上主张的因果建模策略(causal modeling strategy)完全不同的分解(decomposition)思路。这种思路是从人口学中借鉴得来的,我会把它贯穿本书始终。在下一章中,我们会集中讨论"控制"策略的使用。

实验模型

经典的实验需要有如下四个关键要素:

1. **样本组**:找到至少两个(通常比两个要多得多)分析单位的实例,我们称其为"样本"。

2. **随机分配**:从样本中随机抽取一部分分配到"处理"(treatment)组,其余的分配到"对照"(control)组。

3. **实施**:对处理组的样本施加某种可能有因果效应的因素,对对照组的样本不施加。

4. **观察**:对处理组和对照组的结果分别进行观察。

一个假想的例子,我们找了一些可爱的小猫,随机给其中一半注射了卸妆水,然后看它们是否会长出肿瘤来。由此我们就能得到如表3.1那样的数据(现在你先看黑体的行标题和列标题)。单元格的观察数表示为$f_{\#}$,下标中的0表示案例属于对照组或者没有肿瘤,1表示案例属于处理组或者有肿瘤。

表3.1 经典实验

	没有肿瘤(未犯罪)	**有肿瘤**(犯罪)
对照组(在校生)	f_{00}	f_{01}
处理组(辍学生)	f_{10}	f_{11}

现在,让我们试着把上述逻辑套用到社会领域当中。研究问题是辍学会不会导致犯罪。变量都只有两个取值:辍学/不辍学,犯罪/不犯罪。数据的形式与前面的小猫实验看起来似乎是一样的,但是有一点不同:我们并没有施加处理,只是观察到了一个2×2分布(还是表3.1,但现在你要看非黑体的行标题和列标题)。我们会看行与列之间的对称性关系,如果"比率比"(odds ratio)$(f_{11}f_{00})/(f_{10}f_{01})$大于1,就认为两者"极有可能"存在因果关系。由

于英文中“casual”和“causal”之间有谐音关系，我喜欢把这种观念称为“草率的因果观”(casual causal idea)(Matin,2015)。[1]

很显然，上述情况与实验模型是不一样的，因为人并不是被随机分配到处理组和对照组当中的。有人因此主张，我们只有在可以设计出随机分配程序时，才能够用“因果”这种说法。我能理解他们的意思，我们可以选择自己在使用某个词汇时的意义是什么，但是我不认为这种主张能解决实际问题。在现实世界中，“原因”就是人们对于某个“为什么”的问题感觉合乎情理的答案。人们谈论因果关系的历史，要比对小猫进行随机实验早太多了。

因此，比抠字眼更重要的事情是，去明白实验模型**为什么**会失效。我们不必因此而沮丧，因为这正是我们对社会生活有深入理解的大好契机。下面，我们先来讨论到底现实世界中的“因果关系”到底有什么特点，然后再来讨论选择性问题。

现实中的因果关系

不对称性

我们知道，不能把表格中的数字解读为辍学对犯罪行为的因果效应。首先，到底是辍学使得人们**去**犯罪，还是待在学校里使

①我以为我是第一个玩这种“casual”(草率)和“causal”(因果)之间谐音梗的人，但在我之前伍德韦尔(Woodwell,2014)无意使用过：由于稿件编辑中的错误，他的所有图中“因果理论”都被替换成了“草率理论”。

得人们**不去**犯罪？这在2×2表里是一回事，但是在现实世界中是两回事。辍学**引发**犯罪，这指的是人们辍学后去找工作，发现没有文凭根本找不到，然后开始犯罪生涯。上学**抑制**犯罪，这指的是上学让你整天有事干，所以尽管上学者有着与辍学者同样的犯罪动机，但是他没有机会去犯罪。

其次，在横截面的数据分析方法中，原因是**可逆**的（reversible）。当原因倒过来时，它会施加一个方向相反但影响程度相同的作用。**加上**一个"因"，效应就**增高**；然后减去这个"因"，效应就**降低**。但是，在现实世界中有些原因是**不可逆**的。咱们都听过一个童谣："矮胖子，坐墙头；栽了一个大跟斗；国王呀，齐兵马；破蛋重圆没办法。"矮胖子从墙上掉到地上，结果摔断了腿；你把他从地上再抬到墙上，他的腿也不会因此愈合。国王的兵马再多，对此也无济于事。

举一个社会学的例子：我们可以用一些特征来预测人的政党身份，但是在现实世界中，让一个人**放弃**对原来政党的认同而成为中立派，要比让一个中立派对这一政党产生认同要更难。一个温和的共和党人（weak Republic）要放弃自己的立场变成中立派，这要比一个中立派演变成温和的共和党人更难。假定收入与政治立场分布（一条政治立场的数轴：坚定的共和党—温和的共和党—中立派—温和的民主党—坚定的民主党）正相关，那么一个温和的民主党人在收入增加2万美元之后也不太可能因此就变成中立派，但是一个原本的中立派在收入降低2万美元之后很可能会变成温和的民主党人。

使用传统的数据分析方式，你就很难把握现实世界中的这种不对称性。汉比奈克、扎布洛克和我(Habinek, Zablocki and Martin, 2015)研究过关系格局(你的朋友是谁、他们的朋友又是谁)如何影响人们之间朋友关系的聚散。我们发现,如果A搬到与B接近的地方,那么他们的共同朋友越多,他们之间就越可能建立起友谊来。这个结论非常合乎情理(如果你想对此有更多了解,请参看第9章)。但是,如果A和B原本是朋友,A搬到与B远离的地方,那么他们之间交情**中断**的可能性并不受他们的共同朋友数量的影响。多数数据分析方法的前提假定,都是效应的对称性;我们出于懒惰,因此也往往就以为它是对称的(与此不同的路数,请参看York and Light, 2017)。

社会学家在思考非对称性时,往往指的是"因果倒置"(reverse causality)的问题。对此有一种解决办法,旧是对关系双方进行时间排序,然后依时间排序来判断因果的方向。但是麻烦在于,有时候现实世界中的因果关系方向与数据中表现出来的时序方向是相反的。比如说,在现实世界中,也许并不是辍学引发了犯罪,而是犯罪生涯的开始使你更容易辍学:既然你已经要当小偷了,为什么要浪费时间待在学校里呢?你可能认为没有关系,那就让我们看一下数据中的时间顺序:辍学和犯罪生涯的开始,哪件事发生在先呢?但是在数据当中,所有的犯罪记录都发生在辍学之后,因为最初的那些小偷小摸太微不足道没人会记录,或者因为这位小偷苗子在辍学之后才有了时间大展身手。

再举一个例子吧。我们可能认为,高中毕业之后你才能上大学,因此高中毕业是上大学的原因。但是反过来也成立:如果上不了大学,何必要念到高中毕业?当一位马里兰州的百万富翁斯图尔特·贝纳姆(Stewart Bainum)承诺说,某一所贫民高中的孩子只要能进入大学,他就将为他们支付学费时,高中毕业率就上升了。在现实世界中,是因为他们能上大学了,所以高中毕业率才会上升。但是,如果你去看数据,高中毕业在先,上大学在后。你很可能就会误以为,是因为他们高中毕业率提高了,所以上大学的人才多了起来。[①]

现实世界的因果方向与数据中的时序方向相反,还可能发生在所谓的**系统性**行为当中。这是一种最容易让人上当的情形。**系统**指的是一组关系或变量,它在受到扰动时有返回到初始状态的倾向。在上一章中,我提到过你要知道数据中的变异落在哪里:你想要解释的是系统**内部**不同人在分层结果上的差异,还是系统本身的差异?李伯森(Lieberson,1985)指出,有时候你不能只关注前一问题,而完全忽略后一问题。如果你完全忽略后者,那就可能上当受骗,找了一堆表面原因来进行解释。那些表面原因其实根本不是原因,而是结果——总得有原因,所以没有这些,就有那些。用李伯森的原话来说:"制订规则的人,会制订那些让他们可以继续制订规则的规则。"(Lieberson,1985:167)

一个很好的例子就是大学申请中个人陈述的引入。最初,那些精英学校可以通过姓名来分辨出哪些人是犹太人,因此就不会让太多犹太人进来破坏他们的精英世界。但是后来犹太人开始改用盎格鲁人的姓名,因此精英世界感觉大学里到处都是缺乏

①当然,你可以从本体论上反驳我,说改变小孩行为的不是未来的"上大学",而是**当前**对未来收益的期望。你说得有道理。但是,这里在讨论的问题是:在面对一个既有的数据矩阵X时(其每一列为在不同时点观察到的变量),我们能否根据这些列的时间先后顺序来决定何者为因、何者为果呢?答案是否定的。

所谓“精英特性”的犹太人。于是他们发明了个人陈述。如果你的个人陈述写的是如何骑着纯种马拼尽全力赢得马球比赛,那你就是他们的人。如果你的个人陈述写的是在犹太小村庄里玩棍子球(stickball),他们就不会要你。如果你提问说:“为什么1920年代哈佛大学里犹太人那么少?”你研究之后得出结论说:“因为他们的个人陈述写得不行。”(在数据中,写个人陈述在前,大学录取在后。)但是,我们其实真正该问的是“为什么大学申请里会有个人陈述这一项?”答案是:“就是因为犹太人不擅长这个。”

原因是为了达到某一后果才存在的,这种“逆流”(backflow)是功能主义解释的本质特点。你可能认为功能主义是一种糟糕的理论路数,你说得有道理。但是,那并不意味着现实生活中不存在功能主义的现象。如果你对它们视而不见,只去讲那些最为表面的因果故事,往好里讲,你只讲了一半的道理;往坏里讲,你是个糊涂人。

致因的能力

我们已经明白,“草率因果”分析会引发很多复杂问题,因此要使研究尽可能地接近于实验分析。下面我们会从这个角度来讨论选择性的问题。但是在此之前,我们再开一次脑洞:让我们从看待因果关系的**不同**路数,来思考选择性问题。假如我们的实验者发现卸妆水**确实**会导致肿瘤,他坐在实验室里兴奋地讲述着自己的研究报告。这时一只会说话的小猫在笼子里气愤地抗议道:“你居然还在问什么引发了我的肿瘤？给我们注射了那堆玩意的是谁呢？引发肿瘤的明明就是**你**!”

这只怒气冲冲的小猫说得很对。他在思考因果关系时,采用了另一种方式;我们通常称之为“致因能力”(causal powers)的方式。他要找的是,现实世界中有能力让事情发生的是谁。我认为,小猫的做法非常有道理。在社会学当中,多数情况下牢记“原因需要有致因的能力”要比只盯着统计数字更好。

这样我们就不会隐含地以为,有能力让事情发生的是事物的某种**属性**(好像即便你不去工作,“教育程度”也会让你挣到钱一样),或者更糟糕地,把那些原本的**直接对象**当成了让事情发生的主导者(例如用实验来证明,就业歧视的原因是被歧视者的种族)。转向致因能力的思考方式还有一个特别的好处。当我们从实验模型出发来思考时,选择性是**阻挠**我们确定因果关系的东西。人们做各种事情,这妨碍我们得到因果效应估计,这些东西真是讨厌！但是从致因能力出发来思考时,因果关系指的就是(也应该是)人的选择行动。在研究中,我们要学会同时用这两种思考方式,让它们互相对质。如果你的统计中用到某些变量,那就去思考一下,会不会有些家伙会想办法操纵这些变量？此时会发生什么情况？其他人又会作何反应？这种思考会引导你找到那些重要的遗漏变量。这就涉及了对选择行动的过程进行一些理论推敲。

现实中的选择行动

选择的难题

如果有社会学家想研究离婚是否会降低儿童的自尊感,他并不会选取500个有儿童在上学的家庭作为样本,然后随机选取其中200个家庭强迫人家离婚。从致因能力的角度来看,这是件好事,说明社会学家没有滥用权力办坏事。但是,从传统实验逻辑的角度来看,这是件坏事,因为这意味着那些离婚的家庭和不离婚的家庭在很多方面都存在差异。最明显的,离婚的家庭往往也是冲突频繁的家庭。伤害孩子自尊感的,也许还不是离婚这件事本身,而是家庭里频发的那些冲突。

注意,我们经常关注更多的是**自**选择,但是有时候我们是被他人选择的。有些离婚的人,自己并不想离婚。这不是随机分配,但也不是自主选择。但无论如何,这些选择行动会使我们难以采用实验模型。人们不会像小兔子一样,乖乖地等在笼子里让我们施加某种处理;他们会奔走忙碌,选择是陷入这种困境还是陷入那种困境,如同他们所有不幸的同类一样。

对于这个难题,有四种应对办法。第一种办法(目前的主导方式)是加入“控制变量”来“控制”选择性。第二种办法是对选择行动本身进行建模,然后据此对结果进行调整。第三种办法是去确定在选择行动存在的情况下结论的**牢靠**程度。比如说,未测量的混杂因素得有多大影响，才会使得我们的结果变为零（如Harding，2003）；或者说，有多少潜在的个案由于抽样选择性而未被观察到，才会使得我们的推论不再成立。第四种办法是只去关注那些选择行动不会妨碍我们研究的那些情形。

统计学会认为第一种解决办法是不完善的，因此关于如何使用控制变量的书籍越来越少。但是我认为，这种办法不可忽视。事实上，它是最为常用的办法，我们应该充分利用这种办法。这将是下一章的讨论内容。第二种解决方式的效果取决于对选择行动本身的建模：如果这一模型很好，结果就会很好；如果这一模型不很精确，结果就可能更糟。（补充一句，**任何**方法被滥用都会让事情变得更糟。）给不完善的模型加入**更多**的预测因素，这并不能保证你能够得到更优的估计值。如果现实过程本身就存在选择行动，而你非要把这种选择行动从现实世界挤出去，然后去**捕获**所谓的纯粹因果效应——这可能是一种很好的思维锻炼方式，但是我赞同李伯森（Lieberson，1985）对此的观点：这样做意义不大。因为人们的选择行动过程才是我们真正要了解的东西，那才是真正重要的东西。

第三种解决方式试图考察结果的牢靠程度，这是一种很好的做法，这种做法应该得到更大的推广。但是，我对第四种解决方式表示怀疑。只去分析那些偶然找到的自然实验，这和“只到路灯下去找东西”（look under the lamppost）的策略是一样的。这些自然实验**确实**有趣，把这些自然实验的结果与多变量分析的结果进行比较也很好，但是它们太稀少了。我们不能指望上天总能给我们掉馅饼。（如果你读过《领悟方法》，就会知道为什么我不认为实验是解决这一问题的普遍方案了。)因此,我们应该去关注如何才能了解人们的选择行动过程,去看这些选择过程对我们使用数据来回答研究问题有多大的影响。让我们先从倾向值(propensity)方法来讲起。

从“选择倾向”来思考

一些统计学家摈弃了“控制变量”的思考方式,因为他们意识到如下事实;如果我们仅仅关心**某一个原因**(尤其是当它还是一个二分变量时)的效应,那么就没有必要设定出完全模型(full model)。我们只需要估计出每个案例被分配进入“处理组”的可能性就可以了,这一可能性被称为“倾向值”(参见 Rosenbaum and Rubin,1983)。然后,我们就可以去比较那些倾向值相同,但是有一些**得到**了“处理”而另一些**并未**得到“处理”的案例。只要数据中有不同选择的人的倾向值分布有足够的重叠(即有足够多的人倾向值相同但进行了不同的选择),我们就能利用数据进行这样一种因果推断。

有很多人对倾向值的方法提出质疑。他们正确地指出,倾向值方法背后的前提假定与经典的控制变量方法所需要的前提假定完全相同;当然,在控制变量数目众多时,倾向值方法确实有一些技术上的优势,但是那种情况其实并不常见。那么,我们为什么还要重视倾向值这种方法呢?因为这种方法凸显了事情的核心:选择行动的过程是怎样的?在考虑了选择行动之后再对数据进行比较(即对原来的2×2表进行某种加权之后),我们的核心结论还能否成立？使用传统的控制变量方法，我们也可以思考上述问题。但是，把所有这些变量压缩为一个倾向值之后，上述问题就会变得更明了：我们只要确保数据中进行了不同选择的两组人在倾向值分布上有足够的重叠部分。此外，在进行了这样一番考察之后，严肃的分析者往往就会马上放弃寻求“纯粹的因果效应”这样一种不切实际的尝试。

把多个变量压缩为一个倾向值还有一个好处，就是可以用它来探索因果效应的异质性（effect heterogeneity）。迪亚兹和菲尔（Diaz and Fiel，2016）曾经研究过怀孕对于青少年完成学业的影响。与没有怀孕者相比，怀孕者完成学业的概率更低。我们能够将这一结果解读成为一种因果效应吗？不能，因为怀孕并不是随机分配的（当然它也并非简单的自主选择）。我们可以用怀孕的倾向值得分来估计怀孕对完成学业的因果效应，但是迪亚兹和菲尔的研究比这更为有趣：他们根据倾向值的不同把数据分割为几个部分，然后分别对这几个部分进行模型估计。结果发现，怀孕的倾向值**越低**，怀孕带来的影响就**越大**。①

简便起见，假定只有两种类型的女孩：传统意义上的“好女孩”和传统意义上的“坏女孩”。迪亚兹和菲尔发现，怀孕对于“好女孩”完成学业的**因果**效应更大。对此可以有三种解释。第一种解释是，因果效应确实具有异质性，同一个事件对于不同的群体的影响程度是有差异的。怀孕对那些怀孕倾向较低的女孩造成了更大的影响，这是因为怀孕对她们来说是意料之外的事情，是

①特尼和怀德曼（Turney and Wildeman，2015）发现另一种破坏家庭正常状况的事件也有类似的特点。你还可以参看布兰特等人的分析（Brand，Pferrer，and Goldbrick-Rab，2014）。

因为她们拥有更多的东西可以失去。

第二种解释是，那些“坏女孩”和“好女孩”接受处理的方式其实并不一样。对于“坏女孩”来说，怀孕是自我选择的结果：“坏女孩”中也只有那些本来就对怀孕毫不在乎的人才会去怀孕，所以怀孕对她们也没有什么影响。对于“好女孩”来说，怀孕不是自我选择的结果，发生这种事就好像是有些坏人随机地把她们的一半避孕药换成了安慰剂。因此，这里面其实仍然有自我选择性，我们未能从比较当中把选择性完全排除。

第三种解释是，我们的倾向值模型不够精确，因此低估了某些人的怀孕倾向。[①]我们比较“好女孩”中的怀孕者与非怀孕者，发现怀孕者的教育年数少了很多。但是，有可能那些怀孕者其实就是个“坏女孩”，只是我们没能够识别出来。我们看到她的成绩是B+，就以为她能够上大学，但是我们没看到她骑着哈雷摩托车恐吓邻居，也没有看到她在酒吧里和保安打成一团。[②]

我们还可以提出最后一种解释：处理效应存在差异，是因为有格列佛效应。假定我们有一个很好的指标来预测一个女孩是好是坏：比如说，她在三年级读但丁的《神曲》时更愿意扮演天使还是坏蛋。它与倾向值有关，因此我们用它来考察因果效应存在与否。在一个小的模拟程序（R3.1）中，我们设定怀孕对于辍学的

①我很高兴地发现，布雷恩等人（Breen, Choi and Holm, 2015）已经严格地对这一点给出了形式化论证。

②如果在那些倾向值更高的人中因果效应**更大**，我们又该作何解释？这是否意味着我们的预测“偏高”了呢？有这种可能性，但是在实践中，这表明可能（但不一定）存在某种遗漏变量，尤其是某种有着“增强效应”的变量（intensifier）。例如，有些人拥有很多资源来对付各种困境，但是在生活中恰恰也是这些人**最不可能陷入**到那些困境之中。结果，那些倾向值更低的人更有韧性，其处理效应也更小。

效应在“天使”和“坏蛋”中都是相同的，但是模拟出来的数据却诱导我们得出了错误的结论，让我们以为这种效应对“坏蛋”比对“天使”来说更大。为什么呢？因为天使怀孕和辍学的可能性都太低了，数据中出现的天使怀孕和辍学多数都是由于“误差”造成的。由于噪声太大，因果效应的信号就被减弱了。

要说明的是，这些讨论并不是反对人们使用倾向值方法来考察因果效应的差异。事实上，我认为，倾向值方法是当前提升因果分析的最重要也最可行的途径。我想要指出的，只是我们在使用倾向值方法进行因果效应估计时（如用倾向值的倒数来对案例进行加权），仍然必须非常细致地考察其中存在的种种异质性。[①]

我已经提到过，我们的比较只能局限于那些倾向值大致相同的案例。但是，对于很多问题来说，我们发现那些接受了“处理”和没有接受“处理”的案例在倾向值分布上几乎没有重合！更麻烦的是，如果比较只是局限于这个区域，那么得到的结论有可能并不能推广到其他区域。再以辍学是否会引发犯罪为例，我们可以想象有一类人是处在辍学的边界上的“骑墙派”，他们有可能辍学也有可能不辍学。他们在影响辍学倾向的那些变量上都基本相同，但是出于偶然，其中某些人辍学了，另一些没有辍学。我们用来确定因果效应的，靠的其实就是这类人。但是没有理由认为，**他们的**辍学和一个只能得零分的人的辍学（他从幼儿园起就注定会辍学）是一回事。对于后者，我们根本无法构想一种合理

①有一些新方法（如处理倾向逆向加权法[inverse treatment propensity weighting]）很有趣，它们比我们常用的其他技术更为稳健（Sharkey and Elwert，2011），但是如果存在效应的异质性，它们可能会引入或者加剧偏差（参见 Imai et al.，2011）。然而，合乎情理的推断是，异质性是常态而非例外。

的反事实情形(从幼儿园起就老得零分却没有辍学)。

现在多数统计学家会对此不以为然,他们说就**应该**是这个样子。研究辍学与犯罪的关系,就应该去研究那些辍学边界上的“骑墙派”才有意义。不过,如果这类孩子在辍学这件事上摇来摆去,他们往往在其他事情上也会摇来摆去。如果确实如此,那么我们就会发现,对于他们来说,**任何**风吹草动(下大雨、红袜队输了季后赛等)都可能会成为引发他们做某事的原因。有时候我很担心,我们这样搞下去,社会科学会变成只研究那些摇来摆去的人的学问。

选择“入与出”

我认为,选择性不仅可以用来思考因果问题,而且对于其他很多问题来说也是很好的思维角度。通过思考因果问题,我们能够知道要关心哪些混杂因素,因为进入到“处理组”中就是一个选择过程。但是,在现实世界中人们不仅会选择**进入**与否,还会选择**退出**与否,后者同样重要。

例如古乐朋和富勒(Christakis and Fowler,2007)发现,如果你结交的朋友更胖,你自己也会变得更胖。[①]古乐朋和富勒在因果模型方面接受过很好的训练,他们考虑到了可能存在的选择性。最明显地,由于存在对肥胖的反感,在选择朋友的时候胖小孩就会不受欢迎,那么他们就很可能发现,只有其他的胖小孩愿意成

①中译本参见《大连接:社会网络是如何形成的以及对人类现实行为的影响》,简学译,中国人民大学出版社2013年版。——译者注

为他们的朋友。在把这一点纳入考虑上，古乐朋和富勒做得非常出色，他们在力所能及的范围内做到了最好。但是他们忽略了另外一点：我们不只会选择**进入**朋友关系，还会选择**退出**朋友关系。诺欧和奈汉（Noel and Nyhan，2011）进行了一个模拟，发现前述结果可以用如下过程来解释：小孩一旦变胖，原来不太胖的那些朋友就会退出和他的朋友关系。在这个例子中，谜题很快就被破解了：这里我们只关心一个因果参数（朋友的体重→自己的体重），所以可以很快找到选择性的可能来源。一旦习惯了这种思维方式，我们就会意识到，比如说抑郁者不仅**得到**工作的可能性更低，而且**失去**工作的可能性更高，等等。这有助于深化我们对于两者之间因果关系的考察。（我们在第8章讨论社会网络数据结构中的复杂性时，会再次回到这些问题上来。）

最近《美国社会学评论》上还有一个有趣的例子。曼奇（Munsch，2015）用数据分析了丈夫和妻子的收入比重如何影响到他们对于婚姻的忠诚。她有一个有趣的发现：男性的收入越高，他出现婚外情的可能性**越大**；女性的收入越高，她出现婚外情的可能性**越小**。曼奇（Munsch，2015：481）认为婚姻质量是一个可能的调节因素，她把这一点也考虑进来之后，结果仍然是稳健的（Munsch，2015：483）。因此她得出结论说，女性收入比丈夫更高的家庭模式本身就有一种不稳定效应，因此高收入女性会更加努力地维系和稳定夫妻关系。

但是，我们观察的只是目前仍然维系的婚姻关系，而没有观察已经破裂的婚姻关系。假定有两个女性，一个收入高，一个收入低。她们都遇到了某位可爱的帅哥，只可惜这位帅哥收入不高。那位高收入女性果断踹了她的丈夫,与帅哥结婚了,反正她也不需要丈夫来养活自己。但那位低收入女性却不敢离婚,只能和帅哥保持暧昧的婚外情。因此我们最终发现,有婚外情的女性当中低收入者更多。如果我们的观察同时包括了已经破裂的婚姻关系,那么我们很可能会得出与前面相反的结论来。在这两种可能性中,哪一种是对的?我们缺失对婚姻和婚姻质量更深入的信息,因此无法做出评判。没有数据,没有对于其中牵涉到的选择行动的了解,我们就无法搞清楚是怎么回事。像很多情况下一样,我们还需要确定这是否与阶层文化的差异或其他类似因素有关。

选择与时间

因果推理有助于我们澄清问题所在。到目前为止,我们讨论的还只是"有"和"没有"的选择性。但是,选择性造成的偏差程度往往会随着时间而增加(这常常被称为"幸存者偏差")。假如你有一项工人工资的数据,想借此了解工资如何随时间变化的。每当有人退出这个数据集,选择偏差就会因此增加一点。那些到最后仍然在数据库中的人,和刚开始进入这个数据库的人有着最大的不同。

这意味着什么呢?通常这意味着,如果你在这一时间段的起点和终点抽样,得到的结论将会完全不同!你可能会说,你既不是在起点时抽样,也不是在终点时抽样,而是抽取那些既有头又有尾的"完整"案例。在多数情况下,这种做法也不对,因为这相当于依据“完整与否”进行抽样。开始时有很多人,有些人没有完成就退出了,有些人坚持到了完成。然而,完成的人开头时**必定**也在,因此抽取“完整”的案例其实就相当于是在最终阶段进行抽样。比如说,如果你想研究军官们从少将晋升到中将要用多长时间,这时你选择那些既担任过少将又担任过中将的人来研究,这实际上就相当于只研究成功晋升到中将的那一部分军官而不是全部军官,这种错误的方法被称为“根据结果挑选样本”。如果你**能够**修改一下研究问题,变成研究某种到达最终阶段才会发生的某种社会过程,那么你最好这样做。否则,你就需要搞清楚,你的结论可能在多大程度上受到选择性的影响。

因此,很多现象表面看起来是随着时间发生了实质变化,其实根本没有发生实质变化;那些现象只不过是某种选择性的表现,即两种潜在类别的比例之间发生了变化。如果你看到一份工人工资的数据,结果发现新入职的工人的薪水很低,但是在公司里年头越多工资就越高。你可能会想,“老板们还是有一点儿良心的。起薪确实连饭都吃不饱,但只要忍耐下去,他们就会给你涨工资!”

但是,上述推理的前提是,那些忍耐下去的工人和忍不下去的工人是同样的一批人,他们之间不存在未被观察到的异质性。现在假定,事实上有两种不同类型的工人(如同“二重劳动力市场”理论所言):一类是“自己人”(in-crowd),他们占据优越的位置,虽然也是计时工资,但是他们工资很高、定点上下班、福利很好;另一类是“外人”(out-crowd),他们工资很低、上下班不稳定、没有任何福利。公司**想让**那些“外人”有较高的更替率,因为担心他们待长了就会组织起来。因此,公司会让他们加班累个半死,然后他们就会早点离职，然后公司再雇佣一批新手来替换他们。这类员工的平均在职时间较低，而另一类员工的平均在职时间较长。这意味着，如果你去考察不同工作经验（在职年数）者的收入，它会呈现出稳定的增长态势，但真正的原因是，那些被当成炮灰使的工人的比重在稳定地下降。

卓越的统计学家O. D. 邓肯（Duncan，1966）指出过与此形式完全相同的一个谜题。他指出，对父代抽样和对子代抽样得到的代际分层过程将会看起来有很大差异。如果我们研究多代之间的关系，问题会更为严重。并不是所有人的孩子会一样多。事实上，在某些情况下，最重要的不平等就首先体现在**谁能留下存活的后代**（参看Song, Campbell, and Lee，2015）！在这种情况下，对后代进行抽样会极大地低估不平等的代际传递程度。

在另外一些情况下，人们的意见变化趋势看起来非常难以解释，其实背后的原因也是因为幸存者偏差。例如，萨林斯（Sullins，1999）想了解来自不同宗教传统、具有不同虔诚程度的人们对于堕胎的看法是如何变化的。他使用1976年到1996年的美国综合社会调查数据，发现新教徒和天主教徒的看法在不断趋同：天主教徒以往非常反对堕胎合法化，但是现在的态度在趋向宽容；新教徒以往对堕胎的态度较为宽容，但现在却逐渐变得严苛。

但是，天主教徒内部的态度变化却让人非常意外：那些经常参加弥撒的天主教徒，对于堕胎的态度在变得宽容：而那些时断时续参加弥撒、对教堂的教导并不上心、对反堕胎信息接触较少的天主教徒，对于堕胎的态度看似并没有改变。这是为什么呢？萨林斯的解释说，其实所有的天主教徒对堕胎的支持程度都提升了，但是他们随后的选择行为并不一样。看一个信仰者是否忠诚，就是要看他是否能够在心存异念时仍然坚持留在教堂里。比如说，有一个非常虔诚的、经常去参加弥撒的天主教徒玛丽，她对于堕胎的态度变得更为宽容了，此时她在教堂里听到了反堕胎的布道词，她心里并不同意，但是她牢记真正的教堂是信仰者的身体，而不是某种权威结构，因此她继续经常参加弥撒。于是，我们看到那些经常参加弥撒者中支持堕胎选择权的比例在上升。另一位偶尔参加弥撒的天主教徒玛萨，她对于堕胎的态度也变得更为宽容，但是她在教堂听到了反堕胎的布道词后，觉得反感就不再去教堂了。她不再属于偶尔去教堂的那一类人，因此我们在考察偶尔去教堂的那些人时，并不能觉察到堕胎态度上的任何变化。即便我们并不想进行因果推断，也仍然需要留心人们在进入和退出某种社会类型时的选择行动。

要记住，人**确实**处于牢笼之中（因此才有“人生不如意十八九”那句话），但是困住他们的并不是处理组或对照组这些东西。他们至少完全可以从一个令人压抑的牢笼，跳到另一个牢笼中。所以，少花点力气来琢磨怎么调整那些标准误，多花点力气来琢磨人们出入于各种牢笼之间的流动模式吧。从选择性的角度进行思考非常重要，因为它提醒我们，人并不是完全被动的，它迫使我们在解决因果解释的难题时要从更为**切实**（concrete）的角度去思考；而“控制策略”则往往使我们只关注数据中的**变量**关系，而未能对**行动者**进行深入的理解。

在前面的论述中，我们一直是沿用因果建模的方式来考虑选择性问题。下面我们换一种思路来考虑选择性的问题。

如何进行想象

回归的非对称性

我们一直在因果推论的基本框架下，来理解未观察变量会引发什么样的难题。但是，我并不同意因果推论框架下对于这一难题的解决方案。很多人试图从数学上来解决上述难题，入手点是因果关系的反事实(counterfactual)框架。在这种看法中，某个人(称她为A吧)辍学的因果效应指的是，我们拨弄一下旋钮让她辍学，然后看看A的犯罪记录会有何变化(这需要你进行两次观察：她辍学时如何；她不辍学时又如何)。但是在现实中我们没有那个神奇的旋钮，我们对A只进行了一次观察：她要么辍学了，要么就没辍学。因此，这就需要思考“反事实”：与事实相反的东西。她事实上辍学了，但是我们要去琢磨：**假如**她没有辍学，她会不会犯罪？即便我们在数据中能找到另一个人，她除了没有辍学外在其他观察到的协变量上和A都完全相同，我们也仍然不能确信她的犯罪记录就是**假如**A没有辍学的话发生在A身上的事情。当前很多对社会学方法的研究，都是致力于对此进行修正，以便得到对真正的因果效应(通常即“平均处理效应”[average treatment effect，简称ATE])的正确估计。假如社会学就是一门生物医学，想研究的就是多少跳跳糖(Pop Rocks™)与可乐混合后会让你喉咙肿痛，那么这种做法倒也无可厚非。

但是,那并不是社会学的全部意义。使"平均处理效应"的估计更加精准一点,这在多数情况下对社会学意义不大。接下来,我要讲解对于统计模型的意义的另外一种不同理解方式。在那种理解方式中,对于实践当中何谓"好的"做法,另有一套不同的评判标准。在那种理解方式中,回归并不是无法进行实验时一种无奈的"次优选择"(second best)。这包含如下几步。首先,让我们重新思考"模型"到底是什么,我们用统计学到底要干什么。为此,我们需要理解**条件**分布和**条件**概率。其次,我们会引入一些简单的人口学解释路数,由此来激发当下主流社会学的想象力。最后,我们会拿它和"反事实"路数进行对比,看看它们各自是如何把事实与假想情境联系在一起的。

你学习社会统计学时一定学过回归模型,那基本上就是一个如下形式的等式:$y = bx + c + \varepsilon$。对于任何一个自变量取值x,我们都有相应的y的预测值;c是常数项,b是斜率项,ε是误差项。但是,统计学家对回归的理解与此略有不同,他们把$E[y|x]$定义为x给定时y的**期望值**。在社会学当中,我们往往只是盯着b系数看,却完全忘记了x的分布。但是,如果我们不是只盯着b系数,就应该能够意识到我们对y的分布的预测,必须基于x的分布的。

要真正理解我们正在做什么,也许最好的入手点是$E[y|x]$而不是b。图3.1和图3.2代表了x(横轴)和y(竖轴)之间关系的两种不同模式。在两种模式中,x有6种取值,而y是连续变量。对x的每一个取值,都有一个相应的y的分布,但是这个分布在图中被进

行了90°的旋转。在两个图中,依据x取值来预测y时的准确程度是相同的。唯一的区别在于,在图3.2中,y的条件均值是x的取值的线性函数。线性函数会使事情变得相对简单。但是有时候,这一点其实并没有那么要紧。

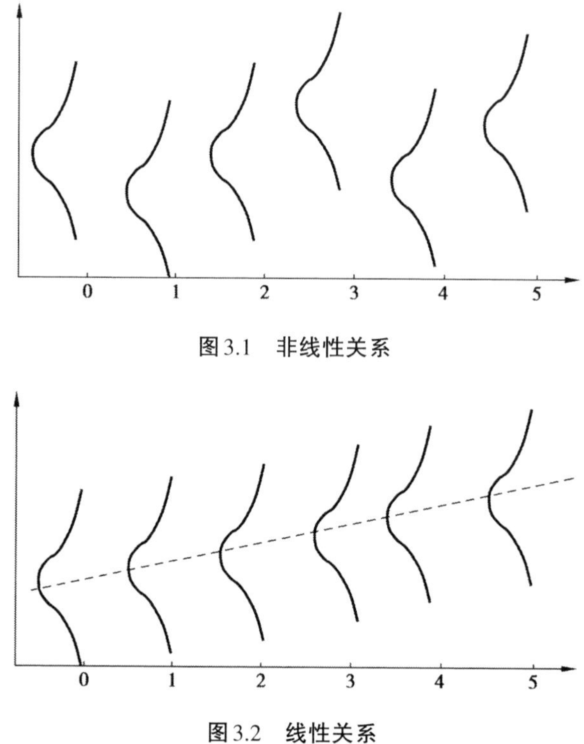

图3.1　非线性关系

图3.2　线性关系

此外,学会用这种方式来看待散点图有利于我们牢记回归的**非对称性**。[①]你可以看一下图3.3,这里的总斜率大约是1.0(它是由一个简单的关系$y = x + \varepsilon$生成的)。但是,如果你只看

①如果你对这个议题有兴趣,可以去看一下伯克森的论文(Berkson,1950),那一定会让你印象深刻的。

那两条虚线之间的区域，你猜斜率会是多少？如果你以为斜率会小于1，你就错了。你不能用看待相关一样的（对称）方式来理解它，而应该把它看成是由沿着x轴行进的一系列小切片（slice）组成的。正确答案是，不论虚线位于何处，斜率项都是相同的（这当然是排除了抽样误差因素的情况，抽样误差会使得系数略有偏差）。

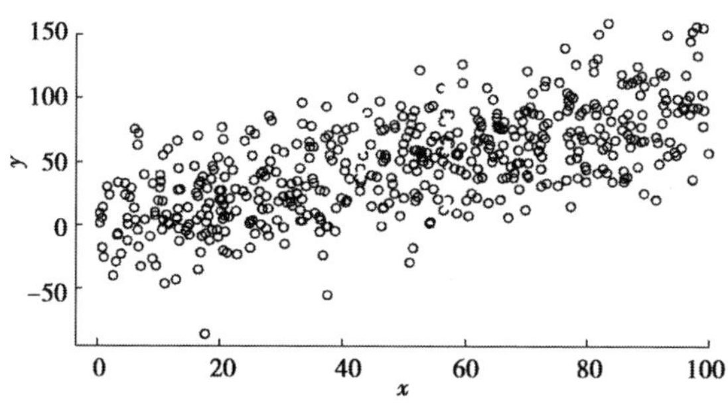

图3.3　从自变量的取值范围中截取出一段来

人口学推算

现在让我们沿用相同的思路与符号，来考察结果是离散变量而非连续变量时的情况。特别是，我们要思考变量的条件概率。$\Pr[y = y^* | x = x^*] = a$，这个式子表示的意思是“给定变量$x$取值为$x^*$时，$y$变量取值为$y^*$的概率为$a$”。我们称其为**条件**概率，因为它是在**给定**我们已经知道其他事情的条件下某事发生的概率。例如，人们在一年中犯罪的概率可能是0.1。但是这个概率在不同年龄段可能有所差异：

$$\Pr[C = \text{yes}|\text{age} = 0-10] = 0.0$$
$$\Pr[C = \text{yes}|\text{age} = 11-20] = 0.2$$
$$\Pr[C = \text{yes}|\text{age} = 21-30] = 0.3$$
$$\Pr[C = \text{yes}|\text{age} = 31-40] = 0.1$$
$$\Pr[C = \text{yes}|\text{age} = 41-50] = 0.0$$
$$\Pr[C = \text{yes}|\text{age} = 51-99] = 0.0$$

这样来呈现数据，不仅可以让我们知道谁更可能是坏人，而且它能够让我们预测出在**所在其他因素都保持不变时**，年龄分布的变化会对犯罪率有什么样的影响。我们如何最好地估计将要出现的犯罪数量呢？它应该是每个年龄段的犯罪数量的加总，对吧？那么我们如何最好地估计每个年龄段的犯罪数量呢？它是某人处于这个年龄段 k 的概率与**给定**这一年龄段时的犯罪概率的乘积（即 $\Pr[C = \text{yes}|\text{age} = k] \times \Pr[\text{age} = k]$）。换而言之，处于11到30岁的人数越多，犯罪数量就越多；处在这个年龄段的人数越少，犯罪数量就越少。这意味着，即便同一类人在做同一类事，仅仅人口**构成**的变化就会使得犯罪率起起伏伏。

这是一种**推算**（forecasting）的方式。人口学中常常用它来预测年龄结构变化的可能影响。假如我们想了解人们的生育情况，就可以计算在不同年龄段生小孩的条件概率，你会看到生育概率在某一年龄段的女性中特别高。因此，如果在年龄分布中最可能生育小孩的那个年龄段人数暴增，那么出生数量就会增加。当前美国女性在20到35岁之间的生育概率都差不多，大约每一年中接近10%的女性会生小孩（自从2000年之后，年轻女性的生育数量更少了）。但是为了简便起见，我们假定20到25岁的女性生小孩的可能性更大。

因此如果2000年(出于某种原因)年龄分布中20到25岁的女性人口增多,我们就能够预测:2006年入学儿童数将会增多(现在就应该修更多的校舍);2015年时街头犯罪率会升高;2020年时出生率**又**会上升(那些小孩也到了生小孩的年龄了)而犯罪率将会下降,那时候的情况可能很好(有用的劳动力较多,但要负担的小孩和老人较少),也可能很糟(如果需求岗位与工人技能不匹配,会有很多没有技能的工人)。最有意思的是,这种起伏就像是一种有着自身动能的波一样,尽管它最终会由于母亲在生育年龄上的方差而逐渐平息(参看Guillot,2005)。

我们可以用这样一种简单的人口学原则,来纠正社会学实践中普遍存在的一种弊病,一种不从社会学的角度去进行思考的弊病。社会学研究的不是单个的人而是很多人,因此必然有**差异**。但是,我们却有一种"涂尔干式"(Durkheimian)的思维方式,把所有的差异都称为"误差",尽可能将其抹杀。我们对于事物间的差异有一种情感上的排斥,结果往往会有两种举动。首先,我们把人们简化成为单个抽象的"一般人"(那原本就是统计学的基石)。其次,我们在解释变化的时候就会诉诸于对这位"一般先生"或"一般小姐"的某种叙事。结果,我们常常把群体构成的变动(**与人有关的变化**[change of people])错认成了个体主观层面的变动(**人本身的变化**[change in people])。

例如,二十世纪上半叶美国文化发生了巨大的变化,原因何在?许多社会学家和历史学家会通过某个想象出来的"一般人"的经历来进行解释:他参加了战争,然后回国,由此对生活有了新的看法。这些故事总是很有吸引力,我们听起来会觉得很有道理,很多原本解释不清的事情由此得以解释。当然,我们很难用一种系统的方式来"检验"这些解释,那么这时应该怎么办呢?

我们应该在条件概率的基础上去做一些**推算**。推算不是预测,它是去看如果只有一两个因素变动时会发生什么情况。推算也不是理论。推算其实就是一个零模型(null model)。如果零模型的推算与事实不符,那就意味着这里面有一些有趣的东西,一些值得解释的东西。在社会学中,我们经常使用**完全随机**模型或**独立**模型作为我们的零模型,比如说"**没有任何因素**能够预测你在总统选举中的投票",或者"你的投票与你的收入是**独立**的"。推算则是比完全随机更有用的零模型。如果它们与事实不符,那我们就得启用我们的解释工具;如果它们的推算与事实相符,那就说明"这里没有什么好研究的"。

例如,农场主(不是雇农)往往会尽可能地进行储蓄。因为直到农业公司兴起之前,给农场主的贷款都极其昂贵,放贷者常常是成心欺负他们。因此,农场主**只要能**存钱就存钱。他们往往结婚也比较迟,对于婚前性行为也非常小心,因为草率的婚姻会打乱他们遗产继承的计划。所有这些都和他们与土地的关系(他们的生产方式)有关。办事人员(如办公室工作人员)和许多其他非农工作者通常根本不会储蓄。他们有稳定的工资,凭此就可以借到钱。从二十世纪早期开始,他们居住的地区就有商店可以进行宽松的信贷(Levin et al., 1934: 81, 257, 108; Leach, 1993: 124, 299)。除非他们是那种一心想向上流动的人,否则往往结婚会比较早,婚姻也会更加缺少规划性。

从某个时点开始,美国劳动力中农场主的比例就开始稳定下降。虽然很难说清转折点是哪一年,但是在二十世纪上半叶的美国,不仅非农就业人员第一次超过了农业就业人员,而且城市人口第一次超过了乡村人口,他们不再被捆绑在农业经济上了。你可以推算一下在上述人口构成发生变化的条件下将会发生什么。我认为,美国的大多数社会变化和你的推算会相当一致。但是,人们用来解释这些变化的**故事**却往往完全忽略了人口分布的变化,误以为是条件概率在发生变化(虽然他们的用词可能不会是"条件概率")。

再举一个例子。我们经常听到人们讲,现在一般的高中生有多么无知。这听起来很吓人,因为按定义来说,有一半以下的高中生会处在一般水平以下,那他们就连"无知"都达不到了。高中生在地图上连澳大利亚都找不到,即便那原本就是一张澳大利亚地图!他们超过11就不会数数了,连简单的字都不会拼写。更糟糕的是,现在大学生的一般水平也比80年前的大学生要差!确实如此。但是先别急于提出某种论点来解释为什么"我们"会变得更笨。要知道,接受高等教育的比例已经有了爆炸性的增长,高中教育已经接近普及,大学教育变得极其常见。我们得先确定,如果知识水平并未发生变化,这一切是否仍然可能发生。

有可能是这样的:处于顶端20%的人的知识水平并没有变化,但是大学生的一般水平确实下降了,因为大学教育在不断扩展。当然还有一种可能性,处于顶端20%的人虽然和以前一样聪明,但是他们的知识水平**确实**更低了;因为他们不必背那些教条的教科书,上那些无聊的课了,他们花大把时间来干些好玩的事情。这难道不是一件好事吗?不过,我们还是继续来讨论使用回归来得到平均处理效应(ATE)的理念吧。

ATE如何想象

现在我们来把前面讲过的两部分内容结合起来考虑。在第一部分内容中,我们设定一个变量(如离婚)的取值,然后再看此时另一个变量(如收入)的取值分布。在第二部分内容中,我们关注的是人口中不同类别的比例变动。我们可以把各种类别(年龄、种族、宗教、地区、性别、世代)压缩成为一个类别变量$Z = z$,Z代表了上述类别的所有可能组合,z表示某一种具体组合。假定Z包含了要研究的人的所有可能信息(这一点其实无关宏旨)。假如说现在我们想要了解教育与收入之间的关系,并且一定要把这当成因果效应问题。要达到这一目标,最科学的办法就是计算"平均处理效应"的最佳估计。

难点在这里。设想一下,x确实是y的原因(姑且不论如何定义"原因"),但是它的效应并不是对所有人都一样。在这种情况下,"平均处理效应"只是一种平均,就像"平均身高"只是一种平均一样(而非如凯特勒[Quetelet][①]曾经以为的那样是一种人类行为的**法则**)。这意味着,在Z的各个类别内部,x对y的因果效应也存在差异。让我们把这种效应看成类别z中的斜率(表示为b_z)。这样,即便因果效应在每个个体上并不是稳定的,但它仍然可能在Z的每个类别中的均值都一样。在那种情况下,我们会设想所

①凯特勒(1796—1874)是比利时统计学家。他在1835年出版的著作《论人及其才能的发展》中提出了著名的"均值人"(average man)概念。——译者注

有的斜率都应当是相同的(即$b_z = b \forall z \in Z$),或者至少与“它们抽取自同一个总体中”这一模型是相符的。如果确实如此,那你就很走运!你甚至不需要用完全随机样本也能获得无偏估计(你只需要按照构成Z的那些变量进行分层抽取即可)。

但是,假如**存在**异质性呢?你可能以为事情很简单:只要我们的样本是完全随机样本,就根本不必担心,因为样本中Z的各个类别的比例会自动地和总体中保持一致!这话多少有些道理,但是认真对待反事实推断的所有乐趣就在于,它有助于我们判断对我们的总体施加某种处理之后结果**会是**怎样:“一般人”如果离婚,他或她的收入会损失多少?[①]然而,这个“一般人”是通过对总体中的不同类型相混合和“平均”得到的,总体的构成变化了,平均值也会变化。即便每一个被精确估计的b_z都是稳定不变的,我们估计出来的平均处理效应也会不断地变来变去。比如说,如果人口更加老龄化,72岁的老年人增多而23岁的年轻人减少,我们就需要调整我们的权重以及由此得到的结果;当接受过大学教育的成年人比重上升时,我们又需要改变权重;等等。

假定从执行调查到发表文章需要五年时间(这是一个相当乐观的估计),再假定真正的平均处理效应本身在五年间改变了3%。那么,我们殚精竭虑把估计的准确度提高3%,这有意义吗?我认为,这没有什么意义。平均处理效应本来就是变动不居的,我们为什么非要花那么多力气来精确地敲定它?在多数情况下,这种做法毫无理论意义。它只是一种大杂烩。它的实际意思说透了就是:如果我们生活在另一个世界中(这是不可能的),如果

①注意,并不是所有人**全部**离婚了,他们会损失多少。

我们可以像做实验一样把离婚随机分配到某些人头上(这是做不到的),如果总体人口构成**恒定不变**且与我们进行抽样时完全一样(虽然现在的人口构成早已变动了),那么平均处理效应是我们对于收入**可能会**如何变动的最佳猜测。我认为,与其把时间花在估算这种虚幻不真的事情上,我们不如干点儿别的,比如说人口学推算。

人口学推算如何想象

因果建模者知道,与我们很多隐含的假定相反,回归分析并不能够得出与平均处理效应(ATE)相对应的数值,因为有异质性存在(参见 Aronow and Samil,2015)。知道这一点很重要。但是,因果建模者给出的解决方案是:把数据推到尽可能地接近经典实验的程度——比如说在数据中找到一个除了没有辍学之外与第4119号完全类似的一个人。这就是他们称这种做法为"反事实"的原因:你要得到因果估计,就必须(至少给数据中的某些人)找到**事实上并不存在**的对应者,比如说假如第4119号有大学文凭会是什么样子。但换一种角度来看,所谓的"反事实方法"又没有那么"反事实"。它的**起点**是对"反事实"(counterfactuality)的逻辑思考,但接着就返回到数据中,**希望**自己能够用"事实"来接近"反事实"。

与此相比,人口学分解的推算在逻辑上更加自洽。比如说,布鲁姆(Bloome,2014)想了解当前这一代人在种族上的收入不平等模式是否可以用**上一代**的收入不平等以及两代人之间社会经济地位间的正常关联来解释。如果你采用传统的因果路数,你就需要把问题纳入到如下框架当中:这个能被看成一项实验吗?我们可以通过一些调整手段,来为每一个出身贫寒的孩子都找到一个极其相似却出身富裕的配对者吗?布鲁姆并没有这样做。他采用了人口推算的办法,来看当前黑人与白人之间的收入分布状态与不同类型人群在收入五等分位数(quintiles)之间的转换率给定时的推算结果是否基本相同。

为什么要使用这样的间接方法呢?我认为其主要优势在于,在因果分析和人口推算中,我们都得**想象**某种在现实世界中并不存在的虚拟情况。但是,因果分析路数要求我们**在自己的数据中**找到那些虚拟的东西。我们需要在"现实数据"中找到一个看起来很像某人(这个人出生在贫穷白人家庭)但却出生在富裕黑人家庭的"假想版本"。现实和假想被搅和在了一起,哪怕费尽力气也扯不清楚。

在人口学的推算当中,想象和现实是泾渭分明的。我们会把想象图景和现实情况进行**整体性**的比较,看它们是否吻合。最简单地,我们可以视条件概率为不变,然后去改变分布。除此之外当然还有很多种更为复杂的推算方法。关键在于,如果推算出的结果与现实发展是一致的,我们就会认为我们的猜想应当是符合现实的。在因果分析中,我们对想象与现实进行的比较则是**零碎的**(piecemeal),散布在整个数据中。这种事情做对了当然挺好,但一旦有差错,你自己很难察觉,别人也很难发现。这涉及到了我在《领悟理论》中提到的"社会学第九规则":对所有事情,要搞清楚它究竟在哪里(Everything is somewhere)——即便是虚拟的东西。你确实有一个样本量为4000的样本,但你确实知道那个虚拟的对应者究竟在哪里吗?他们已经进入其中了吗?

结　论

我们很幸运,已经有很多方法学者都提醒我们要注意选择性的问题了。我认为,我们未必非要把所有的选择性都消除干净才行。但是,我们确实要知道对系数进行直接解释是错误的,要去思考我们并未测量的那些选择行动过程会有什么后果。真正的难题在于"未测量到的异质性":我们的案例几乎一定在未测量的某个方面是有差异的,并且这种差异与因变量和已包括进来的预测变量都存在相关。

我们要牢记,人们尽管**看似**完全相同(即他们在所有测量变量上的取值都相同),但是在很多对我们研究来说很重要的方面,他们仍然可能非常不同。如果我们想研究离婚对儿童自尊的效应,那么根据实验的逻辑,唯一的办法就是找到一些家庭,然后随机选择一部分家庭强迫他们离婚。这和我们用"离婚"一词要表达的真正意义相距甚远,但是现在姑且不论这一点。麻烦还在于,要得到因果推断,我们需要确信那些离婚的家庭和未离婚的家庭在(我们未测量的)所有其他方面都是**相同**的。

如果这一前提并不成立,我们比较的就不是离婚家庭与未离婚家庭:我们比较的是离婚**且**不去教堂**且**贫困**且**争吵频繁的家庭,和完整**且**谨守宗教**且**富裕**且**快乐的家庭。最明显的,人们之所以离婚，一个因素就是他们意识到他们不是那么喜欢拥有家庭。离婚只是以逃避与拒斥为特征的养育模式的一个最终结果。在那种情况下，我们肯定可以想象他们的孩子是低自尊的，因为他们感受到来自父母的不断拒斥与疏离，而这一过程其实在离婚之前就已经在发生了。

我们对这种情况的应对办法通常是，去尽可能测量所有的混淆因素(confounding factor)。但是，不管你如何精心构建测量，**一定**有一些“未测量到的异质性”会从中逃脱。我们应该考虑父母陪伴孩子的时间吗？不过，有些父母虽然陪伴孩子时间少，但那是因为他们不得不工作，他们只要能陪孩子就一定去陪孩子。另一些父母去商店购买最新一期的汽车杂志时也会带上孩子，但纵然孩子一路上都在哭闹，他们却会咬紧牙关不去理睬。我们的测量能区分这两者吗？我们需要记住，在我们眼里**看似**相同的两个人其实并不相同，而这些隐含的差异之处很有可能会对我们的结论有重要影响。

因此，你应该去思考选择性，但目标却未必是获得因果效应估计。事实上，我们没有必要把那么多时间花在精确地敲定(nail down)因果效应上面。毕竟，你念的又不是统计学学位。**那些**念统计学的人会把自己限定于极其清晰的问题和极其明确的数据上。那样挺好，多数科学就是那样做的。但是，你的研究问题很可能并不那么清晰明确，你的研究项目中还有很多未能清晰之处。对这些问题可能有四五种不同的解释，你还不能确定哪一个就是对的。你参加了四个研讨会，宣读完自己的研究之后得到了六种不同的建议(“你还需要把z也考虑进去”)。

因此,你的任务不是锦上添花地去琢磨最优估计量。你的任务是尽早确定哪条路是死胡同,这样才能达到目标。这其实是多元回归特别擅长完成的任务,虽然它未必在任何情况下都一定管用,虽然我们不能把它当成关于特定事情的经得起推敲的真实模型。

有人会认为,既然回归方法并不是万无一失的,我们干脆就不要用它好了。这很像是那种"性有风险,所以就不要触碰"的教育方式。我们已经知道,这种教育方式从来都不会管用。你当然应当使用回归方法,只是不要学那些"以其昏昏使人昭昭"的学术混混,他们只会让你对着被翻破了书皮的《美国社会学评论》照猫画虎。下一章可以当成是如何使用回归的操作手册,我们要知道怎么才能玩得尽兴又确保安全。

尾声:因果关系与线性模型

在对因果关系进行上述讨论之后,你可能以为,使用回归模型**只是**为了探索因果关系。其实根本不是这样的。为了让你对这种错误观念产生免疫,让我们来看一个线性模型的例子(后面还会讨论到这一模型)。这个模型被称为布莱德利-泰利(Bradley-Terry)模型(Bradley and Terry,1952),是用来处理成对比较数据的(例如"你是更喜欢可乐还是百事?")。

这类模型的基础数据,是通过两两比较而得到的次数。比如说，观察x_{ij}就代表了有多少人认为饮料i优于饮料j（或者如我曾经在一篇论文中使用过的儿童i支配儿童j的次数）。我们可以想象，每个事物或个体在一个纵向层级上都有一个地位值，但是我们无法真正观察到这个地位值，而偏好事物i而非事物j（或者某人i支配某人j）的比率（odds）正是两者地位值之差的对数线性函数（log-linear function）。换而言之，在两者的地位值之差给定的条件下，它们之间的任何两场对决都是独立的。如果我们用a_i来表示某人i的潜在地位，用a_j来表示某人j的潜在地位，可以将模型表示如下：

$$\ln(x_{ij}/x_{ji}) = a_i - a_j$$

这是可以用logistic回归来拟合的，只要你提出正确的设计矩阵（design matrix）。注意，这里并没有涉及任何因果解释。我们所做的只是用模型来检验一种数据简化（data reduction）方式：简要而言，就是一组N^2阶的数据是否是由一个只涉及N阶信息的过程生成的。如果把这种模型用于表达儿童之间的支配行动，那么就完全对应于一种对人类行动的看法：行动完全由结构位置决定（如果你关心的就是这个的话）。你完全不需要任何个体特征的参数，也可以解释所有结果。人们对于结构位置可能是有**选择**的，但我们一旦能够**估计**出他们的位置来，一切就决定了。

这种对于线性模型的阐释是完全合理的。像这样的模型还有很多。所以你要记住，我们可以用回归模型来探索数据模式，这不一定非要涉及因果不可。但是，无论在什么情况下，我们**仍然**需要考虑到选择性！

第4章

控制与误设

“这只不过是又一个控制项目。”

——《黑客帝国》系列电影中的尼奥

混沌与控制

在前一章里,我们讨论了透彻而严格地思考选择性问题的重要性。很多人会去对因果估计量进行**调整**以应对选择性问题。但是,这种办法只有在因果问题很清晰、模型肯定正确的前提下才管用,满足这些前提的情况其实很少。事实上,我们很少能够确信自己的模型一定正确。因此,大多数社会学家在实践中采用的是看似没有那么精巧的“控制”策略。

导览:在本章中,我会先介绍控制策略有哪几种基本类型,然后重点讨论其中引发问题最多的一种类型,即在线性模型中引入控制变量来“分解出”(partialing out)变量效应的办法。然后我会说明,在使用这种方法来对模型进行裁决时,研究者容易陷入哪些错误中。一个关键性的问题是:如果控制变量的测量中包括误差，或者模型设定有错误，控制变量的功效就会打折扣。最后我会说明，如果模型中包括交互项，控制策略的使用将会更为棘手。

基本理念

控制变量这种做法的基本理念源于如下假定：导致事情（如“犯罪”）发生的原因不止一项，但是我们并不知道全部的原因有哪些，同时只对部分原因感兴趣。除了我们关心的那些原因（如“辍学”和“家庭中父母缺失”），**其他**原因可以分为两类：有必要操心的和没必要操心的。

如果其他原因和我们关心的那些原因**并不相关**，那么我们就没有必要为之操心。尽管男孩比女孩犯罪的可能性更大，但如果性别与辍学之间并不相关，与是否来自完整家庭也不相关，那么我们就没有必要为之操心。它并不影响我们检验辍学（或家庭结构）与犯罪之间是否存在关联。模型当中没有包括这类原因，这并无大碍。这些因素被包括在了模型中的“误差”项中，它削弱了我们的预测能力，但并不妨碍我们得出正确结论。编号为7449的人没有辍学，因此我们预测他不会犯罪，然而他犯了男孩更可能犯的某种罪行。我们没有考虑到他的性别，因此预测出错了，但是，“辍学会引发犯罪”的结论仍然正确。模型设定确实有误，但是这是一种“可接受的误设”（properly specified misspecification），它并不影响我们方法的有效性。我们的结论并不会误导我们；我们的理论虽然不全面，但是正确。

然而，如果未包括的那些原因与我们包括进来的那些预测因素是相关的,那我们就必须要为此操心了。这被称为"不可接受的误设"(improperly specified misspecification)。统计学家会说,如果你面临这类难题,他们也爱莫能助。然而,我们用控制策略要解决的就是这类难题。它的目的并不是为了让你的预测误差变得更小,而是为了确保你的结论更加稳健。

有人批评说,控制变量的做法实质上是一种**还原主义**[①],走到极端甚至是反社会学的。确实如此。按照控制变量的思路,驳斥"x会引发y"的最佳办法,是先按照变量z的取值把样本分组,然后在z的各个组别中证明x不再能够预测y。但是,如果你又发现某个变量w,然后按$w \times z$的联合分布把样本分组,然后显示在这些组别中x**又可以**预测y了,那么你就又成功地**驳斥**了前面那种驳斥。这里看起来存在着一个**悖论**:我们用一个工具(一个新的自变量)对以前得到的估计进行了修正,但是这个工具有可能和另一个工具结合起来之后,又可能会彻底破坏我们正力图修正的对象。在数学上,我们无法确保这一过程一定能够收敛(Lieberson,1985)。从逻辑上来说,这确实是个麻烦;但从实践上来说,这种麻烦并不常见。如果你因此认为控制变量的做法并不可靠,那么就放弃控制变量的做法,另觅他途。如果你仍然接受控制变量的做法,就不要过于娇气。如果有人把样本分组后让你很难堪,不要愤愤然地给别人贴上"还原主义"的标签,回去继续好好工作吧。

①还原主义,即认为只有将整体现象分解为更小的、层次更低的基本组成部分时,整体现象才能得到理解的方法主张。——译者注

从相关到因果

为了理解控制策略的逻辑，假定我们已经确立了一个相关关系，但是从这里能够得出一个因果性陈述吗？那些认为辍学是犯罪的重要原因的理论，是对还是不对？人们对于“因果”可能会有不同的理解，有人理解为“前者的变化会引发后者的变化”，有人理解为“干预行动会降低犯罪率”。但是，不管对“因果”作何种理解，我们都能够利用控制的办法来设法**驳斥**这些假设。

首先，我们的**起点**应该是某种相关关系。如果双变量统计表明相关关系不存在，98%的情况下你就没必要进一步研究了。在没有理论支持的情况下，你正好发现了一个被第三个变量掩盖了的相关关系，这种可能性要比你遇到一个“假阳性”的可能性小得多。我认为，只有两种情形下，你应该在双变量统计不显著时继续进行多变量分析。第一种情形是，那些混杂因素是大家都**熟知**，而且社会学家发现它们是可以择清的。例如人人都知道，（至少对某些总体来说）**年龄**和**教育**的影响是很容易混淆的。即便双变量统计显示教育和某种态度之间不存在相关关系，我们也应该进一步看一下在控制了年龄之后会发现什么。（这样做的另一个原因是，年龄和教育的相关关系还没有**高到**无法择清的程度。）第二种情形是，你关心的原本就并不是x本身，而是条件概率$(x|z)$，z是你提前就已经确定好了的。例如，你有时候关心的并不是测验分数本身，而是年龄给定时的测验分数；测量结果的关键在于他们超过了同龄人多少。你最好提前确定自己关心的就是$x|z$，因为

你最终往往会涉及这一点。

要注意,你在加入控制变量之后要描述的现象和加入控制变量之前要描述的现象并不一定相同(Lieberson,1998)。比如说,我们想研究财富对于高中学生成绩的影响,但是我们认为有三种因素往往是混杂在一起:一是每个学生自身家庭财富的影响;二是学校中所有**其他**学生的家庭财富的影响;三是学校本身的质量。因此,在考虑第一个因素(自身家庭财富)时,我们希望控制学校中富裕家庭的比例。不过,如果现实当中出身富裕的小孩几乎总是会和其他富裕小孩一起上贵族小学,那么那个虽然出身富裕却上了贫民区学校的小孩就一定不是典型的富裕小孩——他一定有其怪异之处。

我这里讲的和另一种对回归的无端指责毫无关系。那种指责认为,一个天生收入为0且身高为0的某人在现实中并不存在,因此对回归常数项的解读是荒谬的。我这里讲的并不只是那个在贫民区学校上学的富裕小孩,而是说要确定个体家庭自身财富的影响系数,我们就得**逆着**数据的纹理来看数据(looking against the grain of the data)。数据的形状是一个很扁的椭圆形,家庭自身财富与所在学校学生的平均财富是高度相关的。我们要想把这两者分解开来,就得从垂直于椭圆形主轴的角度去看。这种看是有必要的,但是我们看的东西和刚才其实是不一样的。在以后,我们还会用更多例子来对此具体说明。现在,我们需要明白的是,控制策略有一种意料之外的效果:它能把我们都很清楚的一种东西(孩子家庭的财富)变换成另一种不太容易明白的东西(其学校的平均财富给定条件下孩子家庭的财富)。

无论如何，如果我们已经发现了一个相关关系，然后试图**证伪**对这种相关关系的某种解读，那么控制变量的做法会非常有用。如果我们加入另一个变量z之后，辍学与犯罪之间的关系就变为零，那么就完全有理由否定“辍学引发犯罪”的命题。（当然，如果这是因为辍学引发z，z又引发犯罪，那么z就是一个中介变量；此时我们并没有**证伪**前述解释，而是对它进一步展开说明。）如果加入一个控制变量并未击倒你的发现，你就成功晋级到了下一关。最终你要闯过多少关，这取决于合乎情理的备择解释有多少种（或者审稿人说服编辑认为合乎情理的备择解释有多少种）。

那么，我们如何才能“控制”那些我们其实控制不了的事情呢？一般而言，这没有完美的解决之道，但是我们通常会有四种基本途径：**去除影响**（stripping），**细分人群**（shredding），**固定取值**（fixing），**统计调整**（adjusting）。首先来看第一种：有时候人们说他们对其他原因进行了“控制”，指的是他们设置某些特殊情境，使得只有某些他们关心的因素能够起作用，而其他因素都不起作用。比方说，如果你关心的是社会层级与任务能力之间的关系，为了排除外貌在评判时的作用，就可以不让人们彼此见面。但是，如果我们希望研究喝橙汁是否可以增进健康，我们能够不让人们吃别的东西，只去喝橙汁吗？这恰恰才是我们最常遇到的情况。

这时就会涉及我称之为**细分人群**的统计程序了。这指的是，我们把数据资料分为更小的部分，在那些部分当中，变量的效应会比较显而易见。这种做法的例子是涂尔干的典范之作《自杀论》(Durkheim,1951[1897])。涂尔干想知道那些有子女的人自杀的可能性是否比没有子女的人更小。看起来确实如此。麻烦在于,在十九世纪的欧洲,有子女的人多数都是已婚者,没有子女的人多数都没有婚姻。因此,起作用的可能是有没有配偶,而不是是否有子女。于是,涂尔干用两个变量进行交叉分类,然后去观察那些有子女的鳏寡者和那些没子女的已婚者。当然,那些一直没有子女的已婚者和有子女的已婚者一定有很多不同之处,因此这种做法并不能确保万无一失,但它是很好的入手方式。

第三种策略是**固定取值**。有时候人们说他们对某个变量进行了"控制",指的是他们只观察这个变量取某一个固定值时的情况。有些时候,这种做法很有道理。但在多数时候,这种做法没有道理。你想研究贫困引发的情绪压力对健康的影响,但是很担心贫困引发的营养不良会混合到你的考察当中,这时如果你决定只去观察那些营养不良的人,这并不是很明智的做法。但是我们经常就是这样做的。例如,我们忽略掉那些非白人,就以为控制了种族变量。

但是,本章中的关注重点是第四种策略(**统计调整**)。我们通常说自己控制了某个变量,其实指的是把这个变量纳入到了线性模型中。在统计学上,这种做法其实只是在线性假定下对方差进行了分解。这其实和"控制"并不完全是一回事。只有这种做法**达到效果**,才能算是"控制",否则它就不是"控制"。这就好比医生不能把"开药方"与"治好病"混为一谈。下面我们看一下,在哪些情况下这种做法会失效,此时又应该如何补救。

错误的用法

"致人死亡的并非手枪"

添加更好控制变量,并不能够确保估计量会变得更好,有时甚至会更糟。除此之外,我们在刚开始使用控制变量的时候,还可能会说一些糊涂话,引出一些悖论出来。比如说,我们发现高三女孩的数学成绩比男孩差。有人认为,这表明女孩的数学能力更低。但是,另外一个人将"选修高等数学的学期"作为一个控制变量引入进来,发现男孩和女孩的差异消失了。这个人因此认为差异的真正原因并不是性别,而是训练。这种看法有道理。这表明,如果我们让普通女孩上更多的高等数学课程,从而提升她们的数学能力,性别差异就会消失。

但是,这里还有另外的可能:不是上数学课能够提升数学能力,而是那些数学能力强的人都选择去上数学课了。或者,还有一种可能性:对于数学的兴趣,既使得那些人的数学能力强,同时也促使他们去上数学课。如果情况是这样,那么强迫人们去上数学课并不会对他们有什么帮助。因果链条的方向还并不确定,我们不能**假定**它一定就是符合我们控制策略意图的那个方向。如果你有办法确定因果链条的方向,那就去确定;如果你确定不了,就要承认两个方向都有可能,我们还不能下最终定论。如果结果不能帮助我们排除至少一种对数据的解释,那么加入控制变量就没有意义。

此外,沿着决定事物发生的链条(chains of determination)来加入控制变量,会使得我们实际上控制住了中介变量而对此毫无觉察。结果,我们会排除掉那些距离更远但更为重要的预测变量,纳入那些距离更近但也实际上更为无足轻重的预测变量。最终,我们得到的命题就好比说"真正致人死亡的并非手枪,而是子弹。"我在《领悟方法》中对这种"缘起"现象进行了更充分的讨论(Martin,2017:232f)。[①]不要以为人们绝对不会犯这种错误。我在写作本书的时候正好就读到一篇文章认为宗教并不会引发不宽容(intolerance),理由是宗教导致的是社会开明程度的下降,而社会开明程度的下降才引发了不宽容的态度。

在上面的例子中,"社会开明程度"和"不宽容"这两个变量过于接近,它们的方差高度重合,这误导我们舍弃了有趣的想法,却选择了琐碎的废话。但另外一些情况下,这使得我们忽略重要的研究发现。例如,有时候你有一个预测变量z,能够完美地预测另一个二分变量y的至少一种状态:若$z=1$则y一定等于1,但$z=0$时y既可能等于0也可能等于1。当你考察x对y的关系时,你不能把z作为"控制变量"包括起来。[②]那么你怎么办?你可能会像费伦和莱廷一样(Fearon and Laitin,2003;参看《领悟方法》中对这

①参见《领悟方法》,重庆大学出版社2020年版,第303页。——译者注

②这时,如果把z作为"控制变量"纳入logistic回归中,将会出现所谓的"完美预测"(perfect prediction)问题而无法进行最大似然估计。直观地理解,我们此时没有观察到$z=1$而$y=0$的情况,故而是无法估计logistic回归方程的。——译者注

篇文章的讨论[①]），把z干脆扔掉了事[②]。你在分析时或许可以这样做，但在结论的时候不能对此视而不见。你必须要搞清楚，在总体中这到底是不是一个强预测变量（即决定性的或接近决定性的预测变量）？如果这个变量呈偏态分布（即$z=1$的案例数量很少），你可以辩称这不过是偶然。如果这个变量不是偏态分布，你可能就需要同时提出两个结论。第一个结论是，这里存在着某种决定性（deterministic）的关系，因为有一个完美的预测变量存在，某个自变量x是y的必要条件。第二个结论是，在满足了上述必要条件的案例中，其他自变量则起到了概率性（stochastic）的作用。

不过，对此还有另外一种思考方式，即贝叶斯学派的思考方式：我们在**样本**中观察到的决定性关系，其实是对**总体**中关系强度的高估（参见 Gelman et al.，2008）。我对贝叶斯方法一直表示怀疑，但我认为贝叶斯学派的这种看法更合乎情理，比第一种方式要好，尤其是那个决定性的预测变量只能够决定性地预测全部案例中的一小部分时。

总而言之，使用控制变量是很必要的。但是，你要始终让这个工具服从于你的整体策略，而不能盲目使用。你使用控制变量的出发点是什么，这非常关键；你使用控制变量将会止步于何处，这同样非常关键。

①参见《领悟方法》，重庆大学出版社2020年版，第63页。——译者注

②他们发现，如果一个国家处于苏联阵营，那么它就一定没有发生内战，因此他们就把这个因素从分析中排除了。这个结论与他们的核心理论命题是相吻合的，这表明了对现政权的支持。但是他们在结论中从未讨论这一点。毕竟，有谁愿意说解决战争问题的办法是独裁统治呢？

及时止步

使用控制变量,最简单化的一种做法就是“把能加进来的都加进来”。有时候,我们会把能想到的所有控制变量全都纳入到回归方程中,这是一种错误。但更常见的是,读者(或审稿人)不断地提出这种可能性和那种可能性,然后我们就不断地加入控制变量,最后变成了那种模型。例如,假如我们发现有统计证据支持“辍学引发犯罪”的想法。但是,有人提意见,说这可能是因为**男孩**更可能辍学,**同时**也更可能犯罪。我们然后就把性别作为控制变量加入,重新进行了估计。假如说,我们开始时的系数是1.93,p值为0.015,是统计显著的;我们加入控制变量后,系数基本没变是1.91,p值为0.016。

但是这时又有人提意见,说这可能是因为父母收入的原因:贫穷家庭的孩子更可能辍学,**同时**也更可能犯罪。尽管私下里会咒骂这个讨厌的家伙,但我们还是把收入加到模型中来,然后点击运行,紧张地去看最后的结果。太好了!结果仍然成立。现在系数是1.72,$p = 0.042$。仍然在0.05的边界线以下!

不过很不幸的是,你的样本量毕竟是有限的,控制所有因素是**不可能**做到的,甚至连控制人们能想到的所有因素也往往不可能。如果你“把能加进来的都加进来”,模型的系数估计将会变得不稳定,标准误差会很大,最终模型会告诉你“我啥也不知道”。即便有些变量在总体中确实是有效的预测因素,但加入太多自变量之后模型的效力仍然会被削弱。要记住,我们需要的是“正确的模型"(right model),而非"真实的模型"(true model);这两者不是一回事!

更糟糕的是,这样一种做法其实包括了一种负面的激励机制,会鼓励你不要太较真。不同的做法包含着不同的激励机制,它们可以分为两类:**正直**的激励机制奖赏那些付出更多精力、对自己要求更严格的人;**扭曲**的激励机制则会鼓励你少看数据、增加错误、草率行事。

在传统的统计学方法中,你要去"驳斥零假设",那些零假设通常都**不是**你的观点,因此你有驳斥零假设的**动力**。这是一种正直的激励机制,它起码会激励你去收集更多的数据。但是,在刚才那种使用控制变量的方法中,激励机制是鼓励人不要努力干活,因为努力的结果是在给自己找麻烦。

你可能经常会看到类似于图4.1那样的东西。每一个长条表示不同模型中的同一系数(如b_1)的效力,这里已经转换为t值,虚线表示1.96(0.05水平下的显著度)。根据批评者提出的各种备择解释,研究者不断加入各种控制变量之后,系数仍然显著。终于可以放心了,去投稿吧。

只要在止步时p值仍然小于0.05,我们的结论就能够成立——这种观念是完全错误的。p值的使用是有道理的(参见我在第1章的辩护),但是这种用法是绝对错误的。这种做法意味着,你是对还是不对,取决于你是在什么地方止步的。尤其是,你知道得越少(即越少下功夫去考虑其他因素),你越能够**宣称**自己知道("我的观点是对的!")。

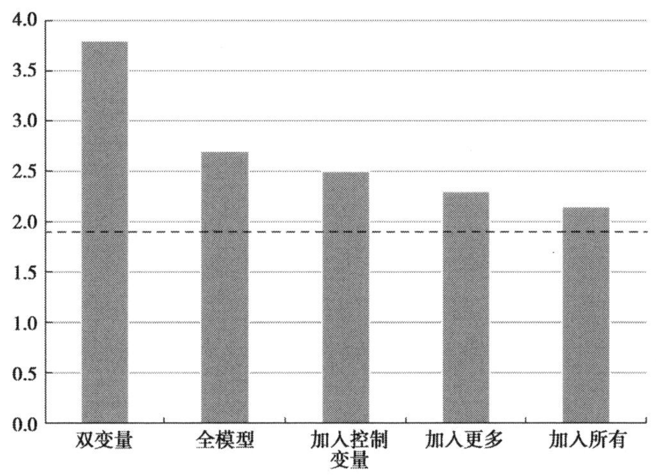

图4.1　扭曲的激励机制下的一组分析

这种激励机制的扭曲还表现在：在加入控制变量的过程，你越是马虎草率，结果对你越**有利**。比方说，如果控制变量的函数形式设定有错误，你关心的那个系数也许更有可能保持显著。如果控制变量的测量中有误差，结果可能对你更有利。如果你把连续变量“收入”当成“家庭背景”的粗略测量引入，主系数变成了1.72（$p = 0.042$），那么对“家庭背景”的**正确**设定就很有可能使得主系数下降一大截。只有在模型设定完全正确、测量没有误差的前提下，你才能用最终的显著度作为正确的证据。但是，这种前提几乎肯定是不现实的。

如果加入的控制变量越多，你关注的那个系数就越小，那么在哪儿止步其实就不重要了。你可以想得到，只要你不止步，你关注的那个系数总会消融不见的。数据其实在努力告诉你一件事：你关心的因素与其他竞争性解释因素是紧密关联的，你无法把它单独抽取出来。

与此相反，如果加入控制变量使得系数上下波动，而不是一直下降，我们得到的信号就不是那么明确了。如果我确实关心事实如何，我就会发表图4.2那样的结果，即便最终模型的显著度没有图4.1中那么高。

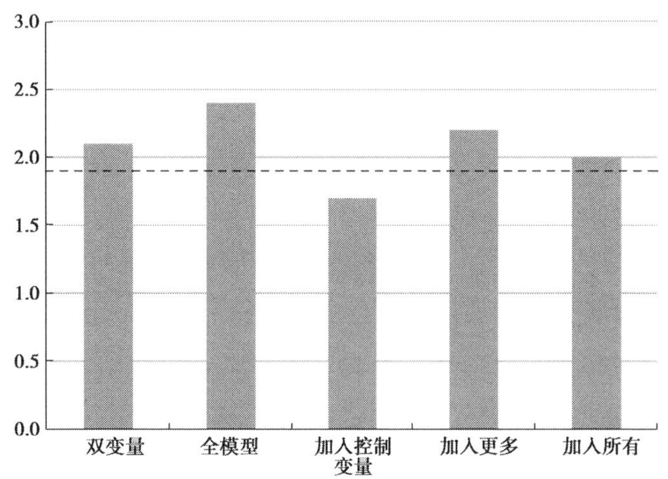

图4.2　正直的激励机制下的一组分析

所以这里的要点是，如果你要采用控制变量的办法，如果你最终不想成为一个骗子，那么你真正在乎的就**不应该**是"我加入一些控制变量然后止步，效应仍然在 $t = 1.96$ 以上"，而是"我认真地考察了**所有合理的备择解释**，它们并不能动摇我的发现"。**缺乏证据，并不能证明事情不存在。你没有看到它，不一定是因为它不存在，而是因为你看得太马虎。**

控制与误差

测量误差

要真正明白控制变量策略的意义,就需要明白误差(error)的本质。我们在考察统计方法的时候遇到的一个障碍就是,我们往往用"误差"这一个词来指许多不同的现象。统计学家经常把"残差"(residual)称作"误差",这指的是变量的实际取值与预测值之差:

$$\varepsilon = y - \hat{y} \tag{4.1}$$

那些十九世纪的法国统计学家真是误导人,他们让我们以为人们偏离了平均值就是"**差错**"! 但那既不是"误",也没有"差";那是**分布**,是**方差**,是现实生活。

事情出了差错,才会有误差。在统计学实践中,有三种类型的误差:**抽样**误差、**设定**误差、**测量**误差。[①]每种误差又有两类性质:有偏(biased)与无偏(unbiased)。对**抽样误差**的探讨是统计学的起源。最理想的一种情况是简单随机抽样,抽样误差是无偏的(即高估的可能与低估的可能是一样的)。[②]**设定误差**指的

①这分别对应于推断、审问方式、测量中的误差。

②要强调的是,有一些被称为"无偏的"抽样**过程**,实际上会导致某些估计量存在偏差。设想我们先按照与人口成比例的原则随机挑选出一些城镇,然后再从城镇中随机抽选个人。单个来看,每个人被选中的概率都是相同的。但是,处于同一城镇的人被抽中的概率并不是**独立**的(他们往往一起被选中或选不中),而且他们更可能有共同之处。这意味着,我们犯错的可能性要比直接对个体进行抽样更大:我们围绕真值波动的幅度会更大。因此根据简单随机抽样计算出来的估计量标准误差就是有偏的,是一种低估。

是我们在选择预测变量时有差错，通常是遗漏了变量或替换了变量。我在第1章里讲过，这是最大的误差来源。要解决这个难题，任何一种技术手段都不管用，你必须对实质问题进行深入思考才行。

我认为，社会科学家对遗漏变量导致的误差很重视，但是他们对于**测量误差**不够重视。谈论测量让人感觉很落伍，好像是唯科学是从的老古板。但是，如果控制变量的方法要有实效，你的测量就应当是比较精确的。如果控制变量的测量存在很大误差，那么加入控制变量也没有实质意义。如果存在测量误差的是因变量，那么拟合度会降低，这属于那种“无碍大局的误设”。如果存在测量误差的你关注的是核心自变量，那么估算出的关系强度会偏低，你的理论命题**更不容易**过关。但是，如果存在测量误差的是**控制**变量，那么控制变量策略就会失效，这时你的理论命题会**更容易**蒙混过关。

最简单的一种测量误差，是回答人忘记了正确答案。你问他有多少个表亲，他有六个但告诉你是五个。在此之后，有些误差很难和“回答误差”区分开来的。回答人正确地回答是六个，但是访问员写的是五个。或者，访问员写的是六个，但录入员录入的是五个。或者，分析者在浏览一个电子表格文件时想按左键却按成了4。我们往往以为这类误差无足轻重，因为它们会相互抵消掉。这只是我们的**一厢情愿**而已。皮尔斯(Peirce，1986[1870])研究过海岸警卫队，他对于其中的观察误差进行了细致分析，结果发现误差并不是正态分布的。按照经典的误差理论，如果真值是35，那么它被测量为53的可能性应当远小于被测量为40。但是,一个数据记录者更可能把35记录成53而不是40。你在用键盘录入数据时,450被录入为45的可能性远大于它被录入为387的可能性。[①]有些类型的误差并不是无偏的。比如说你按一个键太轻,就会录不上,从而很可能丢掉一位数;但是你按一个键太重,一般来说它并不会被录入两次。因此,人们更容易**丢掉**数位而不是**加上**数位。即便误差本身是无偏的,它们也会导致参数估计出现偏差:事实上,它们通常导致对关联参数的低估。

因此,如果存在测量误差的是控制变量,你的结论就会有失严谨。让我们进行一个简单的模拟演示(R4.1)。假如有一个未观察变量“顽劣性”(z)影响“旷课天数”(x),这两个变量又共同影响“越轨次数”(y)(以相同的强度,我设定为0.5)。因此,真实的b_x应该是0.5。如果我们不引入控制变量“顽劣性”,那么就会高估b_x(0.86)。在引入了控制变量“顽劣性”之后,我们就会得到正确的估计。但是,如果我们测量时使用的是一个虽然**被称为**“顽劣性”但实质有误差的量表,结果又会如何呢?图4.3显示的是,当我们从小到大调整“顽劣性”测量值中随机噪声比例时,估计出来的是b_x结果。图中显示的结果并不令人意外,但是值得注意的是,偏差的增加是相当快速的。因此我们要知道,如果控制变量

①与此相联的一个问题是数据堆积(heaping)。已经有研究者(如Roberts and Brewer,2001)试图用模型来对数据“抹平堆积”(unheap)。你高中毕业以前参加过多少次生日聚会?10次?20次?30次?40次?50次?你很可能只能大概估计一个数字,而且你估的数字很可能以0结尾。好多学生会批评定量研究者把所有事情都变成五度量表,但是我们多数人在作为回答人时头脑里其实就是那样做的,我们会用方便的偶数对那些观点进行标注。这意味着我们的误差也是在某种方式成堆分布的。与那些真值为86的人相比,那些真值为100的人被错误测量或记录的可能性要小得多。

中存在误差，它就不能够充分发挥控制变量的功效了。如果存在测量误差的控制变量让你的b下降了**一点儿**，那么那个真正的控制变量很可能会让b下降**一大截**。

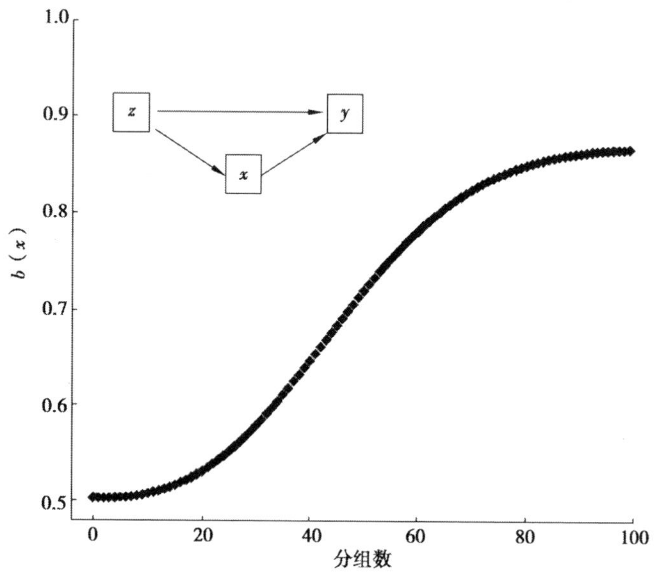

图4.3　控制变量中的测量误差

此外，还有一些特殊类型的测量误差，它们会**夸大**（而非**减弱**）变量之间的关联关系。这通常出现在你把**其他人**的评估作为对某事的一种测量时。你用缺勤天数来测量"越轨倾向"，发现它对辍学有一定的预测作用；你用校长对于孩子态度的评估来测量"越轨倾向"，很可能发现它有更强的预测作用。但是你不要因此以为，校长的评估就是对"越轨倾向"这种个人特质的更精准测量。让那些对结果变量（辍学）非常留意何关心的人（如校长、警官）来评测原因变量，这样做往往**夸大**了个体层面变量间的关联程度，因为你无意之中引入了个人特质层面之外的某个社会**过程**。在某种程度上，这就相当于在电路里插入一个晶体管，把一个原本微弱而不可靠的信号放大了。这是一个很大的问题，我会在第8章进行详细讨论。

修正误差

要真正理解误差，你需要更为深入的思考。现在，结构方程模型(SEM)已经被多数人抛弃，这使得学生们很少再去琢磨测量误差导致的各种问题。在结构方程模型在社会科学中如日中天的时候，人们把它当成了解决测量误差问题的灵丹妙药。结构方程模型被抛弃是有道理的，它确实不是灵丹妙药(至少在多数情况下)，但是它要解决的问题仍然需要我们关注。

为什么结构方程模型解决不了测量误差问题？结构方程模型的解决方案是，如果我们能够对同一潜在变量进行多个测量，然后把这多个测量汇集起来，测量误差就能够被修正，从而改善对潜在变量的估计。这说得很有道理，但前提是你对这一切的假定都是正确的。

有一个经典的例子：我们询问人们在下一次总统选举中准备选谁，两个月以后我们对同一批人再问他们同样的问题，结果有些人两次的回答就不一致。你可以理解为，他们改变了态度。事实上，菲力普·康弗斯(Converse，1964)认为，改变态度的人数如此之多，这说明这些人根本就没有稳定的意见，只是在随意回答而已。

这是一种理解方式,但是还有另外一种理解方式。这些人的态度并没有改变,不一致只是因为有测量误差:有人听错了问题,因此答错了;有人答对了,但是录入员录错了。如果我们不考虑测量误差的可能性,就会夸大态度本身的变化程度。因此,克里斯托夫·阿肯(Achen,1975)指出康弗斯进行上述推断的前提是测量中没有误差。如果测量模型中包括误差项,那么数据与民众态度非常稳定这一假定并不矛盾。康弗斯的回应很有趣,他没有质疑上述数学原理,这些东西在当时看来是挺复杂的。他只是说:"在进行这些模型分析**之前**数据的本来样子,让我更难以忘怀。"[①]

我本该无条件地支持阿肯的:他是我最喜欢的社会科学家之一,再说用来进行前述修正的方法是我的导师吉姆·威利(Wiley and Wiley,1970)发明的。但是我仍然要说,康弗斯说的也有他的道理。两次测量的结果不一致,既有可能是人们改变了实际态度,也可能是他们没有改变但是我们的测量中有误差。我们无法判定到底哪种假定更符合事实,除非再进行一次专项研究。如果你在没有真正理解误差之前,就急着去修正误差,你就很有可能无意之中进一步**增加**误差。人们经常就是这样干的。

归并数据

出于各种各样奇怪的原因,社会科学家有时会故意把变量归

①康弗斯的话让我难以忘怀,但是我忘记了他的话的出处。我认真搜索之后,仍然不能找到出处。

并(collapse)为更少的类别,而不是使用测量得到的初始类别。有时候这样做是有道理的,因为它可以让你更灵活地把预测变量与被预测变量关联起来。例如,如果你把受教育年数转变为"高中以下""高中毕业""上过大学""大学毕业""大学以上",然后把这五个虚拟变量中的四个作为预测变量引入,那么这就比简单地引入"受教育年数"更好。但是,如果你做的不是这样的事,那就需要非常充分的理由才能把信息抛掉。

这是因为抛掉信息就会增加误差。增加误差,控制变量的作用就会打折扣,而核心变量的系数估计就会**向上**偏移(假如关系是正相关的话)。我们来进行一次数据模拟(R 4.2),教育(x)影响工作地位(y)。这两者又都受到父母收入(z)的影响。(这里不一定意味着z是x的原因,要紧的是两者之间存在关联。)[①]

$$x = z + \varepsilon_1 \tag{4.2}$$

$$y = 0.5x + z + \varepsilon_2 \tag{4.3}$$

我们想了解教育对于工作地位的影响(b_x)。如果我们以工作地位为因变量,以教育和父母收入为自变量运行一般回归,就可以得到真实的系数0.5。如果我们遗漏了父母收入,就会大大高估教育的影响(b_x=1.166)。但是,如果我们引入的是父母收入的某种"粗略"测量呢?如果我们把收入变量归并为几组,结果会如何呢?图4.4显示了测量的粗糙程度越大,我们估计出来的b_x就会越趋于乐观。

①在此我模拟了1000个随机点,是在0到1上的均匀分布,误差项$\varepsilon_1 = \varepsilon_2 = N(0,0.2^2)$。

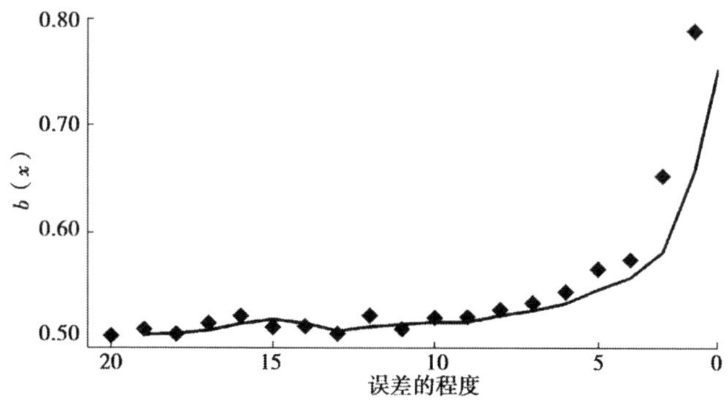

图4.4　增加测量的粒度

有时你也不是故意把数据变得粗略的。[①]你并没有归并数据，数据收集时采用的原本就是某种大致的分类(例如收入是按五个层级来测量的)。但无论如何，父母收入被归并得越厉害，它压低b_x的能力就越弱。

在前述分析中，我们假定原始测量中并没有误差。我们讲过，控制变量中的误差会使得它的效力大打折扣。如果我们的原始测量中包括误差，我们又对它进行了归并，结果会怎么样呢？图4.5(R 4.3)中演示了模拟的结果。纵轴表示我们归并后的组数，横轴表示数据中包括的误差所占比例，图中的灰度越淡表示偏差越大。如果我们对上图的结果进行一下比较就会发现，对其进行数据归并将会使得参数中的偏差程度加大，在原始测量中仅仅包括较小比例的误差时更是如此。因此一般说来，当你用六个区间段来测量"收入"，然后再把它当成控制变量引入时，其他参数值是被高估了的。

①在第5章中，我会讨论另外一种情况：**看似相同**(实则不同)的另一种归并产生了截然相反的效果：它使得R^2**变大**了很多！

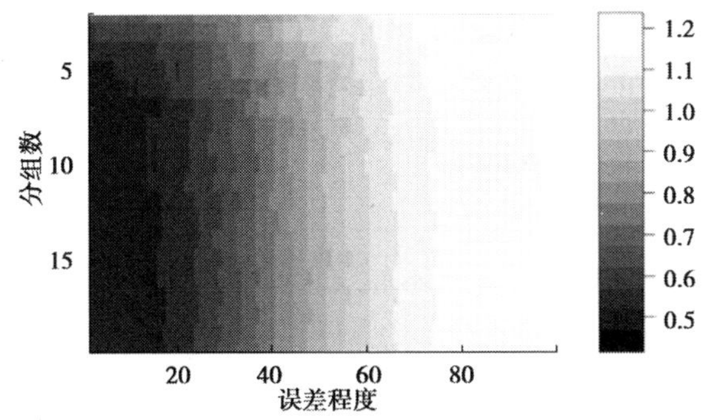

图4.5　在归并数据时掺杂了误差

上面讲的是分组前的潜在变量z中包括误差，但是分组过程本身没有错的情况。尽管某一案例的变量值中存在误差，但它仍然可能最终被分到了原本应该分到的那一组。如果一个人的真实收入为48000元，就算他的收入测量中存在一定的误差，他仍然可能会被正确地分到“40000到49999元”那一组中。但是，如果分组过程本身存在差错，例如访问员应该在“4”(第四组)上划钩，他却划到了“6”上，这导致的误差**幅度**将会更大。

因此，如果控制变量中包括误差，控制策略就可能会出问题，因为我们的控制是打了折扣的，结果会让我们在不该自信满满的时候过于自信。此外，如果控制变量与因变量之间的函数形式被设定错了，控制变量的功效也会打折扣。

模型设定与线性关系

函数形式设定错误如何导致控制变量的功效打折扣，我把这个问题留到第7章和第8章时再讲解。那时，我们会讨论一些更有趣的例子。这里我只讲解一下如何处理这类问题。

对此有三种通用策略。第一种策略是,认真思考一下控制变量是通过什么样的**社会过程**与因变量建立关联的。社会学家往往出于习惯地把一些控制变量视为定距的,以为它们与因变量之间存在的是线性关系,其实不然。如果你的因变量是“人在学校里吃过多少顿饭”,那么“受教育年数”与它确实是线性变量。但是如温什普和迈尔(Winship and Mare,1983)指出的,有时候上学过程是通过“有没有拿到文凭”来影响因变量的(此时11.6年和12.1年之间的这“半年”差距可能比7.6年和11.6年之间的“四年”差距还要重要),而有时候上学过程是通过“学习到的所有技能”来影响因变量的(那只是产出而不是时间投入)。数据中的变量是“受教育年数”,这并不意味着你必须原样把它放到模型里去。如果没有前人做法可以借鉴,你可以试着把它分为三个到五个组,然后作为虚拟变量引入模型中,以此来了解合适的函数形式应该是什么样的。即便是对那些具有强烈数值性质的变量(如收入),你也可以这样做。收入并不存在某个自然的分界点(纳税区间对多数人来说意义不大),但是这并不意味着收入与另一个数值变量的关系一定是线性的。因此,在有必要时你应当认真琢磨这个问题,尝试各种不同的函数设定。

第二种通用策略是**数据可视化**。去观察控制变量与因变量之间的散点图。(教科书上会说要看残差图。你确实应该看残差图,但是之前最好先看一下双变量散点图,尤其是模型中包括很多变量时。)去绘制一条曲线来表示每个控制变量与因变量之间的总体关系,这可以用LOESS回归来办到(在统计软件包里这非常容易)。去直接看一看,它是不是线性的?

第三种策略是采用**非参数技术**。我们将一些或全部预测变量都视为仅仅具有定序(非定距)属性,然后进行统计调整。我认为,使用这种策略的社会学研究将会越来越多。但是,对此了解的人还不够多(包括我自己),因此我不能教你如何稳健地使用这些技术。(这类技术有一些是用来进行样本内预测的机器学习方法,而不是像通常那样用来检验某个总体参数是否为零。)因此在这些技术在社会学界普及之前,你在有必要时还是应该花些时间来尝试各种不同的函数形式。

模型设定:交互作用

什么是交互作用?

我们已经看到了控制策略的一些错误使用方式。但是,当模型中包括交互项时,你面临的陷阱会更多(甚至翻倍)。交互作用有一个令人困惑的地方,就是它的存在与否在一定程度上取决于研究者的主观视角。同一件事情,在某个研究者眼中是直接效应,在另一个研究者眼里就是交互作用。如我们在第9章中会看到的,“高债务”可以被看成是“高支出”与“低收入”的交互作用。在此我不打算讨论此类理论问题,而只是讨论一下测量变量之间的交互作用。

我曾经有一次向我的导师吉姆·威利展示自己对某个数据进

行的分析。他没有直接评价，而是微笑着说："这个世界上有两种人：一种人只要能用交互作用就尽量用，另一种人能不用交互作用就尽量不用。"[①]那时候，我喜欢交互作用。我喜欢那种看起来更像是"模型"的方程。那种模型看起来更有"理论性"。我不喜欢方差分析那样的方法，因为那些方法琐碎、复杂、乏味。但是，正因为我没有从方差分析的角度来思考，因此往往才不明白自己到底在说些什么。

比如说，我认为参加教会活动对于性别角色态度有影响，而且这种影响随着人们信守教义的程度越高就越大。于是，我写出如下方程并进行了检验：

$$\hat{y} = b_1x_1 + b_2x_2 + b_3x_1x_2 + c \tag{4.4}$$

然后，我向一些听众来解释这些系数。有人问我，使用的变量是否进行了均值对中(mean-centered)。我很不屑地回应说，那只是拟合数据的机器才要关心的技术细节，对我的**理论**来说无关紧要。有人笑了。他是在笑我。如果我不予理会的态度是有道理的，那么如果两个模型使用完全相同的变量，一个是用原始变量、一个是用均值对中后的变量，则相同的系数值将会产生相同的预测值。但是如图4.6(R 4.4)显示，情况并非如此。图中的横轴表示使用原始变量的预测值；纵轴表示使用均值中心化变量的预测值。

①克拉克(Terry N. Clark)讲过，古德曼在芝加哥研究对数线性模型(loglinear system)的时候，丹尼尔·贝尔请古德曼解释一下这种模型。在这种模型中，研究者先把所有可能的交互项都包括起来，然后再逐步把其中的一些交互项设置为零，以此得到一个更简约的模型，最后去解释模型中剩下的那些互依关系。古德曼解释完了以后，贝尔感慨说："我喜欢。这种统计学路数太有犹太人特色了。"

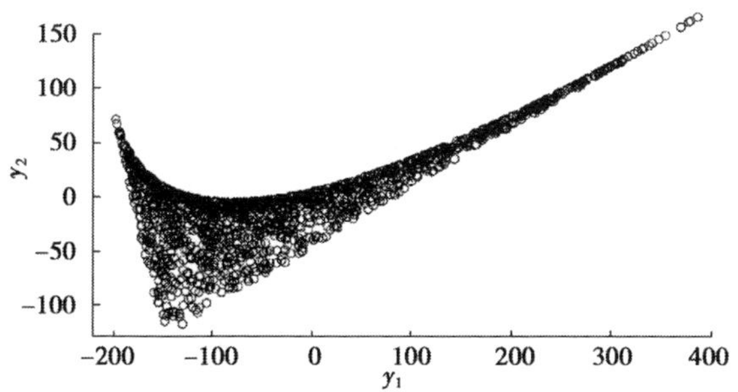

图4.6　采用相同系数、不同对中方式而生成的两种预测

这是怎么回事呢？如果我们把模型展开，然后做一点代数运算，就会知道变量对中的方式不同，那些**非**交互项（或称为"构成项"[constituent term]）参数的斜率就会不同！[①]（对此感兴趣的读者可以参看附录4-A。）如果你关心的只是交互项的系数，那么不用担心；但是如果你还想要解释构成项的斜率，那么你把变量的零点设在何处就会有很大影响。这也意味着，如果你说自己的"理论"认为（在有交互作用的方程中）某个构成项系数应该为零，这几乎肯定是不合情理的（参见Brambor，Clark and Golder，2006）。你把变量的零点设在不同的地方，预测值或者估计出的斜率就会不同。我们由此得到了另外一条教训：很多情况下绘出预测值是很有用的。

交互作用与误设

有时候，方程中**看似**存在交互作用，其实是因为其他变量的

①以（4.4）式为例，模型时包括交互作用时，构成项b_1的意义是"当$x_2 = 0$时，x_1对于y的效应大小"；b_2的意义是"当$x_1 = 0$时，x_2对于y的效应大小"。因此构成项的系数当然会受到变量零点设在何处的影响。——译者注

设定有误，或者变量取值有限定范围。尤其是，上限效应和下限效应的存在会引发某种“幻影交互作用”(ghost interaction)。[①]比方说，如果你的因变量是抑郁程度，你的两个预测变量是“是否有家庭成员自杀”和“是否被诊断出有严重疾病”；因变量抑郁程度是用量表测量的，因此它是有上限或下限的。如果你使用线性模型，将极有可能发现两个自变量存在**负向**的交互作用。你可能会很兴奋，因为这表明如果有人有家庭成员自杀了，那么此时他自己得了胰腺癌引发的抑郁程度反而会降低。但是，事实未必如此。事实可能是：此时他自己得了胰腺癌引发的抑郁程度并没有降低，但是他已经抵达了测量的上限；在量表上，他再也无法“更难过一点了”。

你可能以为，如果变量取值只有几个离散的类别，那么这确实是个问题，但是如果我们加总多个题项来构建一个指数，变量取值就不再受限了，这就能解决这个问题。但事实上，在实践当中，上述错误**更少**发生在只有几个类别的离散结果上。在那种情况下，你很可能会使用对数线性模型(loglinear model)，那些模型可以较好地(虽然并不是完美地)应对上限效应和下限效应。另一方面，很多变量看似取值没有限度，但事实上是有限度的，这或

①这种幻影交互作用有一个非常生动的例子，是由阿瑟·斯廷奇科姆(Arthur Stinchcombe，1983-1984)提出来的。奥蒂斯·达德利·邓肯(Otis Dudley Duncan)曾讲过，有些时候我们会从政治民意的数据中发现有一些回答人在意识形态上有极其坚定的立场。邓肯建议说，在表示“所有问题都持保守派立场”或“所有问题都持自由派立场”的单元格中的数值，可以和设定两个变量存在关系的模型的预测值进行比较；前者超过后者的值，就可以用来估计总体中坚定的意识形态主义者(ideologues)的数量。但是，斯廷奇科姆表明，上述论证的前提是我们正确理解了潜在特质(underlying trait)的测量尺度(metric)，以及它与题项的关系。如果我们在**这些**设定上有错误，就会得到错误的预测值，那些预测值可能在尾部会偏大。换而言之，我们会以为存在M维的交互作用，其实交互作用并不存在。

者是由于数据收集过程,或者是由于变量构建过程,或者是由于世界的本质如此。

在多水平模型中,我们也常常会遇到这类陷阱(下一章中我们会讨论多水平模型)。在运行多水平模型时,我们这里会同时考虑个体层面的因素(如是否出生在富裕家庭)和背景层面的因素(如是否生活在多数家庭都富裕的地区)将它们综合起来。我们往往会看到"跨层级"交互作用是负向的,这看似很有理论意义。但是,如果我们并不能确信其中的线性假定是正确的,那么就不要先着急发表这个交互作用的发现,除非你已经确认过这种交互作用在那些远离上限和下限的案例当中也是存在的。

你如何进行这种确认呢?你当然可以去用非参数方式进行建模。但是,更简便的方式是数据作图。你可以绘制一个三维图,把交互项的两个构成变量放在 x 轴和 y 轴上,把结果变量表示为不同高度或者不同颜色(请参看 Berry, Golder, and Milton, 2012)。在第6章中,我们会看到一个非常有趣的例子,真实的情况可能与我们以为的情况大相径庭。

用交互作用来碰运气

交互作用与过度拟合

吉姆·威利很委婉地告诉我,他对我过多使用交互作用的方式有不同看法。结果证明,威利是对的。年轻学者喜欢交互作用的原因，通常是因为交互作用让他们原本不能成立的理论看似能够成立。比如说，你相信 x 会影响 y。你预测说 $b_x > 0$，但是数据告诉你，你的预测是错的。你只有一次机会能赢，输了就是输了。但是，你这时发现模型中还有 K 个自变量，你可以把它们和 x 都交互一下，你很可能会发现某个交互项是显著的。突然间你多了 K 次机会能有所发现。只要你碰的次数足够多，你总能够在数据中的**某些地方**，发现 x 能解释的方差要比其他地方都多。通过加入交互作用，模型中有了更多的参数，你就更可能在表格中给**某些东西**加上星号。[①]如果你自己事先没有核心自变量 x，那你的机会就不只是 K 次，而是 $K(K-1)/2$ 次（K 中选2）。

当然，对多次检验得到的统计显著性进行修正，这是办得到的（特别是用古德曼[Goodman，1969]提出的办法）。但前提是，人们得诚实地说出自己进行过多少次检验。不诚实的人当然不愿意那样干。如果他们承认自己进行了 $K[K-1]/2$ 次检验，那就意味着结果并不是 $p = 0.034$ 而是 $p = 0.500$。诚实的人也不会那样干，因为他们虽然进行了500次检验，但是那些做是为了反复推敲他的最初发现；他们的检验不是**随机碰运气**，而是在考察不同的**备择解释**。他们得出来的 $p = 0.034$ 是大致正确的，因为如果不正确，他们很可能早就通过认真阅读大量的表格发现了。

大多数人并不能很好地解读交互作用。与解读双变量关系的难度比起来，解读交互作用的难度大幅度增长。因此我主张，

①作者在此故意强调“某些东西/某些地方”（something/some area），其实意在暗讽这类研究者其实自己也搞不清楚“某些东西”到底是哪些东西，“某些地方”到底是什么地方。“给某些东西加入星号”，意指发现有统计显著性的参数。——译者注

除非事先有明确的理论逻辑能够有力地预测某种交互作用的存在，除非某种交互作用在完全不同的多个数据中都被证明是存在的，否则这种交互作用就不值得考察。你或许以为，这在社会学实践中不算什么大问题。那么你要三思了。接下来，我会详细地考察一个看似很成功的研究，它正是基于交互作用的。

> 华盛顿(路透社报道)：有美国研究者本周一宣布，他们发现三种基因在决定为何有些出身于落后社区或者贫困家庭的年轻人成为暴力犯罪分子而另一些人没有方面起到了重要作用。
>
> ……
>
> 领导这项研究的社会学教授国光说，那些具有MAOA基因的一种名为2R的特定变体的人更容易有犯罪行为。国光教授在电话采访中说："我不想说这就是犯罪基因，但是有百分之一的人具有这种基因，他们的犯罪倾向非常高。"他的团队只对男性进行了研究，使用的数据来自"全国青少年健康纵贯性调查"；这是一个对美国具有代表性的样本，包括了大约20000名7年级到12年级的青少年。研究中的年轻人会接受定期的面访，有一部分提供了血液样本。
>
> ……
>
> 此外，DRD2基因有一种特定的变异，在年轻人不经常和家人一起吃饭时，它会触发年轻人的犯罪倾向。国光教授说，"但是，如果具有相同基因的人和父母一起吃饭，犯罪风险就会消失。"他补充道："家庭会餐可能是父母关心的一种表示。这表明父母的养育是非常重要的。"

……

国光教授说，探讨是否可以研发药物来保护这些年轻人还为时过早。他也并不确定罪犯能否在法庭上使用“基因辩护”。他说：“在有些法庭上，（法官可能会）认为他们将一次又一次地犯下相同的罪行，这会使得法庭更不愿意释放他们。”

哇！一种可以让法庭拘禁人的“基因科学”！你知道社会学正在进行如此重要的研究吗？让我们来看一下这篇论文（Guo, Roettger and Cai, 2008）。现在，你首先要明白国光教授和他的同事使用的是“青少年健康调查”的数据，这是一项有全美国代表性的数据。这看起来似乎是件好事，但其实是件坏事。为什么呢？因为基因与我们称为血统（biodescent）的那些东西（如种族和民族）是紧密关联的，而那些东西和其他事情往往又纠缠在一起的。你可以用基因来预测好些事情，比如说他的祖先有没有当过奴隶。奴隶身份**在过去**确实是基因性的：你生下来就已经注定了，那是有法律和强制手段保证的。但是，根源却并不在基因里。这里的道理也适用于其他事情。要检验基因的预测效力，我们最好在更为同质的人群当中进行研究。如果同样是丹麦人后裔，有这些基因的人和没有这些基因的人在犯罪倾向上并无差别，那么“基因”解释就是错的。

再者，根据路透社的报道，研究关注两个基因：MAOA 和 DRD2。我们先来看第一个基因，这是能够产生一种特定的酶来截断某些神经传导素（neurotransmitters）的两种基因之一。一个基因组中包括了这种基因的某种特定形式（即数目可变串联重复序列[Variable Number of Tandem Repeats],简称VNTR),它是由一定数目的(2,3,3.5,4,5)重复片段拷贝组成的(分别称为2R、3R等)。有研究者之前发现,具有3.5R和4R的人(我们称其为“好基因者”)能够顺畅地生成前述那种酶,那些具有3R和5R拷贝的人(我们称其为“坏基因者”)不能够顺畅地生成前述那种酶。因此,那些“好基因者”比“坏基因者”更容易排解掉包括肾上腺素、多巴胺、血清素在内的那些神经传导素。①

过去的研究已经指出了3R和5R与行为和结果之间的关联。但是,国光等人的多篇论文关注的却是那些极其稀少的具有2R变体的人,那些稀少到以往研究者根本没有归到“好基因者”和“坏基因者”两组当中的人。②事实上,他们关注的还不是具有2R变体的所有人,而只关注其中的男性。为什么呢?因为在女性当中,这种基因没有一点影响。(请注意,前面的新闻说他们“只对男性进行了研究”,而事实是“只在男性中才有发现”。)如果考虑过这种基因有5种VNTR变体,性别有2种可能,那么他们其实是进行了十次检验。这已经够糟了,但还有更糟的。在青少年健康数据中,拥有这种基因变体的其实只有11个人。国光的所有论文使用的都是这个数据,都是基于这11个人而得出的结论。这些人看

①有研究发现,那些坏基因者的暴力倾向比好基因者更高,至少在某些情境中如此。但是,那只是对新西兰被虐待儿童进行的一项研究。另一方面,在国光等人的研究发表前三年,有人利用和他们同样的数据进行过研究,结果**并未**发现显著差异(Haberstick et al. ,2005),虽然那些研究的关注点是同一因素是否影响到了青年人的受虐待。

②国光等人(Guo, Ou, Roettger, and Shih,2008)发现,与之前研究指示的相反,好基因者和坏基因者之间的差异方向搞错了。那些具有被认为坏基因的人,比那些具有好基因的人的犯罪率还要更低(虽然统计上不显著)。根据我的理解,这就相当于说“我们已经检验并拒斥了基因假设”。但是,作者想了一个办法把这个假设挽救了回来。

来是可疑对象。我们可以去了解一下他们的实际情况，或者加入控制变量再来看一下。MAOA变体并不是随机分布于各个不同血统的群体（即社会性种族，socially ascribed race，简称SAR）之中的。因此，现在开始加入控制变量来进行分析吧。

在国光等人的分析中，他们的见解成立与否，实际上取决于他们的控制策略在什么地方止步。他们发现，在原始（男性）数据中，基因具有2R特征的人的犯罪次数会比其他人高出3.25。在加入年龄和种族作为控制变量之后，效应降低为1.72，p值正好到0.05附近。由此我们得知，在加入一个具有误差的对社会种族的测量之后，效应减半了。但是，如果加入一个**完美**的测量呢？效应可能剩不下太多了。尽管如此，国光等人还是继续去表明，在那些基因具有2R特征的少数学生当中，留级与犯罪之间的关联比在其他学生中更强。

但是，在他们发表的文章中，交互作用是和家人吃饭与另一个基因变体DRD2（变体178/304与其他变体相比较）的交互。你肯定也会好奇，他们怎么会想到这个基因和犯罪有关的？他们并没有引用任何文献表明其他人发现过这一关联（事实上，后来的研究发现DRD2变体的效应几乎为零[Nederhof et al.，2012]）。我们希望他们不是对于20000多个人类基因全部梳理一遍后发现了这一点！也许，那是他们碰巧发现了这个基因和犯罪有关。就算如此，他们又究竟是如何想到这种基因倾向居然会因为**和家人一起吃饭**而被抑制的呢？我就只能猜测，他们是用数据中的变量构建了很多交互作用来一一试验，最后拣出有结果的发表了出来。这样出来的结果是真实效应的可能性太低了。当然，基于这些证据就建议法庭应该把某些人拘禁起来,那就更是为时过早了。

你可能认为,我的批评有点过火。但是很长时间以来,美国社会学遵循的原则已经和它的商业精英们一样了——我们的工作就是碰运气。要是碰对了,我们拿钱走人;要是碰错了,我们并不负责任。这是智识上的破产,后果与金融上的破产同样严重。如果对此视而不见,那就是同谋,而不是“友善”。

总之,如果你是对单个变量进行统计显著性检验,那么结果即便不完全精确,那也是相差不远。如果你的变量有J个类别,你又允许自己随意地挑选其中一个类别与其他类别相比较(国光等[Guo and Tong, 2006]在检验DRD4基因时就是这样做的[①]),那么你其实就有了$J-1$次机会。如果你再把它和K个其他变量进行交互,那么你其实就进行了$(J-1)K$次尝试。那意味着,p值就变得没有任何意义了。

注意,我并**不是**说你不应该仔细查看数据。我们可以由此获得很多新知。但是,在查看数据的过程中发现了看似显著的交互作用,这不是研究的结束,而是研究的开始。我们要继续推进,让它和其他变量进行对决,(更重要的是)推演出**其他**可检验的蕴含之义(implication)。

伪装的交互作用

最后,当你把样本分为几部分来分析时,你很可能就是在利用

①那儿的基因可以重复2到11次,先前研究已经表明2和7与4并没有差别。但是**这篇**文章只关注那些有3的人。

交互作用分析得出有偏误的结果。你可能看上去并没有设定有交互作用的模型，但是实质上那就是你在做的事情。让我再用国光教授的另一篇论文来说明这一点。在那篇论文中，国光等(Guo, Li, Wang, Cai and Duncan, 2015)又发现了一个基因与环境的交互作用，这一次是饮酒的基因倾向和大学生是否有一个饮酒的室友。尽管他的假设在数据整体中没有得到支持，但是它在数据的某一个子集中是成立的，从而(看似成功地)挽救了他的假设。

这项研究中有不止一项错误，我在下一章中还会用它来说明另一些问题。但是，为了不打乱我们要讲解的主要逻辑，我把其他疑点都放在了脚注当中。他们自称对饮酒的基因倾向进行了测量。他们认为，它是一个很强的预测变量：只有这个变量在取值范围中间的时候，其他变量(如同伴效应)才能影响到结果(酗酒)[①]。他们的结论(再一次地)基于交互作用。这一次的结论是，在第一个变量上取值处于中间的那些人更容易受到第二个变量的影响。

我们已经提到过，基因差异和那些与行为相关联的社会特质(如种族/民族)是高度相关的[②]。因此，研究者必须控制民族和血统(或社会性种族SAR)。他们怎么进行控制的呢？他们根据“基因倾向”把样本分为了三个规模不同的层(高倾向层、中倾向层、

①我们在下一章中会看到为什么这是错的。这篇文章给出了用来论证这一观点的数据，我不明白为什么其他人没有注意到这一点。相关讨论，请参见Martin(2016b)。

②在当前这个例子中尤其如此。多数有关基因的研究都是针对具体的基因进行的，人们至少明白其中一些基因有什么功能。但国光等人的做法是，把所有的基因差异都放到计算机中，以此来预测饮酒行为，然后得到了一种所谓的“基因倾向”。好玩的是，他们在这篇文章中使用了在多次检验时调整统计显著性的方法——那些可能会推翻他们有关“与家人一起吃饭”的那些结论的方法。但是，他们并没有用这些结果来考察基因倾向最终有没有影响的问题，而只是在**开始**时用它筛选出最强的预测变量，然后就急急忙忙地运行逐步回归(stepwise regression)来推翻开始时通过那些程序得出的谨慎结论！

低倾向层)，然后分别运行加入了控制变量“社会性种族”的回归[①]。但是，即便控制变量“社会性种族”的测量和设定都没有问题，这种做法仍然是误导性的。因为如果你按x_1对样本分组再运行回归，这相当于你在模型中加入了x_1与所有其他变量的交互项。这时，你在核心自变量x_1与控制变量x_2进行的裁决就是**不公正的**：你强制地加入了x_1与所有其他变量的交互项，却不允许**加入**x_2与其他变量的交互项。

为了说清这一点，让我假定三个变量与因变量之间的关系如图4.7所示。三个自变量分别是基因得分(x_1)、社会性种族(x_2)、环境(x_3，即室友特征)，因变量为酗酒(y)。然后我生成了与之相应的模拟数据(R4.5)。

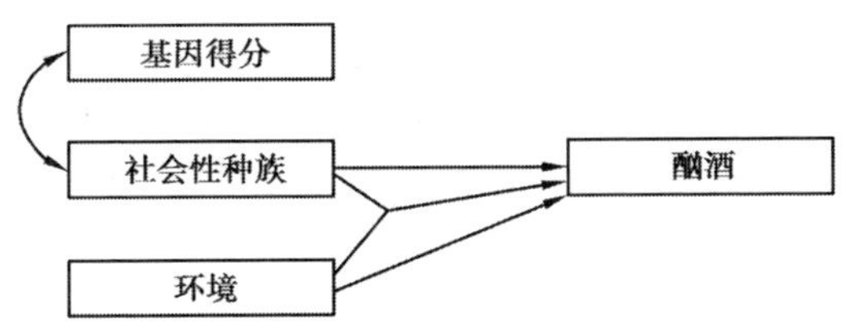

图4.7　用来模拟的可能真实的模型

在真实的模型中，基因得分x_1对酗酒没有影响，社会种族x_2和环境x_3对酗酒有影响。此外，种族x_2与环境变量x_3之间具有交互作用，基因得分x_1和社会种族x_2之间有相关关系。真实的模型

①为什么要这么分组？是的，线要划在哪里合适，这在数学上讲不出什么内在依据来。因此，他们在中间类别中放入了两倍的人，这样尽管效应在中间类别中并不更大，但是却有了更大的统计显著性，这样他们就可以(错误地)宣称发现了一种“倒U形”效应。即便如此，另外一些实验处理(如室友是否富有)仍然是在高倾向类别中显著，而不是在中间类别中显著，这本身就推翻了他们的主张。

为 $y = b_2x_2 + b_3x_3 + b_{23}x_2x_3 + \varepsilon_i$，在此我设定 $b_2 = b_3 = 1$；$b_{23} = 2$；$\varepsilon = N(0,1)$。当我们在估计时正确地同时加入交互项 x_1x_3 与 x_2x_3 时，我们发现基因得分 x_1 的主效应是不显著的，x_1 和 x_3 之间也不存在交互作用（参见表4.1中的模型1）。但是如果我们只加入交互作用 x_1x_3，我们就会错误地以为 x_1 和 x_3 的交互作用是存在的（参见表4.1中的模型2）。

表4.1　误设交互项的后果

	模型1	模型2
基因（x_1）	−0.015	0.161
	(0.119)	(0.197)
种族（x_2）	0.885***	0.742***
	(0.055)	(0.092)
环境（x_3）	0.917***	0.856***
	(0.094)	(0.157)
交互项 x_1x_3	−0.027	2.222***
	(0.203)	(0.296)
交互项 x_2x_3	2.011***	
	(0.088)	
R^2	0.784	0.392

（自此以后，*** p<0.001；** p<0.01；* p<0.05；† p<0.10。）

如果我们按照国光等人的做法，先按照基因得分 x_1 对样本分组，然后在每个类别中都控制社会性种族 x_2，结果会怎么样呢？结果如表4.2所示：在控制了变量 x_2 之后，x_3 的回归系数值在不同的 x_1 组别中有非常大的差异。然而，在真实模型中 x_1 和 x_3 之间根本没有交互作用,有交互作用的其实是x_2和x_3。

表4.2　通过样本分组而误设交互项的后果

系数	对样本分组后形成的组别		
	低基因(x_1)	中基因(x_1)	高基因(x_1)
种族(x_2)	0.785***	0.700***	0.675***
环境(x_3)	−0.535	0.682***	2.466***

交互作用不是一种容易使用的东西。它们会以你料想不到的方式在模型中掀起涟漪:有时,它们会让你以为已经"控制"了某个变量而实则并没有;有时,它们会让结果更偏向某个变量;有时,它们会大幅度地增加"假阳性"结果的可能性。

如果你想成为严肃的社会科学家,你需要培养出一种感觉,能够意识到什么时候自己有些"过于走运了",什么时候你得到的结果有些"过于理想了"。这是个大难题,因为有一些方法程序其实就是在**指望**你的运气(我们会在第9章中讨论这些方法)。在使用控制变量时,如果你试图通过各种曲里拐弯的设定来得到显著的交互作用,那你就是在指望运气。

结论:明智地行动

控制变量的这条路是应该继续走下去的。但是不要过于自满,不能以为只要我们珍爱的那个系数还是显著的,就可以放心地进行解释。我们使用控制变量的目标,并不是试图找到那个

“唯一的”正确模型,而是要使用一系列模型对可能的发现追根究底,去检验它们的各种蕴含之义(implications),从而排除错误的结论。在每一个阶段,我们都得审视自己的模型,查找意外或重要的发现,带着怀疑的态度考察每一个发现;每一步的认真程度都不亚于因果建模者在使用观察数据展现因果估计时对关键系数推敲的认真程度。我们借此对社会生活中的现实过程形成更具体的理解,然后再用一系列模型去考察它们。

我分析过“青年男性健康研究数据”(Young Men's Health Study),那个数据是有关旧金山湾区的男同性恋者的。我发现一种名叫“礼花”(poppers,即硝酸戊酯)的消遣性毒品使用与HIV血清转阳有着稳健的**负相关关系**。这个发现有点意思,因为加州大学伯克利分校的彼得·多斯伯格(Peter Duesberg)认为,男同性恋得艾滋病的原因并不是HIV病毒,而是他们服用“礼花”。我加入了“控制变量”之后结果仍旧:控制了没有安全措施的性行为的次数以后,你服用这种毒品越多,你就越健康。我本可以发表这样一个“富有争议”的结论。但是,说毒品能防治艾滋病毒几乎一定是错误的。

这背后的社会过程到底是怎样的?我花了一些时间去了解数据中涉及哪些人群,正如你要先了解嫌疑人才能确定作案动机一样。最后我发现,在旧金山湾区的这个样本中,使用硝酸戊酯与同性恋身份的自我认同(self-identification)有强相关关系。他越认同同性恋身份,性行为次数就越多,这会增加他们患艾滋病的风险。但另一方面,他越认同同性恋身份,他接触到的有关安全性行为的信息就越多,他们认为这些信息和自己有关的可能性就越大,他们的性行为对象就更可能是他们认识的人,他们就更可能觉得谈论安全性行为是很自然的事情,这一切都大大降低了他们的风险。

这说明,那些自我认同为“同性恋”和“非同性恋”的人在行动方式上有着很大的异质性;在使用回归来估计某种行为对HIV血清转阳状况的效应时,我们应当认真地考虑这种异质性。当然,对这种“身份认同”的测量是不可能完美的,毕竟那可能是一种多维度、情景化的(occasional)现象。因此,你并不能加入“身份认同”这个控制变量就完事了。身份认同很大程度上是无法精确测量的,但是我们用了一系列不同模型来对身份认同与我们的自变量、因变量、其他控制变量的关系得出合乎情理的解读。我们加入了那些与身份认同有关联的某些变量,然后看其他变量之间的关系变动是否会与我们的期望相吻合。

总而言之,我们需要牢记在心:并不是只要使用了控制变量,你就能做到**控制**;你需要**努力**才能取得控制的真正效果。如果你不想努力,那就随便;如果你想努力,就需要了解数据中不同的变异模式,以及不同的分析层面(level)。这些内容会给你造成很多麻烦,我们将在下面两章中分别进行讨论。

附录4-A

变量进行均值对中后的模型可以扩展如下(在此用星号*表示对中后的变量):

$$\begin{aligned}\hat{y}^* &= b_1^* x_1^* + b_2^* x_2^* + b_3^* x_1^* x_2^* \\ &= b_1^* x_1 - b_1^* \bar{x}_1 + b_2^* x_2 - b_2^* \bar{x}_2 + b_3^* x_1 x_2 - \\ &\quad b_3^* \bar{x}_1 x_2 - b_3^* x_1 \bar{x}_2 + b_3^* \bar{x}_1 \bar{x}_2\end{aligned} \tag{4.5}$$

我们可以把所有的常数项和同类项进行合并，得到如下结果：

$$\begin{aligned}\hat{y}^* &= \left(b_1^* x_1 - b_3^* x_1 \bar{x}_2\right) + \left(b_2^* x_2 - b_3^* \bar{x}_1 x_2\right) + b_3^* x_1 x_2 + \\ &\quad (-b_1^* \bar{x}_1 - b_2^* \bar{x}_2 + b_3^* \bar{x}_1 \bar{x}_2) \\ &= \left(b_1^* - b_3^* \bar{x}_2\right) x_1 + \left(b_2^* - b_3^* \bar{x}_1\right) x_2 + b_3^* x_1 x_2\end{aligned} \tag{4.6}$$

由此，我们可以看出两类模型中系数间的关系为：

$$b_1 = b_1^* - b_3^* \bar{x}_2 \tag{4.7}$$

$$b_2 = b_2^* - b_3^* \bar{x}_1 \tag{4.8}$$

第5章

变异落在哪里

了解变异模式

从数据中学习,其实就是看数据中的共变模式(covariation)和偏共变模式(partial covariation)与我们给出的解释是否吻合。我们开始时讨论的是相对简单的情况:所有案例都被视为是独立的。从现在开始,我们要逐步考虑更复杂的情况:数据嵌入在了各种结构背景(contexts)中。在这种数据结构中变异的分布非常复杂,这往往导致我们会以各种方式得出错误的结论。

导览:本章考察最简单的一种结构背景:我们抽取的每个单元中都不止一个个体,好比每个教室中有很多学生一样。我们先讨论变异在单元间与单元内可能有什么样的分布,如果按单元对变量进行归并(collapse)会有什么后果。然后我们会分析一系列案例,在这些案例中我们(或有意或无意地)对数据的分组使得变异更多地落在了某些组当中,结果得出了错误的结论。之后,我们推广到对层级数据结构的思考中,讨论在这种情形中层级模型

(hierarchical model)的用处。最后,我们会澄清跨层级推论(cross-level inference)中易被混淆的一些议题。

以学校为例

我们先来讨论"变异落在了**哪里**"这一问题。很多人(比如我)在上统计学课时没有好好学习方差分析。如果是这样,我建议你取出教科书来好好温习一下。方差分析告诉我们,如果数据结构类似于"学生嵌套于学校中",你就可以把变异分解为学校**之间**的变异和学校**内部**的变异。这是简单明了的事情。但是,由于测量误差的存在,我们有时不太能够确定变异究竟是主要落在了学校层面上,还是主要落在了学生层面上。

理查德·阿拉姆和贾斯帕·罗卡萨(Arum and Roksa,2011:68)的著作《学业的放任自流》(*academically adrift*)可以很好地说明这一点。他们的数据结构是学生嵌套在大学中。他们想了解大学在教学上做得如何,但为了解这一信息,他们需要去**询问**学生。他们问被访者是否同意以下三个陈述:

我们学校里学生的学术志向很高。

我们学校里学生在学习上彼此帮助。

我们学校里学生学习刻苦努力。

阿拉姆和罗卡萨(Arum and Roksa,2011:68)注意到,"在控制个体层面在学术准备和家庭背景方面的差异之后,学术志向那道题项中25%的变异、同学互助那道题项中22%的变异都发生在大学之间。"他们强调说,学校差异的解释力是所有其他因素合起来的大约两倍。但是要明白，学生们评价的对象是他们所在的大学。如果学生的评价是对背后的单一实体（a single underlying reality）的完美反映，且数据中不存在任何测量误差，那么100%的变异都应该发生在学校之间。在清洗了个体差异之后，学校层面能够解释25%的变异，我们对此的第一反应应该是它居然这么低。

但是，同一所学校中有好多学生。个体层面是存在测量误差的（比如说回答人对多高的志向才能算“很高”有着不同的标准），因此即便社会过程**主要**发生在学校层面，个体层面的变异仍然会很大。让我们用一个模拟程序（R5.1）来演示这一点：有50个学校，每个学校真实的学术气氛得分随机分布于0到10之间。我们从每个学校当中挑出10个学生来对学校的学术气氛进行调查，他们的回答会在学校的学术气氛得分上面再加上一个个体层面的变异。图5.1显示了模拟的结果（误差项的方差仅仅为2）。图中的每个箱形表示一个学校，箱子中间的线表示学生评价得分的中位数，箱子涵盖了中间50%的评价得分。

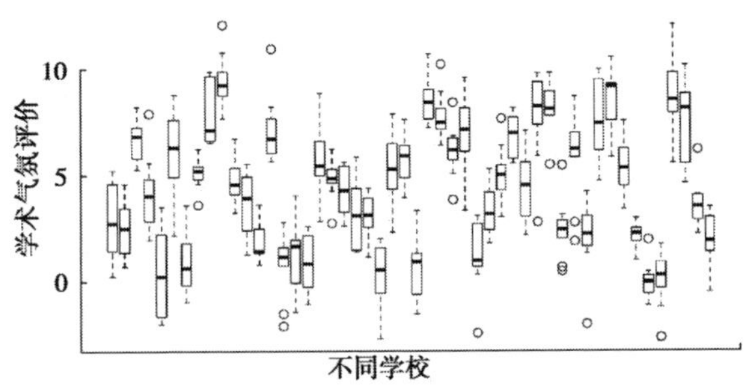

图5.1　方差=2时的分布

上述模型程序的结果是，83%的方差是在学校之间，17%是在学校内部。当然，个体层面的测量误差越大，学校间方差所占的比例就越小（参看图5.2）。如果我们建立一个模型，用每个学校的平均值来预测该学校学生的评分结果，就能够把方差分解为可解释部分（学校间的方差）和未解释部分（学校内部的方差）。未解释的那部分方差被称为**残余**方差（residual variance），即模型拟合后残余的方差。

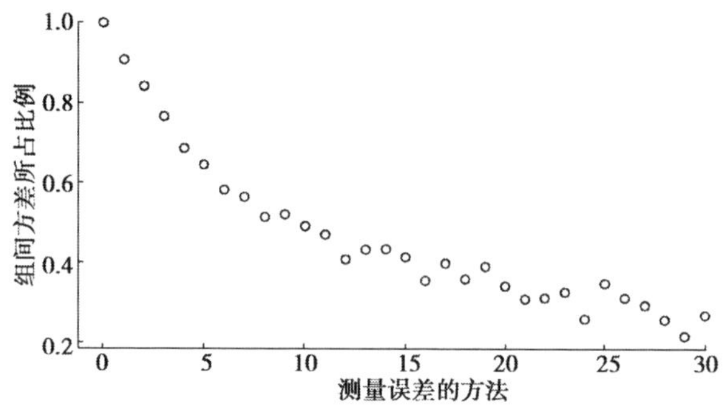

图5.2　测量误差越大，组间方差所占比例越小

值得强调的是，在模型的最初设定中，只有学校间的变异是**有解释意义**（interpretable）的，学校内部的变异只是随机误差。因此，代表学校间变异的可解释方差所占比例很低，这与每所学校的质量都有唯一的"真值"来对应并不矛盾。

但是也有可能，在多数大学中不只存在"一种"环境。同一所学校里有很多很多的小环境，学生有截然不同的体验。单凭统计学无法就此下定论，但是它能够给我们提供一些线索。阿拉姆和罗卡萨在考虑了选择性（这可能会有低估作用）之后发现，在下列问题上学校间方差所占比例分别为："教师和蔼可亲"6%；"教师要求严格”9%；“教师期望较高”6%；“学生期望很高”12%；“在学习上彼此帮助”5%；“学习刻苦努力”11%。从这些情况来看，要么大学的内部环境并不统一，要么学生们没有能力进行准确评价，也有可能这两者都成立。

查看“可解释方差”所占的**比例**是很好的入手点，但是在比较时它可能会误导我们。下一章中会专门讨论这个问题：我们常常误以为比值变化一定是因为分子在变化，而忘记了分母的变化。比如说，我们想研究教育体系的平等问题，将学生成绩作为家庭背景和学校质量的函数建立了模型。学生的努力程度当然也会影响成绩，但是我们无法直接测量它。

现在假设联邦政府加大了对学校的经费支持力度，不同学区之间的差距变小了，因此学校间方差变小了。结果，家庭背景所能解释的方差比例就会**上升**。我们就有可能因此误以为教育不平等程度在**上升**，而事实上的不平等程度在下降。此时，如果你有很好的纵贯数据，其实更合理的办法是比较回归斜率，而不是比较“可解释方差”所占的比例。

按上述观点来看，阿拉姆和罗卡萨的发现中有一个没有那么令人沮丧。他们想了解大学究竟能教给人们多少东西。我认为总体而言，证据支持他们的结论：大学教给人们的东西比以前要少了。那么学生们究竟学到了多少呢？阿拉姆和罗科萨（Arum and Roksa，2011：35）表明，在大学里学了一年之后，学生们在一项标准化测试中的成绩只上升了0.18个标准差。这表明，在大学二年级里处于50百分位数的学生，放到新生里头也只不过处于57百分位数。但是这同样可能意味着，新生内部的成绩差异**非常**大；这说明大学在向各种学生都敞开大门这一点做得很好。如果你希望学生们一年之后的成绩提升幅度与入学时的**标准差**相比显得较高，最讨巧的办法其实是降低入学时的标准差，即拒绝招收那些基础较为薄弱的学生。我们确实需要知道大部分变异都落在了哪里，但是这不是终点；我们要以此为新起点，去追问背后的社会过程是怎样的。

残余变异及其隐藏方式

我们已经看到，有时候(以组内方差的形式出现的)残余变异可能只是一种个体层面的测量误差，并不是有实质意义的变异。不过，你要明白，组间方差其实仍然是个体之间的变异。因此，在思考组间单元和组内单元问题时，我们很容易犯糊涂。你有时候会很开心地听到这样的消息：入学考试(Scholastic Aptitude Test，简称SAT)的成绩并不能够预测学生在大学是否成功！这有可能是真的，但它并不能证明大学不应该用入学考试作为标准来**录取**学生。为什么呢？因为**已经**通过入学考试筛选的学生的**内部**变异落在了哪里，和**没有经过**这种筛选的学生如果进入大学后变异会落在哪里，是完全不一样的。如果一所大学只录取那些分数在1400到1550之间的顶尖学生，他们的入学成绩是非常相近的，那么他们在这个分数区间里的位置对于他们的成功当然不会太重要，尤其是大学在意的除了入学考试成绩之外还有**其他**因素。事实上，最成功的录取程序应该使得在学校**内部**学生的表现与**任何**

录取标准都呈现零相关！[1]

即便我们认为残余变异当中没有多少有用信息，也最好呈现给读者（阿拉姆和罗科萨就是这么做的）而不是隐藏起来。如何隐藏残余变异呢？我们只需要计算出学校层面上的均值，然后只在学校层面上进行分析就可以了。这样做有什么好处呢？这样做会让我们的发现显得更为可靠。举一个简单的例子（R5.2）：我们要比较人们的收入（y）和他们在学校的努力程度（x，用他们按时完成作业的比例来测量）。图5.3显示了假想的1500个人的资料。

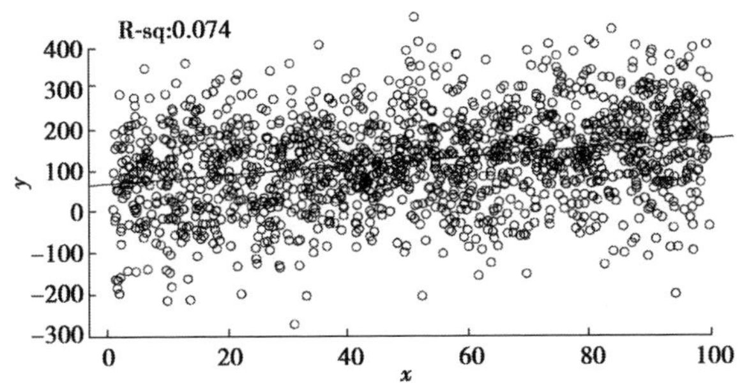

图5.3　通常的散点图：可解释方差很低

现在来回想一下统计学的基本道理（你可以回去看图3.1）。我们有一堆散点，然后用x来预测y。预测值可以在一条直线上，也可以不在一条直线上；但重要的是，对于每一个x值，都相应地有一个y的最佳预测值。不过，实际观察到的y值并不都等于预测值，而是在附近上下波动。这种波动就是模型的残余变异。它

①为什么SAT成绩有那么多复杂的规则呢？比如说，你可能会奇怪，为什么美国大学不把SAT成绩作为“必备条件”，而鼓励那些成绩不佳者也来申请呢？因为大学排名与每年的申请人数有关。为什么美国大学允许申请者多次参加SAT考试，然后提交**最高**的一次入学考试成绩呢？因为大学排名与申请者的SAT平均成绩有关。这下你想通了吧……

本身并不是**差错**(error)。我们用相同的值来预测不同的观察,这才会出现了“差错”。

假如现在出于某种原因,我们要把数据从1000个案例归并为100个组。我们依据x的取值来进行归并:把x取值最小的10个案例归并为第1组,下10个归并为第2组,以此类推。归并后每一组的x值和y值都是原来10个案例的均值。学校依据x的得分来录取学生,学生则从录取自己的学校中挑选排名最高的,达到的效果就相当于某种归并。归并之后,我们来看一下新得到的各组均值的分布。你可以想象一下,在图5.3中画两条竖线,然后把竖线中间的那些点都合并为一组。结果如图5.4所示。趋势变得非常明显,R^2增大了好多倍。此外,如图5.5所示,你归并后的类别(图5.5中的x轴)越少,R^2(图5.5中的y轴)就会变得越大。

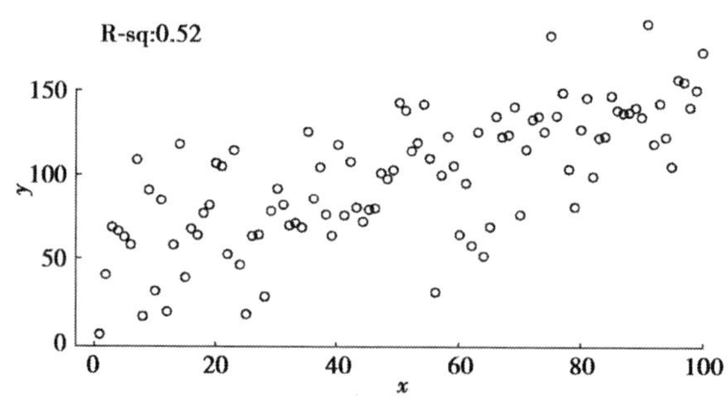

图5.4　分为100组时的情况

这意味着,你越是**扔掉**一些信息,结果对你越**有利**!怎么会这样?因为你扔掉的都是你处理不了的信息。你可能会有点迷惑,在第4章中我们不是说过,对自变量进行归并会**降低**R^2吗?两者的区别在于,在第4章中我们**只**归并自变量,x从1000个不同

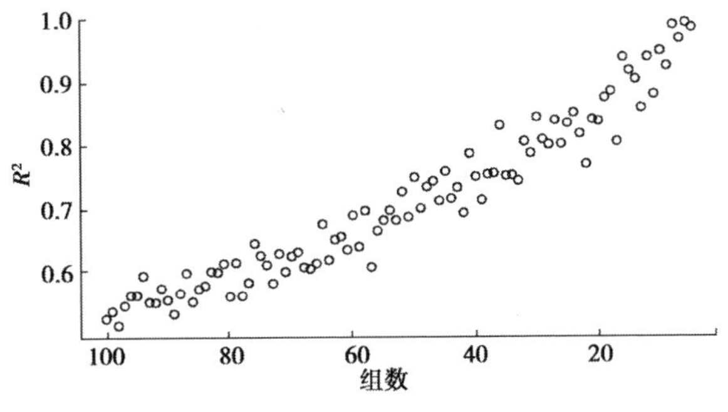

图5.5　拟合与分组

取值归并成了100个，y的取值仍然是1000个；在这里我们抛掉的不仅是自变量的变异，而且也抛掉了因变量的变异，进而降低了有效案例的数量。这就是R^2变大的原因。

表格，单元格，与个体

归并这种做法有效地隐藏了个体层面的变异，让我们看似更为成功。本质上，这种提高可解释方差的比例的做法，是通过减小分母（而不是增大分子）做到的。你明白了上述道理，就能够理解为什么有时候采用不同的分析方式会得到不同的结果。如果数据是有关群体（group）的，那么对群体拟合模型肯定要比对个体拟合模型显得更成功。

假如我们有一些小孩打架的数据，然后用第3章里介绍过的布莱德利-泰利（Bradley-Terry）模型来进行拟合。模型会给每个小孩赋予一个实力得分：如果两个小孩实力相同，谁赢谁输就是看运气；他们实力差异越大，实力强的小孩取胜的机会就越大。

有两种方式来看这些数据。第一种方式是,如果我们有 N 个小孩,每一对小孩都会彼此交手 M 次,我们就制作一个 N 行 M 列的表格。每一个单元格显示的是行小孩打败了列小孩的次数比例。比如说,第3行第5列的单元格显示的是第3个小孩打败了第5个小孩的次数比例。另一种方式是,把每一次交手作为基本单位,这样共有 $MN(N-1)/2$ 次交手记录。然后,我们根据交手的两个小孩是谁来预测交手结果是谁赢。

如果第3个小孩和第5个小孩实力相同,那么谁赢谁输就只取决于运气。按第一种方式来看,模型正确地预测出在第3行第5列的单元格中应该是0.5,模型的拟合度很高。但是如果我们按第二种方式来看,模型要预测的是他们在具体的某一次交手中是谁赢谁输,模型预测的准确度和抛硬币差不多,因此模型似乎很糟糕。哪一种看法是对的?

在这个例子中,我们应当用第一种方式。因为我们所有的测量都是在小孩这一层面,而不是他们之间的交手这一层面。你可能会有疑惑,不是说只要存在更低层面的信息,我们就不应该扔掉这些信息吗?事实上,如果更低的层面没有多少有意义的东西,你就可以忽略它。有些时候,只有组间层面发生的变异,才是真正有意义的变异。

应对上述困扰唯一有效的解决之道,是用层级结构的方式来看待数据,要明白我们想要的是同时在多个层面上来解释数据。我们稍后再来讨论这一解决之道,现在仍然需要进一步澄清问题所在。前面已经讲过在嵌套结构(nested structure)的数据中确定变异落在了哪里,接下来我们要简略地讲解一下交叉嵌套结构

(cross-nested structure)的例子。

我的数据是什么形状?

前面已经讲过嵌套数据的例子,例如学生嵌套于学校中,方差就可以分解为学校间方差和学校内方差。现在我们可以进一步推广到多重嵌套(multiple nesting)的情况中:可以按多种方式对案例进行分组。这是一种非常常见的数据结构,在列联表中行和列就代表了对案例的两种分组方式。我们在此又一次遇到"迷幻疯克"乐队原则在起作用:"别忘记那些你没量出来的东西"。如果你的分析是基于比较不同变量所能解释的方差而进行的,那么影响到他们变异范围的任何因素都会影响你的结论。为了演示这一点,我们来看一下简单的例子,其中包括两个自变量和一个因变量。我们可以把数据汇总为一个表,行是第一个自变量的取值,列是第二个自变量的取值,单元格是因变量的均值(或者加上标准差)。第2章中考察过的年龄-时代-世代表就是这样一个例子,你可以回去看一下。这里的关键在于,这类表格并不总是"正方形"的。它们的形状要取决于不同自变量的变异范围。

在不同数据中,年龄的变异幅度是差不多的,大约在75年到55年之间;普查数据中变异幅度略大,抽样数据中变异幅度略小。但是,年份的变异幅度有很大不同:你可以使用一百年以上的普查数据资料,但抽样数据到今天也只有40到60年的积累。不同的数据收集方式将使得表格以不同的方式偏离"正方形"。

这意味着,你使用的数据不同,你对于"多数变异可以由年龄解释还是由时代解释”的结论就会不同(即便背后的社会过程完全相同)。例如,我们可以构建一个有两个自变量(如年龄与时代)的表格(R5.3)。在这个表格中,行变量和列变量的效应强度完全一样:对每一列(或列),我都是从–2到2中随机取一个数来代表它对因变量(如收入)的效应强度。我慢慢改变表的形状从90 × 10改变为10 × 90表格(从摩天大楼的形状改变为低矮平房的形状)。图5.6显示了总方差在排除了未解释方差之后,行变量和列变量各自解释的方差比例。在横坐标下,我用灰色块给出了所分析的表的形状的示意图。

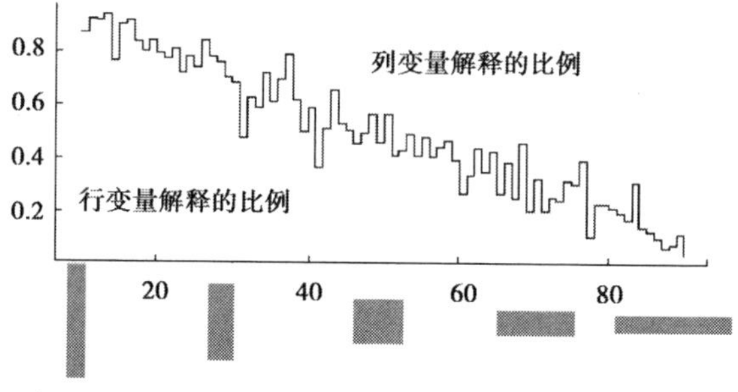

图5.6 行与列

我们在解释方差的时候,往往是**使用**(自变量的)方差来解释(因变量的)方差。哪个变量的变异范围更大,我们的解释就会落在哪里。回归模型的吸引力部分来自于如下事实:只要变量是连续的且效应是线性的,我们就可以将自变量的变异标准化来解决这一问题。确实,你可以用这种办法来比较因变量方差不同但其他方面类似的多个数据集。你甚至因此会过于自满,忘记那个“迷幻疯克”乐队原则:“别忘记那些你没量出来的东西”。这个原则极其重要，尤其是你在依赖方差分解来得出结论时。此外，我们有时候做的就是这种事情，却完全没有意识到。这是我们接下来要讨论的内容。

沿着各种维度来看

按自变量来分组

我们接下来要讨论一个有创意的分析者常常不自觉落入的陷阱：对数据进行分组分析时得出了错误的结论。在第3章中我们看到，在倾向值模型的设定并不完美的情况下，寻找因果异质性的努力可能得出误导性的结论。**确实有可能**在那些更少可能得到处理的案例中，处理有着更强的效应。但是，这也有可能是因为我们对于倾向值模型的设定不够好。我们可以把这一议题看成是更大的一类分析策略的特例：我们试图沿着数据中的某一维度把变异进行**分解**(partition)。(要知道，倾向值就是一个多维空间在单一维度上的投影。)

设想如下情景：我们有一个对因变量y有很强预测力的自变量x_1，而y的取值是有上下限的(比如说它是通过量表或症状检验表测量出来的)。比如说，y是抑郁程度，x_1是健康问题。这意味着x_1很高时(一个人有很多健康问题)，y就可能会接近上限(他们极度抑郁)。在那种情况下，其他变量x_2(如收入)就很难再在预测y上发挥作用了。在x_1很低的情形中也是同样的逻辑。在第4章中,我们其实已经见到这一问题:在采用对称性的分析方法时,上下限效应将以"x_1与x_2间的交互作用"出现。[①]现在让我们看看如果采用非对称性的分析方法时会发生什么:我们将按照数据在强预测变量x_1的取值进行分组。

我们进行了一个模拟(R5.4)来进行演示。图5.7显示了模拟数据的情况。一个圆点代表一个有两个变量取值的案例,第一个变量(健康量表得分x_1)是横坐标,第二个变量(收入x_2)是纵坐标。第一个变量是抑郁的强预测变量,第二个变量是弱预测变量。我们按照健康得分把数据分组,然后在每一组内运行抑郁(这是一个二分变量)对收入的回归。[②]每个点都是一个数据点,浅色代表二分因变量取值为0,深色代表取值为1。我把数据分成了十组,用三角形表示每一组中收入x_2的回归系数的p值。(为了避免看起来杂乱,我没有画出各组的分界线,但是你可以想象出那十个纵向的长条。)你可以看出,在健康得分x_1接近上限或下限时,几乎没有什么变异能够留给收入x_2来解释。我进行了100次模拟,然后对p值进行了平均,最终得到了图5.8所示的清晰模式。这里的趋势是,只有强预测变量处于中间取值时,弱预测变量才有解释

①需要强调的是,如果因变量取值没有上下限(如利用税务表格收集到的收入数据,而不是人们在一个有限类别的量表中选择而得到的收入数据),这种情况就**不一定**会发生。如果我们对取值有上下限的变量采用对数线性类型的模型(如logistic回归),这种情况就不会发生(因为此类模型在技术上是方差无关的[variance-indifferent])。但是,样本的有限性会使得我们即便在logistic回归中也可能发生类似的模式。

②模拟数据生成的方程式为$y = b_1x_1 + b_2x_2 + \varepsilon$,其中$b_1 = 7$;$b_2 = 1$;$\varepsilon = N(0,3)$;$x_1$和$x_2$是从-1到1的均匀分布中抽取出来的300个点。然后我们按照$y > 0$时则$z = 1$的规则建构一个二分变量z。之后我们把x_1分成等宽的10个组,在每个组中运行z对x_2的logistic回归。

力。因此，这两个自变量看起来虽然存在交互效应，但其实它们对因变量的影响是完全独立的。

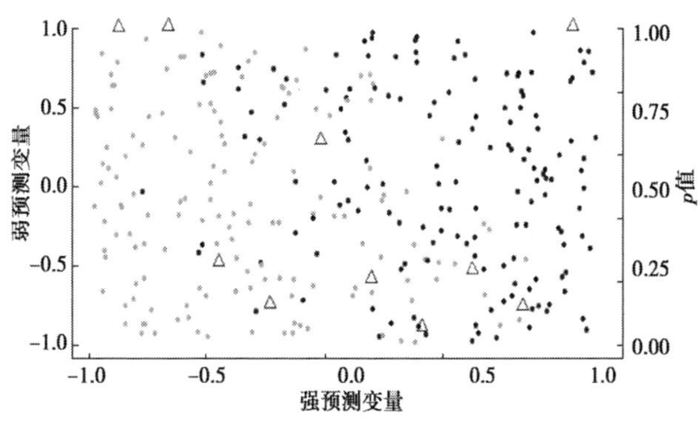

图5.7　按自变量来分组

我在上一章中用国光等人(Guo et al.,2015)的论文来显示对交互作用的参数设置有可能出错。国光等人的论文看似是在研究基因与环境之间的交互作用，但其实它真正在做的只是如下的事情：在存在一个(他们假设的)强预测变量的情况下，看看还有多少残余方差能留给第二个自变量。在那里，他们认为强预测变量是酗酒的基因倾向，弱预测变量是环境因素(有一个酗酒的室友)。其实，我们根本不需要去测量环境变量也可以进行国光等人的分析。能够使人酗酒的**东西**，只要不是基因，那就只能是环境。所以只要沿着基因测量值这一维度看一下人们酗酒的分布情况，就可以得到答案了。不过，如果他们真这样看过，就会立刻意识到自己出错了。因为与他们的假设(以及通过逐步回归来最大化效力的努力)相反，他们的 x_1 是一个**弱**预测变量！一定要了解数据！

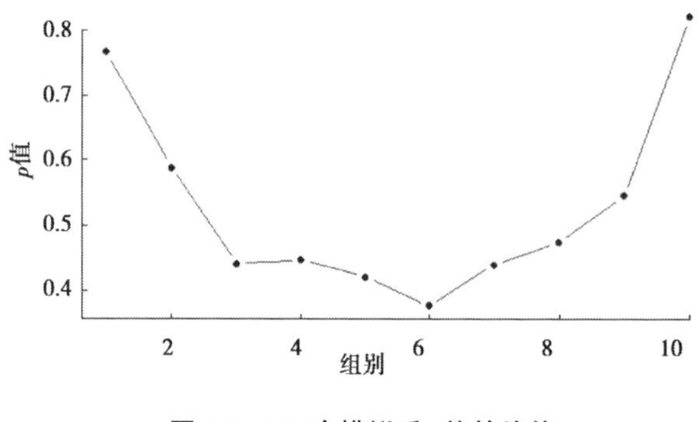

图5.8　100次模拟后p值的均值

“认知约束”存在吗?

如果分组方式注定了各组的方差会存在差异,那么组间比较就不能得出公正的结论来。但是在某些情况下,我们做的恰恰就是这样的事情。比如说,当我们发现人们的一些观念存在共变(covariance)时,就会认为存在着认知上的“约束”。

这种理念整个就是误导性的,原因我在其他地方已经讲过,不再赘述(Martin,1999b,2000)。这里要说的是,即便这种基本理念是成立的,它在研究方法上也存在问题。这种方法有两个假定。第一,观念是人们“拥有”的某种切实之物,这些观念通过意义之网彼此连接,无论这种网络是逻辑的、心理的,还是社会的。第二,通过考察人们在两种观念上的联合分布,我们就能够知道它们之间的关联程度。两种观念的共变程度高,即人们对这两种观念要么都支持要么都反对,这说明它们在人的头脑中是密切相连的。两种观念的共变程度低,即支持这一观念的人未必会更支持另一观念，这说明它们在人的头脑中并不相连。这其实考虑的就是变量的共变模式。

假如我们观察到了图5.9那样的共变模式，横坐标代表对枪支管控的态度，纵坐标代表对大麻合法化的态度。我们对此应如何解释呢？如果你把它们看成是同一个组，那么你会认为这两种观念是密切相连的，这里存在着某种认知约束。但是，如果你把它们分成两个组来分别分析，那么你就会认为这两种观念是彼此独立的。假如我们已经知道上边的那组是女性，下边的那组是男性，或者前者是天主教徒，后者是新教徒，那么分成两个组的解读方式就更有道理。但是，如果我们只有观念数据而不知道他们隶属于哪些群体，哪种解读方式才更有道理呢？对此没有答案。我们得到的教训是，分组方式对结论有很大的影响。在这里，我们试图借助于不同个体之间的共变模式（这是跨个体层面的统计），来探索发生在个体内部的观念联系（这是个体层面的问题）。这本身就存在逻辑问题：在个体层面上，跨个体层面的统计是不存在的。

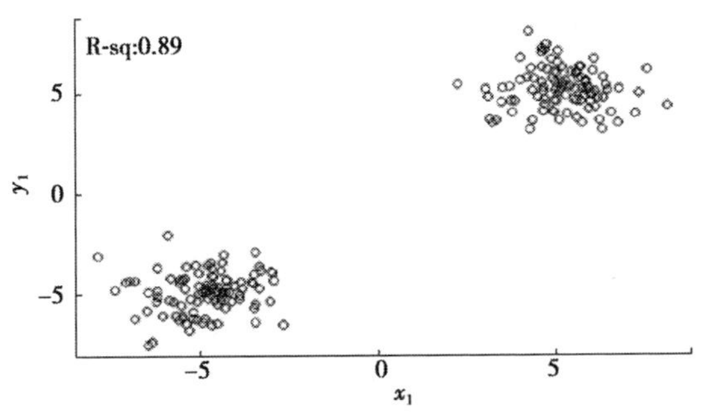

图5.9　两组观念持有者

如果我们的分组本身就是按照人们的观念进行的,那么后果就更麻烦。仍然以政治为例:美国的保守派基本上可以划分为两类:道德保守派和经济保守派。道德保守派“往往”也是经济保守派。不过,两者还是不完全一样的:富人们往往是经济保守派,却不是道德保守派;工人们往往是道德保守派,却不是经济保守派。这种格局由来已久,虽然也有一些有趣的变化趋势。假如人们分布在这样的两维空间上,他们会对自己在两个维度上的取值进行加总,根据总分来确定自己的标签到底是自由派、中间派还是保守派。(多数社会学家在询问被访者的总体政治立场时,他们假定被访者都是这么干的。)图5.10显示了一个假想的数据(R5.5),其中的圆圈表示自由派,三角形表示中间派,方形表示保守派。在整体数据中,两个维度是正相关的。

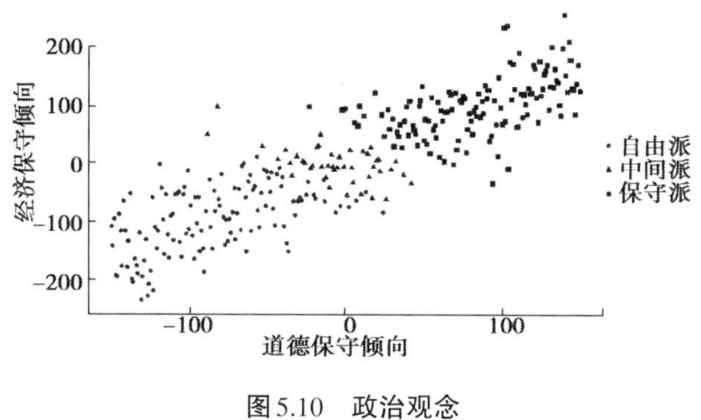

图5.10 政治观念

现在让我们进行分组分析,看每一种“政治标签”**内部**的相关(见图5.11)。结果显示,中间派中两个维度是负相关的!这是因为中间派的脑子和其他人不一样吗?其实不然。这只是因为中间派那一组人数较少,因此在散点图中是更细长的一条。

只要我们的分组方式是这样的，这种负相关关系**一定**会出现！这就好像是在(1)要求人们按照自由主义—保守主义的程度来给自己排队；(2)要求他们根据自己所处的位置来给自己一个标签；(3)然后利用某种数学把戏来欺侮那些中间派。我们不能这样做。

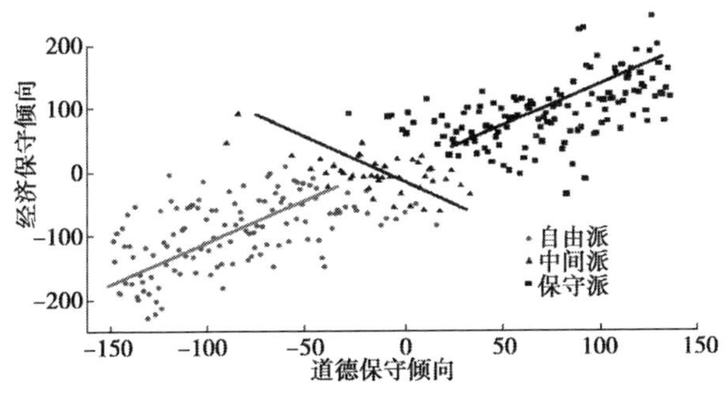

图5.11　组内的变量关系

此时只要你改变一下分组方式，你的结论就会改变。哪个组**更大**，其中的斜率系数就更可能和**总体**关系保持一致；哪个组**更小**，其中的关系就更可能与总体关系的方向**正交**，因为落在那一组中的变异主要是残余方差。要透彻地理解这一点，我们需要用“多层面数据”(multilevel data)的视角来进行更严谨的分析。

遭遇“辛普森悖论”

对上述困扰的部分答案是，我们需要确定数据到底是不是多层面数据。如果数据不是多层面数据，你就不要强行进行武断的分组，否则会出现一些古怪的结论(如图5.11所示的那样)。如果数据就是多层面数据，你就按照多层面数据的方式来分析它。我们在此会涉及所谓的“辛普森悖论”(Simpson's Paradox)。提出这一悖论的统计学家名叫辛普森，所以我们称之为“辛普森悖论”。不过，你把它记成《辛普森一家》中的辛普森也无妨。荷马·辛普森[①]在不走运时，总会大叫“真见鬼”(D'oh)。“辛普森悖论”也是一件让你直呼“真见鬼”的事情：你这么看数据时会有这么一种理解，可换一种方式看数据，那种理解就变成完全错误的了！这里的机关在于，数据结构是多层面时(个体聚集于更大的单元中)，**单元间**与**单元内**的变量关系并不相同。

例如总体而言，教育程度越高，对于科学的制度信任水平越高。与非福音派信徒相比，福音派信徒教育程度更低，对科学的信任水平也更低。但是，在福音派信徒**内部**，教育程度越高，对于科学的制度信任水平**反而越低**(Gauchat，2012；Regnerus and Smith，1998)。原因在于，教育程度较高的福音派信徒更清楚地知道“谁是他们的敌人”。

再举一个例子吧，我们进行一个模拟(参看图5.12；R5.6)。假如高中生都会尽可能参加课外班。如果你花时间上数学班，上足球班的时间就会少。因此你可能以为这两者之间存在负相关关系。但是我们抽取了400个高中生，发现两者存在很强的正相关关系(相关系数 $r = 0.574$)。这是怎么回事呢？这里存在四种阶层：穷人、普通人、中间阶层、富人。你父母亲越有钱，你上的课外班越多(不管是数学还是足球)。你可以仔细看一下图5.13：在每

①荷马·辛普森(Homer Simpson)是美国动画情景喜剧《辛普森一家》(*The Simpsons*)的主人公。——译者注

一个阶层**内部**,关系显然是**负**相关的。

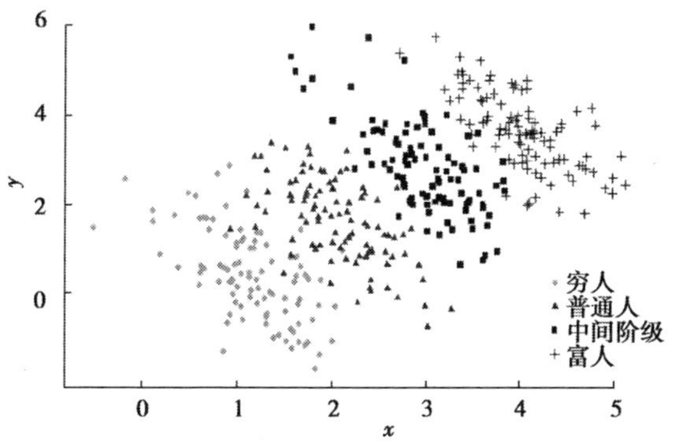

图5.12　总体看是正相关关系

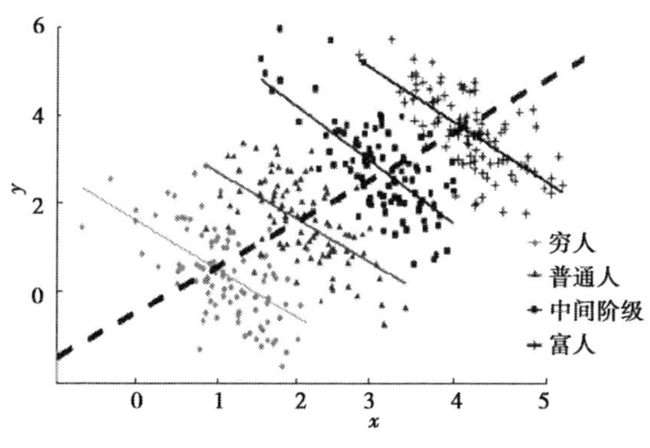

图5.13　分组看是负相关关系

那么,我们该如何看待这些数据呢? 关系究竟是正相关还是负相关? 我们可以用三种办法来处理。第一,我们可以分别考察每一组**内部**的变量关系。第二,我们可以把这四组彼此叠加在一起,办法是对所有观察进行对中化(re-centering)来表示它们与组均值的偏差,由此把整体的正向关系变成了负向关系。这种做法并不算错，它实际上与“固定效应模型”是有关联的（我们稍后就会讲到这一点），但是它与你的分析目标未必相符。第三种办法是同时考虑两个层面。这听起来是最好的办法，是吧？因此，越来越多的人开始采用层级线性模型（hierarchical linear model，以下简称 HLM）。这样做可以让你同时考察组内变异和组间变异，这就相当于你同时考察图5.13中的五条回归线。

用多层面模型来考察数据的方法具有最强的通用性，而且非常灵活。它们和所谓的“**混合**模型”（mixed models）是有关联的。当然，并不是所有的多层面模型都是混合模型，也不是所有的混合模型都是多层面模型。混合模型包括了固定效应模型与随机效应模型。在下一节中，我会简要地介绍固定效应模型与随机效应模型的区别，然后讲解理解层级模型的一种最简单方式。

固定效应与随机效应

待在出租车里

社会科学家常常会关心个体层面的过程是如何被“背景”（context）所形塑的。例如，我们在研究政治行为时，想了解个体在某些自变量x（如收入）上的取值与他们所处背景中x的汇总变量（如社区平均收入$\bar{x}$）之间的交互作用。我们可能会直接把个体i的背景变量直接放到他的记录当中，然后拟合如下方程：

$$y_i = b_1x_1 + b_2\bar{x}_1 + b_3x_1\bar{x}_1 + c \tag{5.1}$$

但实际上，这些系数估计值与背景层面所解释的方差都挂钩在一起(Angrist and Pischke,2009:194ff)。安格里斯特和皮施克指出，如果不真正考虑到数据包括了两个层面(个体与社区)这一事实，我们就会把所有背景层面的变异归因于$\bar{x}$，把它误当成是同群效应[peer effects]存在的证据。要同时考虑数据的个体层面与背景层面，最好的方式就是采用层级线性模型。

经典的层级线性模型把背景中的某些方面视为“随机效应”。有些人对于此类方法有一些偏见，我们有必要用本章开头所用的“方差分析”思维进行一下澄清。

我在上研究生的时候，读到了某位学者的一篇论文。文章很有趣，但就是有些地方我感觉不对劲。于是，我去找吉姆·威利来帮助。他微笑着对我说，“你感觉不对劲，是因为它从根本上就错了。”但你知道有些人，只要是和他的路数不一样，他就会说人家“从根本上就错了”，所以当时我对他的说法还是半信半疑。吉姆解释说，“这些数据行是样本而不是总体，因此这其实是一个方差分析的问题，正确的答案应该是这样的……”。他很快给我写了一堆我看不懂的公式。我**能够**理解的是论文中的原始公式。我很喜欢它。那里面只有优雅的公式和结构参数，根本不涉及抽样。在那样一个(理念的)世界中，事情是什么就是什么。单元格里的比例是0.35，它就是0.35。吉姆的处理方式，则把事情变得古怪而不确定。

但是,统计学可不是出租车,你可以随心所欲地把它叫停。[1]吉姆的核心理念是,我喜欢的那种方法不是正确的,因为我们需要进行统计**推断**(inferences)。它使用了固定效应的方式来解决随机效应问题。对于我僵化的头脑来说,"看到0.35就是0.35"让我更舒服。但是在有些时候,0.35的样本值表明总体值是0.30。

要说明这一最基本的议题,我们可以来看方差分析中的经典问题。总体由1000个案例构成($N = 1000$),变量$x = N(0,10)$。随机将其分为50组。如果我们进行方差分析,会发现**组间**均值间的差异占总变异的5%。但是,ANOVA检验会(正确地)告诉你,这些差异是可以忽略的($F = 1.014, p = 0.448$)。因为即便所有样本都抽取自同一个总体,组间均值间仍然会存在**一些**差异。

我们对学校进行抽样的时候也是一样。比如说,我们用学生上过的数学课程数量(x)来对学生成绩(y)进行回归。但是我们担心,因变量和自变量有可能只是共同反映了学校的整体质量(我们对此并没有测量)。"固定效应"模型的基本思路,其实就是让每个学校有它自己的基准平均成绩。固定效应模型可以用如下方程来拟合,它预测的是第j个学校的第i个学生的成绩:

$$y_{ij} = bx_{ij} + c_j + \epsilon_{ij} \tag{5.2}$$

我们对每个学校都有一个c参数的估计值,以及这个参数的标准误。如果与学校数量相比,学生数要多很多,这种办法就是可行的。但是,假如我们有700个学生,他们来自114所不同学校

①作者在这里援引了韦伯的名言:"它不是开玩笑的。人们说科学中的因果原则不是一部出租车,可以招之即来随意上下;这对于山上训词中的伦理也适用。"(《学术与政治》,钱永祥译,上海三联书店,2019,P269)——译者注

呢？我们真要去估计出114个不同的参数值吗？你可能会犹豫了。(对此,一种解决办法是进行重新标度[rescale],我们随后会对其进行讨论。)

此时,我们也可以假定这些差异是从某一个正态**分布**中抽取出来的,可以用均值(我们可以将之设定为0)与方差(我们称之为τ_c)来表示。在这种情况下,我们不会去估计每个学校的截距项的取值,而是只估计一个参数τ_c。有的人会认为,随机效应模型是做不了固定效应模型时的次优选择,就好像穷人买不起好东西只能将就一下。你只付出一个自由度,于是只能得到这么个东西。人们常常以为,随机效应模型比固定效应模型的效力更"弱"。

确实,我们要采用随机效应模型,就必须对它们的分布进行假定(还要假定它们与y不相关)。但除此之外,随机效应模型实际上**更好**,只要案例确实是随机样本,而且我们的目标就是对总体进行推断(当然前提是我们正确地设定了总体的分布形态)。固定效应模型则在如下情形中更好:你确实认定效应是固定的,你希望能够拿一个组和另一个组进行比较。固定效应模型并不永远是正确的做法,两者之间的优劣没有你以为的那么清晰。如果我们的目标是对总体进行推断(**通常**如此),固定效应模型给出的结果往往是高估了的,就好比从同一总体抽取出的各组均值也会存在差异一样(参见前面的讨论)。但是,很多人就是因为随机效应模型会"压低"这些估计值,因此不再使用随机效应模型!

收缩

使用层级模型来拟合随机截距的分布,这种做法没有那么大的争议性。事实上,对数据的某一种类别特性“掺入”随机效应,这已经是很常见的做法;它经常不被当成是层级模型(而被当成是“混合”模型,因为我们“混合”了随机效应与固定效应)。因此,让我们来讨论层级模型更具争议性的另一个方面。层级线性模型也可以用来使得各组间不仅在因变量的总体水平(c)上有差异,而且使得各组间在连接自变量与因变量的斜率(b)上也有差异:

$$y_{ij} = b_j x_{ij} + c_j + \epsilon_{ij} \tag{5.3}$$

人们以往并不习惯于用这种方式来分析数据。如今用这种方式再来分析那些数据时,人们常常会感到困扰。比如说,多数社会学家会习惯于运行“死亡年龄”对“身体质量指数”(BMI)的回归,并不去管人们来自不同城市这一事实。如今就会有研究者提议,应当允许斜率在不同城市中存在随机变动。我在此不讲解其中的数学细节了,只是指出如下关键问题:在“全局”(global)模型中我们有一个假定,即对所有城市(j)中的所有人(i)来说斜率都是相同的:

$$y_{ij} = bx_{ij} + c + \epsilon_{ij} \tag{5.4}$$

事实上,在上式中我们通常会完全忽略下标j,只是偶尔为了调整估计值的标准误才会考虑它。

相反,随机斜率模型(公式5.3)中的假定是斜率项服从

$var(b_j) = \tau_b$的正态分布。(注意模型也包括了随机截距项c_j，我们随后再讨论它。)与随机截距项类似，HLM模型要估计的是τ_b而不是所有的b_j参数，在这一点上它通常都做得相当好。但是，它并不一定能够很好地估计出b_j参数本身。估计b_j参数的最常用办法是提出两个猜测值。第一个猜测值是在这一组内运行y对x的回归，我们称之为b_j^*。第二个猜测值是对这些b_j^*的加权平均，即全局估计值b。然后，我们会根据在第j组中有多少实在的信息来在这两个猜测值之间进行折中：如果第j组案例数较多，我们的估计就更偏向b_j^*一些；如果案例数较少，我们的估计就会更偏向b一些。

我们又一次看到，随机效应模型对特定组的估计值会朝平均值收缩(shrinkage)。很多人认为这是反直觉的，因此HLM模型没有道理。可是同样是这些人会把在第j组中拟合模型得出的局部值b_j^*认定是这一组斜率的"真值"，而不管它的标准误如此之高，以至于我们并不能认为它与其他b_j^*在统计上有显著的差异。他们对这些估计量的真值究竟是如何思考的呢？[①]

此外，对全局模型的偏好有一些自相矛盾，因为这意味着他们宁愿把局部参数估计值b_j^***彻底地**收缩为平均值(b)，也不愿意像HLM那样进行**部分**收缩。但是更为基本的是，我们必须决定是否相信这个模型，它认为斜率b_j^*是从有着特定均值和标准差的分

①我把对"收缩"问题的讨论放到讲解随机斜率时才提出。原因在于，在随机截距模型中，如果你愿意，你可以把残差当成组间差异的固定效应。(你对第j组所有案例的残差进行平均，然后得到这一组的平均截距。)这似乎有点像是作弊，因为你并没有损失一个自由度就得到了参数估计。事实上，真正的麻烦在于你并没有对这些估计值进行"收缩"。这些估计值很可能太大了。

布中**抽取**出来的。如果相信,我们要做的就是了解那个分布的信息——这就是统计推断问题,对吧?

让人们对这种收缩感到忧心的事情是,这样估计出来的b_j是**有偏**估计,它更偏向b。但是,如格林兰(Greenland,2000)所指出的,如果我们想击中靶心,就宁可用可以击中靶心但略微朝左偏的手枪,也不会用一把毫无偏差地在每个方向上都射不中靶子的手枪。总体而言,与未收缩的估计量相比,这些收缩估计量能够让我们对于从中抽取出斜率的实际分布有更好的了解。

对此持批评意见的人可能会回应说,层级线性模型需要我们进行很多**假定**,比如说各组的斜率项服从正态分布。这固然没错,但从任何方面来讲,层级线性模型都是在**放宽**假定。因为传统的"全局"模型同样要求有这些假定,只不过**多了**一个额外的约束条件:分布的方差为零。[①]我们经常为了拟合模型而加入约束条件。但那是**不得已**而为之的事情,那并不能表明你更有道理。

这是需要消除的有关层级分析的第二个错误认识。曾经有一段时间,许多社会学家的经验法则是,在处理层级数据结构时固定效应模型更有道理,更能经得起推敲。但是,我们已经看到事实并非如此。如果样本就是对单元进行抽样得到的,我们就**不该**把它们当成是固定的(至少我们对其分布的性质有良好猜测时如此)。

最后,有人认为固定效应模型的结论比随机效应模型更为谨慎(conservative),因为固定效应把组间差异完全消除掉了。但

①当然,层级线性模型的分布假定有可能是错的,比如说真正的分布是三角(triangle)分布或伽马(gamma)分布,此时OLS是这些分布的简化特例。但是,那些批评者讲的并不是这些。

是，在随机效应的框架下做到这一点是很容易的（在很多情况下也更可取），只需要把自变量进行重新标度（rescaling），把它们表示为对群体均值的偏差就可以了。[①]真正的麻烦并不在于我们无法消除这种变异，而在于消除变异的做法与我们在理论上的目标是否相符。让我们再回到讨论辛普森悖论时用的那些图形，以此来说明这一问题。

随机斜率与截距

我们一直在讨论包括随机截距和随机斜率的模型。模型拟合不错时当然很好，但是如果模型的拟合并不太好时怎么办？图5.14展示了两个模拟的组（R5.7），我们可以用层级线性模型来拟

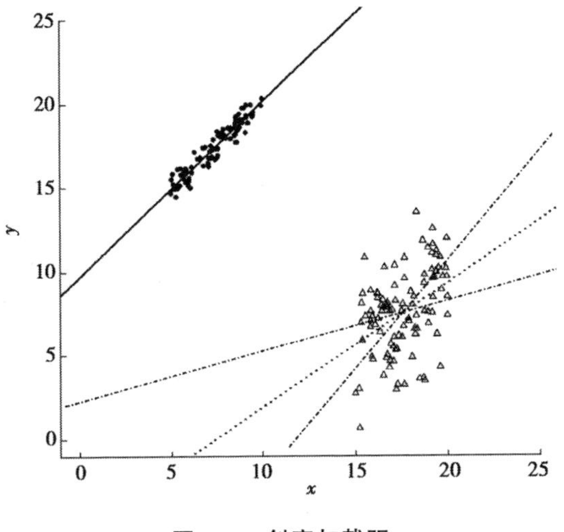

图5.14　斜率与截距

①需要指出的是，对于两种交叉嵌套的结构（如时间与空间）来说，这种通过转变为与均值差值来进行固定效应分析的技术并不一定能够行得通。

合它们。上面那一组的残余变异很小,因此斜率和截距很明确。下面的那一组就比较难讲了,图中的那三条线看起来都合乎情理,但是它们有些非常不同的截距与斜率。

我们可以看到,此时斜率的估计值与截距的估计值**必然**存在着某种反向关系:斜率越大,截距越小。我们预测的精准程度越低,两者的相关程度就越高。我们会预料到,截距与斜率的估计值之间存在负相关,而且它们的不确定性是相关联的。模型会给出拟合最好的一条线,但是与此完全不同的另一条线其实拟合也还不错。如果这样的组很多,截距的变异就很大,斜率项的变异也会很大,这些参数估计的标准误就会很高。

这不是坏事,模型告诉了我们实情。这类似于传统回归中出现高度的“多重共线性”时的情况。OLS会承认说它对结果不太确定,因为这些预测变量高度相关。这不是错误的,这是正确的:它**无法**确定。以为是多重共线性使得对数据无法进行回归,这种想法是荒唐的——那恰恰是你进行多元回归的**原因**。我们可以把某个变量从回归方程中排除出去,但是我们无法排除掉这个变量上附着的那些实质**意义**。我们必须承认,自己对这个实质问题的答案不能确定。

这里也是同样的道理。遇到这样的情况,人们往往会用一种统计学修补办法:将所有的组进行对中化处理。在模型中包括跨层级交互项时,为了便于计算和便于结果解读,进行对中化处理是有道理的(上一章讲过不同的对中化方式会产生不同的结果)。但是,我们**无法**用它来处理你的理论疑问:这些组在去除了自变量影响后的因变量**净值**(net possession)是否相同?这些组在**结构**

参数(即在多大程度上自变量能够预测因变量)上是否有差异?我们可不想让我们的结论通过假定的方式预先被敲定!要回答这些理论疑问,只能去认真考察参数间的相关关系,看看数据能告诉你多少。

在logistic回归中情形会更加复杂,因为此时(至少在某些情况下或在某种解读方式下)**试图**去区分随机截距与随机斜率都是没有意义的。统计学家对这一点已经早已熟知,但是我接触到的多数学生都不明白这一点,这就涉及到了logistic回归斜率的比较问题。这是个题外话,所以我把它放在了本章后的附录中。

总而言之,多层面模型有四个重要的优点。第一,它们让我们能够探索数据中的异质性,这**永远**是我们的目标。第二,与潜类模型不同(我们会在第9章中讨论这类模型),它们相当稳健。第三,HLM模型可以将全局模型作为一种特例而容纳。这不是一种抽象说法,你确实可以从一者平滑地过渡到另一者。在有些情况下(但不是全部情况下),我们可以很清楚地判断是否应该从全局模型向局部模型移动。第四,它们以真正统计学的方式做事,而不是采用某种机巧(ad-hocery)的方式(像探索数据复杂性的许多其他方法一样)——也就是说,它们会彰显我们的不确定性。放着它们不用却去采用那些在不确定时也**不让**你知道的方法,这不是正确的行事之道。我认为,在思考涉及多层面结构的困难问题时,我们最好先把它表达为层级模型的形式,然后分析我们实际考察的是其中哪一部分。接下来,我们就用这种思路来解决跨层面推论的难题。

跨层面推断

两条途径

有时候令人遗憾的是,我们没有真正的层级数据,而只有某一个层面的数据——但是关心的却是另一个层面。当数据是汇总层面的,我们关心的却是个体层面模型时,事情最麻烦。比如说,我们在使用历史数据(如普查数据)时往往只能找到汇总表。

社会科学家对于所谓的"区群谬误"(ecological fallacy)[①]非常熟悉,这指的是通过对**汇总**数据进行比较来推论个体。这种说法不是很好,这会让人们误以为这类数据是碰不得的。其实,分析汇总数据本身没有什么错。事实上,很多个体层面的数据其实也是某种"汇总数据":它是对同一个体在不同时点的不同表现的一种汇总。所以,我更赞同用"跨层面推断"(cross-level inference)来谈论这些内容。这里的关键是,我们有时候关心的是在某一个层面(如个体层面)上作比较,数据却是来自于另一个层面(如镇、县)的。我们已经明白,这样做并不总能行得通。在很多情况下,我们能够利用汇总层面的信息来给较低层面中的关系**划定区间**,但是很少能由此敲定较低层面中的结构关系。

①这一术语也常常被译为"生态谬误"。这是因为"ecology"中有生态学的意思,但"ecological fallacy"与生态并无关系。这里的"ecological"是指"与个体所居住地区有关的"层面,故译为"区群谬误"。——译者注

有一个很好的例子可以说明这一点。看看十九世纪的美国，我们可能以为天主教徒反对禁酒的倾向更高，因此在一个县当中天主教徒所占比例越高，反禁酒的候选人得到的支持率就越高。我们关于天主教徒的投票倾向的看法是对的，但上述判断却是错的。为什么一个县当中天主教徒比例高时，投票支持禁酒的比例反而会**上升**而不是下降？应该对此负责的不是天主教徒，而是**非天主教徒**：一个县当中天主教徒比例越高，非天主教徒就会越发激进地支持禁酒。

此时应该怎么办？你应该同时借助两条途径：一方面去读一下阿肯和夏夫利的《跨层面推断》（Achen and Shively，1995）来了解相关技术，另一方面要利用你自己的日常经验。在几乎所有情况下，你得真正想清楚自己的**目标**是要解释何种变异，然后确保你的方法适于分析**那种**变异。对“区群谬误”的关注，就是认为每个问题都有一个最合适的（privileged）分析层面，虽然有时候我们会不得已用个体层面数据来对更高层面的实体下判断。不过讲实话，在大多数情况下数据的层面都是越低越好。

当然，如果你只能得到汇总层面数据，那也没有办法。你只能在分析时多加小心。但只要有可能，就尽力去获取更为精细的数据。无论理论怎么说，那些有趣的事情终究是**人做出来**的，而人是一个一个的。当然，有一些“背景因素”存在于其他层面，但你迟早想要尽可能细致地看看个体层面到底是怎么回事。（如果你能够给一个汇总数据集加入一丁点儿个体层面的数据，就往往能够从汇总数据中获得非常多的信息[参看 Glynn and Wakefield，2014]。）

如果使用不同层面的数据来检验相同想法的分析方式之间有一个对决的话，那一定是使用较低层面数据的分析方式会赢(即便这个较低层面的数据其实也是汇总数据)。尽管我们无法从**数学上**来证明最好采用接近个体的模型，但是经验让我们确信是这样的。例如，在1950年代和1960年代，多元主义者曾经利用如下事实大做文章：曾经选出过进步主义时代典型人物鲍勃·拉·福利特(Bob La Follette)的威斯康星州，却选出了臭名昭著的伪民粹主义者麦卡锡(McCarthy)。在一本绝妙的著作中，罗金(Rogin,1969)下沉到了县(而不是州)这一层面进行研究。结果发现，支持麦卡锡当选的那些县，和支持福利特当选的那些县是完全不同的。罗金使用了较低层面数据来分析，所以他赢了。

汇总数据与个体数据

有时候，你认为你的研究问题**只涉及**群体层面，因此认为没必要去考虑跨层面推断这些麻烦事。这种想法可能对，也可能错。如果你**确实**只有区群数据也只需要区群数据，也就是说数据就是单元本身的特征而不是从个体层面数据汇总而来的，那么你的想法就是对的。比如说，那些有经理的城市是否比那些有市长的城市债务更少？管理城市的是经理还是市长，这个数据不是从个体特征汇总而来的，而是城市本身的特征。但是，如果你是用社区平均收入对社区平均教育水平进行回归，你就得费很大劲才能把这看成是社区内在层面的现象——即便你只有社区层面的数据。此外，如果在不同社区中个体层面的过程并不一样，那么即使你在区群回归加入了所有应当包括的区群层面变量，它也未必能够正确地发现**区群层面的**关系（请参看Greenland，2001）。

当然，遗漏了**区群**层面混淆变量的**个体**层面模型同样会出错。但是，你得有那些遗漏的区群单元信息才能够把它们纳入考虑，就像你不掌握个体层面变异时就无法把它们纳入考虑一样。这里又出现了迷幻疯克乐队说过的原则："别忘记那些你没量出来的东西"。

在有些研究问题中，自变量是个体层面的，因变量是区群层面上的。这时候就可能存在一个"汇总"的过程。比如说，我们用个体的数据来预测哪个州会通过某一法案或决议。在另一些研究问题中，自变量是区群层面的，因变量是个体层面的。比如说，我们用社区的特征（如与贸易路线的距离、税基、空气质量等）来预测个体的寿命。此时，个体层面的变异只存在于因变量，而不存在于自变量。如果我们没有测量个体层面上可能的混淆变量，就可以把个体数据归并为区群单元的数据，对个案加权后直接进行区群回归。(对分组数据进行加权的议题，请参看安格里斯特等人的论述[Angrist and Pischke 2009:92f]。)[①]

正如本章开头所言，在某些时候**看似**存在于个体层面的变异，其实可能只是某种误差。举例来说，阿拉姆和罗卡萨(Arum

①人们有一种普遍的错误观念，以为应该惯例性地用案例进入样本的概率的倒数来对案例进行加权。使用加权最小二乘法（weighted least squares）得到的结果并不一定比最小二乘法的结果更好。何时应该（以及为何）用加权来改变系数估计，这是一个很难说清的问题（Gelman，2007）。

and Roksa)想知道教师参与程度是否能够预测学生的成功。教师参与程度问的是**学校**层面的特征,但提问的对象却是学生**个人**。让我们用类似数据进行一次模拟(R5.8)。在这个例子中,来自50个不同学校的3694个学生报告了他们学校中教师的参与程度,我们还了解到了他们的考试成绩。我们发现两者有显著的正向关系(表5.1中的模型1)。但是,有一位精通方法的读者指出,我们的案例并不是彼此独立的,它们是从一些学校当中抽取出的。因此,我们的统计方法是错误的。

表5.1　成就与教师参与(假想数据)

	模型1	模型2	模型3
	初始模型	随机效应模型	固定效应模型
教师参与	0.980 (0.042)	0.304 (0.099)	0.027 (0.134)
截距	6.986	36.926	50.568

因此我们尝试采用随机效应模型(模型2)。效应被降低了三分之一,但是仍然显著。我们松了一口气。但是另一位朋友告诉我们说,固定效应模型“更好”,因为它们更为“保守”。我们叹了一口气,回去运行了固定效应模型(模型3)。糟了!系数只有原先的一点儿大,也不再显著了。**那个**理论被否决了!

但是,在生成这些模拟数据时,教师参与程度**确实**是影响学生成绩的,斜率为1.0,这和最简单的初始模型结果接近。为什么会有这种结果呢?因为教师参与程度是学校层面的环境变量。学生对此问题的回答其实包含了很大误差——比如说回答并没有经过“校准”,使他们在“参与多少算是很多”这一点上使用同样的标准。如果我们用的是学校层面变量的准确测量，就会得到像图5.15中所示那样的关系。两个变量之间存在真实的关系，但是只存在于学校平均这一层面。学校内部存在很大的变异（这毕竟不是成功的**唯一**因素），但是模式是很清晰的。但是，如果个体对x的回答中再加入噪声（误差项），你就很难看出这个模式了。

固定效应模型所做的，其实是**置换了研究问题**。固定效应模型回答的问题，完全是**单元内部比较**的问题。有时候那就是我们想要问的问题。但如果不是，固定效应模型就并非对正确问题的更有力回答，而是对错误问题的正确回答。比了解不同模型更重要的，是要了解**在什么时候你能够把跨单元间的问题置换成单元内比较的问题**。如果能，问题就会变得比较容易解决。但如果不能，你也不要假装能。

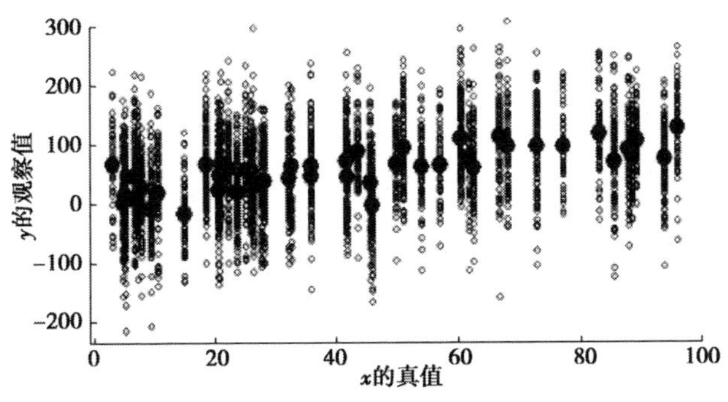

图5.15　有意义的组间差异

结　论

在社会统计学中,我们用变异来解释变异。我们要先了解变异落在了哪里,而不要径直向前冲。它经常以古怪的方式被分派到案例的不同分组方式中。这类分组方式不应当被视为是某种“麻烦”(problem)而急于摆脱。把所有的社会生活都化简为原子化个体,那不是社会科学家应该做的事!它是你研究和考察的对象,而且要从对社会过程的**实质性**理解方面来研究和考察。这也意味着,能对此类结构的影响进行“矫正”的通用办法并不存在。

区群数据很棘手。在许多情况下,唯一的办法是去思考在每一组案例中观察到某种现象的不同**机会**(opportunities),它们最终会被用在因变量的计算中。遗憾的是,我们处理这种数据的传统方式非常不可靠。那将是下一章的讨论主题。

附录5-A

如何对非线性模型中得出的参数进行比较?我们的思维习惯是OLS形塑出来的,故而对此没有正确的直觉。我想重点讲一下logistic模型。logistic模型不存在“可接受的误设”:只要我们忽略了某个预测变量,参数就不再是无偏的。对于模型比较来说,这意味着什么?

我需要先澄清一下本书中我对于概率的看法。我们都听说过对概率的两种不同看法。一种是频率主义学派(也被称为经典学派或皮尔逊学派),他们认为概率是当实验次数接近于无穷时,某一结果出现的次数与实验次数的比值的极限。第二种是贝叶斯学派(也被称为主观学派),认为概率是对我们主观信念的强度的数值表达。但是,费舍尔(Fisher,1956)曾经提出过一种不同于上述两者的第三种看法:概率是我们的知识与我们的无知的比值(安德森[Anderson, 2012: 102]也将其视为第三种传统)。在这个地方,概率针对的是特定案例的**(不可)辨识度**(degree of indistinguishability)。费舍尔的这种思路,用来考虑列联表时比较易于理解,用来考虑连续变量时就有点不好理解。不过,我仍然认为这种思路是正确的出发点,而且对我们很重要。

现在,logistic回归常常是通过对一个潜在的连续特征进行**归并**(collapsing)推导得来。篇幅所限,我在这里不进行数学推导了,相关内容可以参看穆德的文章(Mood,2010)。在这种框架下,我们可以想象那个潜在的连续变量以通常的OLS方式与预测变量关联起来,其中的方程最后有一个"误差项"。埃利森(Allison, 1999)强调说,我们可以推导出logistic回归中的系数是潜在的连续模型中的系数的一种重新标度(rescale),缩放的比例与连续变量模型中误差项的方差成比例。这意味着与OLS回归不一样,我们不能比较对同一样本拟合不同logistic模型得到的系数,也不能比较对不同样本拟合同一logistic模型得到的系数，除非残余变异是相同的。[①]

这些说法有道理。但是，认为我们必须把logistic回归当成由对潜在的连续特征进行归并得来，这是没有道理的。有人曾经认为必须这样，但是他们没有说服别人。[②]

如果我们把logit看成本质上就是二分数据的一种随机响应过程，情况又会怎样呢？由于"存在遗漏变量时系数不是无偏的"这一事实，只要还有预测变量没有包括进来，我们还是无法跨组进行系数比较。我们或许得承认，logit模型中跨组进行系数比较所需的假定要比OLS更强一些。对于OLS来说，我们需要假定没有遗漏与现有自变量**相关**的其他预测变量；对于logit（及其他非线性模型）来说，我们需要假定没有遗漏**任何**预测变量（无论与现有自变量相关与否）。但是，**第一个**假定为真的可能性其实比第二个假定为真的可能性高不了太多，因此接受前者却拒绝后者是说不通的。不过，我们现在对此姑且不论。

埃利森（Allison，1999）试图说服我们，要看到logit模型中除了二分数据的随机性之外**还有**一个不可观察的残余方差项。在随

①我们可以从"过度离散"的角度来考虑这一问题，并采用一些巧妙的变通办法，从而不用假定潜变量也可以进行方差分解（Browne, Subramanian, Jones and Goldstein，2005）。问题也可以用比较不同组别间的预测概率而非系数的办法得到解决，这是斯科特·朗（Long, 2009）在一篇从未发表的论文中提出来的。克莱姆（Cramer，2005）建议使用平均样本效应来进行比较，这其实是用预测概率来对斜率进行缩放。最后，布林等人（Breen, Holm and Karlson，2014）表明，在某种情况下，在潜在的概率函数与自变量相关时也可以进行有意义的比较。

②最有名的争论，是皮尔逊（Pearson）和尤尔（Yule）两人关于连续表达与离散表达哪一种更高明的讨论。尤尔提出了一个看似不可动摇的例证，人只能有两种离散的状态：生或死。但是皮尔逊说，与某些同事打交道的体验表明，事实上有很多人其实是不死不活的状态（如果我的记忆正确的话）。

机过程的**本体性**概率(即每人在因变量取正值的概率,它是协变量的函数)之上,他又加入了一种**认知性**概率(我们不完全确定这是什么)。这可以称为对logit函数的一种"绝对是也许"(definitely maybe)的理解方式(DeMaris,2002:32)[①]。

有一种方式可以用来思考这类"绝对是也许"的问题,它在统计学文献中非常成熟。我们认为,这些概率与一些预测变量相关联,但是我们并不掌握所有相关的预测变量,因此得到的数据是过度离散的(overdispersed)。在早先的一篇论文中,埃利森(Allison,1987)将这种方式称为误差的"外在"模型加以讨论,因为误差没有包括在非线性函数当中,而是**另外**加进去的。他还提到说,有一种办法已经被用来处理过度离散的数据,那就是让得到的概率函数服从贝塔二项分布(beta-binominal distribution)。[②]但是,埃利森更偏好"内在模型",因为它"更好地体现了遗漏解释变量这种想法"。换而言之,它与因果决定论(causal determination)的想法更相符(而不是从**变异**的角度来理解),而我一直不赞成因果决定论。

这种因果决定论的想法让你相信,因为你**永远**会遗漏一些因素,所以就不能对logit进行系数比较。(然而,如果你掌握了一切因素,你将会遇到"完美预测"的问题而无法拟合模型。)不过,还有一种推导出logistic回归的方式:你可以把它看成对数线性(loglinear)模型的特例。在古德曼提出的对数线性模型中,左边

①"Definitely Maybe"是英国摇滚乐队"绿洲"(Oasis)1994年发布的首张专辑的名字。作者再次利用摇滚乐中的文化元素来进行调侃。——译者注

②贝塔二项分布是一种有趣而灵活的分布形式(参见Wiley, Martin, Herschkorn and Bond,2015),它可以允许对不同组别间的参数进行比较。

是一个多向表中的单元格频数，右边是表示边缘分布及其子表（subtables）的一系列参数（在多维多项分布的假定下）。古德曼（Goodman，1972）表明，连续变量也可以纳入到对数线性模型中来。

此时，如果表格中有一个维度（比如说变量z）的取值只有两个，单元格频数就可以转化为比率，整个表格由此也分为两部分（一部分是$z = 0$，另一部分是$z = 1$）。对这组数据拟合对数线性模型，是等价于logistic回归的。因此，可以把logistic回归看成对数线性模型的特例，正如二项分布是多项分布的特例一样。

假定（我用R5.9进行了相应的模拟）我们有四个关于变量y的预测变量（x_1, x_2, x_3, x_4）。为了简明起见，我们设定这四个预测变量都是二分变量。我们有两个群组（变量G代表分组）。按照埃利森的看法，我们在两个群组中分别运行logit模型，组A中x_1的效应为b_{1A}，在组B中x_1的效应为b_{1B}，但是这两个效应是不能进行比较的。但是，现在来考察$y \times x_1 \times x_2 \times x_3 \times x_4 \times G$构成的表格，它有$2^6 = 64$个单元格。我们可以用不同设定的对数线性模型来拟合上述表格，其中一种设定就相当于对这两个组群分别拟合两个logit模型，允许参数b在两组当中有差异。代表在两组中差值的参数b，其实就是$b_{1B} - b_{1A}$。如果按照埃利森的逻辑，对数线性模型中的这个参数是无效的。[①]但是，其他参数有效吗？如果

①我不确定对从不同抽样框中得到的两个以上数据集的比较能否像这样结合在一个表当中。因此我们这里只讨论组别是一个数据集的子集的情况。我再次发现，布林在最近的论文（Breen and Karlson, 2013: 172）中对这个问题有更为严谨的阐述。

其他参数有效，为什么偏偏这个参数就无效呢？

你可能会说，我忘记了一点：这里的 y 与 x 是不对称关系。其实不然。运行 y 对 (x_1, x_2, x_3, x_4) 的 logit 得到了 b_{x_1} 的估计，和运行 x_1 对 (y, x_2, x_3, x_4) 的 logit 得到的 b_y，两者是完全相同的。它们表达的都是 x_1 和 y 的交叉分类 2×2 表格（当然这一子表是考虑了其他变量的影响进行了调整的）。①有些人认定这里的系数是错的，理由是我们先前讲过的：非线性模型中只要忽略了某个预测变量，哪怕这些遗漏变量与现有的预测变量并不相关，参数就会受到影响。要是按照这种看法，我们常常当作"基准事实"（ground truth）的 M 向表格的饱和模型也是错的。因为我们可能遗漏了某个变量因此应该采用某种 M+1 向表格。完美地拟合**这个**表格并不意味着你的参数能够正确拟合同一数据中生成的其他表格。

有人会说，好吧，就算这些系数能够拟合我们眼前的这个表格，因此是正确的，但是它们仍然不是"因果参数"——我真是想不到比这还要更悲惨的事情了！这其实是个选择问题。一条路是许多方法专家给你指出的，目标是只有上帝才能了解的∞维表格。在这种方式看来，只要**还有**遗漏变量，只要模型设定还不是完全正确，**所有的**参数就是错的。有一些技巧可以让你离这种目标更近一些（如采用贝塔二项模型），但是没有"基准事实"可以拿来对这些技巧进行检验。结果，我们花很多时间来想办法更精准

①事实上，在仅有三个变量的情况中，即便我们不包括变量间的交互作用，运行任意一个变量对其他两个变量的 logit 模型，最终得到的都是同一个模型！用古德曼的符号来表示，如果我们有从两组（记为 G）当中得到的三个变量 A、B、C，然后分组去拟合像 $A=f(B,C)$ 这样的模型，最终的结果都是 $(GAB)(GAC)(GBC)$。

地估计某些数值,但那些数值对应的过程在现实世界中却根本不存在。我们来评判其优劣时依据的是它们与完全决定论(total determination)的偏差,但是果真有人相信完全决定论吗?另一条路则是承认我们就是在拟合表格,进行繁复的多重比较,以此来拒斥某些应该被拒斥的理论。

第6章

机会来敲门

维度问题与除法

在前一章中,我们使用“变异落在哪里”这一理念探索了层级性的数据结构,结束时谈到了区群回归的困惑。我要继续讨论这一议题,但会换一个略有不同的角度。这里我们讨论的区群数据是由每个单元中的事件数(counts)构成的(如每个城市中发生的案件数),这使得我们会想要按照单元的人口来对分析进行调整。我们会看到,对此的一些惯常解决办法往往会失败。

导览:我会先说明难题的起因是我们要比较规模不同的单元(如城市)中的某一种结果。要搞清楚这一难题,我们必须确定在区位单元之内,真正有“风险”(risk)产生这一结果的个体是哪些人。在其他领域,这种想法也可以用“机会”(opportunity)或“暴露”(exposure)来表达。如果我们并不了解“风险”,只是将发生数量除以单元规模得到一个比值(ratio),那就很可能得出似是而非的结论。然后,我们把这种思维方法从“风险暴露”扩展到更一般性的“**条件**”。我们要努力达成的不是对结果进行统计调整，而是充分理解把结果与风险暴露关联起来的实质过程，最终厘清风险暴露的各种条件。这是用分解(decomposition)(而不是有预设的模型)来破解难题的又一种方式。我们之后会明白，面对此类过程生成的数据时，控制策略并不能起到我们通常以为它能够起到的效果。

婴儿的故事

如果你查看一下美国数据就会知道，一个城市地区通常出生的婴儿要比在一个乡村地区出生的婴儿更多。为什么会这样？城市化不是与生育率下降相关联吗？答案很显然：生孩子的是人(而不是城市)，而城市的人口比乡村多。表6.1是我们进行的一个模拟(R6.1)结果。如果你直接比较城市地区与乡村地区的婴儿出生数据(模型1)，那么城市地区出生的婴儿确实更多，但是如果你加入“女性人口数”(模型2)，这一关联就消失了。不过，这里有一个地方需要再推敲下：模型2中的R^2接近于1，这有些古怪。原因在于，女性人口数与婴儿数量之间存在着完全的线性关系(如图6.1所示)。因此，我们也许不应该把“女性人口数”视为一个自变量引入，而是应该把婴儿数量与女性人口数之间的“**比值**”(ratio)作为我们的因变量(模型3)。(有时候人们把这称为“出生率”[rate]，但是在统计学的一般用法中，“率”指的是涉及时间过程的数量。)我们看到，模型3修正了模型1中的错误。

表6.1　城镇中的婴儿

	模型1 计数	模型2 计数	模型3 计数
系数			
城市	1043.3***	−1.8219	−0.0001
女性人口数		0.1002***	
截距项	89.3	−0.7525	0.1001
R^2	0.257	0.999	<0.001

N=50(个地区)

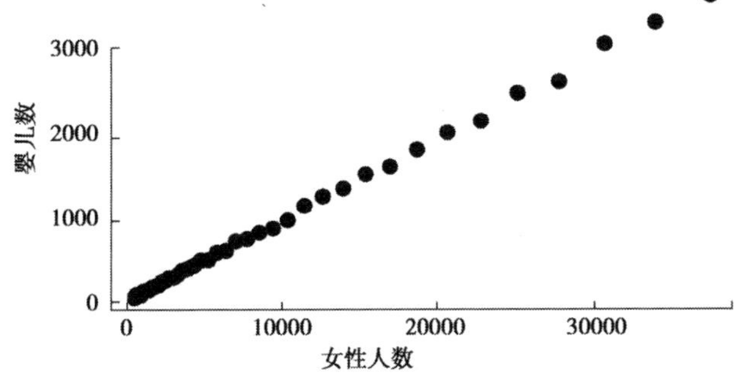

图6.1　女性人口数与婴儿数

为什么这样做行得通？因为生孩子的是女人(而不是城市)。在这个简单的模拟中,所有女性都被放置在“生育”的风险集中。这意味着,所有女性不管多大都可能生小孩。如果我们有这样一个风险集,里面可以不必再进行区分,用结果除以风险集基数就是合理的。但是,如果风险集里面**可以**再进行区分呢？比如说,可以区分不同年龄段的女性呢？如果我们区分之后发现不同子群体中风险大小**不同**呢？除非每个单元中子群体的分布完全相同,否则我们只用女性人数一除是不能达到调整目标的,对吧?我们只能用这种除法来**拒斥**"所有的子群体都一样"这种零假设(如30岁女性与20岁女性生育率一样;天主教徒与新教徒生育率一样等),而不能用来**比较**人口构成并不相同的群体。正因为如此,严肃的人口学家会进行更细致的分解,我们在本章最后会来讨论这些分解方法。

但是,我们很多人不会那么较真的。我们要找一些"*n*"来除一下,只是因为我们知道不用**什么东西**来除一下,就没办法继续前行。我们在乎的只是能够继续前行,即便再向前行就掉沟里了。

直线与曲线

令人沮丧的事实是,关于比值变量的很多论文都把它们的模型设置错误转变成了"结论"。简而言之,"除以*n*"这种做法只有在数据与*n* **自然呈现**线性关系时(如前面的例子)才是管用的。否则,"除以*n*"就毫无意义。举例来说,有一个学生对"公民社会"和"自愿组织"的论述很感兴趣。他一直喜欢动物园,因此认为动物园在让人们热爱自己的社区上能起到重要作用(模拟数据见R6.2)。而且,这可能进而会减少犯罪!他找到了犯罪率(每年每10000人的暴力犯罪数)和动物园数量的信息,构建了表6.2中的模型1。他很难过地发现:动物园数量**增加**了犯罪!

表6.2　城市层面的犯罪模型

	模型1	模型2
动物园数量	1.270***	
每万人动物园数量		–3.955***
截距项	–2.890***	11.150***

他告诉了他的导师。导师安慰他说："别着急，你的想法可能还是对的。你犯的错是忘记按人口来进行标准化了。大城市的犯罪率更高，大城市中的动物园数量也可能更多。"于是，他把动物园数据转化成了"动物园/每人"的数据，然后重新进行了分析（模型2）。结果与他的期望一致！他如此开心——但是他错了。

为什么呢？因为（在这个虚拟世界中）没有理由认为动物园数量会随城市人口数而线性增长。我们理解，八千人的小镇上有5家电影院和八百万人的城市中有5家电影院会有很大区别。因此我们会用公用设施数目除以人口数。但是你需要多少家动物园呢？大城市可能会需要更大一些的动物园，但并不需要（与人口成比例的）更多动物园。在很多情况下，你会发现很多变量的数量确实会随着人口基数n而增长，但不是线性的。它们的关系应该是介于与人口数完全无关（图6.2中的水平点线）和线性相关（图6.2中的实线）之间。在我的动物园模拟中，这种关系是介于二者之间的平方根函数（图6.2中的虚线）。通过"除以n"（过度控制）这一操作，我们就能够发现这一比值和与人口线性增长的任何事物之间存在（我们强加的）负向关系。

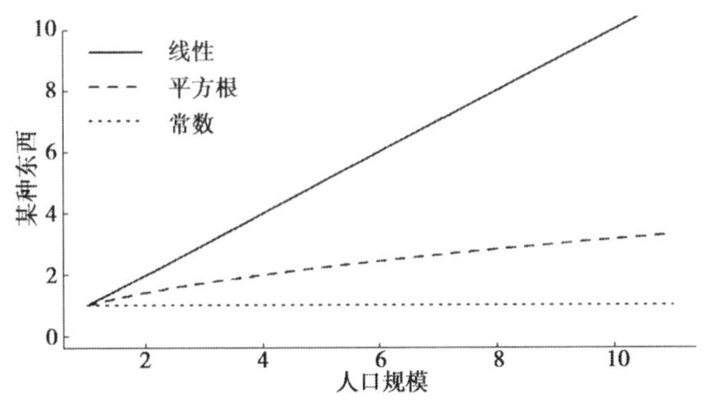

图6.2 与n的不同缩放关系

当然，在有些情况下真正的关系可能在图6.2的对角线**之上**。例如，星巴克的门店数可能会随着人口数而呈现超线性增长，至少在某一点之前是如此。[①]在那种情况下，除以人口基数n就会出现“控制不足”的情况：你一定会“发现”人均星巴克店的数量和与人口数相关的另一些事情之间呈现出**正向**关系。

你也许认为，我有些小题大做。那么我再进行一次模拟（R6.3）：假如有500个城市，有四个变量，其中一个变量是与城市人口（n）呈线性关系，另一个有超线性（supralinear）关系（与n^3相关），其他两个变量有亚线性（sublinear）关系（与n的四次根相关）。我们把与n有亚线性关系的一个变量作为因变量。（我把这些关系设置得很特别，以便凸显出模式来，但这种选择其实是**保守**的，原因会随后说明。）所有变量都进行了标准化，以便具有同样的尺度。

这些变量之间存在关联，仅仅是因为它们与单元规模n存在关系。我们需要一种方法能够正确地告诉我们，它们并不存在因

①温室气体排放是随着国家人口数而呈现超线性增长的（Rosa and Dietz，2012）。

果关系，关联都是虚拟的。第一个模型（表6.3中的模型1）是“幼稚回归”。我们得到了两个虚假的结论，但你会注意到第二个变量的系数接近零。那是因为一个变量与n是很强的超线性关系，另一个变量与n是很强的亚线性关系，故而两者之间不存在线性关系。

表6.3　我们控制得了n吗？

	模型1 幼稚模型	模型2 比值模型	模型3 控制n的模型
$x_1(\sim n^1)$	0.383^{***} (0.054)	0.067^{**} (0.023)	−0.046 (0.065)
$x_2(\sim n^3)$	0.026 (0.043)	-1.378^{***} (0.024)	-0.224^{***} (0.047)
$x_3(\sim n^{0.25})$	0.486^{***} (0.040)	0.895^{***} (0.018)	0.236^{***} (0.044)
n			0.887^{***} (0.089)
常数项	0.000	0.000	0.000
R^2	0.713	0.866	0.761

我们把所有变量都除以n时，虚假相关会消除吗？模型2显示了结果，答案是明确的“不会”。事实上，它使得那个与n存在超线性关系的变量也呈现出很强的虚假负向效应。如果我们把n作为控制变量引入会怎么样？模型3显示了此时的结果。我们看到，这样做可以消除掉有线性关系的变量的虚假效应，但是它并不能消除其他变量的虚假效应。当然，如果你把n^3作为控制变量

引入,那么它就会消除掉第二个变量的虚假效应。[1]

如何处理这类问题?如果你想要研究这类数据,那么有一些非参数方法和半参数方法是值得掌握的。但是,如果那超出了你的舒适区,也有另外一些办法来检验这种与规模n的混杂关系是否诱导你得出了虚假的结论。一种办法是不再试图加入某一个与n有关的协变量,而是尝试一种不同的研究设计:你可以按单元规模n的大小把数据分成五份,然后看变量关系在每组中是否仍然明显存在。你还可以绘出模型残差与n之间的关系图,看其中是否存在异常的模式。但最好的检验方式是把数据按规模n的取值进行排序,然后取出一系列的子样本:首先是10个最小的案例,然后第2个到第11个,然后第3个到第12个,等等。换而言之,你可以采用移动窗口(moving window)来看。在每一个移动窗口中去运行你的分析,但不必以任何方式控制n。图6.3是对前面模拟数据进行移动窗口分析的结果,这里使用的窗口是7,三条线(实线、虚线、点线)代表x_1、x_2、x_3的系数。图例那儿给出了每个变量系数为正数而非负数的概率。它们大于0的可能性与小于0的可能性基本相同。这表明,这些变量并不存在独立于n的效应。

你可能会说,窗口为7太小了,从中得不出什么有意义的结论来。那么,你可以看图6.4:它绘出了所有这些窗口的平均值,显示了从包括一半数据(最左边的代表窗口为250)一直到前面使用的窗口为7时系数平均值的变化情况。这张图上,一切都一目了然。如果你想要对规模不同的单元进行比较,这就是你要做的。

①法尔博和吉布斯(Firebaugh and Gibbs,1985)建议说可以加入$1/n$作为控制变量,但是那并不能解决这一问题。

前提是你并不想要骗人。

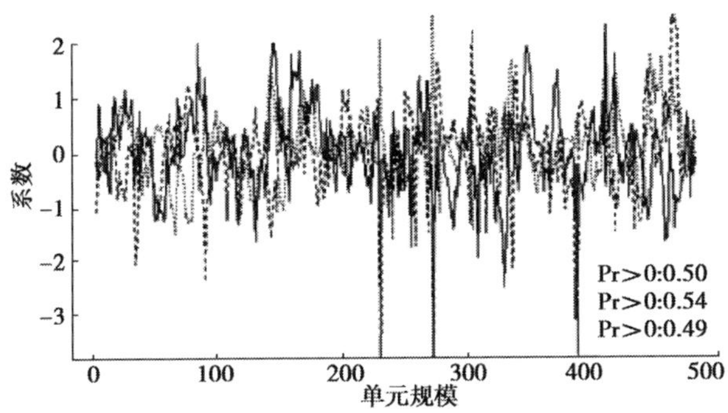

图6.3　局部回归

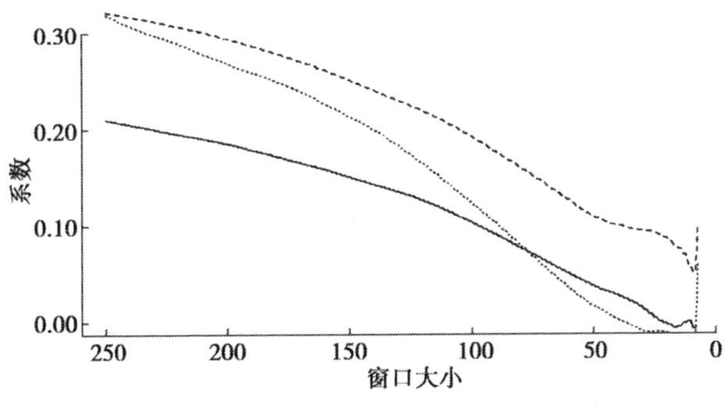

图6.4　不同的窗口大小

这里还有一个麻烦，就是我们在第2章中曾经提到过的偏态数据(skewed data)的问题。数据往往会聚集在左下角——大多数城市人口不多，动物园数量也不多。这意味着，当你的头脑在右上角时(在思考人口规模较大的城市会发生什么)，你的大多数变异落在了其他地方，在**这一端**的模型误设可能在驱动你得出某些结论。如果确实如此，不要只绘出log-log图(你随后会看到原因)，要确定你的结论是否是由那个角落里的一堆点引发的：对原始数据获取一系列样本(successive samples),入样概率由单元规模n的某一函数来决定,把这一函数调整得越来越陡。如果结果变化了,那就表明它们其实是由于你误解了那个角落的曲线形状而造成的。

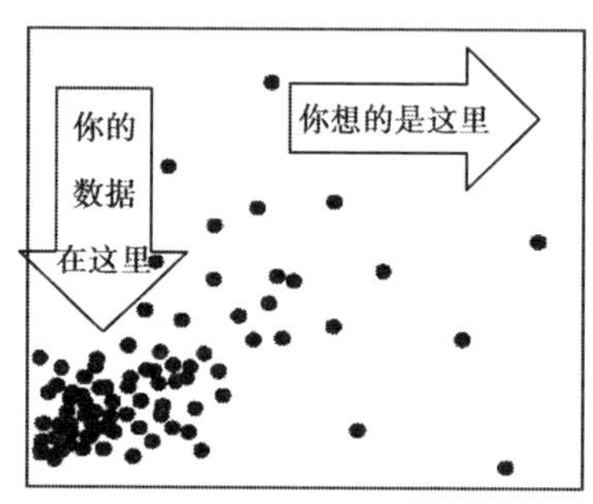

图6.5 偏态数据的问题

因此我要再说一次,在除以n之前先对数据作图。在考虑使用比值变量前,你应该先用宏命令或代码为数据集画出一个等高线地图(contour map)[①],横轴代表分母的数值,纵轴代表比值,轮廓图中的高度代表要预测的因变量。这个宏命令要写得灵活一些,可以让你给它不同的输入,输入可以是从比值或频数中得出的系数,也可以是分子和分母的对数,等等。如果你不了解数据就去除以n,后果很可能并不是使数据"标准化",而是"**异常化**"(abnormalizing),你不知道自己会造出个什么怪物来。要避免成为下一个弗兰肯斯坦博士[②],就得先想清楚"风险集"(risk sets)这

①等高线图是一种将三维数据进行二维展示的数据图形,通常用颜色或灰度来表示第三维数据(如地图上的等高线)。本书随后的图6-11就是这样一个等高线图。——译者注

②弗兰肯斯坦是玛丽·雪莱的小说《科学怪人》(*Frankenstein*)中的主人公。——译者注

一议题。①

有风险的是谁?

在谈到婴儿时,我们很容易猜测“有风险的是谁”:女性,尤其是15岁到40岁之间的女性。但是,很多情况下我们不清楚“有风险的是谁”。比如说,我们想了解有哪些变量可以预测(甚至引发)“仇恨性犯罪”(hate crime)——如在德国焚烧安置移民的住所,在纽约城白人对黑人的攻击(而且这种攻击又不是为了其他犯罪)。我们只能收集到各个地理区位单元中的犯罪数量。我这里用的数据是格林等人(Green et al., 1998)收集并分析过的,这里要谢谢他的慷慨分享(R6.4)。他们收集了1987年到1995年间纽约51个辖区当中针对黑人、亚裔、拉丁裔的仇恨性犯罪的发生数量,希望借此来搞清楚**为什么**有些白人会进行这类犯罪。我会在后面说明这种做法的某些缺陷,但是现在我们先用它来澄清一些基础性的议题。

我们的基本数据就是在第j个单元中这类犯罪的数量y_j。我们想用每个单元j中的其他协变量来预测y_j。但是我们要明白,地区的人口规模不同,犯罪数量也肯定不同。前面在研究动物园时犯的错误,我们不想再犯!

如果两个地区的人口结构是相同的,一个地区的人口是另一

---

①有没有办法能够绕开控制n引发的难题?本杰明·罗尔(Benjamin Rohr)和我正在研究用某些非参数技术来灵活地应对n与y之间的各种不同函数关系。但是在倡导这种方法之前,我们得确保其中不会有我们意想不到的陷阱。

个地区的两倍,那么我们会有一种合理的预期,认为前者的仇恨性犯罪也会是后者的两倍。我们不会想要对这种结果进行理论解释,因为它就是我们在零模型的条件下预期会出现的情况。但是,如果这两个地区的人口分布并不相同(如黑人与白人的比例不同),那么用总人口规模来进行"标准化"就不一定合理了。当然,它**可能**是合理的,如果数据能够表明仇恨性犯罪与人口规模存在直线关系(如我们在考查生育数时那样)。但是如图6.6所示,两者并不存在直线关系。事实上,两者的相关系数甚至在统计上并不显著(r=0.087)。

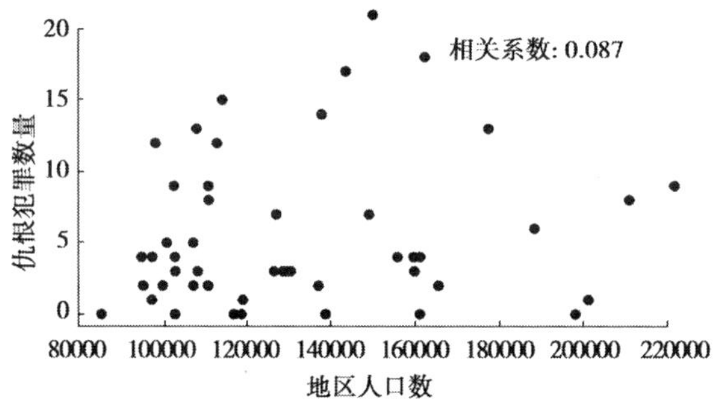

图6.6　事件与人口数

对此,我们必须认真地想清楚"有机会行事的是谁"这一问题。只有白人才能进行白人针对黑人的仇恨性犯罪。因此,我们可能需要用每个单元中的白人数量(而不是全部人口数)来进行标准化。图6.7表示,两者之间确实存在较强的关系:相关系数为0.61。

但是,如果这个辖区中没有黑人,那么白人也不可能进行同样数量的针对黑人的犯罪。因此,产生仇恨性犯罪的风险的真正单元有可能是互动,我们应该根据由不同种族有可能结成的对子

(dyad)数量来进行标准化(这与布劳[Blau,1977]的思想是一致的)。也就是说,在黑人与白人组成的总人口给定的情况下,当人口在两个种族中均等分布时,仇恨性犯罪的数量会最高。但是图6.8显示,这种说法并不靠谱。(还有一种假设是,仇恨性犯罪的数量会随着潜在受害者的数量增长而增长,但是这种假设更不能得到数据支持。)

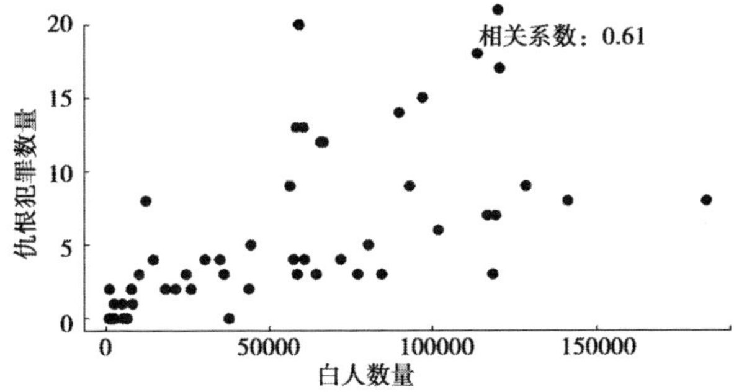

图6.7　事件与白人数量

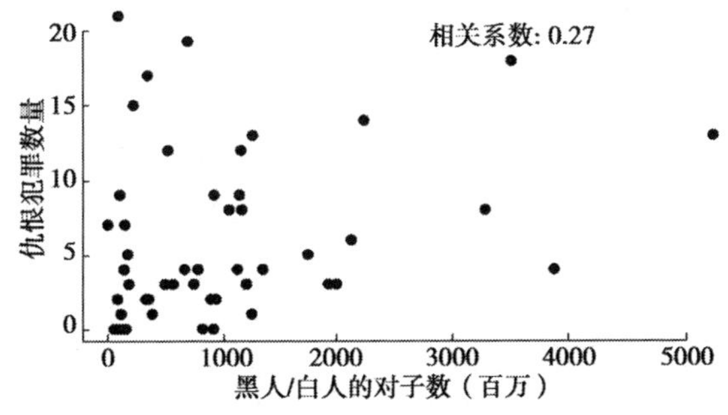

图6.8　事件与种族之间的对子数量

这是否能说明,我们“知道”了合适的分母“就是”白人的数量,而非互动的数量呢?并不尽然。你可以把它看成是一个零模型(参看第1章),截至目前这个零模型的拟合并不算太好(它解释了36%的方差)。**有可能**对子仍然是正确的风险单元。我们没有看到这一点,是由于我们未能理解对子当中的异质性。最明显的一点是,辖区中有很多白人和黑人根本不会打交道,而另一些白人和黑人经常打交道。真正重要的是**实际打交道的对子数量**,而不是所有对子的数量。我们或许应该再收窄一下,看居住在同一街区中的黑人和白人之间结成的对子数量。(但这种做法仍然有麻烦,因为那些有作案动机的白人很可能是乘车到别的地方找寻受害者的,参看Pinderhughes[1997]。)

此外,其他方面的异质性也可能会影响到我们的风险集。例如,随着社区中种族构成的变化,会产生一些老年白人比例非常高的混杂居住社区,而老年人进行仇恨性犯罪的可能性是较低的(在此我们假定如此)。因此,我们可能需要进一步考虑年龄结构。

我们现在的这种方式存在一个难题:我们这样一直追下去,得到的新比值就会越来越接近1。随着加入的"预测变量"越来越多,有从事这些犯罪行为"风险"的人与那些真正**犯过**这类罪的人就逐渐等同起来了。我这里想做的,并不是用归谬法来显示任何标准化的尝试都是不可能的。我是在请你注意,我们常常不加反思地以两种不同方式来尝试控制"风险单元"(at-risk units)的数量。一方面,我们有时会草率地控制人口规模或者"除以n"。因为我们常常以为(但其实没有进行透彻的思考)这样做就能让数据摆脱那个公认的难题。在这种情况下,我们的行动建立在"那种看起来无趣的零模型是真实的"这一假定上,就像在对价格进行通货膨胀修正时一样。

另一种工作方式发生在你对你关心的东西有理论见解的时候。这些内容被作为协变量引入到为标准化值建立的模型中。问题在于,如果第一步的想法出错,第二步的结果必定也会出错。换而言之,我们用两种方式来解决案例间的风险异质性问题:一方面除以风险集中的人数,另一方面把比值建模为协变量的函数。即使集合内事件发生风险**并非**同质,在**第一步**时用集合的基数(cardinality)来除也没有错,只要我们的其他协变量能够正确地吸纳这种异质性。

但是,如果我们的模型是错的,它就无法修正风险集评估中的不完善之处。如我们已经看到的,除以错误风险集的基数会引入各种各样的偏差。因此,我们的模型**在风险集的选择上**必须是正确的。这不仅是指变量选择要正确,而且函数形式的设定也必须正确。

这里的蕴含之义是,只有如下两个条件其中之一为真时,我们才可以用除法来进行标准化。条件一是我们有**非常**牢固的先验理由来判断风险集。条件二是我们看到我们设定的分子与分母之间有接近直线的关系。不假思索地用n除一下然后加入协变量进行调整,这不是稳妥的做法。但使用比值却还有一些更大更麻烦的陷阱。

什么时候这会失效?

你可能已经在心里记住了:一定要把关系画成图,用图来指引你。这确实是有帮助的,但并非万无一失。近年来定量研究中最知名的失误之一就与此有关——与“指数定律”(power law)有关的发现令人惊奇地出现了激增。确实,有一些社会过程遵循默顿提出的“马太效应”(凡有的,还要加倍给他叫他多余),由此会生成所谓的“指数定律”的分布。这是有重要理论意义的(尤其可以参看Zipf,1949)。“指数定律”指的是,我们可以依据某种量x(如人口)来对所有单元排序,此时x取某一值的单元数量的**自然对数**与x的自然对数成比例。

有很多研究都成功地指出了某种“指数定律”存在。唯一的问题是,这有点像是在说:“根据我的理论,只要你离得足够远,那个东西看起来就会像是一个黑点。”多数取值为正数的分布,只要覆盖范围足够广,看起来都会像是服从“指数定律”。[①]我们见到的很多数据分布,都会在图中的左下角有一大片数据点(类似于图6.5)。因此,我们往往无法通过log-log图准确判断出变量与n的“真实”关系。

这把我们带入到这个难题的另一个侧面,它与我们对比值的理解有关(Nee, Colegrave, West, and Grafen, 2005)。当我们的数据是一组规模悬殊的案例中的某一种占比(取值在0到1之间)时,这一点非常关键。比如说,我们来研究在联合国中有席位的所有国家中,国防支出在国民生产总值(GNP)中的占比。美国的国民生产总值大约是多哥的2000倍。图6.9显示了在我们的模拟数据

①这与我在《社会结构》(Martin, 2009)一书中讨论的扩散研究(diffusion research)的问题是类似的:人们只是由于分布**看上去**像是logistic分布,就认为存在某种扩展的社会过程。但是任何事情,只要它是从低到高发展的,都会看上去很像是logistic分布。很多分布看上去都像是服从指数定律,只要你忽略分布的末端——多数人都会忽略。

(R6.5)中,分子(国防支出)的对数与分母(国民生产总值)的对数的关系。在这里,数据形式符合我前面讲过的那种线性关系。这一事实似乎表明我们可以通过除以分母的方式来对不同案例进行比较。此外,图中的散点分布在一个窄条当中,我们似乎可以说存在某种稳定的"指数定律",对不对?

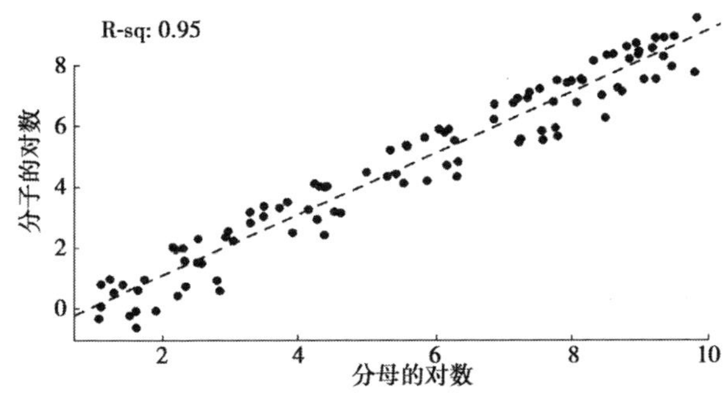

图6.9　虚假的"指数定律"

事实上,数据是随机生成的。首先,我们随机生成了x轴上的取值(对其取指数,得到了我们的分母)。然后,我们随机选择"占比"(取值在0到1之间),与分母相乘得到了分子,然后取对数,得到了y轴上的取值。两者的关系看起来是线性的,只是因为数据中案例的规模大小差距非常之大(因此我们才会取对数)。其实,在此唯一的规律是分子不能超过分母。

这里的教训是什么呢?如果数据中案例的规模大小差距非常大,log-log图看起来几乎一定是线性的。此时,你应当去除以n的对数吗?你不能这样做,因为我们前面讨论的都是绝对量度的比值。这里你应当除以n;分子的对数除以分母的对数,这和分子除以分母不是一回事。即便分子和分母的图中并**没有**这样明显的直线关系,你还是应当除以 n! 可视化是你首先应该做的检验,但不是最终依据。

此外我们要记住,不要使用拟合优度来决定分析中应当使用比值还是事件数(count)。这是我们从上面那个有很大 R^2 值的 log-log 图中看到的(下一章中我们会看到另一个例子)。我们可能还记得,那些完全忽略案例的规模差异而只使用原始数值的模型也是这样。它们的"可解释方差"较大,因为它们在方程两边都隐含了规模 n。[①]另外,我们也已经看到,当模型原本**应当**采用 x 和 y 的事件数但我们把两者都除以 n 时,我们得到的"可解释方差"也是较大的。

比值变量的其他复杂之处

自由度

使用比值会面临一些固有的**统计**难题,我们稍后会加以讨论。其中有一个难题是,它会把数据中原本不同的东西捆绑在一起,难以分开。我们都知道,自变量之间不能存在线性关系。如

①卡萨达和诺兰(Kasarda and Nolan,1979:217)就指出过这种拟合优度的"膨胀"。学者们曾经争论过如何使用有共同构成部分的比值变量。这场争论(Fuguitt and Lieberson 1974;MacMillan and Daft 1980)已经说明,有共同构成部分的比值变量是否一定有问题,对此是不能一概而论的。我们必须理解理论上的研究实体,才能知道正确的设定应该是什么样的;我们必须理解具体的数据,才能知道不正确的设定会有什么后果。这也意味着,好多所谓的"发现"其实是胡扯。

果你把人分为两类:“男性”与“女性”,你不能同时估计两个自变量“是否男性”和“是否女性”的系数,因为这两个范畴互斥且穷尽,因此存在线性关系。同样的道理,如果你有好多个有着相同分母的比值变量,它们加总又正好为一,你就不能在方程中包括所有这些比值变量。比如说,你在研究公司时不能同时加入“男性员工比例”和“女性员工比例”,因为它们加总正好为1。

你当然知道这一点,但是你很容易做出与此接近的事情。回到本章开头时讨论过的格林等人所写的那篇文章。[①]他们有一个假设,认为白人对黑人实施仇恨犯罪是由于某些白人想通过对黑人进行随机恐吓,来避免少数族裔移民到自己的社区。他们找到了纽约各个区的仇恨犯罪数量,并根据各个区的人口规模进行了调整,然后开始检验自己的理论:仇恨犯罪在那些白人为主、但是有黑人迁移进来的社区中最容易被观察到。

看起来确实如此:实际数据的散点图如图6.10所示。在这个散点图中,每个点代表一个区,纵坐标表示白人对黑人实施的犯罪数量(y),横坐标表示1980年时社区居民中的白人比例(p_{whie80})。如果这个社区从1980年到1990年黑人比例($\Delta_{\text{black}} = p_{\text{black90}} - p_{\text{black80}} > 0$)有所上升,点被标注为圆点;否则被标注为星形。从这个图来看,社区中白人比例越高,仇恨犯罪的数量就越高(相关系数为0.677,$P < 0.001$)。在那些有黑人移入的社区中,这种提升

①我选择这篇文章,是因为它发表时我看出了问题,然后写了一篇评论给《美国社会学杂志》(AJS),但是被评审人拒稿了,因为他们没有理解相关的统计问题。我要感谢Joshua Goldstein、Megan Sweeny、Julie Philips对这些内容的评议;更重要的,我要感谢格林本人,他不仅对我的手稿进行了深入的评议,而且把自己的数据与所有分析都坦诚地公之于众,为我们树立了学术实践的典型。

程度尤其明显。对数据的直观考察并未驳倒他们的解释。但是，他们希望更进一步，证明这种模式能够经受控制变量的考验。

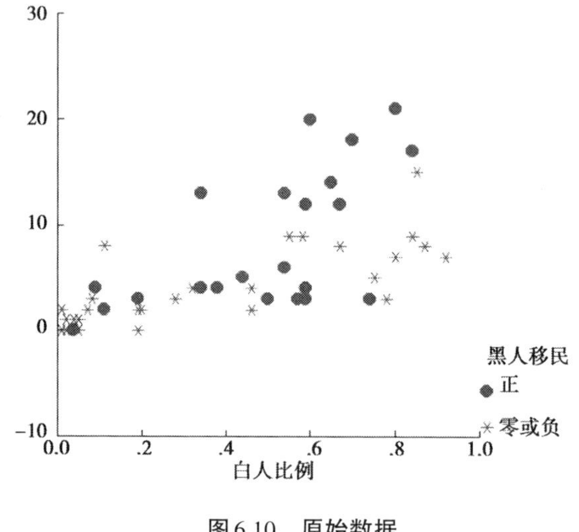

图6.10　原始数据

最显然的一种合理猜测是，白人比例较高的社区中仇恨犯罪也越多，这只是因为白人的人数多了，而不是他们有更强的犯罪可能性。让我们把因变量变成“白人实施仇恨犯罪的概率”（仇恨犯罪的数量除以白人的总数，即 $R = y/N_{\text{white90}}$，其中 N_{white90} 为1990年时社区中的白人总数）。[①]然后，我们就会发现，仇恨犯罪概率与白人比例其实呈现弱的**负相关**关系（在用总人口对案例进行加权后，$r = -0.222$）。可是，格林却发现，在**已经**控制了人口差异之后，结果仍然**支持**他们的观点。

①为了很容易看清其中存在的模式，我去掉了一个仇恨犯罪案件很高，但白人比例很小的社区（这是对格林的假设最不利的一个案例）。格林等人的因变量用的是1980年时的白人比例，但是这和1990年时的白人比例是高度相关的（$r = 0.979$），因此我们也可以宽泛地称之为“白人所占比例”。

这是为什么呢？这是因为社区中黑人比例的上升程度(Δ_{black})与白人数量($N_{white90}$)之间存在着**正相关**($r = 0.386, p < 0.01$)，此外又有 $y = N_{white90}R$，则黑人比例上升较大的社区中仇恨犯罪的**事件数**也一定高($N_{white90}$ 与 p_{whie80} 之间当然是高度相关的，$r = 0.913, p < 0.001$)。可是，为什么白人数量与黑人移入的比例之间会存在这样一种与直觉相背离的关联呢？

这就又涉及我们在第2章"熟悉数据"中讲过的"上限效应"和"下限效应"了。如果社区中黑人已经占很高比例了，那黑人比例就很难再有大幅提升了。排除其他族裔的人口以后，黑人比例越高，白人比例就越低。因此，黑人比例上升幅度最大的那些社区，一定是那些黑人比例并不高的社区(也就是那些白人比例较高的社区)。格林并没有用黑人增加的比例除以黑人已有的比例，因此他们就发现了黑人移入与白人对黑人仇恨犯罪的数量之间的正向关联。

这里有一个更深刻也更简单的议题。他们的关键理论命题是，仇恨犯罪是由于白人比例(p_{whie80})和黑人比例的变化(Δ_{black})的交互作用而提升的。但是，一个城市中黑人比例基本上就等于1减去白人比例！这意味着，我们的变量以一种隐含的方式纠缠在了一起。附录6-A说明了我们如何使用这种关系来做出一个简约方程(reduced form equation)，其中回归的自变量变成了两个更容易解读的变量：1980年的黑人比例和1990年的黑人比例。现在我们采用二维的鸟瞰等高线图来把结果可视化(图6.11)。颜色越浅，表示预测的仇恨犯罪率越高。

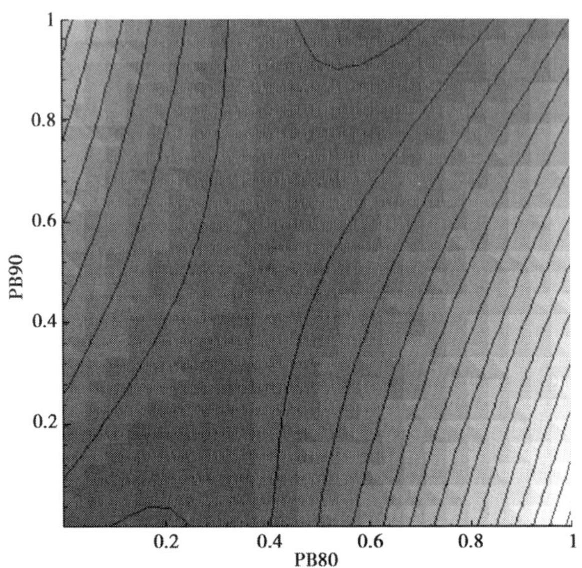

图6.11　1980年黑人比例、1990年黑人比例与仇恨犯罪预测值(等高线图)

格林的想法是,在那些白人原本占据绝对多数同时经历了大规模的黑人移入的地区中(图中的左上角),仇恨犯罪率会很高。但是模型也蕴含着**相反的**意义:在那些白人比例原本较低但最近白人开始涌入的地区中,仇恨犯罪率会高得多!这确实说明了交互项在起关键作用,但这种作用与格林起初提出的理论并不完全相符。我们在第4章中说过,交互项是容易引发麻烦的。我们往往只关注"凸显"(marking)的一端,但是多数交互项内在都是对称性的。

你可以想到,符合图中左上角和右下角的极端案例其实并不存在。事实上,1980年黑人比例与1990年的黑人比例是高度相关的(r = 0.980)。因此,让我们按第2章的方式来提问一下:数据落在了**哪里**? 图6.12按上一张图的预测方式把案例排布了上去。案例已经按观察到的仇恨犯罪率进行了排序,圆圈越大就代表仇恨犯罪率越大。每个圆圈外标注的是观察到的仇恨犯罪数量。格林的假设表明,我们将会在对角线上方看到较大的仇恨犯罪数字,至少图形左侧会是这样。很明显,图没显示那些白人占少数而黑人又在离开的社区中,白人对黑人的仇恨犯罪会增加。但是,我们看一下那个第47号案例,这个社区中1980年时2%的居民是白人,57%的居民是黑人,其余多数是西班牙裔(参见R6.6)。到了1990年,黑人比例下降到了39%,白人比例上升到了8%。在这个社区中共发生了3起白人针对黑人的仇恨犯罪,但由于白人

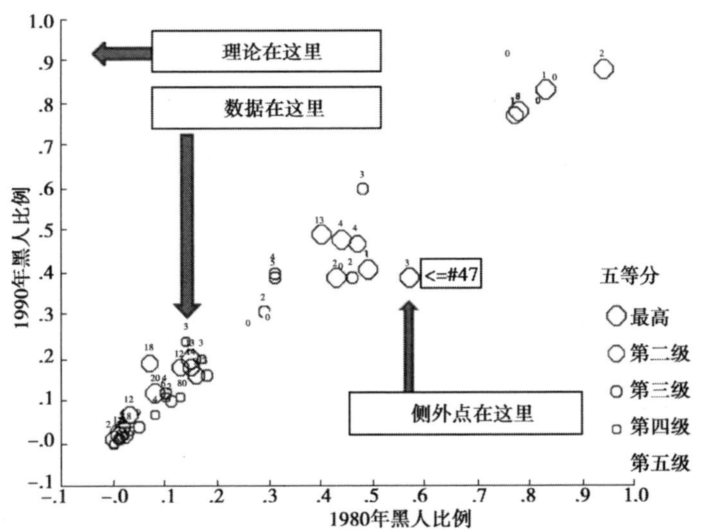

注：按白人数量进行了加权；每个案例边上标注的是白人对黑人仇恨犯罪的总数。

图6.12　仇恨犯罪观察值与1980年黑人比例、1990年黑人比例

数量很少，因此计算出的犯罪率相当高。预测概率图6.11中得出的那个反直觉的预测，即处于联合分布右下方的案例列可能有较高的仇恨犯罪率，其实就是用这个案例拟合出来的。交互项的显著性其实完全基于这一个案例！

我希望能够说，这只是特例。但是我总是能够看到一些论文，它们基于很多彼此纠缠的比值变量而得出一系列复杂的观点。然而一旦把它们理清之后，你往往能够得到更简单的模型方程，然后得出根本不同的一种看法。我们在第2章中讨论过那个宗教参与率的数据其实也是这样的。我们得到的教训是，在这样的情形中，变量的彼此关联过于紧密，使得我们无法在各种复杂的解释当中进行严格的裁决。如果你**正确**地构建了比值，所有数据原本是排列在一条狭窄的山脊上的。如果你用正确的分母来除，这条山脊就会变得像**《天线宝宝》里微微突起的**小山包。但是如果你错误地用其他东西来除，你就可能**强迫**数据落在由你的相除而构建出来的一条线上。然而，你的理论意图要解释的却可能是**跨越**这条山脊的变异。

这样做是糟糕的，但如果你对各种比值构建交互项，你就不仅在做基本相同的事情，而且在让它以五六种不同方式出现。无论来自理论的引导有多强烈，都不要这样做。因为冰面太薄了，退后，快跑。

纠缠

我们已经看到，比值会使不同变量以我们并未意识到的方式纠缠在一起。如果事情是这样，我们就不要试着去解释比值了。我们应该怎样做呢？最近伊丽莎白·布鲁赫(Bruch，2014)的一篇论文给出了很好的范例。她要了解哪些因素影响一个家庭从一个地方移居到另一个地方。她想到，人们会因为房屋租金太高而被排挤走，因此影响因素之一是租金成本与家庭收入之比(RENT/ INCOME)。此外，移居者希望搬到人们的收入和自己相近的地方，因此还应该包括家庭收入与目标地区的收入中位数(INCOME /MEDINC)之比。在其他因素都相同的情况下，家庭会更喜欢搬到更富有的社区中，因此她加入了收入中位数作为零阶的控制变量(MEDINC)。结果，这三项其实是三个变量用不同组合而生成的。

它们是彼此纠缠在一起的，对吧？布鲁赫的处理办法是去估计这些参数，但是关注点不要放在这些参数本身上面。这些参数可能纠缠得太深，无法进行合理解读。她看的是这些参数取各种值时的模型预测，这是可以解读的。我在前面提到过，如果你想使用比值，你应该写段代码把每个比值变成散点图看一下。在这里，我们有多个项，那就要进一步尝试把这个四维空间可视化(例如，可以生成一个租金、收入、目标地区收入中位数的三维散点云图，然后再用点的颜色来代表因变量取值)。

总而言之，如果我们有共享某些成分项的比值变量，那就最好把它们拆散成原始的成分项，然后每次取两三个成分，看各个成分取不同取值时的预测值是否合理。如果并不合理，那就走开。即便你并不能解开这些纠缠在一起的东西，你也可以用这些预测来解决你的研究问题，只要那些问题并不直接针对具体的动力机制。下面我们要讲最后一种你要小心的情形,这种情形中你要采用第2章中讲过的“熟悉数据”原则来警惕构建比值过程中的陷阱。

有关比值的最后谜题

有些事情看起来很简单,但我们仍然需要认真对待。比值就是分子n除以分母d。在很多情况下,n是某种特定事件的发生数目,d是被认为有可能发生这种事的单位数目。用分子n除以分母d背后的思路是,这样做可以让我们对不同规模的单位进行比较。只要我们把风险集搞对了,这种逻辑就没问题。但是在开始分析比值之前,我们需要注意一下它的构成成分,在许多时候要关注一下分母。在第2章中,我们讲过许多统计量都是对称性的,但我们对事情的相应想象却往往是高度不对称的。我们关注的是“凸显”出来的那一半,我们很少认真地对“未凸显”部分的意义进行考察。

通常情况下,分子都是一种相对稀少的现象,分母多数属于“未凸现”的范畴。例如,我们可能想了解使不同国家中的宗教节日演变为暴动的力量是什么。分子n_{it}是国家i在时间点t时的暴乱数,分母d_{it}则是宗教节日的总数。麻烦在于:关于n_{it}和d_{it}的数据常常来自**不同渠道**。如果这两个渠道都是百分百精确的,那也没有什么问题。但如果并非如此(通常都并非如此),那你就有必要担心,你以为的有关n_{it}的变动是否在数据中其实是由$m_{it} = d_{it} - n_{it}$造成的?也就是说,那些“未凸现”的范畴在不同国家间的差异、不同时点之间的变化，造成了比值的差异。此时，你应该怎么办？你不要马上草率地处理比值，而要先看一下分母的变异。有没有一些变异你认为根本不合理？如果有，那就去核对它。你是否让不同国家的不同机构来给出“相同的”数目？这些机构是否有着完全不同的数据收集程序，有着完全不同的数据质量？如果是这样，你就不要用n_{it}除以任何东西。

对于时间序列数据来说尤其如此。如果分母的表现符合你的期望（比如说，每年有缓慢增长），那很好。但如果分母上下波动，你在除以它之前，必须先搞清楚为什么。在很多有趣的社会过程中，出于各种各样的原因，分子往往会保持相对**稳定**。比如说，也许在某些地方，警察只能拘捕一定的人数，而他们会在能够处理的范围内拘捕尽可能多的人。我们会把拘捕的数量除以违法行为的数量，来看违法者被拘捕的可能性（暂时忽略被拘捕者并不一定违法这一事实）。但是，对“违法行为数量”的估计可能非常不准确，出于各种原因而上下波动。[①]如果你有关稀少事件的数据质量很高，而分母来自不同数据源的估计或汇总，因而数据质量很差，那就千万不要用前者除以后者。

如何处理疑难问题

没有一种办法能够解决所有问题，解决之道往往要依数据中关系的特定模式而定。但是，我还是想列举一些常见的办法。有

①在本章中，我们随后还会看到一个这样的例子。在那个例子中，我们想要把吸引力进行量化，因此用分子“朋友数”除以分母“各种类型的潜在朋友数”。

一种麻烦是，比值加总之后**接近**为1（即便已经省略了一个类型）。在这种情况下，我们做的就像是要在一个非常狭窄的山脊上保持平衡。估计值仍然都是最优估计，但它未必值得获取。这时去除一些比值变量可能反而更好，这样留在模型的那些比值就不会再加总起来接近1了。

另一种麻烦是，比值有着极端分布。比如说，一个比值变量的最小值为0，最大值为1，而均值为0.04。这种麻烦和我们遇到偏态自变量时的麻烦一样：它不一定是错的，但是我们会担心接近0的那一小部分变异中包括着的重要信息很可能被少数极端值冲走。但有时候，这种偏态分布是我们通过构建比值**引入**的，因为分母在不同案例中的大小悬殊。在这种情况下，重构（reshape）你的自变量可能是一种合理的办法。不要简单采用某种通行的"变换"，尽管你听说过这是处理偏态分布的合适办法——这只会让事情更糟糕。在理论和方法上都适用于所有情况的办法是不存在的。此时，你可以先试着对偏态变量进行分组合并。比如说并成四组，要让每组里有足够多的个案，同时又让组之间保持适当的距离。不同组中因变量的均值是否可以看出清晰的趋势？如果不存在清晰的趋势，那就从模型中去掉这个变量，省得它让其他变量也产生扭曲。

有时候，你相信一个比值变量与某些因变量之间应该有关系，但是模型总是出问题：或者是比值变量的系数有非常大的标准误，或者是你无法同时估计它和其他重要的自变量。此时，你可以试着去掉比值变量，换成比值的分子和比值的分母。如果你用的是对数线性模型（或logistic模型），从某种意义上来说这就已经是比值了。有人会说你可以在logistic回归中这样做,但不能在OLS中这样做。事实并非如此。一个模型并不能确保世界究竟是什么样的,你甚至可以用到分子和分母的不同测度。比如说在一些情况下,你可以使用分子的绝对数目和分母的对数。这在实践中是管用的,对于某些过程来说它还有其理论意义。

不管你怎么采用什么方式,最后都要用相同的尺度**绘出预测值**。看看不同的参数设定是否会得出一样的预测图。如果一样,那就太好了！如果不一样,你就得想明白为什么不一样。

总而言之,我们往往有理由认为,在数据中的每个单元内部,能够在某些变量上取某些值的个案数量是不同的,因此直接比较这些单元会有偏差。我们已经看到,我们能够意识到自己对"风险集"并不确定,那正是发现可能偏差的关键所在。我们可以从风险、暴露、机会的角度来澄清问题,但是澄清与比例关系(scaling)有关的错误假定更为重要。它能够让一些无从把握的难题变得能够把握,让我们去检验一些涉及偏好与机会的组合的复杂假设。下一节中,我们就来讨论这些内容。

厘清条件

条件

我们暂且先不考虑有着同样风险或机会的许多案例在汇总之后会出现什么结果,而是先来考察单个案例。玛丽莲出门买了一台“凯膳怡”牌(KitchenAid)的食物搅拌机,为什么?你去访谈她,她会告诉你社区话剧社要搞筹款活动,她为了这次活动要烘焙好多蛋糕,她以前用的搅拌机有多么不顺手,正好边上的商店又在搞促销,等等。我们很难穷尽影响决策的所有因素,这些因素也未必在其他购买者广泛存在,我们无法以这些因素为基础来进行调查,更无法以此建立模型来预测为什么有人会购买“凯膳怡”牌的食物搅拌机。

但是,我们可以把决策过程分解为两步:第一步是决定要买一个食物搅拌机;第二步是决定要买“凯膳怡”品牌。我们姑且把这一决策称为BK(即Buy KitchenAid的首字母),由此对它建立如下模型:

$$\Pr[BK = 1] = \Pr[K = 1|B = 1]\Pr[B = 1] \tag{6.1}$$

也就是说,它是两个概率的乘积:一个是决定购买食物搅拌机的概率;一个是在确定了要买食物搅拌机的前提下,决定要买“凯膳怡”品牌的概率。

这个式子一定成立。但是,只有右边的两项**在实质上**是独立时,它对我们才有用处。比如说,在冲动型购买的情形中,购买决策与购买具体品牌的决策就不是独立的,此时我们把上式的左边代换为右边并没有任何好处。但是,如果上述两项在实质上是彼此独立的过程,而且我们实际上只想进行品牌间比较,那么我们就可以把$\Pr[B = 1]$省略掉,因为它与品牌无关。

这可能会让你感到很兴奋,因为上式的左边有一个非常大的分母。一年当中的每一天,玛丽莲都处于买“凯膳怡”牌食物搅拌机的“可能”中。此时,你的模型必须把那些“没有买”也包括在分母中。但是,只有她确实购买了搅拌机时,她才可能处于购买“凯膳怡”牌搅拌机的“可能”中。这样的事件集合就好把握多了。[①]

对于那些二分决策(做还是不做)来说,这一公式连接起了通常的logistic回归与条件logit模型。通常的logistic回归的左边是$\Pr[K=1]$,条件logit模型的左边是$\Pr[K=1|B=1]$。需要再次强调的是,你不能为了省事就随意进行这种代换,你需要认真琢磨一下这样做需要什么样的假定。前面已经提到了最简单也最重要的假定:导致人们是否做某事的因素,与影响人们如何做某事的因素之间不能有密切的关联。除此之外,当加入或去除第三种选项时,原来两种选项之间的相对概率不应当有变动,这被称为“与不相干的选项独立”假定(independence of irrelevant alternatives)。比如说,在1980年代你要决定自己是买福特汽车还是水星汽车。两种品牌的底盘其实是基本一样的,只是附件装饰有些区别。你倾向于买水星汽车,因为它有更多的附件装饰。这时候,推销员带你又看了林肯汽车。它的底盘也是一样的,但附件装饰更多。这看起来比水星汽车好得多,但是你根本买不起。你此时心想:“都是一样的汽车,只因为车窗是电动的,座位有个毛绒垫子,就要多付那么多钱,那真是冤大头呀!我还是买个福特车吧,那就挺好的。”像这样的决策过程,你就不能采用条件logit模型。换一种方式来讲,你可能不喜欢理性选择理论,但是如果某件事情能让欣赏理性选择的人很开心,那么把条件logit模

①做出选择的人所面临的选择集并不一定相同,有一些非常有趣的办法来处理这一事实(Swait,2000)。但是,如我们在第9章中将会讲到的,这些潜类模型在纸面上看起来很好,但实际应用到数据分析中时则不然。当你已经有一些实质信息时,或者可以进行实验设置时,这些方法很好,但是,它们不能解决实践中遇到的难题。

型应用到这件事情上就会比较保险。

风险与机会

这种思维方式的好处在于，我们不是对某一个风险集做出某些假定，而是把一个复杂的过程分解为不同的阶段。我在《领悟方法》中把这称之为“缘起”(dependent arising)现象。[①]然后，我们就可以分别关注这个链条中的不同环节，这往往又会用到不同的子样本。想清楚这些内容，可以避免好多差错。人们往往有一种倾向，把别人“**实际**做了什么”看成是他们“**想要**做什么”的证据。在社会学研究中，我们也往往用有关**结果**的资料来说明人们的**偏好**。但普遍而言，我们必须承认：

结果=偏好×机会

就拿婚姻来说，它是双方的事情；因此，每一对婚姻的成就都在某种意义上减少了其他人的机会。如果我们想要研究不同群体之间的“吸引力程度”，就不能用彼此之间的通婚数量来说明他们的偏好。有可能很多白人都想与印第安人通婚，但是印第安人的人口比例相对很低，因此机会受到了限制。

在这个例子中，我们还可以看出一点：给予某一行动者(白人女性)的机会，会影响到另一行动者(印第安男性)的选择，而且另一行动者未必是我们抽样的焦点所在。举一个真实的例子来说，有许多研究使用美国南方地区白人用私刑处死黑人的汇总数据，来讨论不同地区白人民众的动机。但是，黑根等人(Hagen,

①参见《领悟方法》中译本第303页。——译者注。

Makovi and Bearman, 2013)指出,在暴民聚集与施加私刑之间有一个中间阶段,就是法律。在暴民聚集起来之后,如果有法律官员成功地介入,从而阻止了私刑,那私刑就不可能得逞。因此,各地在私刑上的差异,反映的未必是白人民众在意愿上的差异,而是法律干预程度的差异。

在努力澄清缘起链条的每个环节时,我们很可能会想出一些可检验的推论来。还是以仇恨犯罪数据为例,我们已经意识到,很难确定哪些人才是实施仇恨犯罪的可能人群。但我们可以沿着不同的可能性去琢磨,我们可能就会想到要去看一下犯罪是否主要发生在周末的深夜(这意味着很可能是醉酒的寻衅者与受害人意外相遇而发生的无预谋犯罪),还是发生在青少年上学或放学的时候(这意味着很可能是有预谋的、专门针对儿童来具体地恐吓某些黑人居民的犯罪)。涂尔干在《自杀论》里极其纯熟地使用了这一策略。

关系与风险暴露

在讨论如何对不同区域的仇恨犯罪发生数量进行标准化时,我们已经意识到答案并不是显而易见的,因为这种事情涉及双方(白人攻击者与黑人受害者)的互动关系。对于社会学家来说,如何确定这种互动关系的"风险暴露"是很棘手的问题。他们考虑的关系也可能是善意的,但问题仍然存在。如果有10万件跨种族婚姻,这是多还是少?如果总共有100万黑人和1000万白人,那么这些婚姻在白人中只占很小一部分,但在黑人中却占了很大一部分。如果人口变得越来越同质化,黑人比例越小,跨种族婚姻发生的可能性就越小,原因只是因为没有那么多黑人。反过来,黑人比例越高,跨种族婚姻发生的可能性就越高,原因只是因为黑人数量更多了。

研究者提出了各种解决办法(参见Qian,1998;Huckfeldt,1986;Skvoretz,2013)。最常见的办法是根据黑人与白人可能形成的异性关系对的数量(即黑人男性数量乘以白人女性数量,再加上白人男性数量乘以黑人女性数量)来进行标准化。这个想法有其合理之处。我们可以假设,每一对关系都有一个转换为婚姻的概率。我们想要得到的是平均概率。但是如果我们这样来考虑问题,就会意识到黑人与白人居住在完全不同的区域,我们构建的这种"关系对"很可能没有任何现实的对应物,因此完全没有转换为婚姻的可能。此时,我们应该怎么办?

一种办法是增加协变量,希望它们能够消除残余的异质性。但是如前面指出的,如果我们稍有差池,就会因为除以错误的"风险集"基数而引发变量间的虚假相关;此外,这个除数往往与我们关心的系数也是相关的,这在处理诸如"白人比例"这类构成变量时极其常见。另一种办法是使用"缘起"的概念,把现象分解为几个单独的部分。这有助于我们理解在模型中应该如何把这一类暴露考虑起来。

我们来细致地琢磨一下这种组间关系对(intergroup dyads)的经典问题。网络研究者为"联结"(ties)建立模型,模型左边是

$\Pr\left[x_{ij}=1\right]$,即在i和j之间形成联结的概率。人口学家为“事件数”(counts)建立模型,模型左边是f_{gh},即在群体g和h之间的关系对数量。库利等人(Koehly, Goodreau and Morris:2004)指出,这些模型是彼此关联的,就像条件模型与非条件模型之间彼此关联一样。网络研究者的模型其实是$\Pr\left[x_{ij}=1|i\in g,j\in h\right]$,而人口学家的模型其实是$\Pr\left[i\in g,j\in h|x_{ij}=1\right]$。[①]在明白这一点之后,我们就很难理解社会学家经常会主张用**相同的右边项**来处理这两种表达式!而且,我们最常见的处理方法对这两者**都不**合适。

下面我们以斯卓利(Strully,2014)处理种族关系的模型为例来讨论。我并不断言她的做法就是错的,因为我甚至尚未确定**有没有**正确的方式。这里的麻烦是,我们有两种同样有说服力、同样有效的方式来对这一过程建模。第一种方式是:

A. 行动者随机遇到其他人;

B. 他向其他人发出邀约;

C. 其他人接受;

D. 关系持续,直到一方中断这一关系;其他人可以向已经配对的行动者发出邀约(这可以使数学运算更为简化)。

在这种方式中,在阶段A中我们考虑的是机会,在阶段B和阶段C中我们考虑的是偏好。因此,我们可以有如下式子:

$$\Pr[D]=\Pr[D-B|A]\times\Pr[A] \tag{6.2}$$

写成上式这个样子的原因在于,我们不能把阶段B和阶段C分开来。我们只知道如果关系建立不起来,那一定是**有一方**不愿

①他们建议用更一般性的非条件模型把上述模型嵌套起来。

意。但是,我们不知道究竟是哪一方。

我们来看一下跨种族婚姻的情况。为了简明起见,我们只考虑白人与黑人之间的异性关系。假定每个群体中的两性人数分别为w_m,w_f,b_m,b_f。我们用D_{gh}表示种族h(h可以是白人也可以是黑人)的小伙子与种族g(同样可以是白人或黑人)的姑娘谈恋爱。我们可以有:

$$\begin{aligned}\Pr\left[D_{gh}\right] &= \Pr\left[D_{gh} - B_{gh} | A_{gh}\right] \times \Pr\left[A_{gh}\right] \\ &= \Pr\left[D^{*}_{gh} | A_{gh}\right] \times \Pr\left[A_{gh}\right]\end{aligned} \tag{6.3}$$

其中D^*指的是"他们在约会",是把阶段B、阶段C、阶段D合并了起来。此外,我们通常有如下(有潜在问题的)假定:

$$\Pr\left[A_{gh}\right] = \Pr\left[A_{gh} | M\right] \times \Pr\left[M\right] \tag{6.4}$$

上式表示,h种族的小伙子与g种族的姑娘相遇的概率,等于发生偶遇的概率乘以(在给定相遇的条件下)双方正好是h种族的小伙子与g种族的姑娘的概率。我们从来没有明确地阐明这一点,因为它看似显而易见。但这一点其实很重要,因为我们其实无从把握$\Pr[M]$,因此隐含地假定所有行动者与他人偶遇的概率都是相同的。如果这一假定并不成立,即人们与他人偶遇的概率因人而异,而且这种差异性与模型中的其他部分相关,那我们就有麻烦了。如果这一假定成立(人们相遇确实是随机的),那我们就可以简便地比较h种族的小伙子与g种族的姑娘相遇的概率与h'种族的小伙子与g'种族的姑娘相遇的概率。

如附录6-B所示,在这一假定下,我们在logistic回归中通过加入每个群体的人数n,就能够估计两对群体之间的吸引力。这也说明，对(g,h)配对和(g',h')配对的**观察事件数**进行logistic回归时纳入每个群体的人数作为自变量的想法是大致成立的。（当然，在这种做法中每个群体规模的系数不会再是1，这意味着“群体人数会影响吸引力”——这一点是否合理则是可以讨论的。）

现在我们来转而考虑另一种思路①。事情的发展阶段如下：

A. 行动者对其他群体形成偏好结构；

B. 行动者找到排名最高群体中的异性成员；

C. 行动者发生邀约；

D. 其他行动者接受。

对此写出简约模型是非常困难的（[Huckfeldt，1986]提出过一个重要的方式；Skvoretz, 2003最近在此基础上又有所发展）。由此产生了三项挑战：

1) 极有可能，这两个模型都做不到对所有人都成立。

2) 对两个模型各自的假定，我们很难有合理的检验办法。

3) 我们常常**用第一个模型来探索第二个模型**。

这是什么意思呢？这里的意思是，我们在第一个模型中把“**非指向性**搜寻”作为零模型，然后用各种办法来调整人口构成，目标是要估计“同质配对”（homogamy）（或偏好）的参数——然而如果那种偏好切实存在，那么**第二个**模型看起来就更靠谱。第一个模型中对零模型的偏离程度之所以能够用来测量吸引力（而不仅仅是拒斥零模型），又是因为我们有一项可能成立但未必一定成立的假定。你可以用“我们没有更好的办法”来为此辩护，但这不是真的。对**错误**模型的偏离，并不能自动地测量出与**正确**模型

①注意，在这种思路当中，机会与偏好不再是独立的。——译者注

中某一个数值相对应的东西来。

此外，我们在使用对随机匹配零模型的偏离这种分析策略时，往往不顾及单元的尺度(scale)。我们想要调查儿童是否有与自己相同族裔的孩子交朋友的倾向。如果手头的数据正好是从班级得来，我们就加入“班级中同一族裔的比例”作为控制变量。如果手头的数据正好是从学校得来，我们就加入“学校中同一族裔的比例”作为控制变量。如果手头的数据正好是从邻里社区得来，我们就加入“邻里社区中同一族裔的比例”作为控制变量。如果手头的数据正好是从城市得来，我们就加入“城市中同一族裔的比例”作为控制变量。如果手头的数据正好是从国家得来，就加入“国家中同一族裔的比例”作为控制变量。

你可以看到，这种想法正在变得越来越不靠谱——好像你能够和全世界人民都成为好朋友一样。这种想法确实不靠谱，而且它在班级层面也未必完全靠谱。我不了解别人，但我本人并不是拿着一个空白名单来到新班级里，然后从新班级里一一添加的。我上四年级时的朋友，基本上就是我三年级的那些朋友；我上三年级时的朋友，多数是以前就和我住在同一个街区或附近的那些小孩。如果同一族裔成为我朋友的比率(odds)变动了，那基本上是因为班里那些不是我朋友的人的种族结构在变动。(这又是一个分母中“不起眼”的部分发生变动，最终引发比值波动的好例子。)

明白了这些之后，我们再来看斯卓利那一项有趣且极具雄心的研究(Strully，2014)。她想确定，在一所学校中种族多样性是否会导致跨种族的恋爱关系。麻烦在于，考察这一问题的方式不止一种，而且此视角下的发现在彼视角下就不算是发现——没有人会怀疑，种族多样性高的学校会仅仅因为**机会**多导致更多的跨种族恋爱关系发生。然而，斯卓利想要考察的是这对人们的**偏好**有没有影响，这就需要建立一个正确的随机选择零模型。

先来看第一种办法。让我们来考虑一个“关系对”变成浪漫关系的概率，以及跨种族的“关系对”是否更容易变成浪漫关系。在这种情况下，如果跨种族浪漫关系的总数(r_b)与跨种族关系对的总数($d_b = w_m b_f + w_f b_m$)有线性增长关系，我们会觉得理所当然，而不会认为存在某种“学校气氛”效应(school climate effect)。我们可以比较比值r_b/d_b和r_w/d_w(同一种族浪漫关系的总数与同一种族关系对的比值)。在此基础上，我们会有如下扩展：

$$r_b = \left(\frac{r_b}{d_b}\right) \times d_b \tag{6.5}$$

也就是说，我们把跨种族浪漫关系的总数分解成了两个部分：总的机会，以及机会给定下的偏好。我们还可以把这个变成概率的形式，只要从汇总数据的层面变到关系对的层面。①

再来看更简单的一种办法。我们有一些学生种族分布各不相同的学校，我们也知道这些学校中所有的恋爱关系。我们对处于恋爱关系中的男孩种族和女孩种族进行交叉分类，得到了一个2×2表，女孩的种族是行，男孩的种族是列。学校中同质配对的倾向就可以用这个表的比率比(odds ratio)来表示。比率比的一

①斯卓利的数据比这更复杂，因为其中的关系既涉及校内的关系，还涉及校外的关系。认为学校的种族构成就是约会者在其中“抽取”约会对象的“口袋”，这比较合乎情理。但认为社区的整体种族构成与约会者的选择过程有同样的关系，这就有些不合乎情理了。不过，我们也别无选择。

个好处是，它已经排除了边缘分布的影响。也就是说，如果你相信相遇的可能性与可能关系对的数量成比例这一假定，在此就不必考虑女孩的种族分布和男孩的种族分布了。这就是logistic回归的优美之处，它的基础就是比率比。

我们再来看斯卓利的办法。她在模型中加入了“与自己不同种族的学生比例”作为控制变量，以此控制学校的不同种族构成。她认为，如果在纳入了这一因素之后其他预测变量仍然显著，我们就可以断定选择是非随机的。

遗憾的是，事实并非如此。斯卓利的问题在于，她真正思考的是**选择**(making a choice)的逻辑，但分析的却是**已被选定**(made choices)的逻辑。这并不是一回事。能够让你正确预测一个有对象的姑娘的男朋友是黑人还是白人的东西，可能并不能影响她是否会选择与黑人小伙子约会！这是一个非常困难的问题，让我们把它简化一下，来看如下的模拟数据(R6.7)。假定学校中只有两个种族，每个姑娘和每个小伙都有恋爱对象；他们之间的配对是随机的，根本不会考虑什么种族。这里我们只考虑姑娘的选择。模拟数据中有50个学校，每个学校中有400位小伙和400位姑娘，他们都有对象。在每所学校当中，黑人小伙的比例与黑人姑娘的比例大致相当，都是基于同一学校层面的参数随机抽取得来，但这一参数在不同学校间是有差异的。

我们用logistic回归来考察一下种族对于吸引力的影响。这有两种方式：第一种是和斯卓利一样，去考察跨种族恋爱关系的比率；第二种是去考察女孩有一个黑人男朋友而不是白人男朋友的比率。如果我们采取斯卓利的方法，因变量就是“跨种族关系”,此外我们加入“其他种族男孩的比例”作为控制变量(结果如表6.4模型1所示)。我们发现,拟合结果中“其他种族男孩的比例”是高度显著的,这是合理的:“其他种族”的人数越多,越可能建立跨种族关系。但是,我们来看一下常数项。如果想要对不同州的学校进行比较,来确定哪个州的学校对跨种族关系更为开放,我们就应该比较它们的常数项。它是负的且非常显著,这似乎表明女孩有很强的不选择其他种族的倾向。但是建构这个模拟数据时,配对并没有考虑种族!如果这种控制策略有效,加入“其他种族男孩的比例”能够使得不同构成的学校成为可比的,常数项就应该是接受零才对[①]。有些东西我们似乎没有考虑到。

表6.4 对模拟数据进行跨种族关系的分析

	模型1	模型2	模型3
因变量	跨种族关系	黑人男朋友	黑人男朋友
系数			
女孩的种族	0.032	−0.008	−0.012
其他种族男孩的比例	4.760***		
黑人男孩的比例		4.760***	
黑人男孩与白人男孩的对数比率			1.002***
常数项	−2.392***	−2.392***	0.006

①这里作者对于常数项进行了一种非常规的解读。但另一种解读方式同样存在:注意这里的常数项非常接近于“其他种族男孩比例”的系数的一半,这意味着当其他种族男孩比例为50%时,两项正好抵消,女孩与相同种族/不同种族产生恋爱关系的对数比率为0(即比率为1),因此她对种族并没有明确偏好。后一种解读似乎更为合理。有必要强调一下,关系对的正确处理方式非常棘手(比如它在传统的模型设定中似乎对误差更为敏感),这到目前为止仍是一个尚未完全解决的问题。——译者注

出现这种困惑,原因也许是因为我们把两种不同类型的关系混杂成为所谓的“跨种族关系”。让我们看看如果用第二种方式来提出问题,会发生什么。因变量现在换为“男朋友是否为黑人”。因此控制变量也换为“学校中黑人男孩的比例”(模型2)。结果显示,系数估计和上一个模型竟然完全相同!我们问了两个看似非常不同的问题,但得到的回答完全相同,这非常值得回味一番。①截距项的数值与上一个模型也完全相同,尽管它现在有着完全不同的意义。我们现在似乎发现所有的女孩都有更偏好白人男孩的倾向。但是,我们知道并非如此。这究竟是怎么回事呢?

错误在于,种族构成并不是通过黑人男孩的**比例**影响姑娘的选择的,而是通过黑人男孩的**对数比率**(log-odds)发挥影响的。模型3引入了这一变量作为控制变量,结果中有两点值得注意。首先,它的系数非常接近于1。这意味着它很好地发挥了“抵消”(offset)的作用:把它引入预测变量且把系数固定为1之后,暴露得到了考虑。如果这一系数与1有差异,这可能表明了一些非随机性存在。其次,截距项现在接近为零。没有证据表明有任何普遍的偏好存在。

---

①这是怎么发生的呢?对女孩的种族和男孩的种族进行交叉分类,就可以得到四种类别。每一类别都用两个数字就可以代表,前一个数字代表女孩的种族,后一个数字代表男孩的种族。例如[0,1]就表明女孩是白人,男孩是黑人。我们可以有两种方式来构建因变量,第一种是“男孩的种族是否是黑人”,第二种“是否是其他种族的男孩”。注意,对于[0,0]和[0,1]来说,两种方式的结果是一样的;对于其他类别来说,两种方式的结果是不同的。我们也有两种方式来构建背景变量(contextual variables),第一种是“黑人的比例”,另一种是“其他种族的比例”。注意,对于[0,0]和[0,1]来说,两种方式的结果是一样的;对于其他类别来说,后一种方式的结果正好是1减去前一种方式的结果。现在,你应该明白原因了。

当然，无论是哪个模型，由于随机因素的存在，我们可能得到女孩种族的系数显著的结果，甚至截距项显著的结果。但是关键在于，模型3正确地告诉我们，女孩们对于男朋友的种族没有普遍的偏好。图6.13左边显示了500次模拟中模型2的截距估计分布，右边显示了模型3的截距估计分布。

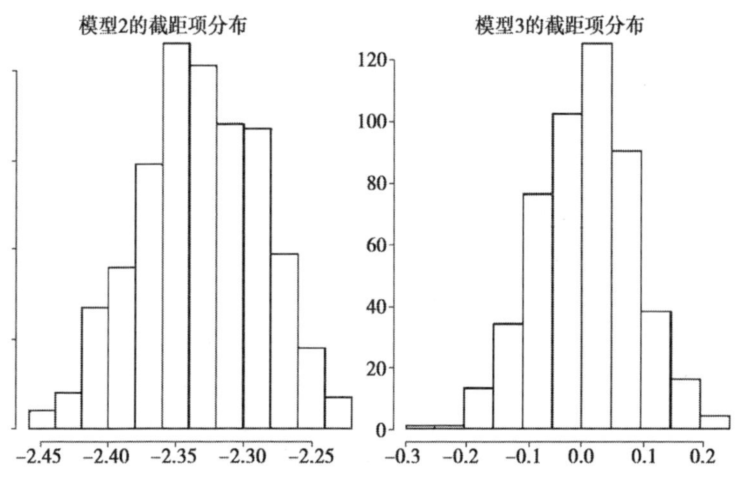

图6.13　模型2和模型3中截距项的分布(500次模拟)

这里蕴含的意思是，如果你想了解某些背景因素如何影响如“跨群体朋友关系”这样的东西，并且你尚未了解朋友关系建立的过程，那么单靠引入某个类别的比例并不能达到“控制”比例成分的目标。这意味着，你也不能依据这些结果来判断人们的心态(如人们在不同情境下会更喜欢或更不喜欢发展跨群体的朋友关系)。如果有几个变量都与规模密切相关，那么你通过线性式的控制变量(linear controls)达到拆解其效应的可能性几乎为零。

你应该怎么办呢？首先，进行数据可视化，来看那些数值是如何随着规模和成分而变化的。其次，模拟某一种测度在你的线性模型条件下会如何随着规模而变化。最后，你甚至可能想转而采用以模拟为基础的方法。但是你的模型必须要涵盖对基本过程的各种**不同**模型。你还得准备好得不出任何结论，因为你可能发现自己的最终结论是这样的："如果构建友情的过程是第一种模型说的那样，那么两个群体间有很大的吸引力；如果构建友情的过程是第二种模型说的那样，那么两个群体间有很大的排斥力。"我们将在第9章中看到，模拟方法比其他方法更不稳健，它更依赖于我们对世界的假定。

结　论

我们从一个看似非常简单的议题（如何处理比值变量）入手，最终落脚于有助于思考某些统计学问题的核心原则（"相续性条件"的理念）。只要可能，我们就应该用条件概率法则来厘清一个过程的不同方面，尤其是要厘清机会与偏好（或条件与选择）。

这种思考让我们回到了第3章中讲过的一个关键点：我们可以进行分解，而不只是通过统计调整来控制。如果我们找到一些汇总数据，想了解人们是否在变得越来越保守。但是，我们会想到，人们年纪越大就会越保守。那么如何对年龄结构不同的时代进行合理的比较？有三种办法：一种很**糟糕**，一种**比较好**，一种**最好**。最糟糕的是合成一种比值：比如说用每个时代的保守程度均值除以每个时代的年龄均值,或者用每个人的保守程度得分除以他的年龄。较好的办法是,试图在剔除年龄因素之后再考察剩余的保守程度。我们会计算用年龄来解释保守程度之后剩余的残差(方程中除了年龄项之外,还要加入年龄的平方项,这是处理年龄的通行方式)。这至少作为一种探索工具是可行的。最好的方式是,进行完全的统计分解(参看第3章)。

我们使用这样一种条件概率的思维方式,来估计一系列的参数:年龄在30到39岁时一个人持有保守态度的概率有多大?年龄在40到49岁时这一概率又有多大?等等。这与我们试图分离条件与偏好时所用的办法基本相同。也许,我们应该尽可能避免进行这种分离。但最糟糕的是,你想要讨论选择问题,但数据却是关于约束的。

由此还牵引出另一个更为技术化的议题。有时候,我们有一些关于人们职业生涯的数据,我们希望由此预测谁能够晋升到某一岗位上来。有时候,在岗位数量有限的情况下,只有出现岗位空缺的情况才会有人被晋升。这一点对结果会有很大影响。如果数据中存在时序结构,我们就可能会得出虚假的结论来。这个问题涉及一些技术细节,我把相关讨论放在了附录6-C中了。

当数据都是直接的(测量或事件数)时,社会学分析已经很难了。而当我们要考虑结果与风险集的差异(或者结果与机会的差异)时,事情就更难了。比值看似是一种直截了当的解决方案,但我们已经看到实则不然。此时,我们就得谨慎些,花一些时间去寻找正确的做事方法。我们要比较那些在时空中不断穿梭的单元时,也必须更为谨慎。这种情况给我们提供了机会来变换问题

(但你得考虑这是否合理),然后只进行案例内比较。这就是我们要在下一章中讨论的议题了。

附录6-A

格林等人主张,白人比例($p_{white80}$)和黑人比例的变化(Δ_{black})的交互作用促成了仇恨犯罪。因此他们的关键模型(模型1、6、8)可以表达如下:

$$\hat{y} = b_1 p_{white80} + b_2 \Delta_{black} + b_3 p_{white80} \Delta_{black} + c \tag{6.6}$$

他们的关键主张是 $b_3 > 0$。[①]但是其中的 Δ_{black} 可以写成 $p_{black90} - p_{black80}$,因此式6.6可以写成:

$$\hat{y} = b_1 p_{white80} + b_2 (p_{black90} - p_{black80}) + b_3 p_{white80} (p_{black90} - p_{black80}) + c \tag{6.7}$$

如果人口中不是黑人就是白人,那么1980年时的白人比例与1980年的黑人比例是有线性关联的,即 $p_{white90} = 1 - p_{black80}$。这个假定是可以接受的:虽然样本中有1/4是亚裔或西班牙裔的,但 $p_{white90}$ 和 $1 - p_{black80}$ 之间的相关系数在样本不加权时为0.85,在样本加权时为0.81。这个假定对于格林等人的研究来说更是没有太大问题,因为他们合并了白人犯罪者和种族未知的犯罪者,以此来增大样本量。模型因此变成如下形式:

①他们进行的是负二项回归,但是我在这里暂且不考虑函数形式,以便凸显主要逻辑。如果你想,完全可以把它转换为非线性模型。

$$\hat{y} = b_1\left(1 - p_{\text{black80}}\right) + b_2\left(p_{\text{black90}} - p_{\text{black80}}\right) + b_3\left(1 - p_{\text{black80}}\right)\left(p_{\text{black90}} - p_{\text{black80}}\right) + c$$
$$= \left(c + b_1\right) - \left(b_1 + b_2 + b_3\right)p_{\text{black80}} + \left(b_2 + b_3\right)p_{\text{black90}} - b_3 p_{\text{black80}} p_{\text{black90}} + b_3 p_{\text{black80}}^2 \tag{6.8}$$

我们如果要使用这些自变量来得到一个非约束模型,那就是如下形式:

$$\hat{y} = \gamma + \delta_1 p_{\text{black80}} + \delta_2 p_{\text{black90}} + \delta_3 p_{\text{black80}} p_{\text{black90}} + \delta_4 p_{\text{black80}}^2 \tag{6.9}$$

其中,$b_1 = -\delta_1 - \delta_2$;$b_3 = -\delta_3 = \delta_4$(此处加入了一个约束条件);$b_2 = \delta_2 + \delta_3$;$c = \gamma - b_1$。事实上,对数据拟合这个模型就会发现$-\delta_3 \approx \delta_4$,因此这一模型表达式中加入的约束条件其实并不会导致拟合度的损失。

附录6-B

假定相遇是随机的,且相遇概率对所有人都相同,则有:

$$\frac{\Pr\left[A_{gh}\right]}{\Pr\left[A_{g'h'}\right]} = \frac{\Pr\left[A_{gh} | M\right]}{\Pr\left[A_{g'h'} | M\right]} = \frac{n_g n_h}{n_{g'} n_{h'}} \tag{6.10}$$

这一表达式就是每个类型中群体间"关系对"(dyads)数量之比。因此有如下结果:

$$\begin{aligned}\frac{\Pr\left[D_{gh}\right]}{\Pr\left[D_{g'h'}\right]}&=\frac{\left\{\Pr\left[D^*_{gh}|A_{gh}\right]\times\Pr\left[A_{gh}\right]\right\}}{\left\{\Pr\left[D^*_{g'h'}|A_{g'h'}\right]\times\Pr\left[A_{g'h'}\right]\right\}}\\&=\left\{\frac{\Pr\left[D^*_{gh}|A_{gh}\right]}{\Pr\left[D^*_{g'h'}|A_{g'h'}\right]}\right\}\times\left\{\frac{\Pr\left[A_{gh}\right]}{\Pr\left[A_{g'h'}\right]}\right\}\\&=\left\{\frac{\Pr\left[D^*_{gh}|A_{gh}\right]}{\Pr\left[D^*_{g'h'}|A_{g'h'}\right]}\right\}\times\frac{n_g n_h}{n_{g'}n_{h'}}\end{aligned}\tag{6.11}$$

所以：

$$\ln\left(\frac{\Pr\left[D_{gh}\right]}{\Pr\left[D_{g'h'}\right]}\right)=\lambda+\ln\left(n_g\right)+\ln\left(n_h\right)-\ln\left(n_{g'}\right)-\ln\left(n_{h'}\right)\tag{6.12}$$

第一项 λ 用来囊括所有群体规模之外的项，它对应于公式(6.11)中括号中的那些内容。纳入群体规模的对数项之后，我们就可以单独析出与群体规模无关的项。

附录6-C

我们经常会有一些关于候选人或工人的数据，然后想用他们的个体特征来理解他们的晋升或者职业获得。如果你能够单凭自己的个体特征**造出**一个工作来，这种做法就很合理。但是事情可能不是这样子的。工作的操控权是在别人手里的，关键在于他们**给不给**你这个工作。

如果候选人数量很多,工作岗位数量也很多,那这一点可以视作无关紧要。我们可能假定失业只是"摩擦性失业",工作岗位永远会有**一些**。但是,如果你想得到的工作是上诉法院或者最高法院的法官,你就必须等到岗位有空缺时才能得到它。如果不同时点的空缺岗位是变动的,如果不同时点候选者的特征也是变动的,那么传统的分析方式就是错误的。

我们可以把问题变换一下,从"个体i会被雇佣吗"变换成为"**给定**有人被雇佣,他会有个体i"吗?这样就从"非条件模型"变换成为"条件模型"。这样在数学上变得更简便,同时模型对实际社会过程的描述也变得更合理。一旦我们从这个角度来思考,就能够对以岗位空缺为前提条件的个体过程进行"反向工程"(reverse-engineer)操作。①

我们在T个时点观察N个人。就像我们在一个组织中会看到的那样,有J种有序列的工作岗位,每个人都拥有其中的一个岗位。(如果只有一种工作岗位,或者只观察一个时点时的情况,情形会更为简单,但逻辑是相同的。)令$y_{it}=j$代表个体i在时点t时所拥有的工作岗位。如果$j=0$,则表示个体i已经脱离了组织。p_{it}代表时点t时晋升到某一特定位置的概率,此时$y_{it}>y_{i(t-1)}$。我们假定人们每次都只晋升一小步而且从不会降级,也就是说对于任意y_{it}来说,都有$y_{it}\leqslant y_{i(t+1)}\leqslant(y_{it}+1)$。

我们要明白,得到晋升的概率并不等于被晋升到某一特定位

①"反向工程"是一个工程学术语,指通过拆解某一现成物体(软件或硬件)的部件,测量其关键维度,来理解其运作机制,再现其设计原理。——译者注

置的概率。如果某人晋升到了某一位置,他们就不能被晋升到其他位置了。我们把个体i在时点t时得到晋升的概率称为P_{it}。它应当等于1减去他得不到任何晋升的概率。设定在时点t,个体i所占据的位置上面有$V_{j(i)t}$个空缺位置(我们简写为V_t),个体i晋升到这些空缺位置的概率都是p_{it}。此时,他得到晋升的概率P_{it}就是他被晋升到第一个空缺岗位的概率p_{it},再加上他没有被晋升到第一个空缺岗位而是被晋升到第二个空缺岗位的概率$(1-p_{it})p_{it}$,再加上他没有被晋升到前两个空缺岗位而是被晋升到第三个空缺岗位的概率$(1-p_{it})(1-p_{it})p_{it}$,以此类推。因此有如下结果:

$$P_{it}=\sum_{v=1}^{V_t}p_{it}\prod_{g=1}^{v-1}(1-p_{it})=\sum_{v=1}^{V_t}p_{it}(1-p_{it})^{v-1}=1-(1-p_{it})^{V_t} \tag{6.13}$$

这很接近于研究内部劳动力市场晋升时的风险模型(DiPrete and Soule,1986;Allison,1982)。但是这里的多重暴露指涉的是多个空缺岗位,而不是多个时点。

让我们假定p_{it}是K个协变量的函数:

$$p_{it}=f(\mathbf{X\beta})=f\left(\sum_{k=1}^{K}\beta_{ik}x_{ik}\right) \tag{6.14}$$

如果我们把函数f设定成常见的那些logistic或probit函数,下一步处理起来就比较麻烦。因此,我们把函数f设定成"互补双对数函数"(complementary log-log function)的反函数,即:

$$f(\mathbf{X\beta})=1-\exp[-\exp(\mathbf{X\beta})] \tag{6.15}$$

这样就有:

$$\begin{aligned} P_{it} &= \sum_{v=1}^{V_t} p_{it} \prod_{g=1}^{v-1} \left(1 - p_{it}\right) = 1 - \left(1 - p_{it}\right)^{V_t} \\ &= 1 - \left(1 - \left\{1 - \exp\left[-\exp\left(\mathbf{X\beta}\right)\right]\right\}\right)^{V_t} \\ &= 1 - \left(-\exp\left[-\exp\left(\mathbf{X\beta}\right)\right]\right)^{V_t} \\ &= 1 - \left(-\exp\left[-V_t \exp\left(\mathbf{X\beta}\right)\right]\right) \end{aligned} \tag{6.16}$$

这意味着：

$$1 - P_{it} = -\exp\left[- V_t \exp\left(\mathbf{X\beta}\right)\right] \tag{6.17}$$

经过一些小的变换，就可以得到：

$$-\ln\left[- \ln\left(1 - P_{it}\right)\right] = \ln\left(V_t\right) + \mathbf{X\beta} \tag{6.18}$$

这表明，我们只要在方程中加入空缺岗位数目的对数，就可以采用互补双对数模型来估计出协变量的效应。

第7章

时间与空间

导　言

在前面两章中,我们讨论了当数据以汇总的方式嵌入于结构时,应当如何对通常的控制策略进行调整。在接下来的两章中,我们会讨论这些嵌入性背景因素(embeddings)本身也具有结构性安排的情况。在本章中,我们要考虑的嵌入性背景因素是**时间**和**空间**。我们关心的核心问题,并不是统计互依(interdependent)和标准误修正这些事。我们关心的东西更为宽广:有一些关于案例相似性的信息,我们在数据中没有收集到,但现实世界中它们在起作用。**时点**可能隐含了关于案例的很多信息,但是我们未必能够知道那是**什么**。**地点**也是同样的道理。

我们的多数难题其实都源于如下事实:我们不知道正确的模型。“你知道一定有事情在发生,可你不知道是什么事情。”[①]遗漏

①这是鲍勃·迪伦在《瘦子歌谣》(*Ballad Of A Thin Man*)里的歌词:“事情在发生,可你不知道,是不是呀,琼斯?”

的那些预测变量,(与我们乐观的假定相反)往往与已经包括的预测变量相关。在时间相近或空间相邻的案例中,那些遗漏的预测变量的取值可能会更相似,这一事实会引发统计难题。但是,它同时也给我们提供了发现(与解决)某些问题的机会:如果不是这样,我们甚至不会意识到有这些问题!如果事情在时空上越接近,它们在未测量的预测变量上的取值就越相近,那么我们就有办法让自己的分析变得更为稳健。

对于时间和空间,我们往往有非常不一样的感受。很大程度上,这是因为我们认定时间和空间有本质区别。时间是顽固刻板的,有它自己的原则,以此强加在我们的体验上。柏格森(Bergson)就把时间比喻成“专制君王”。一旦成为过往,你就永远不可以再触及。空间与此相反,它更像是“民主制”。时间顽固刻板,空间宽容大度。如何在空间中穿梭往来、体验万物,那是我们自主**选择**的事情。结果,我们会以为时间有能力做很多事情,但其实它未必能做到。因此与其他分析方法相比,基于时间的分析往往更不扎实、更不牢靠,基于空间的分析则要相对扎实很多。

对于多数分析目标来说,时间影响和空间影响的共通之处多于相异之处。时间的**方向性**(directionality)让很多社会学家迷信它能够解决遗漏变量的难题,其实不然。比如说,你得到了瑞典从1900年到2000年出生的所有婴儿的数据,然后通过比较同一家庭内部的兄弟和不同家庭之间的人,来估计“家庭”(姑且不论这是生理遗传或社会传承)对某种行为的影响有多大。

但是,在给定的时间段中,与不是兄弟的人相比,兄弟们的出生时间往往更接近,经历的社会条件就更相似。这会使得变异看似是发生在**家庭**内部,其实是发生在**时间**内部。在这里,时间的流动方向并不重要,具体的混淆变量(confounder)是什么也并不明确。这只是单纯的时间上**相近**(closeness),和空间上的相邻是一样的。我们会反复遇到这类问题。

导览:我们先讲时间,然后讲空间。首先,我们说明为什么一些技术在被当成一种"走过场"来使用时,并不能真实解决问题。然后,我们讨论如何使用这类技术来更深入地了解数据,然后会看到有一些麻烦其实是我们在试图简化数据的过程中自己**创生**的。具体来说,平滑技术(smoothing)有时候是有用的,但有些时候是误导性的。在更具体的方面,我们会先回顾纵贯分析的通常形式:"一阶差分"(first difference)和"固定效应"(fixed effects)模型。然后我们会讨论前述方法难以处理的数据的周期性(periodicity)问题。然后我们来看空间,重点关注为什么案例会比我们的预测变量所预期的还要更为相似。我们会讨论看待空间的各种不同方式,然后考察对空间数据进行平滑的逻辑。

纵贯分析

时间的难题

时间数据的基本难题就在于,好多事情往往是一起上下波动的。许多统计教材上都有显示某些城市中烟囱数量和婴儿数量的一张表格:烟囱越多,婴儿越多。这**符合**如下假设:婴儿是由鹳带来的;只要遇到烟囱,鹳就会给你留下一个婴儿[①]。但是,这也符合另一个假设:人口越多,房子数量也越多。正如在儿童电视片《罗杰斯先生的邻居》(*Mister Rogers' Neighborhood*)里罗杰斯先生所唱的:"鼻子在长,耳朵也在长,所有东西一起长。"[②]

你可能想,只要在模型中加入"时间"变量来控制它就好了。这种对时间的看法是很荒唐的。时间永远向前流逝,因此我们就理所当然地认为它具有线性效应。但是,你几乎肯定不会把空间效应等同于"经度"变量与"纬度"变量的线性效应!此外,控制"时间"变量还会引发我们在上一章中试图控制"规模"时遇到的同样麻烦。在很多情况下,控制"规模"不仅没有解决麻烦,而且还可能引入新的麻烦。因为一旦变量确实随着规模而缩放,但缩放的方式不同,那么把规模当作线性控制变量加入模型就会**增加**你把虚假相关当成真实关系的可能性。对于时间来说同样如此。(为了避免重复,我不再进行论证了。)

所有东西都一起生长,但它们的生长速度可是大不一样,这一事实才是真正令人头痛的地方。如果因变量的变异**范围**很大,这就更麻烦。要是自变量的变异范围也很大,麻烦加倍。因为从这种数据结构中,我们会得出在第6章的log-log图中见过的那种高度相关。对于这类分析来说,R^2高达0.97也毫不稀奇(如Massey, Durand and Pren, 2016:1569)。模型的R^2很高当然是好事,但是你要确保在对变异范围调整之后余下的变异仍然是有意

①在许多西方国家中,都有"婴儿是由鹳带来的"的民间传说。——译者注

②事实上,统计学原来就起源于此:测量你的手是如何伴随着胳膊及其他部分的长大而长大的,因为你原本是一个整体。

义的。但是，如你在上一章的结果中已经看到的，在关系极强的情况下，微小的错误设置也会引发大麻烦。

时间与信任

我已经讲过，时间分析中的许多错误是源于我们认定时间并不会制造麻烦，相反，它会帮助我们**解决**麻烦：至少我们可以通过时间顺序来判断因果方向。比如说，x与y存在稳健的相关关系。但是，有可能是x引发y，也可能是y引发x。如果我们发现x是在y之前发生，就能够证明是x引发了y。

即便在任何情况下都是原因在先、结果在后，上述推理也是相当草率的。为什么呢？因为真实世界中的时间顺序和资料中呈现出的时间顺序并不一致。如果原因与结果之间的时间间隔极短或极长，我们都不能观察到。只有那些与社会研究的节律恰好一致的事情，用时间顺序来判断才管用。此外，我们在第3章已经讲过，有时候原因在资料中“出现”的时点要比它在真实世界中出现的时点迟得多。一个人在18岁时辍学，在22岁时患精神分裂症，但是他可能在16岁时就有精神问题，只是当时没有留下任何记录。

因此，你不要以为，通过观察时间顺序就能够解决因果识别难题。研究者很容易犯一个明显的错误，以为通过比较变量x的滞后值（lagged value）和变量y的当期值，就能够确定x对y的因果效应。有些人其实**只有一个数据点**，但他凭借对此**进行50次观察**得到的时间序列数据赢得了学术名望。比如说，凭借对美国的年度数据的分析，他表明了x的变化先于y的变化，由此证明x就是y的原因。这样的文章如今在《美国社会学评论》上也经常可以见到。

让我们看一下对一个数据点进行100次观察的模拟数据（R7.1）。我们想用政治自由度（x）来预测经济增长（y）。假设是：政治自由度对经济增长有**好处**。我们刚开始使用的是基本的回归式$y = bx + c$，假定x是y的原因（表7.1中的模型1）。但是，有人说有可能y才是x的原因：自由是一种奢侈品，只有当人们的基本需求得到满足后才会追求自由。我们想到y不可能引发一个过去的x，因此我们可以用x的前一期观察值为自变量来进行回归（模型2），拟合回归方程$y_t = b'x_{t-1} + c'$。模型2的系数估计与模型1基本相同，因此我们看似已经证明了x就是y的原因。

表7.1　对一个数据点进行多次观察

	模型1	模型2	模型3
因变量（经济增长）	y的当期值	y的当期值	y的一期滞后值
自变量（自由度）	x的当期值	x的一期滞后值	x的当期值
系数	0.679***	0.631***	0.664***
截距	0.120	0.147	0.128
R^2	0.358	0.314	0.341

可是，如果上述逻辑成立，当我们**把时间顺序颠倒过来**时，政治自由度就**不应该**再表现得像是经济增长的原因了。①（我们可

①Ken Frank和Tom Dietz告诉我说，在政策领域已经采用了这种做法。我们早就应该这样做了。

以称这种技术为“时间倒流测试法”。)在这个例子中,我们使用y的前一期观察值为因变量来进行回归(模型3),拟合回归方程$y_{t-1} = bx_t + c$。结果和模型2几乎完全相同!在这个模拟数据中,x和y的关系是虚假相关,它们都是时间的函数。

从上述例子中,我们得到的教训是:时间**相近**比时间**顺序**更重要。图7.1(程序R7.2)显示了对同一数据重复运行39次模型2得到的结果,但滞后期分别是-19,-18,…0,…18,19。可以看出,无论方向是正是负,滞后期越长,系数就越小。换而言之,x和y之间有某种共通之处,所以观察时间越接近,观察值也越相似。这种时间特质(temporality)**并不**因为时间永远向前流逝而能够得到修正。它更像是空间排序,相近在这里更为关键。

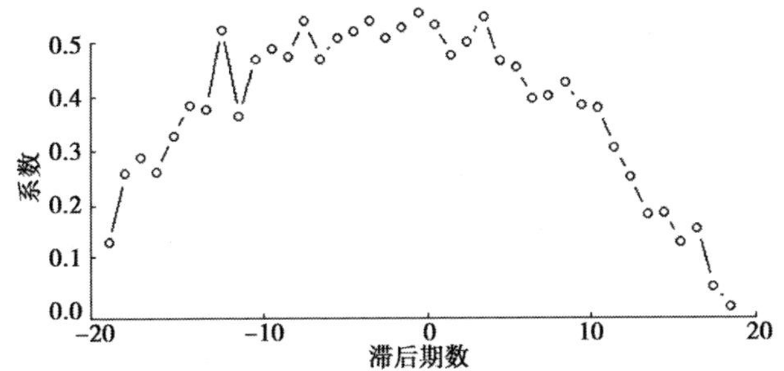

图7.1　无法通过滞后进行因果分析

只有社会过程的发生是“爆发”时,时间顺序才管用;这时你会观察到x首先“爆发”,稍后y就随之“爆发”(如图7.2所示)。(我把这种类型称为“伽马爆发”式的时间数据,因为它让我想起《人猿星球》(*Planet of the apes*)系列电影里“伽马辐射”的数据。不过其对应的技术术语恰恰被称为“平稳性”(stationarity),因为我们看不出均值在朝哪个方向走。)那些往往有消长趋势的(ebb-and-swell)社会过程处理起来会更棘手。遗憾的是,我们遇到的与时间有关的大多数问题都是有如此消长趋势的社会过程。我们应该如何处理这些过程?

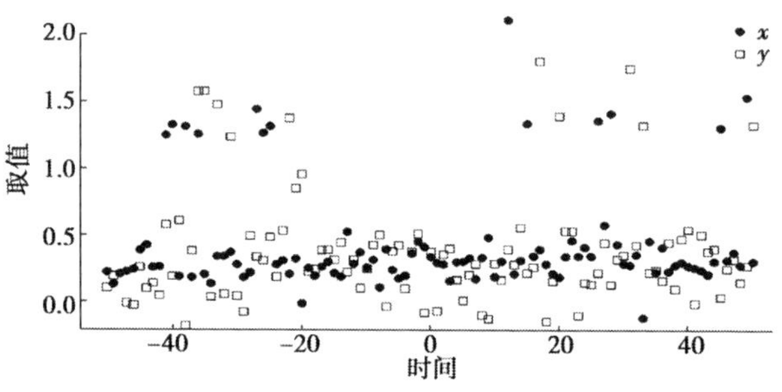

图7.2　伽马爆发

一阶差分

我们已经明白,时间导致的难题并不能通过引入变量的滞后值来解决。但是,有些社会学者会说,我们可以用"一阶差分法"(first differencing)来解决这一难题。设定案例i在时间点t时的因变量$y_{i,t}$是一组时变变量(time variant variable)X_k($k = 1,2,\cdots,K$)和一组时不变变量(time invariant variable)Z_j($j = 1,2,\cdots,J$)的线性函数:

$$y_{i,t} = c + \sum_j b_j^A Z_{j,i} + \sum_k b_k^B X_{k,i,t} + \varepsilon_{i,t} \tag{7.1}$$

我们可以用下一时点$t + 1$时的公式减去时点t时的公式,得到下式:

$$y_{i,t+1} - y_{i,t} = \sum_k b_k^B \left(X_{k,i,t+1} - X_{k,i,t} \right) + (\varepsilon_{i,t+1}^*) \tag{7.2}$$

这样一来,所有的时不变变量都可以被抵消掉(即便它并没有被测量和包括在模型中)。新的误差项可以被认为是满足基本假定的,因此我们就可以通过这样一个"得分变化模型"得到原初的参数估计。雅各布斯和梅耶斯(Jacobs and Myers,2014:758)认为这样一种方法是"谨慎保守的"(conservative),因为"它消除了变量中的共同趋势,从而摈弃了虚假关系"。这意味着,即便我们只有一个案例,但只要对它不间断地观察一段时间,由此得出的结论就是信得过的。表7.2就是从一个模拟数据中得到的结果(R7.3),这个数据是对一个案例的x和y观察50次生成的。

表7.2　一阶差分模型的结果

	系数
x的一阶差分值	−1.00***
	$(5.97 \times e^{-16})$
常数项	2.00
N	49(由于差分计算而少了1)
R^2	1.00
修正后的R^2	1.00

模型拟合简直是完美!但是,结论完全是虚假的。这里的时间效应是**非线性**的(x和y其实都是时间的二次函数)。一阶差分对这种情况无能为力,让我们错误地以为存在某种线性关系。尽管数据点只有50个,但是系数的t值达到了957400000000000!这种方法的"保守"程度真可以与切·格瓦拉(Che Guevara)相媲

美了。

有人可能会说,我们可以把前面两种策略合起来试一试,即用滞后值来进行一阶差分法。由此,我们来拟合如下模型:

$$y_t - y_{t-1} = b(x_{t-1} - x_{t-2}) + c \tag{7.3}$$

你可能以为,这种情况下即便结果出错,也是使得系数估计更偏向0(这就是"谨慎保守"的意思)。但韦西和迈尔斯(Vaisey and Miles,2014)已经证明,这样做的结果和我们原来以为的大相径庭。如果x对y的效应完全是当期发生的(simultaneous),滞后值的系数不会更偏向0,而是会偏向真实斜率的**负**二分之一![1]

如果时间数据中**不存在**趋势(trend)而是"伽马爆发"式的,那么采用一阶差分法并不会有所损害,但是它也不会有所改善——除非数据中的爆发又有某种变化过程,而且你也确切知道滞后期(如果存在的话)。一阶差分法在什么时候有用?只有时间数据是一个"缓慢"的线性趋势,且在此**基础上**又加入了"伽马爆发"时,一阶差分法才是真正有用的。

处理这些难题的更为一般的方式被称为"AR[i]MA"方法。它是"自回归-整合-移动平均"(auto-regressive [integrated] moving average)的首字母缩写。它的思路是,我们可以从时间序列数据中先去除掉整体变动趋势,然后再来预测那些剩下的"伽马爆发"。你完全**可以**这么做。但是,如果你要这样做,不要把任何一种设定当成是绝对正确的。在运行完ARIMA模型之后,它很可

①韦西和迈尔斯指出,有一篇我参与的文章就使用了这样的方法去做稳健性检验。但是,我们使用这种方法,事实上就是为了表明滞后模型是错的。很幸运,我们的发现是成立的。更幸运的,有像韦西和迈尔斯这样的人能够理解我们**真正**在做的事情。

能还是通不过前面讲过的"时间倒流测试法"。在运行完ARIMA模型之后，你一定要用作图的方式来验证一下数据是否正常，确保向前的滞后值(forward lags)不会得出类似的结果来。如果通过加入足够多的项，你确实去除了任何时间变动的结构性趋势，那么这就是有效的做法。

你可能认为，只要从因变量中去除了时间趋势，就足以正确地估计出模型。但是，在某些情况下，自变量中时间趋势的存在会让我们很难分解它们的效应。当然，你也可以对自变量进行ARIMA处理。但是，如果你做过从木头上去除油漆的活儿，你就会知道在这里有些事很难抉择。去除油漆最有效的办法，通常都会同时去掉一点儿木头，或者对木头有一些损害。你用ARIMA模型来处理数据时，遇到的难题与此类似。比如说，你对抗议事件感兴趣，想用一些时变变量来预测它。这时，你意识到这些协变量和抗议事件都有着起起落落的时间趋势，因此无论是向前还是向后滞后，你的结论都可能是虚拟的。因此，你决定用ARIMA模型来把这可恶的时间趋势清除出去。但是，你在清除了移动平均和自回归效应之后剩下的东西，可能已经和你当初感兴趣的、通常被理解为抗议运动的那些东西相距甚远了。一旦去除了时间趋势，剩下的那些"伽马爆发"式的时间数据的真实含义可能只不过是总统日的时间安排或者当天的云量，这些东西和你的理论兴趣距离会非常遥远。

这就把我们带到了更深的问题当中，这涉及如何使用固定效应模型来处理时间过程。

时间导致的更多麻烦

我们前面已经讨论了处理单个案的时间序列时的情况。基本结论是，如果你对数据作图，发现它看起来像是“伽马爆发”式的，那就很好。但是，如果它有着某种起起落落的趋势走向，并且此时**主要预测变量也有**着这样的起落趋势，那么用传统统计学来确定因果过程的可能性就非常小了。如果我们观察的是多个案的时间序列呢？此时，去拟合模型是更为合理的。但是，同样的麻烦仍然存在。

假定我们有 N 个个案（如国家）在 T 个时间点的数据。我们想借此确定 x（自由度）是 y（经济增长）的可靠的独立预测变量，还是两者的关系只是其他因素导致的虚假相关。统计学家通常会看出来这里有一个麻烦：那些来自同一案例的不同观察彼此之间并不是“统计独立”的。由于Stata软件中有一个“cluster”命令，社会学家曾经以为只要用这个命令就可以“把非独立性考虑起来”，进而解决这个麻烦。但是，这种解决方案的前提是模型是正确的。如果模型并不正确，那么这个麻烦就会牵涉到遗漏变量。现在，这种解决方案的不完备性几乎已经是众所周知，我就不再用模拟来展示这一点了。

如果我们的真正困扰是模型误设的后果（并不是对**正确**模型的显著性检验不太精准），那么我们会发现在前面讨论中未必有效的那些技术（引入时间作为控制变量、取预测变量的滞后值、一阶差分法）在此仍然未必有效。它们只在最简单的一种情况中才是有效的:时间的真实效应是线性的。一旦存在某种潮起潮落的趋势,这些技术方法就不管用了。

我们来用一些模拟来展示这一点(R7.4),模拟结果如表7.3所示。我们会比较四个模拟出来的数据集。在这四个数据集中,自由度与经济增长都没有直接关系,它们其实都只是时间的函数。我们想看看各种方法能否成功地拒斥这样一个假设:x与y存在真实的关系。数据是对10个案例在10个时间点上的观察。表7.3中的每一行代表的都是变量与时间之间真实存在的一种关系,每一列代表的是一种模型。单元格中显示的是我们从模型中得到的回归系数,它代表自由度对经济增长的效应。

第一行代表的是“辉格党人”的世界观:随着时间推进,经济增长和自由度都会自然地线性增长。如果运行两变量回归(第一列),我们会错误地以为x(自由度)是y(经济增长)的潜在原因。但是,在把时间作为控制变量之后(第二列),这种虚拟相关就被正确地排除了。一阶差分法也同样可以排除这种虚拟相关(第三列),这从公式7.2上也可以看得明白。

我们在第5章中讨论过的固定效应模型和差分法有着密切的关联:以公式相减来去除所有的时不变变量得到的结果,和为每个案例加入固定效应的结果是一样的。为每个案例加入固定效应,这相当于将研究问题重新表述为“这个案例当前的政治自由度与其整体均值的差异,在多大程度上能够预测它的经济增长?”。

第四列的结果来自于包括“案例固定效应”的模型:我们在模型中为每个案例加入了一个虚拟变量(D_i)。这种方法的公式可以表达为如下形式[①]；

$$y_{i,t} = \sum_k b_k^B X_{k,i,t} + \sum_i b_i^C D_i + \varepsilon_{i,t} \tag{7.4}$$

由此可以看出，虽然我们以为自己是用案例固定效应的设定来考察“变化”，但实际考察的是每个案例与其自身均值的差值。因此，这种方法也就解决不了由于自变量和因变量都是时间的函数而引发的混淆难题(confounding)，因为恰恰是案例内的变异导致了上述结果。

表7.3　哪一种方法能揭示出虚拟相关关系?

	双变量回归	控制“时间”变量	一阶差分	案例固定效应	时间固定效应	双重固定效应
线性增长	0.698***	0.010	0.019	0.739*	0.027	-0.015
指数增长	0.746***	0.147*	0.227*	0.902***	0.037	0.007
不相关的两个周期	0.262**	0.235*	0.963***	0.926***	0.007	0.085
相关联的两个周期	0.464***	0.431***	1.016***	0.995***	0.238*	-0.059

我们也可以加入“时间固定效应”，这相当于将研究问题重新表述为“这个案例的政治自由度与这一时期政治自由度均值的差异，在多大程度上能够预测它的经济增长?”我们使用虚拟变量来

①注意，如果真实的模型中包括所有未被测量的时不变变量Z(如公式7.1所示)，那么虚拟变量D就会拟合由于Z而造成的那些变异，因此在模型设定正确的前提下，对于b_k^B的估计值与包括了那些时不变变量的估计值将是相同的(也可能会有一些很小的差异，差异程度取决于不同的估计程序、固定效应的数量与幅度、完整方程中是否存在线性相依等因素。)注意，方程中也不再有常数项了；你可以把固定效应看成是一组常数项，每一组都有自己的常数项。

加入这类固定效应(与公式7.4类似),结果成功地揭示出了两者之间并不存在真实的关系(第五列)。

换而言之,如果我们在意的并不是**每个案例**在所有时刻都具有的某种东西,而是影响所有案例的**特定时刻**,使用这种方法就是有道理的。在有些年份中,因变量就会异乎寻常地“高”;在另一些年份中,因变量就会异乎寻常地“低”。

在第二行中的数据中,随着时间推进,经济增长和自由度的**变化幅度**(而不是经济增长和自由度本身)在线性地增长。这反映的是一种“指数式增长”的世界。在这种情况中,引入“时间”作为控制变量是无法排除虚假相关关系的(第二列),原因在于增长率在随时间而增长。一阶差分法也不管用(第三列),原因在于相邻年份的差值也是虚假相关的。除非你能够调整x和y的函数关系,否则这种最简单的修正没有太大的用处。但是,加入时间固定效应是管用的(第五列),因为这相当于对于x和y的函数关系进行了完全灵活的设定。

在第三行的数据中,经济增长和自由度随时间变化的模式更为复杂。时间对于这两个变量的影响呈现出正弦曲线式的周期性,它们都是不断起伏的。这更符合我们多数人生活于其中的现实世界。风水总是轮流转:好日子总会到头,坏日子也不会没完。对于这样的数据来说,引入时间作为控制变量的策略(第一列)当然不能排除虚拟相关。采用一阶差分法甚至使得两个变量的虚拟相关度更**增大**了,这是因为在数据生成过程中x和y原本并不是时间的简单函数,它是从变化的角度来运作的。但是,时间固定效应模型(第五列)成功地排除了虚拟相关。

在第四行的数据中,我们作了一点调整:在第一期数据上政治自由度与经济增长是相关的。但是它们在之后的**变化量**并不相关。因此,在利用纵贯数据来寻求因果效应时,我们想要获得的结论是“关系为零”。在起点上相关,这是一种“没有因果的相关”(correlation without causation)。数据往往就是这样的;我们很少能够找到“最起头”的数据,然后在其中发现变量间相关的证据。注意,在这种情况下,加入时间固定效应(第5列)也**不能**排除虚拟相关。为什么呢?因为时间固定效应模型基本上相当于将研究问题转化成为同一时期不同案例之间的比较。但是,我们已经知道,在时间点1中不同案例之间是相关的。加入案例固定效应会使得这种虚拟相关度更强。只有**同时加入**案例固定效应和时间固定效应时,我们才能揭示出x和y之间并不存在直接关系。

要特别强调的是,我并没有说这种方法就是“唯一正确”的,或者只有它才是“保守谨慎”的。这要取决于你面对的具体问题:研究问题不同,最佳解决方案就不同。(事实上,加入多重固定效应之后,它们就无法解读为“与中心的差值”了;加入很多固定效应时,还会出现各种各样的估计问题。)如果你的研究问题足够明确清晰(well-defined),很可能就不需要用各种方式来搜刮数据了。但我们大多数人面对的情况是,你只是对一些关于多个案例在不同时间点的非实验数据感兴趣,那你可能就需要尝试上述各种方式,看其中某一种方式会不会否决你的发现。如果有一种方式否决了你的发现,你要认真地思考其中的道理何在。在处理纵贯数据时,这还只是开始而不是结束。下面,我们更细致地来考察一下变化值(change scores)和滞后值(lagged scores)之间的关系。

固定效应与变化值

我们看到，案例固定效应并不能排除因时间而导致的变量虚假相关。我们在统计学课堂上已经学过，这种方法只能够消除"**时不变**"(time-invariant)的遗漏变量效应。你可能也已经听过，当遗漏变量是"时变"的，固定效应模型就不管用了。还有另外一种类型的研究问题，你不应该选择用固定效应模型来处理。

我经常在学术报告会上看到，主讲人使用的是固定效应模型，这时听众中有人起来就某种(可能影响到结果的)"时不变"的异质性来提问。比如说，我们在考察经济增长与政治自由度，但我们认为在属于欧盟的国家中有不同于其他国家的关系。主讲人这时会回应说，她也想到了这一点，但是因为她用的是固定效应模型，所以没有办法考察这一点。因为所有的"时不变变量"都被**消掉**了。

但是，这回答不了那个关键性的实质问题。你不能忽略一个合乎情理的假设，即便它需要改换你的模型。什么时候你需要改换模型？当你怀疑一种**时不变**变量(如欧盟身份)与因变量的**变化**有关联时，我们就需要改换模型。如果是这种情况，你这必须面对如下事实：你这时需要的是**为变化**建模(a model for change)，而不是**为单一时点的因变量建立变化模型**(a change model for the non-change dependent variable)。结果将不再有固定效应的意义，但是那才是正确的做法。[①]如果你想对"时不变变量"和"时变变

①在有些情况下，你的模型看起来似乎不太合乎情理，因为其中某些参数的估计并不正确，但是这个模型能够帮助你正确地拒斥零假设，那模型本身就仍然是正确的，是你应该采用的。

量”(如政治自由度)进行交互时,更是如此。

你可能认为,此时可以采用因变量的滞后值。假如你认为真实的模型应该如下所示:

$$y_t - y_{t-1} = b_1 x_t + c \tag{7.5}$$

也就是说,x 预测的是 y 的变化量,而不是 y 本身。在这里,政治自由度预测的不是经济增长,而是经济增长率的增加值。但是,如果因变量的取值有**事实上**的上下限(即便它在理论上没有上下限),那么如果 y 已经很高了,那它就很难变得再高了。因此,你会(合理地)在右边也加入 y_{t-1},因此模型变成:

$$y_t - y_{t-1} = b_1 x_t + b_2 y_{t-1} + c \tag{7.6}$$

这与滞后因变量模型是非常相似的,即:

$$y_t = b_1 x_t + b_2^* y_{t-1} + c \tag{7.7}$$

这是因为我们可以对(7.6)式进行重组,变为如下形式:

$$y_t = b_1 x_t + b_2 y_{t-1} + y_{t-1} + c = b_1 x_t + (b_2 + 1) y_{t-1} + c \tag{7.8}$$

这意味着,滞后因变量模型(7.7)中 y_{t-1} 的系数估计相当于滞后变化值模型(7.6)的系数估计再加1。两个模型的拟合是完全相同的,只是在解读方式上略有不同。抛开估计问题不谈,**其他**系数的估计值不会改变。这是因为在**给定** y 的前一期数值时对 y 建模,**本身**就是为变化建模,对吧?我们完全可以先拟合模型(7.5),然后与横截面模型的结果比较,以此来把握预测变量与因变量之间的关系究竟如何。

因此,我们要扪心自问的关键问题是,我们是确实有一个用来预测因变量的变化的理论呢,还是只想清除未观察到的异质性才来看变化的。如果目标只是后者,那么组合滞后值与差分法的最好方式是阿雷拉诺-邦德法(Arellano-Bond approach)。它既包括因变量的滞后值,也包括了案例的固定效应项,比只包括单独一项时更为灵活(Halaby,2004)。但是,那种方法里有一些关于估计的技术问题,需要你认真研究下①。如果你的研究问题非常明确清晰,这种"鸡尾酒"方法就可能管用;如果你能够澄清你是因为什么样的实质性关切而认为在面对趋势和未观察到的个体异质性时需要做出审慎判断,那么这些方法就肯定管用。这种"鸡尾酒"方法当中最为强大和浓烈的就是我已经提到过的ARIMA方法,那同样可以用到多案例的时间序列数据当中。

但是我要强调的是,多数这类方法是帮助你更好地识别对"y的取值"(而不是对y的变化值)建立的模型。这两者是有区别的,适用于某一种情况的方法并不一定适用于另一种情况。最后,掌握了变化的动态规律,我们也不能从此推导出静态模型。沃尔夫冈·柯勒(Wolfgang Köhler)曾经讲过,对于一个前后摆动的钟摆和一个静止的钟摆来说,重力完全一样,差异只是初始条件不一样而已。我们在表7.3的第四行中已经看到,初始条件的影响并不仅仅是截距项不同而已,它的影响比这更为复杂。

举一个很简单的例子。你可能认为如果x和y可以相互转换,那么你就会在横截面数据上看到x和y存在关系。但是,财富可以用来购买商品,出售商品可以换取财富,这并不意味着拥有

①对于滞后因变量来说,很难正确地估计出固定估计,因为它往往会引入各种各样的误差项相关(error correlations)。因此,研究者往往会采用工具变量的办法,通常会使用过去的滞后值(past lagged value)或者滞后差值(lagged difference)。对此可以参看Angrist and Pischke(2009:244ff),他们建议把固定效应估计值和滞后因变量估计值看成是对因果效应估计的上限与下限。

最多财富的人会拥有最多的商品——因为他们用财富来购买商品，财富就会变少！我们在谈论那些更为含糊的“资本”时，情况同样如此。如果它们是**真正意义上的**资本而不只是某种属性，那么当它转化为另一种资本时，它的存量就会减少。考察横截面数据是无法确定这一点是否正确的。在这种情况下，我们必须要为**变化**本身建立模型，必须要有关于**变化**本身的数据。

最后有一个微妙的问题，很多方法会认定有某种**单一**的过程连接起自变量和因变量，通过差分模型和固定效应我们就可以很好地估计这些过程。如果你相信，社会生活中有些方面是“**系统的**”（systemic），你就会认真地琢磨如下想法：能够解释 x 与 y 之间关系的原因，不一定能够解释 x 变化与 y 变化之间的关系。

你可以想想怀特（Whyte, 1981[1943]）在《街角社会》（*Street Corner Society*）里对诺顿帮保龄球比赛得分的精彩分析。怀特发现社会地位（x）与保龄球比赛得分（y）之间存在正向关系。你可能以为是一个变量引发了另一个变量：打好保龄球是提升社会地位的途径（$y \rightarrow x$）；或者高社会地位带来的自信让你打得比别人好（$x \rightarrow y$）。但是，怀特真正看到的并不是这些。一个社会地位较低的成员非常有可能开局时打得很好，因此他出现了一个非常大的正残差：$y > E[y|x]$。但是，这不会让他的社会地位有任何提升。相反，他会受到群体的集体嘲弄，直到这种不一致得以消除。这些动态过程的加总，确保了 x-y 散点图保持了它该有的那个样子。但是，那个散点图与背后的动态过程并没有直接关系。

在另外很多情况下，我们虽然没有发现系统性行为导致了某种静态关系的持续，但是能够最好地解释在一个分布内部如何变化的东西,并不能让我们对这个分布本身的性质产生真正重要的洞察。在某种程度上,这是李伯森(Lieberson,1985)早已提到的问题:如果你观察到的变异其实都只是(阶级位置的)的相对小起小落,那么你最终就会把阶级结构归因到一些无关痛痒的因素上去(别忘记"迷幻疯克"乐队的原则)。有贵族变成农民,那是因为他们的庄园发生了瘟疫而破产了。但是,封建阶级结构本身却无法用健康因素来解释。记住,固定效应模型对这种问题("为什么有人是贵族而有人是农民")**无法**给出答案,它回答的是**另外的**问题("如何解释这个人身上发生的变化?")。后面的这种问题更符合对因果关系的(过分)严格界定,而前面的那种问题虽然有含糊之处,但绝对不是没有意义的。在琢磨方程之前,先要确定哪种答案才是你的研究问题需要的。

二分变量

如果因变量是二分变量,那么为变化建模就会特别棘手。许多人会主张采用固定效应模型,这基本上相当于对时间点1和时间点2进行交叉分类,然后看对角线之外的单元格的比率(ratio)。如果因变量是"是否投共和党的票",我们对人们投票结果的变动感兴趣,因此来看表7.4。表中的f_{12}表示第一行第2列的单元格频数,其余以此类推。要对变化进行建模,我们就要分析f_{12}和f_{21}。这种方法会有如下几个麻烦。首先,很明显你会舍弃掉好多数据。如果有一些变量并不随时间变化,但是它们却与结果确实有紧密关联时,你会感到非常为难。有人(Beck and Katz,2001)曾经举例说，你对基因与癌症的关系感兴趣，因此把癌症的发生当成因变量（它随时间变化），但是你不能忽略掉基因的效应（它不随时间变化），因为基因与其他随时间变化的预测变量是关联的。但是，固定效应模型要求你必须忽略基因的效应。我前面讲过一个你需要把“是否欧盟国家”考虑进去的例子，这里要讲的道理和那个例子是相通的：你不能因为统计学的技术原因而忘记你真正关心的要害问题。

表7.4　二分变量的变化

		时间点2	
		投共和党	投其他人
时间点1	投共和党	f_{11}	f_{12}
	投其他人	f_{21}	f_{22}

即便在进行固定效应模型时不会让时变变量的效应估计产生偏差，我们也会在因变量分布呈现高度偏态时损失大量的分析效力。我们舍弃了大量的信息，因为我们忽略了这一事实：大量案例从前、现在和将来在因变量取值为1的可能性都是极低的。[①]

最后，采用这种方法的前提是因变量的不同类别之间是对称的。但是，有许多因变量是不对称的；在很多情况下，转变只能以一个方向进行。有一些事情是绝对不对称的，比如说人死了就不能复生。还有一些事情，是**接近于**不对称的。比如说有一些癌

①此外，在非线性模型（如logistic回归）中，忽略“时不变变量”的效应会改变你的发现，因为在这类模型中，其他变量的“效应”取决于它在概率函数中的**位置**。这其实重申了前面讲过的一点：在非线性模型中，根本不存在所谓的“可接受的误设”（properly specified misspecification）。

症，你一旦患病就几乎不太可能在五年之内恢复。在这种情况下，你最好把转变看成是只能以一个方向进行，因此采用风险率模型(hazard model)。

还有一些事情，转变能够以两个方向进行，但是它们的可能性是非常不对称的。此时，我们应该怎么办？我们就不要只用一个模型来拟合这个2×2表格了。我们可以把它拆分成两个1×2表格，分别考察从0到1的转变和从1到0的转变。当然，样本量减少了，统计效力就会有所损失。但是，如李伯森(Lieberson，1985)所指出的，要理解实际发生的社会过程，考察这种不对称性是非常重要的。在第3章中，我举过一个例子(Habinek et al.,2005)说明在研究朋友关系的变化时，最好把样本分成两组：在起始时点就是朋友的一组和在起始时点不是朋友的一组。这是因为，使得朋友关系**建立**的那些因素和使得朋友关系**破裂**的那些因素未必是“相同”的。

总而言之，有时候我们会为变化本身建立模型，但是别把它当成是解决所有问题的灵丹妙药。如果你要为变化本身建立模型，那是因为你有充分理由认为变化在不同单元间有差异，而且我们需要去解释这一事实。这种解释有可能会与单元的不随时间改变的特征有关。我们需要记住亚里士多德在《物理学》第四章第二节中讲过的话，有些事物中有一种内在的因果力在使得他们变化。你可能是坚定的霍布斯主义者，坚决不同意这一点，但是你如何解释有些草比其他草就是长得更快些呢？你总不能为了捍卫自己的方法而对此视而不见吧？

周期性

我们已经看到,如果变量相关是由于同时起伏变化的两种周期波动引发的,那么用来处理时间序列数据的许多方法就不太管用了。因此我们需要有办法从数据中识别出这种周期波动来。例如,我们有一些数据,是某些报纸上每天关于某一议题的专栏篇幅长度。我们以此来反映报纸对某一议题的关注程度。我生成了200天的模拟数据(R7.5),然后对这些数据进行平滑化,以便看是否存在某种模式。结果如图7.3所示。

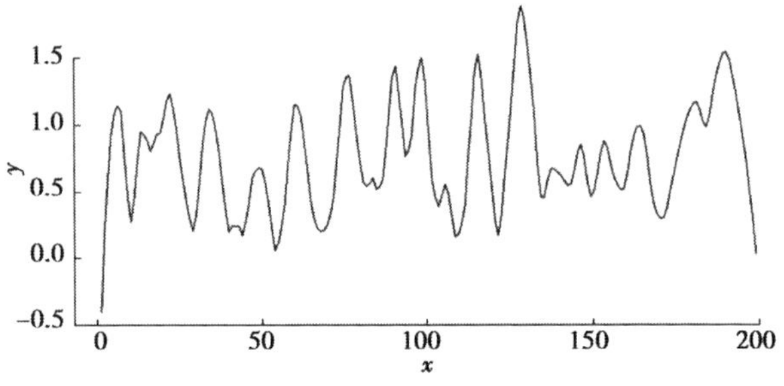

图7.3　时间数据中的周期性

从图7.3中,我们可以看出似乎存在一个10天左右的周期。但是,事实未必如此。图7.4在图7.3的基础上加入了原始数据点。事实上,数据是完全随机的,在任何时点的概率都是一定的。那么为什么看起来会有周期性?这就是平滑化造成的假象。平滑化会把某一段时间范围内的观察汇总起来计算一个移动平均值(moving average)。这就好比,如果你让一些粉红噪声通过一个滤波器时,或者用一个贝壳盖上你的耳朵时,你会感觉自己听到了调子。因此,在用基于平滑程序的可视化方式来验证周期性的存在时,你要提防同样的陷阱。此外,如果我们有多个变量的时间序列数据时(如媒体对**这个**主题的关注度和对**那个**主题的关注度),平滑化处理往往会增加你得到虚假相关的风险:你以为两个序列是相关联的,其实它们是彼此独立的(参见模拟R7.6;对此我们不再详加讨论)。

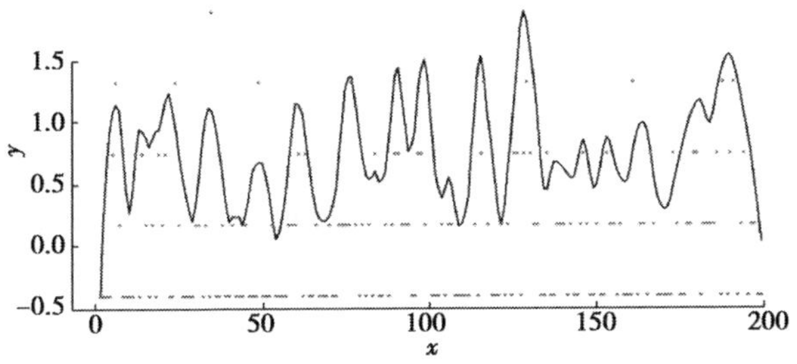

图7.4　时间数据中的周期性(加入原始数据点)

因此,在从平滑处理后的数据中寻找模式时,你要小心。在许多情况下,即便是随机数据,你也总能从中看出一些模糊的模式,正如你从大雾中总能看出一艘幽灵船的模样。在这种时候,你不能只凭肉眼来判断,你要依靠数学来判断,比如说采用周期图(periodgram)这样的谱分解方法(spectral decomposition methods)。如果数学检验告诉你,没有确凿证据能够表明周期性趋势存在,那你就不必去找寻它了。

有关时间的小结

有些时候,时间的时序性(即时间只能向前流逝)对你的分析来说非常重要。但是更多情况下,时间数据结构中的相似性其实是由于其他因素的相似性而引起的。一种因素可能是随着时间而不断增加的选择性偏差(参看第3章)。其他因素则可能缘于遗漏了自变量。在这种情况下,明智的做法是用处理空间的方式来处理时间。真正重要的是,有些观察之间的相似程度比协变量所预期的程度要更高。对我们来说,这可能是件好事也可能是件坏事——这要取决于我们是否愿意对此进行透彻思考。

空间就是地点

空间并不特殊

有两种思考空间统计的方式,一种是统计学家的方式,一种是数据学家(如果有这么一种称呼的话)的方式。前者认为,在落入空间的数据中,误差项会具有非常讨厌的性质(这个怪物被称为“自相关”),因此必须用复杂的修正方式才能处理。如果你不这样做,你的研究就会被人认为没有价值。自相关被看成是一种必须尽可能去除的坏东西。我完全尊重这种观念,我认为你需要学习它、理解它,但是我不认为这是思考这些议题的有用方式。

我赞同的是数据学家的方式。他们非常看好空间数据的潜力,因为只要有空间数据,你就能把它和分布于这些空间中的所有**其他**事情关联起来。我喜欢这种积极的态度,我们会用这种方式来讨论。但是,统计学家也是对的:这里潜藏着各种各样的陷阱。在某种意义上，麻烦不在于数据是自相关的，而是如果我们的模型设定不合适时，引入空间数据会增大我们的偏差。如果我们意识到这一点，数据的空间属性就会成为你的资产而不是负债。

让我们先来讨论“自相关”这个讨厌的怪物（你在下一章讨论网络时会遇到与此完全相同的问题）。假如有两个社会学家，他们手里的数据非常类似。一个社会学家手里的数据是对美国本土48个州的随机抽样数据。他知道样本来自哪个地区，但是不使用这些信息。他使用通常的OLS来研究教育对收入的影响，没有人会批评他。另一个社会学家手里的数据是加利福尼亚每个县里每个人的完整数据，甚至可以落实到每个人居住在哪个小区。专家们遇到这种情况，就会马上跳起来说**这些**数据是“空间性的”，估计因此是有“偏误”的。他们在前一种情形中完全接受的方法，到了第二种情形中就成为“错误”的。

可是，这有道理吗？前一个数据难道就不是“空间性”的吗？那些美国人难道不是落在空间中，而是悬浮于某个0维世界中的不成？每个人**必然**都落在某个地方。你**不知道**他们落在了哪个地方，这反而能够使你免于空间性带来的责难。如果在某种研究路数下无知反而更为有利，那么对这样的研究路数还是敬而远之为好。

我在“偏误”上面加了引号，这并不是说我认为结果没有偏误，而是说结果**当然**会有偏误。**所有**结果必然都有偏误，它们的偏误原因也基本相同。我们并不掌握正确的模型，没有理由认定模型中未包括的那些变量都不重要，没有理由认定我们的测量全都完美无缺。把一个模型当成是完美无缺，而把另一个模型当成是天生有罪,这是没有道理的。

但是,我们先具体来看一下空间统计学家关注的一种偏误。当我们谈到误差项"自相关"时,头脑中浮现的往往是从同一个初级抽样单位(primary sampling unit,简称PSU)中抽取出的很多人;不是所有PSU都能被抽取到,如果PSU没有被抽中,居住在其中的人就没有机会进入到样本中。但是,即便你抽中所有的PSU,而每个PSU中都只抽取一个人,自相关也可能仍然存在。自相关的意思是,这些案例是从彼此相关的分布中抽取出来的。这又意味着估计是有偏误的。

基于空间统计学的知识,我们有理由怀疑这里存在着误差项彼此相关的可能。第一种相关(个案的**抽取**并不独立)导致了子样本存在**集聚**问题,对此有人所共知的解决办法。对于很多(不是所有)统计分析来说,如果模型是正确的,这种相关就只会影响估计值的标准误,而不会影响估计值本身。对此有明确的解决办法,因此没必要在本书中再讨论了。误差项之间的第二种相关是由于个案之间有共享的遗漏变量,对此没有明确的解决办法。我们需要对此详加辨析,认真思考。

这一议题的关键在于,那些毗邻而居的人所处的条件也有很多相同之处,因此在很多变量上取值是相近的,然而那些变量我们没有测量到。这导致了模型中的误差项是相关的,进而使得对其他变量的估计也存在偏差。比如说,我是一个社会科学专业的教授,投票给左翼政党、有家庭、是白人、对空间统计学感兴趣。据我所知,在我居住的街区里,教授就有五六位,其中至少有一位也是社会科学家,他有家庭、是白人、对空间统计学感兴趣,不过我不清楚他的政治倾向。在我们身上有些东西是相同的(也许是源于我们来这儿居住是为了给同一位雇主打工这一事实),然而这些东西通常的调查无法涉及。

不过,假如说在其他州的其他城市中,还有一位社会科学专业的教授,他也投票给左翼政党、有家庭、是白人、对空间统计学感兴趣。他和我在很多方面也是相同的,这些东西通常的调查也涉及不到。按照索罗金(Sorokin,1927)的想法,我们可以把人们按照相似程度放置于一个“社会空间”上。在这个社会空间上,同道者相邻,道不同者远离。在许多方面,我们和**社会空间**上的“近邻”要**更**相像,而不是那些**地理空间**上的“近邻”。那么,为什么单单要对误差项的空间相关喋喋不休呢?

原因是(或者应当是),空间不是**麻烦**,它是解决麻烦的**办法**。如果我们能够掌握人们在社会空间上的位置,那当然是最好不过。不过,如果我们能够掌握人们在地理空间上的位置,那也是非常**开心**的事情。我们可以把它当成一个“替身”,让它来处理那些**必定**会存在的彼此相关的误差项。有时候(但不是总是),社会空间与地理空间高度重合。这时,对数据的“集聚”进行修正于事无补,那种修正只能处理抽样中的非独立性,处理不了遗漏变量问题。层级模型(hierarchical models)可能有一定帮助,有多大帮助则要取决于遗漏变量的具体性质。我们必须想清楚,对于要回答的问题来说,最可能引发麻烦的混淆变量具有什么样的分布结构。如果这种分布结构与地位空间有关,那么你就应该利用空间信息。事实上,空间信息能够帮助我们解决许多原本被视而不见的麻烦。

例如,在一篇最近的论文中,加莫兰等人(Gamoran, Barfels,

and Collares, 2016)试图讨论高中的种族隔离对随后的劳动力市场表现有什么影响。他们在琢磨方法问题时,主要讨论的是**学校**研究中的那些常见问题:学校当中学生抽取的非独立性,以及种族隔离学校和非种族隔离学校中学生的非随机选取。但是在这里,更大的麻烦可能来自于另外的事实:学校的种族构成与当地劳动力市场结构是相关的,与从中抽取出学生的当地总体种族结构是相关的。加莫兰等人使用了一些空间信息(都市化程度与地区),但是主要是在倾向值方法中用这些信息,以便处理进入不同学校的选择性问题。教育研究中普遍都是这样处理的。这篇论文的结论是:"在白人比例较低的学校上学的白人学生,更可能进入白人比例较低的工作组织中。"(Gamoran, Barfels, and Collares, 2016:1154)这一结论与人们居住地的种族构成肯定是有关系的。如果当地黑人比例较高,那你就只能进入白人比例较低的学校,然后进入白人比例较低的工作组织当中。(我要补充一句,尽管有这一缺陷,那篇论文仍然写得很好。)

如果我们有空间位置的数据,就能够对空间位置如何弥补我们就某些遗漏变量的无知做出一些假定,并且从其他来源引入背景数据(contextual data)来考察这些想法。非常遗憾的是,这里面的一些常见假定很容易被人们错误地解读。我们会看到,它们与我们以为的并不一样。

仍然是老问题

有一种与空间有关的社会过程特别有趣,那就是某种状态、行为或观念的**扩散**。以犯罪率为例,你会猜想说,在某种程度上,一个街区的犯罪率可能是周围街区犯罪率的函数。为什么呢?这可能是因为警察会因为周围街区的犯罪率较高而更加紧张,也可能是因为那些遵纪守法的人因为周围街区的犯罪率较高而不敢出门(因此"注视街道的眼睛"减少了)。在确定了犯罪是我们测量的某个变量(如街区的贫困比例)的函数之后,我们还想了解是否存在这样一种犯罪的扩散过程。

要确定这一点,最精巧的一种办法就是"空间滞后"(spatial lag)模型。首先,我们会对每个街区受到其他街区影响的程度进行猜测,然后构建一个所谓的"权重"矩阵。比如说,我们假定如果街区i和j相邻(即相接壤),那么$w_{ij} = 1$;否则,$w_{ij} = 0$。或者,我们还可以假定$w_{ij} = \alpha/d_{ij}$,其中α是某个常数,d_{ij}是两个街区之间的距离。我们这样就可以构建出一个矩阵$\mathbf{W}$。接下来我们可以提出如下模型:

$$\mathbf{y} = \rho\mathbf{W}\mathbf{y} + \mathbf{X}\boldsymbol{\beta} + \boldsymbol{\mu} \tag{7.9}$$

在模型中,估计值ρ表明了空间相关的程度,$\boldsymbol{\mu}$是误差项。$\mathbf{X}$是所有的自变量(如贫困线以下的人口比例、人口密度等)组成的矩阵;$\boldsymbol{\beta}$是相应的斜率项。这和通常的回归模型很相似,除了第一项之外。加入第一项,是为了说明案例间在y上的相依在考虑了x之后仍然不能完全解释,因此需要用矩阵$\mathbf{W}$来说明案例间的互依程度。我们在进行空间分析时,这个矩阵会有一些特殊性质:它是对称且非负的;对角线元素为零;它满足三角不等式,即两个地方之间的距离不能大于它们与第三个地方的距离之和。这种方法同样可以用于非空间性的互依关系当中。[①]

我们把这种模型运用到犯罪率数据中(R7.7),其中的外生变量只有贫困率(x_1),然后发现确实有明显的证据表明这种扩散效应是存在的(参看表7.5中的模型1)。外生变量是显著的,但是空间滞后项也非常显著。这看起来是一个非常有理论意义的结果!

表7.5 犯罪率模型

	模型1	模型2	模型3	模型4	模型5	模型6
模型	滞后	误差	OLS	滞后	误差	SDM
x_1(贫困率)	0.517***	1.561***	1.583***	1.002***	0.993***	1.555***
x_2(人口密度)				1.019***	1.010***	
截距项	−0.046	−0.411	−0.386	−0.015	−0.013	−0.015
Rho/Lambda	0.821***	0.962***		−0.012	0.006	0.963***
Gamma						0.003
x_1直接	0.619			1.002		1.559
x_1间接	2.273			−0.012		0.050
x_2直接				1.019		
x_2间接				−0.012		
残余方差(σ^2)	2.898	1.850		0.977	0.977	1.850
LL	−5045.66	−4605.63		−3517.92	−3518.18	−4605.62

①但是,如果矩阵不是对称的,那在求数值解时就会非常复杂。这种方法用于网络分析的例子,请参看弗瑞德金的研究(Friedkin,1998)。有一些形式的**W**(如**W** = **1**)会引发真正的麻烦。

但是看待空间数据中的相关还有另外一种方式,被称为"空间误差模型"。这种方式认为,麻烦是由**误差项**(而不是由因变量取值)彼此相关造成的。我们的回归方程是通常形式的:

$$\mathbf{y} = \mathbf{X}\boldsymbol{\beta} + \boldsymbol{\varepsilon} \tag{7.10}$$

但是,其中的误差项具有如下形式:

$$\boldsymbol{\varepsilon} = \lambda\mathbf{W}\boldsymbol{\varepsilon} + \boldsymbol{\mu} \tag{7.11}$$

换而言之,误差项间的关联程度正如权重矩阵所示。这和(7.9)式的基本理念是一致的,但是用在了残差项上。你用一点数学计算一下,就可以发现这些模型是非常相似的。误差项就是因变量的真值与预测值之间的差距,因此它们必然有密切的关联——但是它们并非彼此嵌套。[①]这意味着,如果你拟合一下空间误差模型(即表7.5中的模型2),那么很可能只要模型1拟合良好,模型2的结果也会拟合良好。结果正是如此。

确实有一些诊断办法可以用来判定哪一种模型更好(如果确实有一种更好的话)。但我要说的是,如果你直接去拟合空间模型,然后得到了如你所愿的结果,这些结果也可能未必是真的。在这个例子里,上述两个模型都不"正确"。这里看似存在空间自相关,但真正的原因是有一个重要的预测变量(如"人口密度"x_2)被遗漏了。它与x_1和y都是相关的,同时与x_1一样有一种空间组织结构。[②]图7.5绘出了x_1在网格上的分布:相邻的地方在所有预

①有关这些不同模型彼此间的关联,可以参看Anselin(1998:34-37)。

②两个自变量对y的斜率都是1.0,两者之间的相关系数为0.5。我在50×50的格子里生成了三个高斯随机场z_1、z_2、z_3,然后生成变量$x_1 = f\left(z_1, z_2\right)$; $x_2 = f(z_1, z_3)$。由于两个变量共享一个组成部分,它们彼此相关。将它们相加起来,再加上一个服从$N(0,1)$分布的随机波动项,得到了因变量y。

测变量上都很相似,同时在一个预测变量上取值较高的地方在另一个预测变量上也会较高。

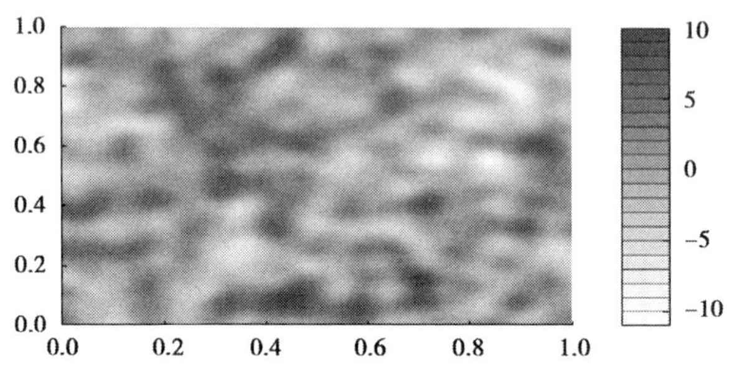

图7.5　空间相关变量的分布

麻烦在于,我们没有观察到x_2(人口密度)。如果我们遗漏了这个变量来拟合OLS回归(参看表7.5中的模型3),贫困率变量的估计值就会出现相当大的偏误(真实的$b_1 = b_2 = 1$)。这在我们的意料之内。如果我们分别在空间滞后模型和空间误差模型中加入x_2(模型4与模型5),结果都会正确地告诉我们空间效应并不存在。

但是,我们原本指望空间模型能够帮助我们得到正确的参数估计值。空间统计的要点不就在于此吗?不就在能够让其他变量固定不变吗?让我们先来看模型1,x_1的参数估计值是其真值的一半左右。但这里有一些迷惑性。空间滞后模型中的参数不能进行如此简单的解读,因为在任何一个地方上自变量的改变对因变量的效应,会受到所有**其他**地方上它的效应的调节!我们必须把效应分解为两部分:一部分是直接效应,一部分是通过其他部分的调节效应。这已经标明在模型1那一列中。

很难对间接效应和通常的OLS系数进行比较。但是它清楚地告诉我们，贫困率变化的大部分效应都受到地区间在犯罪率上的互依关系的调节。因此模型明确地认为，空间相关是相当严重的。那么空间误差模型呢？毕竟，它更合乎我们的需要：我们的情况正是遗漏变量的存在导致误差项彼此相关——当然我们对这种空间依存关系的设定并不完全精确。[①]但是，尽管模型2正确地识别出了空间相关的存在（我们通常会先使用诊断统计量来确定这一点），它根本没能改变我们对"贫困率"参数的估计！

为什么会这样呢？因为我们忘记了一点：空间修正只有对那些具有"可接受的误设"（properly specified misspecification）的OLS模型才是有效的。在使用一般的OLS模型时，我们不必操心那些与模型中包括的自变量并不相关的遗漏变量，因为它们的效应会被假定抵消掉（但是在空间领域，我们需要操心）。**那种情况**下的问题才是空间误差模型要解决的问题。它会给你更好的参数标准误，但前提是你要有正确的模型。它**并不**解决与模型中包括的自变量**相关**的遗漏变量的问题，而这才是我们真正要面对的问题（LeSage and Fischer, 2008）。

遗漏了**相关的**（correlated）预测变量，这意味着模型会有点像"空间滞后模型"与"空间误差模型"的综合——这种模型被称为"空间杜宾模型"（Spatial Durbin Model）。这个模型有不同的写

①如同很多分析者一样，我这里只是用了一个表示"是否毗邻"的二分加权矩阵，而我生成模拟数据时所用的"高斯随机场"（Gaussian random field）是一个连续的函数。不过，当随机场的阶数（the scale of order）较短时，这么做在实践中没有什么问题。我们其实很少能够了解空间权数的本质，因此也无法评判其他猜测方式的优劣。值得强调的是，即便"是否毗邻"也不是那么简单的问题。我们必须决定两个区域是只要有一个共同点就算毗邻，还是必须有多个共同点才能算毗邻。要按前一个标准，新墨西哥州和犹他州（或科罗拉多和亚利桑那州）就算是毗邻，但按后一个标准，它们就不算毗邻。

法，具体要取决于你想要更接近哪一种表达法。在一些写法中，它**同时包括**了因变量y的自相关项和自变量X的滞后项。但是有研究者（LeSage and Pace, 2009：29f, 69）表明，这一模型也可以从遗漏变量与既有自变量相关这一点推导出来。在这种情况下，模型可以写作：

$$\mathbf{y} = \boldsymbol{\lambda}\mathbf{W}\mathrm{y} + \mathrm{X}(\beta + \boldsymbol{\gamma}) + \mathrm{WX}(-\boldsymbol{\lambda}\beta) + \boldsymbol{\varepsilon} \tag{7.12}$$

其中的λ是自相关参数，它既决定了因变量的自相关程度，也决定了自变量滞后项的自相关程度。γ这一参数表示了模型中的预测变量与遗漏的预测变量之间的相关程度。[①]LeSage and Pace (2010)因此认为，空间杜宾模型能够降低由于遗漏变量而引发的参数估计偏误。

但是，它真的能够弥补我们对真正模型（即人口密度的重要性）的无知吗？在这个例子中，它并不能。空间杜宾模型（模型6）对x_1的估计与前面的结果并无不同。[②]这是因为，空间杜宾模型

①这里的关键是把空间误差模型中的误差项$\boldsymbol{\varepsilon} = \lambda \mathrm{W}\boldsymbol{\varepsilon} + \mu$替换成了$\boldsymbol{\varepsilon} = \lambda \mathrm{W}\boldsymbol{\varepsilon} + X\boldsymbol{\gamma} + \mu$。因此它就触及到了如何用模型中包括的那些预测变量来"预测"（纳入在误差项当中的）遗漏变量。还有一种模型，艾豪斯特称为"Kelejian-Prucha"模型(Elhorst,2010)，空间误差模型和空间滞后模型可以作为它的特例来处理，看起来也非常像把两种模型组合在了一起。但是，实践当中还是空间杜宾模型更优一些。两种模型都是嵌套在被艾豪斯特称为"空间模型的母模型"的曼斯基模型（Manski model）中的，它不仅包括了因变量的自回归项，还包括自变量的滞后项、自回归的误差项。那我们为什么不用那种模型呢？因为这里存在识别问题，参数无法得到估计。

②你会看到，与空间误差模型相比，空间杜宾模型并没有在拟合度上有所提升。它基本上再现了考虑到因变量自相关的空间误差模型的结果，这里的lamda和空间误差模型中的lamda是完全相同的。此外，我在这里使用的估计程序并没有直接返回λ, β, γ的值，而是返回了$\lambda, \beta + \gamma, -\lambda\beta$的值，我经过简单运算之后得到了这些有理论重要性的值。这意味着，这里的统计显著性检验并不是对这些理论参数进行的，而是对那些联合参数进行的。

是把遗漏变量当成已经被纳入到误差项中的东西。[①]模型所做的,就是还原出(如果遗漏变量没有被纳入到误差项时)现有预测变量的估计值。

我并不是说,你不能使用这些模型,这些模型很优美,它们也有实质意义。此外还有其他一些更复杂也更精巧的空间模型。[②]但是,我们要牢记在第4章中已经学到的教训:没有比模型设定正确更重要的事情。最要紧的事情,还不是你要采用什么模型才能够精准估计,即便对像空间数据这样复杂的数据结构来说也是如此。最要紧的事情,是你要有正确的模型设定。如果你的设定正确,OLS也能够做得足够好:对于这一模拟数据来说,如果OLS模型中包括了x_1和x_2,它也能够给出正确的参数估计值,只是估计出的标准误会有偏差。如果我们的设定**不**正确,使用空间模型可以告诉你有什么地方出错了,但是不要指望借此就能得到正确的估计值。遗漏变量偏差很容易让你把无知("我不知道y的所有预测变量有哪些")转化成发现("我发现y具有一种扩散过程!")。

如果我们不能够依赖时髦的模型来解决上述难题,我们应该怎么办?不要急着去为空间过程**建立模型**,先要进行**数据可视化**

①我要感谢R.凯利·佩斯(R. Kelly Pace)在这些议题上与我进行的交流。关键在于,其他人对于空间杜宾模型的解读(LeSage and Pace, 2009:29f, 公式2.19, 公式2.23)是在对"纳入遗漏预测变量的误差项"的自回归方程,而不是首先解出误差项的自回归方程,然后再把其他(遗漏和未遗漏的)预测变量纳入到y的函数中。

②最后要明白,其他单元的自变量取值,可能会影响到我们关注的单元的因变量取值,只是这种影响会不断衰减。例如,本县的犯罪率可能受到本县失业率很大影响,但也会受到邻县失业率的影响,甚至会受到邻县的邻县的失业率的影响。这就会生成与空间滞后模型很相像的模型,只不过滞后项是x而不是y: $\mathbf{y} = \boldsymbol{\lambda}\mathbf{WX} + \mathbf{X}\boldsymbol{\beta} + \boldsymbol{\varepsilon}$。只要你能对权数矩阵有合理猜测,就能够对这个模型进行估计。(你当然也可以认为这是由于不同地点的测量误差项彼此相关造成的,这样模型就又变成了"空间误差模型"。我们又遇到了和前面同样的难题。)

工作。我们可以把OLS回归的残差项绘制在实际的地图上。这不是你要去消灭掉的"误差"——这是"线索"。[①]你可以对重要的遗漏变量可能有哪些进行一些暂时的猜想吗?你对农村地区的预测是不是都有些低估?那也许就意味着你可能没有充分考虑人口变量。要习惯看各种各样的分布地图,直到你开始对"哪些人在哪里干哪些事"有所感觉。这样,你在盯着那些"神秘"的残差地图时就能够提前有所准备了。

最后还有一件事:现在最激动人心的进展是出现了各种各样的局部回归效应(local regression effects)模型,也就是说,我们允许一些自变量的效应在不同空间有所不同。这常常被称为"非平稳性"(non-stationarity)。你可能想到加入位置变量(如经度与纬度)与其他变量的交互项,用这种类似"暴力破解"(brute-force)的方式来解决问题,但这种做法在统计学上经不起推敲,因此很多研究者在试图发展出更严格的方法。

有一种方式是使用在空间中穿行的一个移动窗口,这被称为"地理加权回归"(Brunsdon, Fotheringham, and Charlton, 1998)。这种方法用于厘清不同自变量的局部效应时表现不佳(Wheeler and Tiefelsdorf, 2005)。虽然也有一些办法来明智地使用它(Paez, Farber and Wheeler, 2011),但这种办法可能是个死胡同。通过空间过滤(spatial filtering)的方式来解决是更值得尝试的办法(参见

①处理这类数据还有另外一种路数,即"空间过滤"(spatial filtering)。它的出发点不是建模过程,而是把"自相关"从数据中清洗出去。有不少支持者认为,它有可能会取代空间计量经济学的建模路数。这种路数在社会学还没有多少应用,因此我们对它的表现没有足够多的"感受"。我不在这里讨论这种路数,不过感兴趣的读者应该认真地去考虑这种路数(Griffith,2008)。你可能会受不了这种"不提出假设就拟合数据"的路数,但我认为完全应当包容这些路数。

脚注)。不过对大多数人来说,层级线性模型的扩展可能更为可靠,或者也可以用混合模型来解决非平稳效应(参见Congdon,2006)。对于实际应用者来说,不要急于拥抱某一种最前沿的解决方案。耐心等待它们在实践中经受考验,因为这确实是一个难题。

推翻“地理学第一定律”

我反复强调,在建模之前先去进行数据可视化。不过,你要明白这两者之间的差异。数据可视化呈现的是**结果**,模型谈论的是**过程**。过程中的事情,未必一定在结果中呈现。

空间统计学家非常喜欢引用托伯勒(Tobler,1970)的“地理学第一定律”:“世界上的一切事物都是相关的,但是相邻的事物相关性更大”。这未必是真的,至少与我们的通常理解不太一样。**非常**接近的事物比其他事物的相关性更大,这肯定是真的,但我们常常以为这就意味着关联强度与距离存在单调递减关系。事实上,我们常常认为这种关系有点像正态分布,在各个方向呈现钟形曲线般的衰减。如果确实如此,我们就可以使用一些精巧的统计学来解决空间统计学中的难题。但事实并非如此——至少从**结果**来看并非如此。

因为邻近的空间未必比远处的空间更相像。图7.6显示的是在不同国会选区之间一些回归系数的整体相似度(Martin, Slez and Borkenhagen, 2016)。[①]我们把每一对选区当成一个观察,y轴显示它们的整体相似度,x轴显示它们的距离。图上显示的是,所有观察在线性平滑处理之后的拟合线。我们可能以为它会是一条开始时处于高处,之后随着距离变远而逐渐衰减的曲线。但实际上图中显示出,这种说法对于中等距离的那些选区来说尚可成立,但是那些距离很近的选区非常**不相像**,那些相距很远的选区反而**最相像**。为什么呢?中心点紧密相邻的选区全都是在城市中,而城市中的人们虽然挤在一起,却彼此隔离。

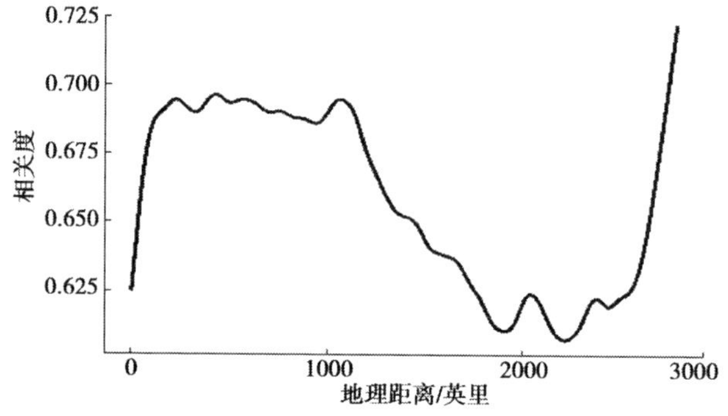

图7.6　国会选区之间的相似度与距离

但是,为什么右端会有相反的趋势?这是由于在把拓展疆域视为美国使命的信念(the doctrine of manifest destiny)引导下,美国最终的地理环境是一大片横向的大陆,再加上两大条面向不同大洋的纵向海岸。东海岸和西海岸的居民当然有差异,但是他们更有极其相似的地方(中西部出身的美国人都这么认为)。美国的48个"大陆州"看起来好像是一个长方形,但在社会意义上它可

①查德·博肯哈根(Chad Borkenhagen)制作了这张优雅的图,并同意我在这里引用。谢谢你,查德!

能更像这个长方形卷成的一个圆柱体:在那个圆柱体上,缅因州的波特兰和俄勒冈州的波特兰相连接,佛罗里达的迪斯尼世界和加利福尼亚的迪斯尼乐园相重叠。

上述模式大部分都不是因为自相关过程导致的,而是由于"未观察到的预测变量":沿海地区在很多未观察到的预测变量上都是相似的,城市居民彼此之间在很多未观察到的预测变量上都是不同的。自相关过程**确实**存在,但是除此之外很可能还有很多因素在起作用,而且不同因素在不同尺度上起作用!在前面讨论过的预测不同街区犯罪率的例子中,同样一些案例和变量背后也可能有非常不同的社会过程在起作用,甚至它们的作用方向是相反的。如果其他地方的犯罪率上升了,这可能导致警力从我们关注的街区转移出去,结果导致这片街区的犯罪率上升;但也可能因为少了警力在查犯罪,这片街区被记录下来的犯罪率反而下降了。如果邻近的区域发生了枪击,这可能使得人们在夜间避免经过这片街区,结果使得车辆盗窃案出现上升。但是也可能职业盗窃犯已经从邻近街区偷走了一辆本田车,所以他就不再从这片街区偷盗车辆了。

总而言之,在判定空间单元间的相互影响关系时,我们不能从数据可视化直接跳到对过程的判断,也不能对空间的可能关联(即W矩阵)武断地下定论。对于某一些过程来说,空间上的毗邻与否就很重要,它正确地表达出了事实过程中的条件相依性。比如说,昆虫天牛要从印第安纳州扩散到艾奥瓦州,必须经过和艾奥瓦州毗邻的那些州(如伊利诺伊州)。但对另一些过程来说就未必如此。比如说,病毒可以从洛杉矶扩散到芝加哥,而不经过它们毗邻的那些州，因为它们会搭乘飞机。在这种情况下，所有地方（以不同的程度）都被联接在了一起。我们甚至可以试着采用各种不同逻辑来构建加权矩阵，来进行一些实验。比如说，把两地之间的交通时间（或电话呼叫量）作为构建函数的基础。约翰斯顿等人的研究就是一个很有趣的范例（Johnston et al., 2004）。你对具体的社会过程了解得越多就越好。

如何看待空间?

如今，我们往往把空间数据当成是理所当然的：数据是关于“州”的，那我们就去分析“州”。但是，空间数据最有趣的地方恰恰在于能够把不同类型的数据结合起来分析。我们来考察一下在合并不同类型数据时会遇到的一些复杂问题。

为了避免混乱，我们可以把看待空间的方式分成两种。第一种是把空间看成由无数个点构成的连续平面，作为一种建模策略，这被称为“场地法”（Anselin，2002）。

第二种是把数据看成封闭曲线，这被称为“对象法”。为了计算上的便利，这些封闭曲线会被转换成多边形。对计算机来说，由直线构成的94边形要比复杂曲线更容易处理。与“场地法”相比，这种方式在实践上有一个优势：如果我们对场地位置与某些变量取值的函数关系（如经纬度与人口之间的函数关系）无法给出清晰的表达方式，就必须占用无限的内存才能描述那无数个点。此外，大多数数据描述的都是有边界的一群点，例如人口普查区域、国家、州。

但是,有时候把一块场地分成多边形的方式有很多种。每一种方式都构成了一种“分区”(partition),它可以被看成一组把整体区域分割成更小区域(地区)的线段(边界)。麻烦在于,你的数据可以来自于不同的分区方式。如果A分区中的边界线与B分区中的任何边界线都不发生交叉,那么我们就说A分区嵌套在B分区中。因此,县是嵌套在州中的,县层面测量的变量(如每个县的诊所数量)要比州层面测量的变量(如这个州是否征收收入所得税)要处在更“精细”的分区中,州则处在相对“粗糙”的分区中。要在同一分析中同时包括两者,我们需要有共同的分区。有两种方式可以达到这一目的:归并(lump)或拆分(split)。要么把县归并成州,要么把州拆分成县。应该选择哪一种呢?答案很简单:如果因变量是在较为粗糙的分区中测量的,就进行归并,而不要对因变量在粗糙的分区中进行各种花哨的调整;如果不是,就进行拆分。

非嵌套分区

但是,我们还可能会遇到非嵌套分区的情形。例如,你可能有关于镇的数据、学区的数据、供水区域的数据,它们互不相同、彼此重叠。此时应该如何处理?基本的选项还是一样的:归并还是拆分。答案很简单:拆分。

在图7.7最上面的图中,我们有两类分区方式A和B,A分区用实线表示,B分区用虚线表示。在两种分区的边界彼此交叉的地方,我把分区方式直接标在了线上。要分析这些数据,应该怎么办?

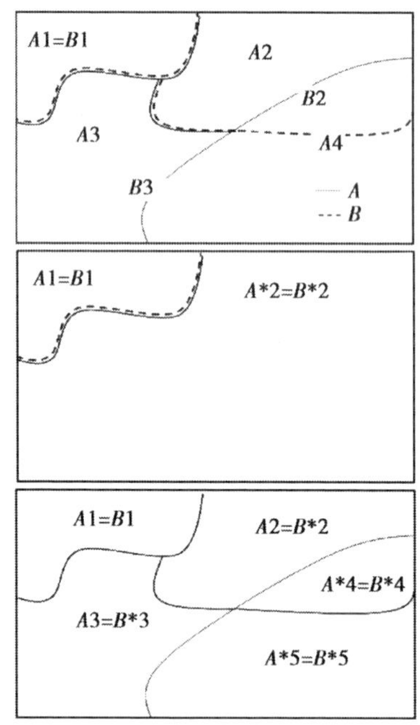

图 7.7　彼此重叠的分区(上图),及其归并(中图)与拆分(下图)

一种选择是归并(可以参看 Slez, O'Connell and Curtis,2017)。我们可以选择不存在交叉边界线的最大单元。在这里,这意味着图 7.7 中间的那种分区方式。我们明显损失了一部分信息。另一种选择是拆分,由此会产生图 7.7 下方的那种分区方式,其中 $C2 = A2 \cap B2, C3 = A3 \cap B3, C4 = A4 \cap B2, C5 = A4 \cap B3$。

如果数据可以适用于拆分之后的对象,那这种方式就没有什么问题。例如,不管怎么拆分加利福尼亚,对于拆分后的每个小地块来说,其州长的政党派别都是一样的。但是,有时候并非如此。比如说,我们的一种分区可能是每个县里的医院总数。此时,我们怎么能够把一个地区分成两部分?加总是没有问题的，我们知道如何把一个县的医院总数和另一个县的总数相加。但是把一个县拆分之后的医院数目，我们怎么能够知道？

第一种办法是我们把事情按与面积成比例的方式来分割。如果*B*2被拆分成了*B*2a和*B*2b了，*B*2a的面积是*B*2b的两倍，那就把*B*2的某种数目分2/3给*B*2a，分1/3给*B*2b。这会引入误差吗？多数情况下，引入的误差很小。[①]这样做能够避免归并方式带来的信息损失，那引入一点误差也是值得的。我们还可以通过平滑方式来更好地进行分割。也就是说，即便数据是有关一些多边形空间的，但我们可以用近似的方式来生成它背后的一个连续性空间。

平滑的基本理念很简单：如果多边形包括了一些加总数据，我们就会在对象间的边界线上看到突然的跳跃，这和现实并不相符。图7.8的左图绘出了新泽西各县的人口密度。图7.8的右图似乎分辨度更高。其实，两者背后的数据是相同的。

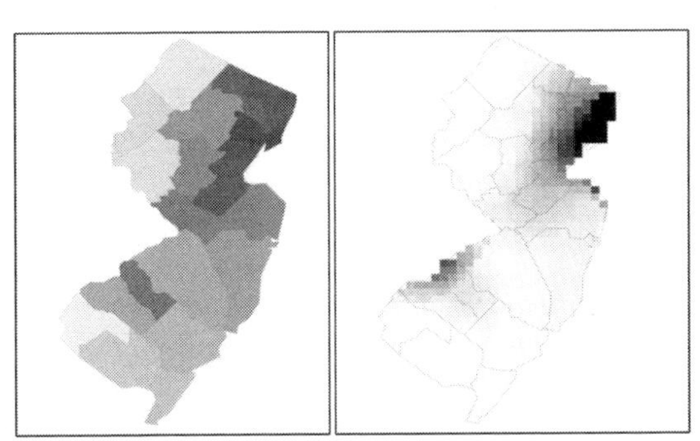

图7.8　新泽西的两幅地图

①为什么呢？首先，在多数情形中，我们会按人口对每个案例加权。这意味着对于多数非空间分析来说(如计算两个变量的相关系数)，从一种分区方式的数据中得到的结果与你从更小的拆分分区方式中得到的结果完全相同。读者用相关系数来试一下，就会明白。如果你的分析涉及按距离进行加权，结果确实会变化，因为你引入了原先同一单元内部的距离，但是变化的幅度通常都很小。

对数据进行平滑处理，背后是一个合乎情理的假定：处于图中南部最深色区域的卡姆登县(Camden)，其西北部的人口密度应该相对较高，因为那儿毗邻费城，而费城的人口密度比卡姆登县更高；其东南部的人口密度应该相对较低，因为那儿毗邻大西洋县(Atlantic)，那儿的人口密度比卡姆登县更低。如果人口分布并不受县域边界线的管辖(这一假定可能并不完全成立)，那么我们就可以更好地估计出每个地点的可能密度。

实践中我们怎么做呢？有各种各样的技术来做到这一点。具体采用哪一种，这要看你的数据是不是完整，你的数据是关于地点的还是多边形的。你可以探索采用各种不同技术，如简单平滑法(如移动平均)，或者"快速免疫插值法"(pycnophylactic interpolation)(这在合并不同分区时特别有用)以及"克里金插值法"(Kriging)(这与随机场视角有一些关联)。如果你只是想要平滑地图，那使用封装好的固定程序就好了。但如果你要估计出比手头数据更精细的数据，那需要采用如下方法(图7.8就是这样制作出来的)。

首先，我们引入比数据中的分区更为精细的分区方式(或者前面讲的拆分之后的某种分区方式)。这一步被称为"光栅处理"(rasterization)：加入一些格子或点，然后把数据赋予这些格子或点。图7.9左图就显示了对县级数据进行光栅处理后的结果：每个格子被赋予了它大部分区域所属县的人口密度值。然后，我们把每个格子的值替换成它周边格子(如环绕它的8个格子)的平均值。注意，这要求我们必须把在新泽西周边的其他州的那些县包括进来。之后，我们进行再加权，以便使得每个县内部格子的加总仍然等于这个县的总数。图7.9右图显示了这样处理后的结果。

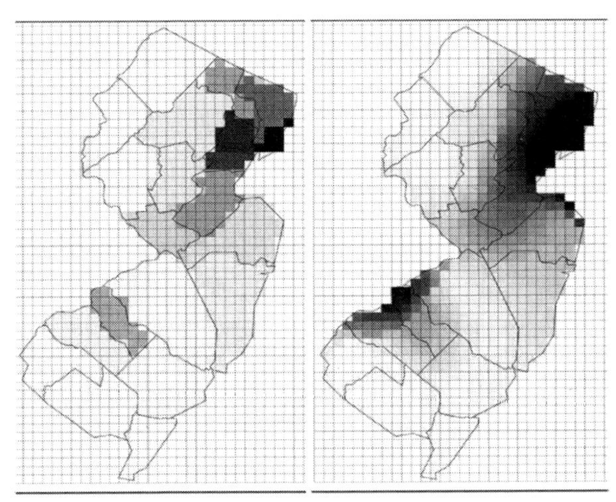

图7.9　光栅处理与平滑处理

比起假定观察(如个体)在多边形内是均匀分布的,光栅处理和平滑化的过程要更合理。我们可以比较一下平滑后的结果与新泽西州真正的更为精细的人口密度分布图。平滑结果并不完美,但是比未经平滑的数据要好得多。当我们试图合并两种截然不同的数据(多边形数据和点数据)时,这种精确性的提升是特别重要的。

点与多边形

有时候,我们的数据是与空间中某一个点相联系的。例如,我们能够知道杂货店、环境污染点、枪击发生点的位置(经度与纬度)。我们常常想了解这些位置与某种结果的关系。比如说,与其他地方的人相比,那些远离百货商店(或者靠近环境污染点或谋杀发生点)的人是否健康状况更差呢?[①]为了简便起见,我称这些为"便利设施"(amenities),虽然这种"便利"有时未必是什么好事。我们往往会计算每个多边形空间中的便利设施数目(如城市中的教堂数),然后把个体层面的数据和这些有关"便利设施"的点数据关联起来,把它作为协变量引入分析,一个多边形空间中的所有人在这个协变量上有着共同的取值。

在很多情况下,这里面的复杂性会超过你的预期。地理学家认为,每个这样的便利设施都会有自己的"服务区"(catchment area),那是它发挥效用的周边区域。例如,人们只会去20分钟之内的教堂,只会去五个街区之内的杂货店。我们来看一下图7.10中的那个便利设施(如一个杂货店)及其服务区。图中有两个多边形(或地块),其中的星星表示杂货店。注意,那个商店在左边那个地块里,但它的服务区跨到了右边。

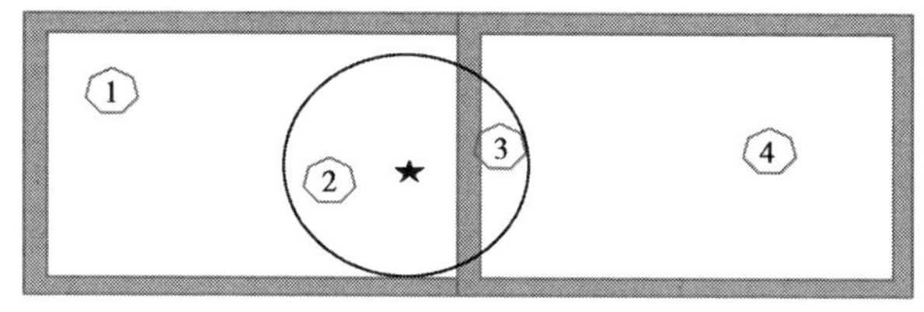

图7.10　服务区与周边地块

①有时候,我们也会用这些数据来预测其他与点类似的变量(如事件)。有一个麻烦往往被忽略,那就是社会学家对于那些**可移动的**事件特别感兴趣,如示威游行。示威者往往并不一定在自己的地盘上示威,他们会选择到别人的地盘上去示威。结果,居住在那些示威点的人和喜欢来这里示威的人可能具有完全不同的特性。分析会因此变得非常棘手,我在这里没法详细讨论这个问题了。

先来看第一个麻烦。如果我们只知道一个人在哪个地块当中，而不知道他的具体位置，那么在用“地块中的商店数”来预测其一事件（如肥胖）时，就很可能遇到“误差项相关”的问题。在这里，我们不知道个体1并不在商店的服务区中，也不知道个体3在商店的服务区中，因此就会高估个体1肥胖的可能性，并低估个体3肥胖的可能性。换而言之，我们对于相近区域往往会有负向相关的残差项。

由此会引发一些可以解决的统计学麻烦，但最大的麻烦并不在此。[①]更大的麻烦是，在很多情况下，便利设施在边界线附近的位置并不是随机的，而恰恰与你关心的变量相关。你会看到在犹他州的“温多弗”（Wendover）几乎什么也没有，但是就在它西边一英里，就冒出了一个城镇“西温多弗”，要什么有什么。原因在于，西温多弗越过了边界线，到内华达的地盘上了。犹他州是摩门教的地盘，他们禁止饮酒、赌博、色情，内华达州则基本上是“坏蛋”的地盘。但是，整个温多弗其实都处于西温多弗的服务区当中。

因此，把人和便利设施赋予同样的单元，这只有在边界非常“硬”时（如国家，但不是像欧盟成员国那样的国家）才是合理的做法。只有在边界非常“硬”时，服务区才会被边界线阻断。但是一般而言，便利设施影响到的人群并不一定就在便利设施所在的地块当中。

更重要的是，有很多美国人会在一个城镇（他们的家）吃早

①如果对数据进行光栅处理，使得便利设施的服务区与格栅几乎一样大小，这可能会导致高估与低估出现像国际象棋棋盘一样的模式，不同变量间也会出现同样的波动模式。但是，这种情形可能性太小了。

饭,在另一个城镇(他们的工作地点)吃午饭。人是同一个人,但他们的工作(及其增加值)会被算到工作的地方,他们的个人收入会被算到家所在的地方。这是一种“对称的”不对称,它与便利设施的选点是有联系的。此外,这样的地方往往有很多人。

如果地块当中的便利设施数量众多,我们就还不必为此太过操心。但是如果数量不多,我们就得认真思考一下这些便利设施的服务区了。我们可以采用某种平滑方式来调整地块边界处的人数,以便更好地估计出地块中的人们实际受益于某种便利设施的程度(如能够到杂货店购物的可能性)。

与便利设施位置相关的最后一个麻烦与所谓的“边界效应”(edge effects)难题有关。有些边界效应是真实存在的,有些边界效应只是人为假象。想象一下,人们居住在一个像棋盘一样的地块中,其中分布着一些便利设施。图7.11就显示了这样一个模拟情形。服务区的平均大小要超过每个地块的大小。居住在中间地块的人,既可以得到本地块上便利设施的服务,还可以得到上下左右周边地块上便利设施的服务。但是住在最西边地块上的人,就没有办法得到更西边地块上便利设施的服务;住在最西南端地块的人,就没有办法得到更西边和更南边地块上便利设施的服务。

图7.11 服务区的边界效应

图7.11中的灰度表示的某个因变量，它是两种便利设施的函数。越接近中心，因变量的取值就越大。这种效应是“真实”的，而不是人为假象。但是如果我们是从大区域中切出一部分区域来分析，比如说我们看路易斯安那州的各个县，那么在考虑便利设施的服务区时就可能会引入偏误。我们会低估那些处在与得克萨斯州、阿肯色州、密西西比州交界处的县得到的便利设施，因为事实上它们可能还受到其他州的影响。

如果我们想看芝加哥城市中枪击发生数与学校成绩之间的关系，同样的事情也会发生。西铂尔曼（West Pullman）社区在芝加哥最南端，它并不是暴力犯罪率最高的地方。但是它非常靠近哈维（Harvey）和河谷镇（Riverdale），那两个地方并不属于芝加哥，但是暴力犯罪率极高。如果我们忽略这些东西，就会在分析中有偏差。

总而言之，空间数据非常有趣，尤其是它能够让你把不同类型的数据合并在一起来分析。在得出结论前，你需要透彻理解自己所做的事情。有时，你还需要用插值法和平滑法来更好地猜测“人们究竟处在何处”。

结　论

时间数据和空间数据是统计学家的游乐园：他们发现各种好玩的难题，提出各种各样巧妙的调整。但那是他们要做的事，不是我们要做的事。我们要做的事是,从这些类型的数据中获得遗漏变量的线索。我们要细致辨析这些线索,不要假装看不见。作为一名社会分析者,最好玩的事情是,你研究的东西不仅有它自己的组织原则,而且它还会不断地基于这些原则来生成和输出数据给你看。这是你的机会,也是你的麻烦。我们在下一章里会继续讨论这些内容,但涉及的是社会结构本身包含的一些组织原则。

第8章

当世界对过程的了解比你多时

导览:我们在前一章中处理的问题是,有一些关于案例之间相似性的信息隐含在它们的时空位置当中。在本章中,我们会处理类似的问题:社会结构中隐含着关于案例的信息。社会结构可以是**家庭**、**朋友**,或案例与外部世界的其他互动。如果我们错误地以为自己的测量都是完美的,以为自己充分了解案例在**个体**层面的所有信息,我们就会对社会结构有一些似乎非常有趣的(实则完全错误的)判断。

说明了这一点之后,你会习惯于"社会结构中隐含着关于个体特征的信息"这一想法。我们接下来就会考察利用此类社会结构来构建样本(即网络抽样)时会发生什么。我们会重点讨论"受访者驱动抽样"(Respondent-Driven Sampling)的一些观点。案例之间的非独立性意味着,有关"变量间关系"的一些判断很可能会受到"案例间关系"的影响,而"案例间关系"又会受到个体层面"未观察到的异质性"的影响。

最后,我们会讨论在网络分析中如何处理这种互依性,简要地说明为什么网络分析领域会如此热衷于"指数随机图模型"(Exponential Random Graph Models,简称ERGM)。我们会看到,为什么这种寻求形式化通解(a ritualized, general solution)的解决方案实际上很糟糕。最后,我们会提醒自己,如果只是走形式一样地使用那些看似更“简单”的网络“测量”,这种测量将是无效的。

从无知中提炼“知识”

许多统计程序最大的败坏(corruption),就在于它能够让人从无知中提炼出某种“知识”:你知道的**越少**,就**以为**自己知道的越多。比如说,在上一章中我们看到,明明是你遗漏了预测变量,但借助空间滞后模型,你就可以声称自己发现了某种“扩散效应”。我们再来看一种从无知中孕育“知识”的情形。在这种情形中,我们对世界**缺乏了解**,但构建出数据结构的那些行动者对世界**非常了解**,然后我们用他们构建出的数据来了解他们。这么说话确实太绕了。但是这样说可以让我们明白,看似不同的麻烦背后有着某种共通之处。我们在第4章中见过这样一个例子:校长对于哪个小孩是坏蛋的标示(labeling)比更“客观”的测量更好地预测了随后他是否被捕。这不是校长的标示更真实,而是因为让校长讨厌这个孩子的东西也会让警察讨厌他。**关系**的复杂结构没有被我们看清楚,结果它被误认为是某种**个体属性**。

现在我们要讨论的案例中,不只是遗漏变量导致了偏差。在这里,测量的不完美使得我们低估了某种特定的联系,对关联进行了错误的归因。这里的关键在于,对于我们想要测量的那些东西,当事人比我们要更清楚。如果我们不充分考虑到这一点,就会得出错误的结论。

让我举一个例子吧。假如我们想要了解阶层婚配的"同质性"程度。我们把人们分成了不同的阶层,办法可以是询问人们的主观阶级认同,也可以是询问当前职业然后再编码成8个大类。将丈夫的阶层作为行,妻子的阶层作为列,每对婚姻就成为矩阵中的一个数据点。

这些测量的效果很可能不太好,至少在当下美国是如此。首先,很多美国人不喜欢谈论阶层。其次,即便他们谈论阶层,也会有好多种不同的方式。比如说,在谈论工作时他会认为自己属于"工人"阶层,在谈论消费时则会认为自己属于"中间"阶层(Halle,1984)。再次,如果你非要让他们在**你列出的**那些术语中挑出一个作为自己的阶层,有些人其实完全不懂那些术语是什么意思。又次,如果你基于"客观指标"对他们进行分类,而不是让他们自己选择,那么信息质量就会影响到你。比如说,职业编码就非常不精准。在很多情况下,大学图书馆的馆长和小学图书馆的馆员会被分成一类,高频交易员(day-trader)和街头小贩都会被分类成"自雇者"。最后,这些变量有很大的波动性。很多人的收入是起起伏伏的。有些(不太成功的)自雇者会经历周期性的起伏。在大多数情况下,我们缺乏要理解阶层所需要的重要信息(如财富、家庭财富、家族背景等)。还有,如果你确实想要用这些内容来理解阶层,那么静态测量也有问题。如果只看那些年轻人,我们就往往会低估社会经济地位的延续性。[①]

到了最后,你可能把人分成了好多阶层。但是,谁说阶层就必须有8个的? 比如说,阶层可能其实就只有4个。你把每个阶层随机对半分,然后一半的同质婚配就会变成非同质婚配。

因此,从很多方面来说,这种阶层测量都是有问题的。有多大问题? 谁也不知道。对此进行评估,需要我们掌握那些我们并不掌握(或者不想花时间掌握)的“底层事实”(ground truth)。姑且不管这样,我们对丈夫的“阶层”和妻子的“阶层”作交叉列表,以此来考察婚配的同质性程度。完美的关联是不太可能的,我们不会看到每个人都在矩阵的对角线上。但是,如果我们得出结论说美国的阶层婚配同质性并不高,那在逻辑上是不对的。我们的结果只是对同质性程度设了一个**下限**而已。

我们的错误解读来自于一个非常傲慢的假定:我们对当事人阶层的判定要比当事人自己还要准确。我毫不怀疑,杰克确实爱吉尔,吉尔也确定爱杰克。但是如果存在阶层这回事的话,我也毫不怀疑,杰克能看出吉尔和自己是不是一个阶层的,吉尔也能看出杰克和自己是不是一个阶层的,他们的判断比我们根据调查数据进行的判断精准多了。有时候,即便杰克和吉尔两个人根本**不相信**有阶层这回事,可他们依然能够一眼看出别人和他们是不是一个阶层的! 当事人能够准确分辨出暴发户和破落贵族,能够分辨出败家子和攀附权贵者;用柏拉图的比喻来说,当事人能够

①不少富家子弟在上大学时会去当服务生、拉赞助、到NGO里实习,这样看起来社会经济地位的延续性就很低。但是六年之后,没有几个人还会干这种事情,他们都已经跑到他爹办的投资公司中去了。到他们40岁时再去看,你会对阶层的代际传承有更高的估计。

分辨出偶然跌落到青铜家族中的黄金儿童。事实上，与假定“自己数据精确”而推翻“强同质婚配”的假设比起来，假定“同质婚配”存在而推翻“自己数据精确”的假设还要更有道理一些。如果杰克和吉尔结婚了，他们多半就是一个阶层的。

我当然不是说，我们应该先验地认定完美的同质婚配存在。这只是一个思维实验，用来提醒我们测量是不完美的。如果有一些社会过程是由**真实的**值驱动的，那么基于不完美测量得出的结论就可能带有偏差。现在让我们来看看这会如何把你引到坑里。

家庭出身

种族出身

如同阶层一样，当事人对自己的种族出身比我们更了解；即便我们**想尽办法**，使用的测量也还是粗略的。尤其是考虑到美国社会盛行的“一滴血法则”（只要祖上有来自撒哈拉以南的人**就是**“黑人”），很多数据中的种族信息要比人们自己的理解的粗略得多；即便在美国，人们对自己种族的理解也会涵盖更多因素，如肤色（Monk，2015）。这意味着，社会学家使用的数据里两个人的关系是同一种族，但在当事人心目里这既可能是“跨种族”的也可能是“种族内”的，具体怎么称呼要取决于当事人如何定义自己。反过来，有着相同种族标签的两个人，可能有着非常不同的生物血统，而那些生物血统又和某些个体特征是相关的。

比如说，达文波特(Davenport,2016)有一个很有意思的想法。她想了解那些混血的年轻人如何界定自己的种族身份，哪些因素会影响他们的判断。她得到了一个大学生数据，其中有大学生本人种族和大学生父母种族的信息。她发现，宗教认同可以预测种族身份认同。在那些父母一方是黑人一方是白人的大学生中，浸信会教徒会更认同自己是黑人。那些父母一方是拉丁裔一方是非拉丁裔的大学生，天主教徒会更认同自己是拉丁裔。

有可能确实如此。然而这里要从相关关系中得出因果结论，我们必须把种族当成一种与人们主观认定无关的物(reify)；在第2章中我们已经讲过这种看法并不正确。这里的麻烦可能在于，当事人比我们更了解自己**祖代**的情况。试设想如下情形。假如在祖代当中，所有的黑人都是浸信会教徒，所有的拉丁裔都是天主教徒，所有的白人都信仰其他宗教。此时发生的跨种族婚姻，同时也是跨宗教(或跨教派婚姻)，而孩子的宗教将在父母中随机选择一种。这样推算下来，如果有一位年轻人，他的祖代中有三位黑人和一位白人，他可能会认为父母中有一位是黑人有一位是白人①，他会有75%的可能性成为浸信会教徒，同时他比我们更了解他的祖代情况，因此更可能认同自己是黑人。另一位年轻人，他的祖代中有三位白人和一位黑人的年轻人，他也可能会认为父母中有一位是黑人一位是白人，但他只有25%的可能性成为浸信会教徒，同时他比我们更了解他的祖代情况，因此更可能认同自

①你可能认为，按照"一滴血法则"(参看Washington,2011)，此时当事人应当会认定父母亲都是黑人。但是，正因为有这样"一滴血法则"，那位父母亲分别为黑人和白人的父代，**他的祖代**中可能有三位都是白人。严格的"一滴血法则"是不可能的；如果严格按那种规则，我们所有人都得被追溯回非洲去。

己是白人。宗教与种族认同确实存在相关,但种族认同不是**因为**宗教。

事实上,从种族认同数据中清除各种类型的错误,那简直就是一场噩梦。人们在这方面做了很多有趣的工作,有证据表明对种族认同的回答存在着背景效应。但是,这里我们面临的麻烦是,较小的随机噪声就能把信号淹没,就好像大卫轻易打败了歌利亚一样。我们能够确定的只是,人们对于自己的种族出身(以及他们遇到的人的种族出身)比我们要更了解,哪怕研究者再强迫人们认真地画钩也是如此。

撒波斯坦和潘纳进行了一系列与种族认同相关的研究,其中有一项研究考察的是在相隔一年的两次访谈中,访问员对同一被访者种族的判断会有什么变化(Saperstein and Penner, 2012)。模型在控制了前一年种族分类的条件下,看第二年的种族分类。结果他们认为,访问员对黑人和白人的刻板印象会影响访问员对被访者的种族判断,刻板印象(和访谈之外的归因过程)引导访谈者"看出"受访者属于哪一种族。比如说,在控制了前一年的种族类别之后,如果访问员得知在过去一年里被访者曾经进过监狱,他就更可能把被访者认定成是黑人。这个想法很有意思,而且也有社会心理学实验的支持。这种事情确实**有可能**发生。但是,它发生的频率有那么高吗?它能够解释数据中大部分的种族类型变动吗?①

①我们对种族的分类是基于白人/黑人的二分法的,其他类型的人都得纳入进去,这就使得其他类型的人在种族认定上会遇到麻烦。多数的种族变动(racial fluidity)其实就发生在这些类型当中。(亚裔?但东亚裔和南亚裔就很不一样。如果用语言来界定拉丁裔,那它源自于两个血统非常不同的群体。)拉丁裔有时是白人,有时是其他。那些在白人和黑人间变来变去的人可能是因为有加勒比非洲裔的祖先。

如克莱默等人(Kramer, DeFina, and Hannon, 2016:238)指出的,如果(1)数据中存在随机的回答误差,(2)刻板印象其实是一种统计相关,那么我们也会得到同样的结果。[①]与没有进过监狱的人相比,那些进过监狱的人更可能从“白”变“黑”,这可能并不是因为访问员知道他们进过监狱就戴上了有色眼镜,而是因为黑人确实比白人更可能进监狱,故而在那些进过监狱的人当中,你发现被误认为是“白人”的黑人的可能性更大。

要搞清楚事实究竟如何,这很困难。克莱默等人提出了一个想法,去考察那些我们估计访问员**以为**与种族相关(但其实与种族不相关)的变量。但是在没有深入了解访问员对种族的看法之前,这只是一种猜测;以这种猜测来成功厘清事实的概率并不高。[②]关键在于,要明白这世界当中包括了一些我们无法获取到的信息。杰克对吉尔的阶层要比我们更明白,监禁状况对种族的“判定”要比我们更准确。当我们不是分析不同年份,而是不同代际时,与此完全相同的难题也会出现。

非马尔科夫时间过程

接下来,我们要介绍一个非常普遍的道理:**只要**我们的数据或模型并不完美,而且外部世界(多数情况下是你研究的那些人,但

①在不同解释间进行裁决的困难在于,所有批评都基于一个前提假定:人的种族是“实在”的。但这正是撒波斯坦和潘纳极力否认的,而且他们的否认有很好的理论依据。

②克莱默等人表明,访问员对被访者消费和销售大麻情况的了解,并不会影响到他对被访者种族类别的判定。但是没有理由认为访问员会把大麻使用与黑人(而不是白人嬉皮士)联系起来,此外访问员在进行种族归属分类时并不掌握这一信息(通过与撒波斯坦的私人沟通得知)。

也可能是其他人或其他机构)对事情比我们更了解,我们就可能会看到,真实世界中的关联以**另一种关联形式**浮现在我们的数据中。

首先,让我们来看一下与测量误差有关的例子。假如在某个世界当中,一半人属于上层,一半人属于下层。我们从中抽取了1000人的样本。上层的小孩往往也是上层,下层的小孩往往也是下层,但这种关系并不绝对。事实上,15%的上层小孩会成为下层,15%的下层小孩会成为上层。社会学家会假定这是一种“马尔科夫过程”,也就是说孩子的地位只依赖于父代的地位,与祖代的地位无关。但是你认为社会学家搞错了,因此找到了一个包括三代人的数据。以前还没有人有这样的数据,你可以用它来研究阶层的继承,看是否存在直接的“祖代效应”。你把父代的阶层和祖代的阶层都纳入到logistic回归中,结果如表8.1所示(R8.1)。太好了,祖代的效应非常显著!这将会使我们对阶层流动的看法完全改观!

表8.1　阶层承续的祖代效应

	估计值	标准误	*Z*值	*P*值
截距项	−0.538	0.105	−5.148	<0.001***
父代	0.649	0.131	4.967	<0.001***
祖代	0.351	0.131	2.693	0.007***

这个结果并不是真的。在这些模拟数据的生成过程中,每一代都以85%的概率复制上一代的阶层。那结果为什么会是这样的?因为存在回答误差。数据只有75%是准确的,还有25%被放到了错误的阶层中。这可能是回答人自己答错了,或者记录员记

错了，或者数据录入时录错了。总而言之，这里存在随机误差。

你可能认为，随机误差只会使得结果更趋于零，而不是向上偏。其实，并不一定如此。在阶段2时，有一些父母亲虽然说自己是低层，其实是上层。关于他们，有两件很重要的事情。首先，与真正的低层相比，他们的父代更可能是真正的上层，也更可能**回答**自己是上层。其次，与真正的低层相比，他们的子代更可能是真正的上层，也更可能**回答**自己是上层。这种所谓的"祖代效应"其实并不存在。它并没有反映现实**过程**，它反映的只是**信息**在现实世界中被组织得更好、在数据中却经过了过滤。我相信，大多数所谓的"祖代效应"都只是数据中回答误差（或模型误设）造成的假象。现实世界中**确实**存在"祖代效应"（小布什对此应该最清楚了），但是我们在数据中发现的**确实**不是"祖代效应"。[①]

这种虚假效应在不存在测量误差时也会出现，只要模型设定上有错误。比如说，我们通常会把遇到的任何变量关系都设定成线性的。当然会有例外，比如说我们往往会加入年龄变量的平方项，或者把收入或财富变量取对数，但线性关系的设定仍是最常见的。我们以为，如果关系不是线性的，线性设定将会使得斜率更趋于零，因此这种设定错误只会使我们得出更保守的结论。

假如我们有关于三代人的收入数据（R8.2），每代人的收入与上一代人有部分的延续性，收入的传递服从马尔科夫过程。第一代与第二代的相关系数很高，$r = 0.58$。第二代与第三代的相关系数也很接近，$r = 0.64$。如果这确实是一个马尔科夫过程，那么第

①在本书将要出版的时候，哈斯腾和费弗尔（Hällsten and Pfeffer，2017）发表了一篇非常精彩的论文，明确地讨论了上述问题，并提出了用以纠正的研究设计。

一代与第三代之间的相关系数应当是0.58 × 0.64 = 0.3712。但数据中第一代与第三代之间的相关系数是0.43,要更高一些。因此你把父代的收入和祖代的收入都纳入到回归方程中,来预测子代的收入。结果如表8.2所示,祖代的系数比上一次模拟的结果要小一些,但仍然非常显著——显著到足够去投稿了。

表8.2　再现阶层承续的祖代效应

	估计值	标准误	Z值	P值
截距项	0.164	0.015	10.639	<0.001
父代收入	0.586	0.030	19.542	<0.001
祖代收入	0.084	0.030	2.802	0.005

但是,数据的生成过程确实是马尔科夫过程,祖代的收入对子代的收入没有直接影响,只是通过父代才对子代有间接影响。问题出在了哪里？问题出在,这些变量间的关系是非线性的。如果你提前看一下变量的散点图,就能够马上看出这一点(参看图8.1)。

但是,如果你不看散点图,那出错就是应该的。此外要注意,对模型来说真正关键的假定不是简单的双变量关系是线性的,而是"在控制了其他预测变量之后"的双变量关系是线性的。有时候,双变量关系看起来是线性的,但是一旦控制了与其中某个变量高度相关的某种因素后,这两个变量之间的关系就会成为非线性的。因此,你必须要看残差,而不是原始变量值。但是,原始变量值至少是考察的起点(参看第2章)。

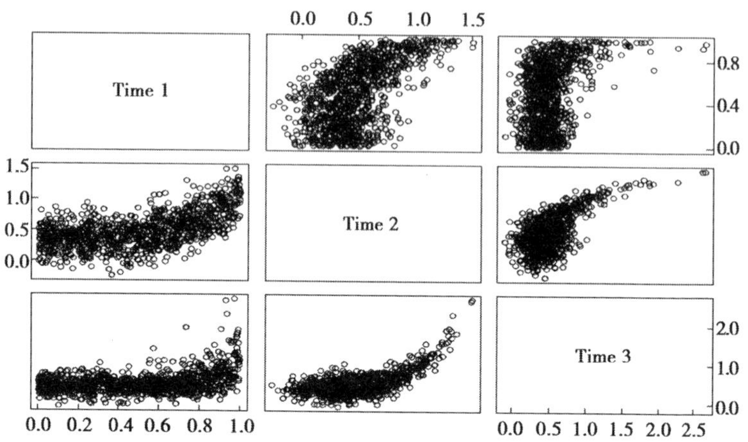

图 8.1 不同时点的变量之间的关系

我们前面讲的例子是有关不同代际之间关系的，但是同一个人在不同时点之间的关系也是同样的道理。杰里米·弗里兹(Jeremy Freese)告诉过我，小孩在一年级时的成绩有助于预测他们在五年级时的成绩，即便考虑到三年级时的成绩。这是因为那些在三年级考试时碰巧生病了而考砸了的尖子生，不会在五年级考试时再次生病。记住这个道理，小心其中的陷阱。

社会网络知道的东西

网络与误差

人们往往认为，网络数据分析中的难点就是如何解决统计学上的自相关性。但是我认为，从社会结构中储存的信息的角度来思考网络数据分析是一种更好的方式。在简要介绍与网络数据相伴随的一些难题之后，我会论证主流社会学中对这些难题的思考方式是有错误的。我会指出，当前的处理办法是走形式，与我们应该努力的目标距离很大。和对空间的处理方式一样，我们对于要害问题往往是堆在一起贴个标签了事，对于枝节性问题却大张旗鼓。当然，观点不同的双方可以从彼此的工作中受益，那些方法的前沿进展迫使我们仔细地核对自己的结果，我们提出的批评也能够促使他们进一步改进其方法。

在谈论网络数据时，我们总是说其中存在某种"非独立性"或"相关误差项"，好像那就是唯一的难题，我们要为它寻找某种唯一的解决办法。事情并非如此。我认为，把网络数据看成地理数据，会有助于我们透彻地思考这个问题。两者在本质上是相同的，都是如我们上一章中见过的表示案例间距离的矩阵，但我们对地理数据能够有更直观的感受。此时，我们面临三个麻烦。

网络数据分析的第一个麻烦，是**抽样**存在非独立性。收集网络数据有三种不同的办法。方法一是对个体进行抽样，然后询问他们的交往情况，这被称为"自我网络"(ego network)。有时候，我们并不会确定交往对象具体是谁，而只是把这些信息合并成个体层面的变量，如"朋友数量"或"从工作中认识的朋友比例"。我们不会把这些信息嵌入到更大的网络当中，不会用网络术语来思考这些信息，因此处理起来就很简单。[①]有时候，我们会要求人们构

①但也有例外，如伯纳特等人(Bernard et al., 1991)提出并至今仍然在发展探索的"向上扩展"(scale up)法。

建一些社会网络,比如说询问这些联系人彼此之间的关系("这些人里面哪些彼此认识?")。多数人仍然会把这些内容合并成个体层面的变量。这会使得观察在某些方面并非完全独立,但目前为止没有证据表明这值得我们为此大动干戈。[①]

方法二是对**群体**进行抽样,然后勾勒群体成员的网络关系。比如说,我们在学校中对班级进行抽样。非独立性的来源之一是,同一个班级里的学生要么都进入样本、要么都不进入样本。此时我们的**任何**估计值(包括网络结构参数)在推论到总体(如美国的所有班级)时,标准误都会比通常计算出来的更大一些。你从全美国抽取一百个城镇,然后从这些城镇中抽取个体,也会遇到同样的问题。非独立性的另一个来源,是我们利用群体收集的数据是有关社会网络的信息。小孩的朋友中,只有一部分和他在同一个班级里。但是我们是按班级来抽样的,我们只抽取到了与他在同一个班级里的朋友。[②]

方法三是"滚雪球"抽样。此时,抽样中的非独立性问题要严重得多。与随机样本相比,"滚雪球"抽样不只效率更低(标准误更大),而且会有偏差。如果"滚雪球"的起点是一个喜欢重金属音乐的天主教素食者,那么与随机样本相比,"滚雪球"的最终样本中很可能会有更多的天主教徒、重金属音乐爱好者、素食者。我们应该尽量避免采用这种抽样方式,它相当于任由别人给你选

①某人的朋友之间的联结不独立,这可能意味着某些系数的不确定性要比你计算出来的更大。但是这并不一定值得你去操心,参见第1章中狄德罗说过的话。

②最后,有时候人们把"每一个体都与同一群他人建立人际关联"也当成样本的非独立性。但是,我认为这有些令人困惑。因为我们可以看到,即便总体中的所有成员都被纳入样本,也并不能解决他们所担心的这一问题。因此,我觉得从"人际关联间实存性的互依"(而不是"节点间在抽样上的互依")出发来理解这一问题会更适当。

择样本,而且自己对于抽样原则永远不知情。

网络数据在抽样上的这种非随机性,会使得我们即便在模型设定正确时也低估参数的标准误。但是网络数据分析的第二个麻烦更大,它涉及观察在遗漏变量上存在相关。交往密切的人,往往在很多我们**没有**测量的方面有共同之处(正如处在相邻空间中的人往往有很多共同特征一样)。我们对此是“无知”的,但恰恰因此而自以为有所“发现”。尤其是,我们会因为对个体属性“无知”,而以为“发现”了关系或结构位置上的规律。

网络数据分析的第三个麻烦是,某一对(或一些)人际关联的存在与否会影响另一对人际关联的存在与否。这和**统计的**非独立性是不一样的,我称之为“**实存性的**非独立性”(existential non-independence)。我们很容易把这一问题和其他问题混为一谈,因此必须小心处理,确保自己在实质层面上来理解和处理这一问题,而不是进行形式化的处理。“实存性的非独立性”可以分为两种类型:一种是误差(尤其是节点特征上的误差)造成的,另一种与误差无关。

误差的生成过程往往会导致非独立性。比如说,我们可以请40个人来评价10部电影,然后建立模型来看导演声望和电影预算对评价的影响。从统计学上来说,与请400个人每人来评价1部电影相比,这样做得到的独立观察数目肯定更少。因此,我们就得进行一些小调整来适当地扩大标准误。在网络数据中,也会有类似的情况出现。

我们必须切实地对社会过程进行思考,才能理解节点特征造成的误差。人们对于“怎么样才够朋友”的标准是不一样的。门槛低的人,能说出的朋友数目会较多;门槛高的人,能说出的朋友数目会较少(在其他条件相同的情况下)。因此,与门槛低的人相比,门槛高的人更可能得到“非对称性的提名”(unreciprocated nomination)。很多测度因此会误把这些门槛高的人当成是相对更“有人气”(popular)的人。当然,另一种解释也可能成立:那些人门槛高,就是因为他们更有人气(如果是乞丐,他就只能任人选他,没有资格选别人)。这两种解释中哪种正确,我们很难裁决。[①]统计技术是无法对这种回答门槛的差异进行“修正”的,除非建立在对这一过程进行理论建模的基础上。[②]

另一种“实存性的非独立性”并不是误差造成的,也不是源于个体属性的差异,而是源于关系建立与存续之间的实际依存性。比如说,小明邀请了小红参加舞会,就不能同时再邀请小丽参加舞会,因此这两对关系之间就有了互依性。此外,如果小红答应了小明,小刚因此无法邀请到小红,他就会去邀请小丽。小明和小丽之间并没有直接打交道,但是他通过小红间接地影响到了小丽的最终选择。在统计学上,这意味着只考虑小刚和小丽**他们**两个人的变量,并不能完全理解促成他们最终约会的因素。

如果小明的信息是缺失的,我们也无法完全理解小刚和小丽

①你可能会认为,如果对选项数目加以限制,人们就会优先选择他们更好的朋友,此时每个人的这种虚拟门槛可以被认定是相同的,因此就能够把控这一问题。这种想法有道理。但遗憾的是,在我接触过的多数网络数据中,大多数人说出的朋友数根本没有达到最大的提名数目,我们也不清楚他们是如何对这些朋友排序的。不过,这是一个值得琢磨的问题。

②我所说的“进行理论建模”,包括对“回答的分布”和/或“当红效应”(popularity effects)进行一些事先假定。

建立关系的原因。[①]我们将无法完全理解小明和小红的关系，而那又和小刚与小丽的关系关联在一起。如果小明胡乱填答，或者为人刻薄，对周边他人都刻意贬损，那结果也是一样。这是很多数理社会学家都在关注的统计学难题。我也认为，这些问题更酷一些。但是，前两个麻烦（抽样问题和遗漏变量问题）会使得结论中出现巨大的偏差，因此我们绝对不能忽视它们。

有时候，网络研究者以为自己发现了"网络效应"，但其实只是某种**完全随机**的误差在捣乱。很多网络研究者不想面对这一事实，但你在见过那个"祖代效应"的例子后，会很容易理解这一点。

人际影响与随机误差

我要举一个我自己的研究（Yeung and Martin，2003）。那是我和杨景图合作的论文，我是第二作者，负责方法部分。杨景图的那部分做得很好，但我的那部分有些问题。文章的结论是正确的，但我现在非常清楚地看到了当时没有看出来的问题（但也可能是**不想**让自己看出来）。

我们找了60组生活在一起的人。在每个组里，每个人都要对组里的其他人进行评价：是否强硬、是否有爱心、是否被动、是否有人格魅力等。他们也要在这些方面对**自己**做出评价。杨景图提出，我们可以比较自我评价和他人评价，看其中是否有关系，看

①最近有一些很精彩的研究，讨论了节点缺失和边的缺失可能造成的影响（Smith and Moody，2013；Wang，Butts，Hipp，Jose，and Lackon，2016）。如果你想了解误差的存在会如何扭曲你对网络结构特征的理解，这些研究是很好的起点。

这种关系与伟大的社会心理学家库利(Charles Horton Cooley)所预测的是否相同。这是一种考察“内化过程”是否存在的巧妙方式。

你会说,他人评价与自我评价的一致性,并不能证明他人评价影响了自我评价。也许大家认为强势的那个人也认为自己强势,那可能是因为他确实强势。他自己明白,别人也明白。杨景图提出了一个很妙的点子,我们可以用多期数据(事实上是三期数据,但只有两期数据信息比较丰富)来处理这个难题。我们可以看人们是否会跟随群体的看法而变化。在刚开始调查时,你不认为自己是个“有爱心”的人,但群体里别人觉得你“有爱心”。在一年之后,我们再次调查时,你开始接纳他们对自己的评价了,也会觉得自己“有爱心”。

我们发现正是如此。我那时候没有意识到的一点是,这样的模式也可能是由于随机误差造成的。假如某人确实是挺有爱心的,但她第一次偶然回答错了。此时,群体里的其他人在两次调查中都会评价她是有爱心的,然后她在下次调查时也会正确地评价自己是有爱心的。在这个例子里,群体成员比研究者更了解这个人的实际状况,就如同你妻子更了解你的实际阶层,你的祖母的宗教派别隐含了你的种族信息一样。

研究同伴影响的模型,往往会把测量误差或模型设定错误造成的结果,当成是同伴影响存在的证据。你是“感恩而死”乐队(Grateful Dead)的一个死忠粉,你朋友也是。可是你在第一次接受调查时,说自己并不喜欢这个乐队(或许是因为你那天脑子有点不太灵光)。你的朋友都回答喜欢。第二次接受调查时,你回答说自己喜欢。由此,我们就证明了同伴影响确实存在。

再举一个例子,阿布鲁丁等人(Abrutyn and Mueller,2014)想要研究自杀企图是否会扩散。已经有很强的证据说明扩散是存在的,但是他们认为这里面可能存在选择性。因此,他们去观察那些在时点1时没有任何自杀企图和念头的人,看如果他们有朋友在时点1和时点2之间有过自杀的念头,他们是否更可能在时点3时有自杀的念头。这个设计听起来很不错。

这个设计虽然不错,但并不足以让我们确信数据表明了自杀的传染性。我们遇到的麻烦是"假阴性"的存在:有些人有过自杀的念头,但是他们忘记了,选错了,说谎了。这些人随后更可能(看似)变得有自杀念头。他们肯定认识更多的有自杀念头的朋友,或者有抑郁感受的朋友。他的朋友中存储了一些关于他的信息,那些信息研究者并不知晓。在这个例子中,研究者并没有比较那些在时点1时有自杀念头和没有自杀念头的人,而只选择那些报告说没有自杀念头的人。我们可以想象得到,在时点2时会有相反方向的一些误差:一些人没有自杀念头却报告说有。假阴性和假阳性可能会抵消,但是没有理由认为它们一定会抵消,没有理由认为出现假阴性的概率和出现假阳性的概率一定相同。对于那些敏感而带有污名化的信息来说,我们相信出现假阴性的概率会更高。

对此没有办法了吗?事实上,有一种简单的检验可以在这种情况下帮到你。如果那些所谓的"同伴影响"确实是随机误差造成的,在时点1自我评价与群体对自己的评价不一致的那些人,在时点2时更可能会变得与群体一致,因为他们不太可能犯两次同样的错误。如果你比较他们的"变动倾向"与"在时点1时自我评价与群体评价之间的差异",两者之间会存在正向关联。①

但是此时,如果你把时点的顺序反过来运行,也会得到完全同样的结果。这是我们在上一章已经见过的一个技巧。图8.2显示了200次模拟的结果(R8.3)。模拟中我们有200个人,他们的朋友知道他们的真实特征,但是他们的自我评价在首次回答中有一定概率会出错。我们用时点1时他们朋友的评价来预测他们的自我评价,计算其残差;然后再用这个残差值和他们在时点1的回答来预测他们在时点2的回答。得到的系数值如左图所示。右图是反时序运行的结果。两者基本相同。如果你认为存在同伴影响,但是反时序运行时结果也完全一样,那你最好收回这种看法。

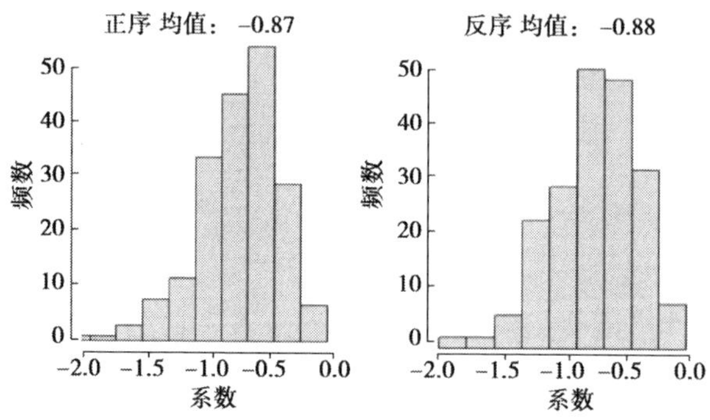

图8.2 变化源于误差时正序和反序分析的结果

相反,如果真实的社会过程是只有那些与他们朋友意见不一

①例如,你可以按杨景图和我(Yeung and Martin, 2003)做过的那样,拟合时点1时的"自我评价"对"群体评价"的回归,然后用这一残差来预测时点2时的自我评价(同时加入时点1的自我评价作为控制变量)。这并不一定能够给出一种因果估计,但是它能够用来拒斥零假设,由此表明存在一种明显的与群体评价一致的变动趋势(如果系数为负),或者一种与群众评价相背离的变动趋势(如果系数为正)。

致的人才会改变,那把反时序运行的结果就会不一样。图8.3显示了当影响真实存在时的模拟结果(R8.4)。在这种情况下,如果在时点1时自我评价与多数朋友的评价不一致,而且朋友评价的一致性程度超过85%,那么在时点2时当事人就会改变自我评价,与多数朋友评价变得一致。由于我在模拟中把这个过程设定成是决定性的,因此图8.3中显示的系数都非常高,但是更为重要的是,反时序运行的结果和正时序运行的结果截然不同;事实上,系数的符号是相反的。

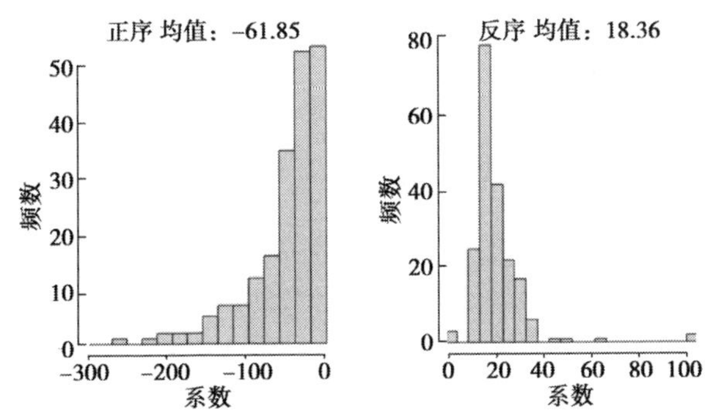

图8.3　变化源于人际影响时正序和反序分析的结果

我不否认,真实的人际影响过程也可能在反时序运行时得到显著的系数或比值。但是在我进行的这个简单示例中,正时序运行时得到的系数一定要比反时序运行时得到的系数**更大一些**。时间关系具有这样的非对称性,原因也可能是人际影响之外的因素:被试变成熟了,访谈条件变化了,一致性效应,等等。不过,连这个简单测试都通不过的东西,就应该接近出局了。使用非实验数据来证明同伴影响的存在,在起始之时就要考虑两个不利因素:一是未观察到的异质性,二是选择性。

杨景图和我的那篇论文看起来仍然站得住脚，这有以下三个根据。第一，我们发现时间是单向流动的，群体对人的评价随着时间变得更加统一。第二，我们在意识到这个问题之后，**运行**了如我前面讲过的反时序操作，此时并没有发现群体趋向于一致的证据。第三，我们发现这种模式与人际关系的**内容**有关：对于大多数关系内容来说，那些自我评价与群体对自我的评价不一致的人往往能够一定程度上说服别人，但是这一点在“被动性”这一特征上不成立。你不能够积极地去说服别人认为你是被动的，这说明确实存在一种变化过程，而不只是测量误差。

我想强调一下上述论证方式的重要性。我们常常以为，与**统计**有关的难题就只能用**统计学的**办法来解决，而统计学的解决办法不会管你具体研究的究竟是什么内容。事实并非一定如此。有时候我们能够明智地进行裁决哪一种解释更有可能，靠的就是理解数据中各项内容的具体意义，尤其是它们的正面效价和负面效价（valence）[①]。

遗漏变量及其影响

我们已经看到，各种来源的误差会使得我们误以为发现了“结构效应”。此外，还有很多网络分析中所谓的“关系效应”，其实是由于个体层面的遗漏变量的差异导致的。我不是否认社会结构的重要性。恰恰相反，我认为它太重要了。它影响到了我们

①“效价”（valence）是心理学家库尔特·勒温（Kurt Lewin）使用过的一个概念，指的是事件或对象对个体的主观价值，吸引个体则具有正价，排斥个体则具有负价。——译者注

的方方面面，影响我们的行动，影响到我们的种种个体属性。我们只要在做事，它就是更大的社会模式的一部分。我们听什么音乐，选择谁当朋友，都是这样的。因此，如果这些个体属性的信息是缺失的，统计分析者就会做出错误的归因。比如说，我们会误以为朋友关系**导致**了某种结果，其实朋友关系的存在只是在**暗示**个体有某种特点。

我们可以从选择性偏差的角度来考虑这一问题。但是，我们一旦这样想，就会以为下一步应该做的事情是：建立选择性模型。比如说，把遗漏变量纳入考虑，或者用"干预前测量"(pre-treatment measures)来绕过它。我们想了解某种小众音乐的喜好是否通过朋友网络而传播，那就询问他们成为朋友前是否喜欢这种小众音乐。我们觉得这样就解决问题了，就可以对友谊关系如何改变音乐品味建立模型了。

这样做解决不了问题。正确的做法是，放弃这项研究。那些一听某种小众音乐就喜欢的人，就算他们从来没听过那种小众音乐，也会成为好朋友。有一些微妙的、不可言传的、没有被理论把握的个人属性，既影响人的音乐口味，也影响朋友关系的建立。除非你有办法去测量那些个人属性，否则就没有办法把它们纳入考虑。

我们可以用瘟疫来打个比方。你看见瘟疫在蔓延，很多邻近的人相继去世。你知道有些病是传染病，因此认定存在"人传人"现象。你避免接触任何病人，以及任何接触过病人的人。这种做法没有用，因为瘟疫其实并不是通过"人传人"传播的，而是通过跳蚤和老鼠来传播的。但是，假如这时你得到了一个关于人际接触和患病情况的纵贯性数据,你会看到人们在接触病人之后就更可能患病,你会误以为瘟疫传播就是与人际接触有关系。纵贯性数据解决不了这个问题,因为你对那些老鼠和跳蚤根本不了解。文化元素的传播与此很类似:大众传媒、学校机构、非正式互动、相似的兴趣就是“老鼠”,广告、娱乐节目、非正式讨论等就是“跳蚤”。你得对**所有**这些因素有真正的了解,才能使用非实验数据识别出人际影响的效果。

事实上,有一些研究采用了随机实验的办法来研究关系效应。不过,结果会让你有些不开心,因为和你想的不太一样。最严格的随机实验(如路易斯等人[Lewis et al. ,2012]利用大学宿舍的舍友是随机分配这一点进行的研究)表明社会网络效应并不显著。也许你愿意尝试一下随机实验的办法,但是多数社会网络效应是不应该用这种方法来研究的。由实验者分配给你的朋友,和你自己结交的朋友总归还是不一样的。此外,如果与你在调查中掌握的那些信息相比,社会世界对于“谁会喜欢谁”了解更多,你就算加入控制变量来处理选择性,也无法把非实验数据变成对实验的模拟。

把握选择性

有一场很有名的争论,讨论的就是如何通过网络分析来把握人际影响。古乐朋和富勒(Christakis and Fowler,2007)宣称自己证明了肥胖可以通过社会网络来传播。他们的数据确实很难得,那是一项健康研究的数据,对12000人在30年时间里进行了7轮调查。数据的首次抽样是1948年，然后会从抽到的被访者那里追溯其家庭，因此数据中有关于家庭的信息。数据收集者为了确保能够一直追踪到这些被访者，还问了很多关于朋友的信息。这样即便被访者搬家了，也可以通过那些朋友找到被访者的新地址。

通过这项数据，我们可以看到友谊关系如何建立、破裂、再恢复。我们可以看到人们如何成长、变胖、减肥、再变胖。古乐朋和富勒的想法是，利用数据中的这些时序，我们就能够分辨究竟是“有了肥胖的朋友使人变胖”，还是“变胖使人只能交到肥胖的朋友”（或者两者都成立/都不成立）。我们可以去考察，如果你现有的朋友变胖时，你会不会也变胖。他们的结论是，你此时会变胖。

他们的研究能够受到关注不仅仅是因为他们寻求关注[①]，而且因为那些结论让人一听就觉得不对劲。他们甚至发现了其他社会网络研究者从来没有发现过的“邻居效应”（以及“邻居的邻居”效应）。他们可能有些匆忙，但确实已经努力去严格处理这种解释当中最明显的麻烦：以选择性出现的未测量异质性。[②]胖子的朋友也是胖子，但这并不一定意味着朋友关系使人发胖。这可能是因为胖子更喜欢找胖子当朋友，或者不胖的人更喜欢找不胖的人当朋友（因此就轮不到胖子找他们做朋友了）。这是一个很难解决的麻烦。

古乐朋和富勒利用了数据的时序特性来解决这个麻烦。如果我们考察人的体重**变化**，那它是不能用个体层面的因素来解释

①我看到的确实是这样，所以就这样讲了。

②他们还讨论了通过戒烟而导致的传递，因为戒烟会通过社会网络传播，而且也会影响体重。这很合理。

的，对吧？我们可以考察以前不胖的那些人在有了胖子朋友之后是否会**变胖**。这听起来挺有道理的。我希望你这时能想到有测量误差存在，但是在这里我们相信这类医学数据中的测量误差要比通常的抽样调查小得多。我要谈论的是其他方面的困难，但这不是因为我想要大肆攻击它。就是因为这项研究大受关注，所以有很多人从各个方面对它进行了精彩的评论，我们由此明白了古乐朋和富勒做的这类研究面临着几乎是不可克服的难题。我们由此了解了在这样一种研究中可能会出错的各个方面。我劝你不要想着如何去回答这类研究问题，你最好就不要提这类研究问题。你下的功夫越多，找出一个合乎情理的答案就越难。

首先，让我们先来看选择性。我们在第3章中讲过，诺欧和奈汉（Noel and Nyhan，2011）指出，古乐朋和富勒忘记了在断绝朋友关系上也存在选择性。我们总是关注事情在认知上更为凸显的一端，这又是一个例子。你测量关系时，你考察的不只是**建立**关系这一过程的结果，其中还有关系的维系。①

其次，社会网络研究者还要注意未被测量到的关系双方相似性。古乐朋和富勒（Christakis and Fowler，2007）利用了数据中的非对称性，来证明发挥作用的是人际影响（这是有方向和非对称性的）而不是某种同质选择过程（homophilic selection）（这是对称性的）。张三和李四在某种“社会属性空间”上很接近，这**既意**

①古乐朋和富勒（Christakis and Fowler，2013）后来回应说，朋友关系的退出没有那么多，因此，在实践中这并不是一个大问题。但如果是这样，这意味着自变量（肥胖朋友）在纵贯序列上的变异（longitudinal variation）其实缺失了一半。

味着他们的体重会比较相近，**也意味着**他们有成为朋友的倾向。这种选择性，构成了古乐朋和富勒提出的人际影响解释的备择解释。如果张三把李四当朋友，而李四没有把张三当朋友，结果这时张三的体重受到了李四影响，但李四的体重并不受张三影响，这一事实就不能再归因于他们两人的相似了，因为相似性是对称性的！事实上，古乐朋和富勒发现，对自我体重的这种影响更可能出现在自己把别人当朋友时，而不是别人把自己当朋友时。

这种推理有道理，但仍然并不严密(Lyons，2011:9)。试想象如下场景，每个人只能选择一位朋友；有张三、李四、王五、赵六，他们分别位于一个圆的0°、100°、180°、230°方向上。张三会选李四当朋友，因为李四离他最近；同理，李四会选王五，而王五和赵六会彼此选择对方。如果这种关系上的非对称性产生了实际影响，那么确实张三会与李四相似，李四会与王五相似；王五与赵六会彼此相似。但是，现在我们把每个人的位置对应于某种量化属性：人们的位置越临近，他们在这种属性上就越相似。这时我们也会看到，张三与李四最相似，李四与王五最相似；王五与赵六彼此相似。因此，因变量的相似性模式与关系的非对称性模式吻合，并不能表明人际影响一定存在！①

最后，古乐朋和富勒刚开始使用的那类自回归模型存在估计问题。在考察A的状况时，A的体重是在方程的左边作为因变量出现；当考察把A当成朋友的其他人的状况时，A的体重又在方程

①如果人们分布于一个相似性空间当中，而且很多人都集中在中央位置。此时人们选择那些与自己相像的人做朋友，由此得到的数据看起来很像是由垂直地位取向的过程产生的。

的右边作为自变量出现(这一点被指出来后,古乐朋和富勒进行了重新估计,办法是朋友的体重出现在方程右边时,采用其体重的滞后值[lagged version])。有些批评者似乎认为方程的左边和右边不可能出现相同的变量,这种批评当然是不正确的(上一章中我们就见过此类模型,如空间滞后模型)。但是,用通常的**两方**关系(dyadic)模型来考察这种影响过程确实有不恰当的地方,因为**一个**"自我"是与**多个**"他人"相关联的。使用自回归模型本身并没有什么错。(有一些这样的模型可以解读成为伪似然ERGM模型[指数随机图模型])。不过,这类模型的估计有时并不太能经得起推敲,你用OLS回归也无法估计出这些参数。

考虑到所有这些因素,成功发现影响关系存在的机会就很小了,不值得你去踏上这条路。这里面的窟窿太多了,你根本堵不过来的。原因在于,我们对当事人的一些情况(如他们的特性和他们的喜好)并不尽然了解,但是**他们自己**是完全了解彼此的这些情况的,而且基于这些情况来建立和退出他们的社会关系。这意味着,所有那些我们**不了解**的东西,都有可能会被我们当成是"人际影响"存在的证据。当你得到了一个正面的结果时,很可能只是因为有一个窟窿你忘堵了。

这令人难过,因为你明明知道人际影响**确实存在**。它是具有社会学意味的、最令人兴奋的社会过程,所以我们都想研究它。但是我们的方法还不擅长捕捉它,而且这里有一种扭曲的激励机制:测量得越粗糙,控制变量的设定越草率,你最后发现的效应就越强。这种地方还是离开为好。

背景效应

我们已经看到了“世界对过程的了解比我们更多”的一种表现。A的朋友了解A在某些变量y上的真实状况，但关于A的数据中并没有包括这些内容。结果，我们就把那些只是相关的东西当成了“人际影响”。在很多被认为是发现了“背景效应”(context effects)的研究中，我们也可以看到完全相同的问题。在这里，我们想了解你周围人的取值是否会影响你自己的结果。我们发现，有助于预测你的因变量取值的除了你自己的自变量取值外，还有你周围人的因变量取值。事情很可能是这样的。但是，**预测与因果**是两回事。你对于y的测量很可能存在误差。如果y的测量中存在误差，预测值与真值之间的残差就与周围人的平均y值是相关的。

假如有两个人A和B，在我们的测量中他们两个人同样穷($y_A = y_B$)。但是A周围(可能是A所在的社区或学校)全是穷人，B周围则不然。我敢断言，A很可能比B更穷。误差怎么来的？我们可能问的是上个月的收入，B有可能正好那段时间在休假，或者B正好毕业了来到一个新地方找工作，或者B有点偏执不想说出真实的收入，或者录入员在边录数据边听歌把8录成了2。B的取值当然可能是正确的，但是我猜他的出错概率应该比A更大。

这里的要点是，网络效应、背景效应、一致性效应确实可能存在。事实上，如果这些东西不存在，社会生活早就崩溃了。但是，任何方法只要是在“测量是完美的”这一假定下去估计这些东西，结果肯定会高估。误差越大,高估的程度越大。

社会资本与对称性

你可能读过很多"时髦"的理论,因此会对网络持有一种更为"能动"的观点:网络不只是输送东西到你的头脑的管道,它本身就是一种行动者可以使用的资源。这些关系就构成了某种形式的"社会资本"。你可以把这个或那个当成某种"资本",虽然这本身算不上什么大成就。你也可以把社会网络当成某种实在物。但是,把"资本化"与"物化"合在一起,却会引发一些最不靠谱的社会学论证。

我们思考"社会资本"的方式本身就有点自相矛盾,特别是放在城市穷人的生活情景中时。这里面有种我们讨论过的"认知上的不对称性"。我们说,有关系是件**好事**。那些和你有关系的所有人,都可以帮你的忙,比如说可以借给你钱。可是,在关系的另一头还有一个人!你和他有关系时,他和你也有关系!从别人那里借到钱当然很开心,可是关系让你非得借给别人钱时,那可算不上是"资本"!那是"倒霉"。

并不是所有的社会关系都是零和的,但确实有社会关系是零和的。你能够用它把自己往上拉,其他人也会用它把你往下拖。每个行动都会产生一个同等大小且方向相反的反作用力。做民族志和访谈的学者已经讨论过这一问题了(Smith,2005;Desmond,2012),但是数据分析者还没有提过这一点。原因很大程度上在于,缺少关系**确实能够**预测很多种负面后果。

可是,这并不一定意味着有关系能够做成事情,而可能是关系中隐含了某种我们并不了解但当事人彼此都清楚的信息。据巴勒斯(William S. Burroughs)讲,海明威能够感知到士兵身上的死亡气息。我很难相信这个,但是我很确信人们能够感知到他人在**职业生涯**上快要死亡的气息。人气上的死亡或经济上的死亡也是同样的。当然很多时候,职业生涯死亡之后,肉身的死亡也会接踵而至。人们感知到这种气息之后,就会和他减少来往。有时候,这是因为人们受不了即将失败者脸上的阴郁表情。有时候,这是因为人们的精心算计。有时候,这是因为尴尬的感受:你知道他马上就会被开掉,你和他说点什么好呢?有时候,这是因为你知道他马上要倒霉了,所以最好躲远点。

即便未来不存在什么坏事情,我们也会发现关系能够预测某些结果。但这未必与人际影响有关,它只是暗示你存在某种未被测量到的个体异质性。你可以回去翻看一下第6章中的图6.5:你想的是这儿,但数据是在那儿。很多关于社会关系的结果,背后的驱动力其实并不是关系的存在,而是关系的缺失,尤其是关系的**完全缺失**。但是,指标的**名称**会误导我们到错误的方向上。

在很多"社会资本"与"正面后果"的关联表中,那个[0,0]单元格中往往有不少人。他们可能是有精神疾病,可能是运气很差,可能是脾气很差。我们从调查数据中没法知道谁脾气是真差。但是其他人知道,因此他们就不会和他交朋友,也不会给他工作,等等。我们被连续谱中凸显的那一端吸引,想的是有很多社会关系会如何帮助到你。但是在这些情况下,真正的关联指向的是另一端:孤独。对于多数人来说,社会隔绝令人痛苦。你以为这是一个社会关系如何帮你成功的快乐故事,其实这只是一个社会隔绝如何令人心碎的悲惨故事。

社会隔绝者是很多这类发现背后的推动者。大受欢迎者则是滚雪球抽样程序背后的推动者。下面我们来看滚雪球抽样中的一些麻烦。

利用人际网络来抽样

我要讨论由赫卡索恩(Heckathorn,1997)提出的"受访者驱动抽样"(respondent driven sampling)。受访者驱动抽样就是传统的滚雪球抽样,但有两点不同。首先,有一些激励措施来让早先的受访者去招募新人加入到抽样框中,而不只是告诉研究者一些名字,再由研究者来找这些人参加研究。这一点非常好。其次,它(错误地)认为由此得到的样本会具有某种良好的性质。这一点很糟糕。

受访者驱动抽样的基本理念是,有时候总体可能非常小,我们没有办法从一个样本框中进行精确的抽取,或者我们对于要抽样的总体没有清晰的界定。比如说,我们找不到一个"海洛因使用者"名单来进行抽样。这时我们可以这样做:

1. 找到一个地区的一些海洛因使用者。

2. 我们给他们每人7张报名券,上面有我们的地址和他们的编号。我们告诉他们,把这些给你认识的海洛因使用者,只要有新人因此联系我们参加调查，你就会得到20块钱。

3. 对那些招募来的被访者，继续上面的程序，不断重复。

很多人会批评用这种推荐方法得到的样本是“没有代表性的”。我在《领悟方法》中讲过，我并不认为代表性是最重要的事情。更基本的麻烦在于，这种推荐链条有着非常严重的**系统性**偏误。我们要明白，社会推荐过程最终找到的一定是那些最受欢迎的人。如菲尔德（Feld, 1991）所说，你朋友的朋友一定比你的朋友多。普通人的朋友会比普通人拥有更多的朋友。这是因为被很多人选择当朋友的人，一定有很多朋友。我们在此遵循通常的用法，将网络中一个节点（node）拥有的联结（ties）数目称为这个节点的“度”（degree）。向外的联结（如选择别人）会产生一个“出度”（out-degree），向内的联结（如被别人选择）会产生一个“入度”（in-degree）。从任何点出发，随机沿朋友网络行进，你会逐步地越来越靠近那些更“受人欢迎”的人。那些人在很多方面都与众不同，在受访者驱动抽样所致力的“隐藏总体”中尤其如此。

我构建了一个非常简单的模拟示例，生成的社会网络中度分布呈现中度偏倚（R8.5）。我们进行了100次模拟：随机落入这个网络中，然后开始沿网络随机行进。[①]图8.4绘出了我们招募到的人的度的平均度。在最初的几步中，我们接触到的节点的度一直在增大，直到一个高点为止。萨尔加尼克（Matthew Salganik）向我指出，这是因为那些度较高的人很快就用完了。在这个500人的网

①这个网络是一个“巴拉巴西随机图”（Barabasi type random graph），也就是说它是通过不断增加新节点建构而成的，新节点会根据一个适中的（比线性更低）偏好度来决定与谁进行配对。可以看到，一些链条很早就结束了，因为我们遇到了死胡同，没有新的结节可以再加进来。

络中，你会看到在6步之后，度基本上就不再增大了。如果我们继续下去，就需要开始找那些越来越不受欢迎的人了。当然，那些人更难被发现，也更难招募到。(没有人喜欢他们一定是有理由的。)

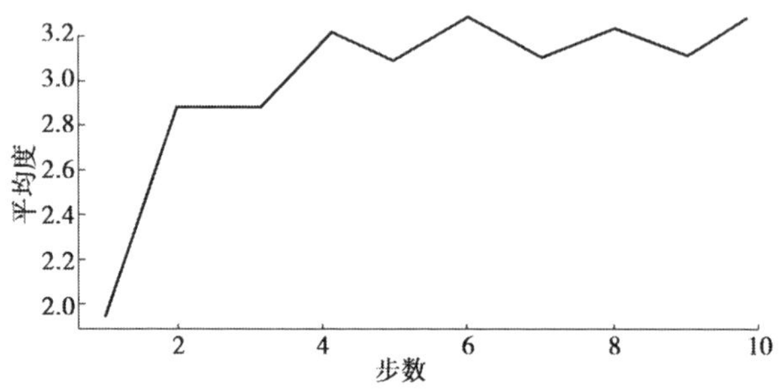

图8.4　RDA招募到的人的度的平均度

因此，我们需要担心的麻烦是，(在某一点之前)我们在滚雪球抽样中走得越远，遇到的人就会越不寻常。赫卡索恩(Heckathorn,1997)断言，这对于受访者驱动抽样来说并不成立。但他依据的是一些并不太要紧的信息①和一些有误导性的数学推断。下面我们来细致看一下这些数学推断。

首先，赫卡索恩关注的都是一些**可观察**的状态(如种族或城镇)，但这通常并不是我们担心的东西。我们更关心的是那些难以测量的人格特征，它们能够影响网络的形成和其他社会行动。其次，他认定这是一个马尔科夫过程，因此它最终会抵达一个均衡状态，而不会变得越来越差。这其实是一个数学命题：只要是马尔科夫过程，最终都会逐渐地达到均衡(当然，对网络的连通性

①赫卡索恩(Heckathorn，1997：179)说，提名者认识的海洛因使用者人数与他推荐的人数并不存在统计相关。但重要的是**被推荐者**的关联度，而不是推荐者的关联度。要了解这种偏差的程度，只有与实际的总体对比才能知道。当然，我们并不掌握总体的情况。

要有一些前提假定，否则最终可能会走向无穷尽的循环）。但马尔科夫过程的这一特性并不解决滚雪球抽样的难题。在很多情况下均衡状态**确实**可以很快达到，但是这并不代表这种均衡状态下样本分布与总体是接近的。

到此为止，我们得到的是一个好的滚雪球程序，一种尝试考察每一波样本间关系的方式，还有一些并不可信的保证。它保证抽样过程不会遗漏“隐藏总体”(hidden population)中重要的部分。用赫卡索恩的话来说，“利用人际网络来抽样表现最好的地方，恰恰是那些人际网络真正起作用的地方，如依靠网络结构进行的HIV传播。”但是，事实并非如此(参见Martin, Wiley, and Osborn, 2003)。

此时，萨尔加尼克加入了讨论。他是一位非常优秀的年轻数理社会学家。我在这里对他的一些研究提出了意见，但我其实非常喜欢他的研究。他使得这项研究不断地向现实条件靠拢。事实上，如果你对这些议题感兴趣，那他的研究成果是你最需要看的。萨尔加尼克和赫卡索恩合作撰写了一篇获奖论文(Salganik and Heckathorn, 2004)。他们基于一些数学依据做出一些假定。首先，他们要进行的是**有放回**抽样。这意味着，如果有人进入样本，他还可以再次进入样本。如果第二个人被选中，(在他的认知过程中)第一个人就会被放回到他(及其他受访者)的备选池中。[①]当然，推荐别人加入调查，研究者是要为此付钱的，因此他

①他们知道这并不是真的，但是在注释中说，初步的调查表明无放回样本并没有什么差别。这并不能说服我。你可以看一下，在我们的模拟程度中去掉检验被访者是否已经被抽中过的那一部分之后，会发生什么。在我看来，结果差别**很大**。那些与度为1的人有联系的人，都被抽中了两次，他选了别人，又被别人选了回来。更一般而言，一个人拥有的低度关联越多，他被再次抽中的概率就会越大。因此，样本就会朝向中心移动。

们肯定不会容忍这种可放回抽样,否则人们就能够不断地从中抽钱了。事实上,受访者驱动抽样有一些巧妙的办法来防备同一个人用多个名字来多次参加调查。

我们需要来认真地考察一下前提假定,有时候一些看似方便的假定可能已经预先决定了有问题的结论。简化并不是错,但依靠并不合理的假定来得到结论就是错的。下一个重要的假定是被访者会从联络人中**随机**进行推荐。萨尔加尼克和赫卡索恩(Salganik and Heckathorn, 2004:210)说,"有些读者会质疑这一随机推荐假定,但是一些经验证据与这一假定是一致的。"不过文章中并没有提供任何证据来直接证明这种提名过程是随机的,只是说与这一假定是**一致**的。我们关心的是滚雪球抽样程序是否会引入更多的偏误,因此提名过程随机性的**假定**肯定会使结论更有利于滚雪球抽样。遗憾的是,我们没有理由认定这一过程是随机的。如果你提名的心理学者愿意接受调查,你就能得到200块钱,你会从自已认识的心理学者中随机推荐吗?你很可能会推荐你认为最好说话的那一位。

当然,我们通常会先从方便的假定入手,然后再逐步放宽假定。这就是萨尔加尼克和戈尔要做的事情:去掉那些最不可靠的假定后,看看会发生什么。首先,萨尔加尼克(Salganik,2006)指出,你要对研究设计有相当程度的掌握,才能够对参数的标准误有合理的估计,因此最好采用"自启法"(bootstrap)来估计标准误。更重要的是,他指出网络结构的类型会引发受访者驱动抽样出现很多麻烦,有些情况下是不可能使用这种抽样方式的。

之后,戈尔和萨尔加尼克(Goel and Salganik,2009)承认说,实际的抽样过程并不是有放回的;要得到正确的估计,还需要一个网络的加权结构模型。这样,他们的研究就离可以得到合理估计的模型更靠拢了一些。但是,他们仍然需要一些虽然对模型来说是必要的,但并不合乎情理也没有进行充分讨论的假定。尤其是,他们仍然坚持提名过程的随机性,而且还假定了关系是对称性的。(这听起来似乎是合理的,但是提名过程不太可能是对称的:你知道所有知道你名字的人的名字吗?)

戈尔和萨尔加尼克(Goel and Salganik,2010)在第二年发表的文章中指出了先前方法中得到的标准误并不合理,但仍然坚持对网络过程作了不太合理的假定(对称性、随机性、稳定且已知的度频数)。但是最值得注意的是,他们做出了如下结论:“公共健康监测领域的很多重要方面并不适于采用受访者驱动抽样,然而当下它却被广泛采用。”最后,在2012年《流行病学》杂志(epidemiology)的评论文章中,萨尔加尼克强调了受访者驱动抽样得到的估计值的不精确程度。[①]

萨尔加尼克是好样的。受访者驱动抽样当年曾经夸下不少海口,他通过艰苦的工作硬是把这些海口撤了回去。其实当初就可以看清,因为那些假定太强了。如果是研究一些无关紧要的事情,那样做也就罢了,可是你用这种抽样研究的是公共健康,那可不行。吉姆·威利曾经警告过我:“我们出个小错,是要死人的。”在事情并不像受访者驱动抽样当年夸耀的那般顺利时,赫卡索恩没有回应,也没有再更新他的论文和结论。他似乎只想把事情冻

①最近,巴拉法等人(Baraffa, McCormick, and Raftery, 2016)提出了一种估计真正的不精确程度的办法。错没关系,但至少我们要明白我们错了。

结在最美好的时刻。但是萨尔加尼克并没有这样干。他进一步向前推进,把局限性摆到前台来,不断地努力澄清人们是如何彼此推荐的,我们从中又如何能够得到更多真相。我们要使用这些工具,就需要先不持偏见地对它进行客观评价。

有趣的是,赫卡索恩可能放弃得太早了。在最近的一篇文章中,克劳福德(Crawford,2016)指出,我们都忽略了数据中的一个重要信息:推荐的相对时序。通过对等待时间的分布进行一些假定,我们就能够基于观察到的推荐顺序,对网络的可能子集做出一些概率性判断。[①]因此,我们得到的教训是,网络结构并不一定是我们假定的那样。我们不要假定它,而是要研究它。不要掩盖问题,要努力通过对实际的社会过程的探究和良好的数学训练,来解决这些问题。

互　依

反对教条主义

网络数据向我们提出的最后一种统计谜题,来自于联结间的结构互依性。现在社会学里有一种传言,说每个人在处理这一问

①此外,穆尔和维德瑞(Mouw and Verdery,2012)指出,如果我们先去尽可能了解受访者的社会网络情况,然后再进行策略性抽样以再现完整的网络,那结果很可能会好得多。当然,这里的前提是存在"一个"网络,事实可能并非如此。但是,这种方式会使得我们与被访者有更多互动,从而可以减少偏差。这些办法在那些难以接触的总体中是否表现良好,仍然需要实践的检验。那些人群并不一定像多数文章中用来模拟的人群那样容易把握。

题时都必须用指数随机图模型(Exponential Random Graph Models，简称ERGM)。这种教条损害了我们从数据中学习的能力。下面我们来考察一些关键议题，看看我们从这种方法中能够得到什么，以及得不到什么。

在联结间存在互依关系时，我们想要做的事情有如下几种。第一，有时候，我们想要**消除**(neutralize)它，让它不要侵扰我们对个体层面变量(有时是关系对[dyadic]层面变量)的系数(及其标准误)的估计。第二，有时候，我们想要**描述**它，想要搞清楚这种网络结构的类型。第三，有时候，我们想要**解释**它，或者是把它化简为特定的基本结构原则，或者是把它与我们认为产生此种结构的过程相关联。有些人的目标本来是**消除**它，却认定自己必须使用那些服务于其他目标的方法——麻烦由此而来。

如果目标是消除它，那就有多种其他解决方案，虽然没有一种是完美的。哪一种最适当，这要取决于联结形成过程的性质，我们恰恰对此很少知晓。有一种曾经很流行的办法是采用被称为QAP(Quadratic Assignment Procedure，即二次分配程序)的置换检验(permutation test)(Baker and Hubert，1981；Hubert，1985；Hubert and Schultz，1976)。[①]克拉克哈特(Krackhardt，1987，1988，1992)把这种检验引入到了回归当中。它利用了如下事实：对于OLS回归来说，网络互依性并不会影响正确设定模型的估计值，只会影响标准误。(对于非线性模型来说则并非如此。但是我们在非线性模型中也仍然会用置换检验，希望它仍然能够为模型选择提供一些经验性参考。)遗憾的是，它并不能很好地辨析彼此相

①我把它叫作QAD(quick and Dirty)，因为它很简单。但是它运行起来其实一点也不快。

关的自变量的效应。但最近,有研究者(Dekker, Krachhart, and Snijders, 2007)发展出了一种方法解决了这一问题,它在OLS模型中表现相当好。

如果你的目标只是消除它,用这种解决办法就很好。另一种方法是采用多向非嵌套聚类(the multiway non-nested clustering)来修正标准误,这是由卡梅隆等人提出的(Cameron, Gelbach, and Miller, 2011)。现在一定有人已经开始采用混合模型中的一些程序(以此来拟合交叉嵌入的随机效应)来消除网络数据中的这种互依性(参看Hoff,2003)。要留心的是,这些方法却假定你的模型是正确设定的。你必须要认真考虑网络结构的具体特性可能导致遗漏变量以某种方式扭曲你的参数估计值。尤其是,与那些个体层面变异的变量(如进行朋友的提名时人们的标准有差异)相比,那些"关系对"层面的变量(dyadic variables)的效应更难用这些方法得到准确估计。

但是,有时候你的目标是要"解释"网络结构本身。比如说,你要解决的不只是为什么一个人会和另一个人交朋友,而是为什么网络会呈现出这样的架构(configuration)? 这种问题把我们引入了ERGM(指数随机图模型)。下面的讨论中,我会放略微放慢节奏,因为我们既要理解为什么人们会对它有这么高的热情,又要理解它对你的目标而言可能完全不适用。

从描述到解释

指数随机图模型源自对一种(非社会领域中的)统计难题的

巧妙解决。有时候,接受处理的单元并非真正彼此独立。比如说,玉米作物被种植在像棋盘一样的地块里,每个地块都会有八个相邻地块。这时候,你会发现即使在考虑了处理因素后,每个地块的产量与相邻地块的平均产量仍然会很相似。你的肥料施在了一个地块当中,但它仍然会渗透到相邻的未被施加肥料的地块中,从而影响其产量。对这种问题的解决办法早已存在,但很长时间之后才被引入到网络分析中作为关键。原因何在?

这就需要简要回顾由保罗·霍兰、塞缪尔·莱因哈特、吉姆·戴维斯等人做出的突破性研究(Holland and Leinhardt, 1970,1971, 1976;Davis and Leinhardt,1972)。他们想要描述特定社会网络(以有向图形式呈现)的特征,以此检验关于社会结构的某些强理论的适用性。我已经讨论过这些内容(在《社会结构》的第2章中),因此不再赘述。在此只提及一点:如果你认定测量是完美的,任何精巧的结构模型都会因为数据中的某些偏差而被否定掉。因此,我们希望能够谈论朝向某种结构的**趋向**。但是,关系性数据并不是独立的,因此对这样一种趋向进行量化并不容易。我们需要有一个清晰的随机零模型(null model of randomness)。

霍兰等人提出,我们可以找到在某些简单统计量(如孤立点的数量、非对称性关系的数量、对称性关系的数量)上有相同分布的一组随机图,然后再考察在这组随机图中三点关系架构(triadic configurations,即三个节点构成的组)的分布。有了这些信息作基准,我们就可以根据出现频率是低于还是高于在前述分布中的概率,来判断人们更“倾向”还是“不倾向”形成某种三点关系架构。以这些架构为构件,我们就能(像列维-斯特劳斯一样)搭建起理想型的社会结构来。这些工作极其重要,至今未被超越。

但是,这种方法也有缺点:它有一点笨拙而严苛,它用于对观察到的网络进行判断是否准确也是个问题。因此,霍兰等人并没有停步,而是努力用参数来表达这一基本结构(Holland and Leinhardt,1981a,1981b)。他们提出了一个模型,将联结的概率分解为如下部分:一部分与联结的发起者有关(被称为"扩展性"),一部分与联结的接收者有关(被称为"吸引力"),一部分是联结出现的一般倾向,一部分是联结是相互性的倾向。这种方法在概念上更简洁,但是它只限于分析"关系对"。与把网络只是当成一堆个体相比,这种方法明显更好,但是网络研究者认为它没有能够把握网络结构的互依性。

原本解决玉米作物互依性的方法,因此变得如此令人兴奋;人们意识到,可以从那里发展出比霍兰等人的方法更具有普遍性的路数。这就是为什么沃瑟曼和帕廷森最初把它称为p^*模型的原因(Wasserman and Pattison, 1996; Pattison and Wasserman, 1999;Wasserman, Anderson, and Crouch, 1999)。霍兰和莱因哈特把他们的参数化模型称为p_1模型,意思是多个概率模型中的第一个,p^*模型的意思就是由此衍生而来的各种(或所有)概率分布。这种模型的关键点是,原来的问题(联结间的互依性)变成了解决方案,方式是对依赖图(dependency graphs)求解。

在下一部分,我会(用非技术化的风格)简要介绍推动ERGM模型发展的逻辑。我想让你理解它从何处起步,它为何如此有前景,进一步的假定与简化如何引入,它的发展情况又是如何。我们并不是要攻击它,而是要意识到它并不具备任何特殊的

“魔力”。

依赖图与哈默斯利-克利福德定理

我们先回想一下上一章中讲过的空间统计。我们当时遇到的麻烦是用“误差”的方式表述的，但也可以理解为是一种互依性问题。假定模型为$\hat{y} = bx + c$。这个回归模型意味着，任何y_1和y_2在控制了自变量的取值后都是条件独立的。如果两个观察彼此相像，这要么是因为**所有的**因变量都很类似，要么是因为它们的x值是类似的。我们在地理数据中遇到的麻烦在于，上述假定并不成立：两个观察是互依的，这种互依模式与空间位置有关。因此，一个好的模型必须能够解释观察间的这种互依性。

有趣的是，在第7章中我们看到通过对互依性**建模**(当然我们得先了解这种互依性)，我们能够改善估计。在空间误差模型中，我们加入了加权矩阵，这相当于是在说：“我们知道这两个观察在给定协变量时仍然不是条件独立的，但是我们知道它们会在多大程度上互依。”统计学家在解决玉米地产量的问题时，基本思路与此完全一样。[①]

此时，我们需要的是能够搞清楚各个单元之间的互依性网络是什么样的。由此引出了依赖图。这里的诀窍在于，把这一概念应用到**单元间的关系**(relations between the units)上，而不是**单元**上。网络分析的独特性就在这里。这里的依赖，指的是**边或联结**

①正是因为这一点，在过去十年间，有分析技术从空间统计中移用到了网络研究中。只是要确保你的加权矩阵不会得出复杂解！

间的边或联结(edges or ties between other edges or ties)。这确实容易让人糊涂,所以我们得慢慢理解一下。

这里的核心思路是,**只要**知道观察间的依赖结构(dependency structure),就能够正确地找到答案。在理解空间时,我们可以基于很强的理论依据进行猜测:空间上有接触的观察间是互依的,没有接触的观察是条件独立的。但是,在谈到网络时又该如何?哪些**联结**是互依的呢?可能是那些互相有"接触"的联结。关联如何能够互相"接触"?通过共享同一个节点。

为了帮助我们把上述思路图像化,图8.5左图给出了一个网络示例。右图是在左图基础上重绘的图,共享同一个节点的联结用实线联接了起来。或者,我们可以绘出一个全新的图来(图8.6),新图中的节点就是原图中的边(联结)。这就是依赖图。

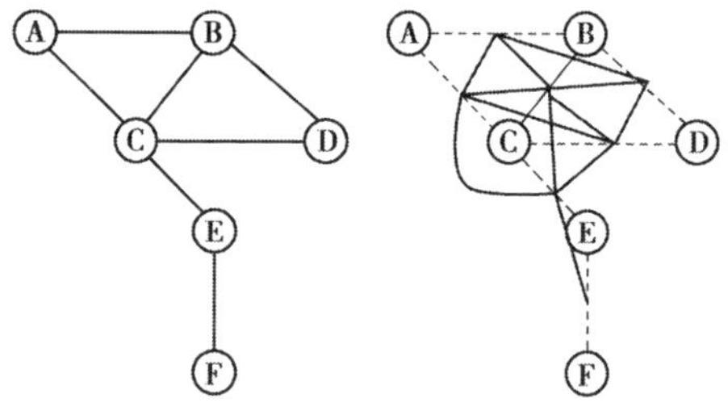

图8.5　网络与依赖

真正酷的地方在这儿。有一个基本数学定理,叫哈默斯利-克利福德定理(Hammersley-Clifford theorem)(Besag,1974)。它把原始图中的"概率分布表达式"和依赖图中的"条件概率表达式的一种扩展形式"关联了起来。进行这种关联的关键是"马尔科夫"假定,这相当于假定说玉米地块的收成只受到相邻地块的影响。

在网络分析中，这一假定意味着我们认为，在图形其他部分给定时，边只有在共享一个节点时才会有互依性。

哈默斯利-克利福德定理指出，在上述假定下，我们可以把概率（或存在某种状况的比率）分解为一长串所有可能的子集，其中不涉及依赖图中“**集团**”（clique）的项全都可以删掉！“集团”指的是一组彼此之间全都有联结的节点。在图8.6中，最大的“集团”由四个节点构成：{(AC),(BC),(CD),(CE)}。你可以把它转换成为图8.5中的节点C及其所有相邻的节点。在这种对称图中，集团可以被说成是不同大小的“星”（由中心节点与其相邻节点构成，如围绕节点构成了一个“四星”）或者“三角”（如集团{(AB),(AC),(BC)}）。有了这些，我们就能够将任何观察到的网络图的概率写成一个包括各种集团的表达式，这很像是有一串虚拟变量的回归方程。我们现在把原本极其复杂的网络图的概率表达式，分解成了它的每个构成部分的概率。这是数学定理。这不是假定。**前提**是这个网络满足马尔科夫性质。

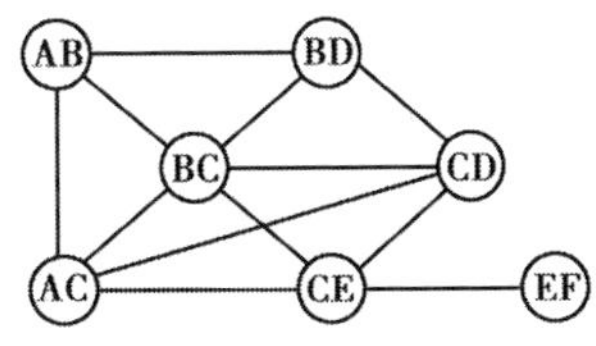

图8.6　依赖图

要强调的是，马尔科夫假定对某些网络是适用的，但并不总是适用。假如你要调查高中生的恋爱关系网络。在此之前，小明(i)请小红(j)约会，小红同意了($x_{ij}=1$)。几周后，小明又请小兰(k)约会，小兰也同意了($x_{ik}=1$)。小红发现了这个事，就向小明说:“你和我约会时,我以为彼此是专一的。看来我想错了,你和小兰在约会,好吧,那我也要和小刚(h)约会。”(x_{jh}现在变成了1而不是0)

小明不同意。他说:“你不能这样做。如果你这样做,就会使得没有共同节点的联结x_{ik}与x_{jh}间出现互依关系。难道你不明白,这违反了马尔科夫假定吗?如果你这样做,社会家家就没法使用马尔科夫指数随机图模型了。”但是小红不会吃这一套的。所以,你有必要考虑下这个问题。(最近研究者已经在研究马克科夫假定被违反时如何解决问题了。)

我们暂且接受马尔科夫假定。如果这一假定成立,那么哈默斯利-克利福德定理就能够让我们把概率分解成为各个集团。但是,此时右边项的数量很可能会超过观察数目。比如说,在图8.6中,我们共有25个集团(1个四节点团、6个三节点团、7个二节点团、7个一节点团)。但是,我们只有15个观察(6 × 5/2)。因此,我们进一步假定,所有结构等同的项对概率的影响是相同的,比如说具有三星结构的三节点团都是相同的。因此,我们需要估计的参数就只有一个四星项,一个三星项,一个三角项,一个二星项,一个边项。我们观察到每一种结构出现的总数就是此种效应的充分统计量,因此只要数出每种类型有多少项就可以了。在我们的信息只有网络结构时,前述假定看起来还是很靠谱的。(但是如果我们还掌握点[或边]的信息呢?会不会又有异质性出现?)

我们由此就有了第二个假定,但这个假定看起来还是比较保险。然而,要得到这种模型的最大似然估计是有难度的,因此研究者会进行**伪**似然估计,也就是说,最大化的并不是真正的似然,而是在与有关联的其他观察值都给定时观察的似然。从实践角度来说，这意味着只是数出包括这一关系对(dyad)的特定局部结构的数量，然后把这些数量纳入到这一关系对存在与否的logistic回归中。这样我们就估计出了这些效应在产生我们观察到的**这个**网络图中的重要性。统计学家对这种办法还不满意，因为它们并不是最佳统计量。这是统计学家的工作，他们得想办法。

坏消息

因此，统计学家采用了贝叶斯方法，用它可以从各种各样的复杂模型中得出最大似然估计。但是，有时候贝叶斯方法的结果会很不理想，比如说会得出一些参数表明网络中根本不应该有任何关联，或者网络应当是完全饱和的(用网络分析的术语来说，模型有退化趋向[Handcock，2003])。有时候模型并没有收敛于这些极端值，但结果也很不合常理。

让我们先来考虑一下如何解读一个三星效应(这对应于“从一个中心点辐射出三条边”这种结构的数量)。就像三人集团中包括了三个二人集团一样，三星结构中也包括了三个二星结构。二星结构中包括了两个一星结构。因此，如果一星效应是一个联结(tie)存在的概率，那么二星效应就表明了这些关联汇聚于同一个节点的倾向(我们在模型中已经有一个一星效应项了)。换而言之，这表明了某些人比其他人更受欢迎的程度。

这意味着，如果一星效应告诉了我们形成联结的**平均**概率，二星效应告诉我们的内容就有点类似于传统统计学中的**标准差**，它是一个分布的二阶矩。现在,我们来理解一下三星效应是什么。它其实并不是有三星的概率。比如说,我们对图8.7来拟合一个包括一星、二星、三星、四星、五星、六星效应的模型。一星效应的系数会告诉我们,在总共可能的7 × 6/2 = 21个关联中,实际建立了6个关联。二星效应的系数会告诉我们,这里有很多二星结构。事实上,共有6 × 5/2 = 15个二星。(当然,这个分布太简单了,我们在这个例子中发现更高阶的效应,但是这里的逻辑可以适用于更复杂的图。)三星告诉我们的是分布的三阶矩。以此类推。

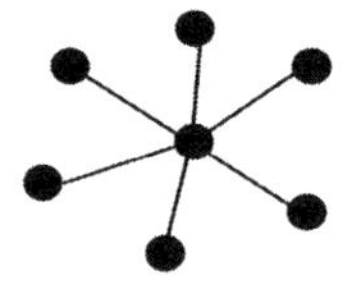

图8.7　一个简单的星图

但是遗憾的是,在实践中,我们往往会发现,对于几乎所有合乎情理的分布,这些参数都会出现符号方向上的摇摆不定。这是导致怪异拟合的原因之一。因此,有些统计学家会想,如果你打不过它们,就加入它们。为什么不能**利用**这种倾向,而非要和它作对呢?我们可以不用十五个不同的参数来描述关联度分布,而用一个参数来**预期**这种摇摆性,比如说用一个自由参数来描述整体的形状(有关贝叶斯方法,请参看Handcock, 2003; Snijders, 2002)。这种办法在实践中(至少在案例数量很大时)是有效的。那么,问题因此解决了吗?这要取决于你的目标究竟是什么。

到现在为止,我们还没有讨论到外部协变量。它们应该怎样加入到模型中?答案略有些令人不安:通常它们是被直接塞到模型中的。如果我们认真地对待我们的逻辑起点(以及哈默斯利-克利福德定理),就必须承认加入外部协变量后“结构效应等同性”这一假定就很难成立了。对于一个由男女两性构成的网络图,观察到的三角数量不再是充分统计量了,你必须有**四个**参数才行:一个参数针对三个男孩;一个参数针对两个男孩和一个女孩;一个参数针对一个男孩和两个女孩;一个参数针对三个女孩。

你可能会认为,协变量只会导致联结概率的**净**增加,它独立于所有的结构效应。因此,只需要把它加到结构参数里,我们就可以把它的净效应析出。你当然**可以**这样认为,这正是人们惯常的做法。结构效应这个想法所捕捉的,就是排除了协变量影响之外的条件性依存关系。这个想法有合理之处——但是并不一定成立。它在有些情况下可能成立,在另一些情况下不成立。我们又回到熟悉的情境中:模型背后是有假定的,假定不成立时结论就会出错。哈默斯利-克利福德定理是一定成立的“数学定理”,但我们从那儿走出来已经好远了。①

更大的麻烦在于,即便采用合并后的超级参数,我们往往仍然无法得到模型的参数估计。我们必须去掉一些参数,才能使得模型收敛。有些情况下,结构参数的数量超过了我们能估计出的参数数量。当然,如果某一部分结构参数已经能够较为充分地吸纳条件性依存关系,我们在意的又主要是外部协变量的系数,那

①阿尔姆奎斯特和伯特(Almquist and Butt, 2014:278)指出,指数随机图模型可以被视作一种框架,它可以展示出**完整的**网络图集合的分布。更简单来说,我们可以把它当成是产生一组网络图,然后与我们观察到的网络图进行比较的方式。这是一种有价值的尝试,但是如我在下一章中所要强调的,一个模型产生出来的数据和你观察到的数据相似,也不一定能够证明它就是正确的模型。

么就不必操心无法估计全部结构参数的事情了。但是,如果我们在意的只是正确地估计出**非结构参数**,那完全可以用更简单的办法来做(我们马上会看到)。

可是,如果你用那些更简单的方法,你就会遭到恶评。审稿人会说,你就得用“指数随机图模型”。可是,有些审稿人连模型本身(即把参数与观察连接起来的陈述)和模型估计方法都会混淆。很多模型(如对联结的对数比率的回归模型)只是因为用了马尔科夫链蒙特卡罗方法来拟合,就被称为是“指数随机图模型”,哪怕它们根本不涉及相依结构的参数化。(这种称呼要是硬讲也能成立[但毫无意义],毕竟我们使用的多数分布都属于指数分布族。)使用伪似然方法[①]来拟合一个精巧的马尔科夫模型,这被认为是错的;使用贝叶斯马尔科夫链蒙特卡罗方法来拟合一个包括几个随意塞入的结构参数的模型,这被认为是对的。除非现实过程与ERGM的参数设置恰好相符,否则这种看法就是在鼓励人们对**错误**的模型做出最佳估计。这不合理。

我相信,很多钻研过这些模型的人会赞同我的看法。他们知道,需要很大心思才能让这些模型得到拟合,简直有点像是搞艺术。如果数据告诉他们说:“我没法回答那种问题”,他们是会听的。最后,有些研究者(Pattison and Snijder, 2013: 293, 295)已经在尝试梳理各种不同的模型,引入了一种有普遍性的关于“集团”的零模型;此外,他们也指出了同质性假定的问题,讨论了依赖结构的错误设定会如何使得外部协变量效应出现偏差。

---

①这些方法对某些复杂的模型(如时点模型)是很合理的(Leifeld, Cranmer, and Desmarais, 2017)。

判断拟合度

专家们已经知道,对于包括了关系对协变量和不包括此类协变量的模型,我们要用不同标准来评判其拟合度。如果我们对关系或行动者一无所知,那就不能指望模型能够猜测出**哪个**关系会存在。我们只是希望模型能够拟合网络图的一些整体结构特征(如共有**多少**个受欢迎的人),但是我们不指望它能够拟合具体的关系对。换而言之,只要指数随机图模型的参数生成的网络和我们看到的网络看起来很**相似**,那就足够了。但是,如果我们有关于对子层面或个体层面的协变量,那么模型只能够再现一些整体结构特征就不够用了。在这种情况下,我们会希望指数随机图模型能够达到其他模型达到的标准:它能否拟合**这一个具体的**数据集?

遗憾的是,随着指数随机图模型的教条化,有一种看法认为拟合数据并不是模型的责任;相反,数据得向模型靠近才行。当人们确实在模型中加入依赖结构来拟合数据时,指数随机图模型往往无法收敛。此时怎么办?

只有三种选择。第一种是扔掉那些妨碍估计的数据。比如说,在一项相当优秀的研究中,斯密斯等人(Smith et al., 2016)试图研究种族构成与友谊模式。我们在第6章里提过,这是非常困难的任务。他们使用指数随机图模型来考虑四个国家的学校班级里的友谊模式。但拟合模型的时候,他们在一半班级里都遇到了阻碍。因此,作者去掉了那些无法拟合模型的数据,因为两害相权要取其轻:删除这些个案会导致样本选择问题,但是采用其他方法会引起更大的偏差。

第二种是改变模型,忽略那些在理论上有意义的预测变量。这就是从错误的模型中得到参数的最佳估计。当然,不是只有在指数随机图模型中,我们才会发现理想的模型无法得到拟合。但许多网络分析者用到的数据集要使用指数随机图模型来拟合,就必须从模型中去掉一些重要的预测变量。

第三种是采用可以把这些预测变量保留在模型中的其他方法。但是如今的学术期刊会拒绝发表任何没有使用所谓"规范方法"的网络分析。因此,这种更简单的方法会被认为是"错的",前两种办法才是对的。事实上,没有哪一种办法是唯一正确的,不同的办法有不同的得失。社会学把这种对方法的盲目崇拜称为"目标替代"(goal displacement):原本是达到目标的工具,后来被当成了目标本身。这是教条,不是科学。

一个简单的例子

我们举个例子来演示一下。这个例子表明了本书的核心命题:简单的方法虽然不能给你最佳估计,却能够帮助你构建理论,而复杂的方法可能让你毫无所得。我模拟生成了一个关于友谊关系的数据(那是一个冗长的程序R8.6)。这个模拟数据不是通过设定线性模型中的真实参数而生成的,而是通过设定一系列合理的过程而生成的。我们来介绍一下模拟数据的生成过程。

有100个学生,他们每天要上四节课。在每个学期,他们会被分到8个不同的教室中。这些学生有着不同的"地位"(某种纵向位置)，有着某种“人格特征”。他们会根据自己的人格特征来参加活动:爱运动的会参加运动队，爱学习的会参加数学小组。他们每人刚开始时会有两位小学时相识的朋友，但是他们的希望是能有8位左右真正的朋友。在每个学期中，他们会看周围哪些人的人格特征和自己相近，哪些人有较好的地位，然后开始交朋友。

在午餐的时候，学生们开始接受互相的提名。每个学生每天只能加一个人做朋友。选择顺序是随机的，如果你选中的人已经心有所属，你就只能放弃。放学之后，学生们会在一起玩。有不止一个朋友的学生会邀请两个朋友。如果他的两个朋友放学后都出来一起玩了，他们也会彼此成为朋友。这样一直运行100天，然后开始对他们进行调查。他们会“忘记”某些朋友，他们尤其会忘记那些地位较低的朋友，他们会把最近曾经**想要**结识却没有结识上的人当成已经是朋友。然后我们进来了。我们不知道真正的模型，但是我们知道小孩是什么样的。

我们先运行通常的logistic回归，对每个关系对中是否会有联结来建模。我们想考察一下“当红效应”(popularity effects)是否存在。怎么做呢？我们可以把除了“本人”之外选择“对方”做朋友的人数加总。我们还想考察一下“相互效应”(reciprocity)是否存在，因此要看“对方”是否选择了“本人”作为朋友。方程的左边和右边此时有相同的东西(一端是本人是否把对方当朋友，另一端是对方是否把本人当朋友)，但这不是大问题，因为关系对并不会因此而纠缠在一起。我们不能因为有这个问题就把这个因素排除出去，设定正确的模型要比得到最佳的估计重要得多。我从经验中知道，如果模型中遗漏了“相互性”，其他结果都会产生严重的扭曲。

我们运行了模型，结果（表8.3中的模型1）表明两个系数都是正的且显著。这种显著性的计算是否可靠？我们用的是logistic回归，并没有运行QAP检验，此外还有一致性问题。因此答案是否定的。这里的显著性应该存在高估。

表8.3 "天真的"logistic模型

	模型1	模型2	模型3	模型4	模型5
相互性	5.453***	5.926***	——	5.865***	5.933***
	(0.144)	(0.200)		(0.196)	(0.197)
对方的受欢迎程度	0.225***	0.188***	0.040***	0.188***	0.190***
	(0.013)	(0.014)	(0.010)	(0.014)	(0.014)
本人的受欢迎程度		−0.212***	−0.012	−0.213***	−0.214***
		(0.016)	(0.010)	(0.017)	(0.017)
传递性		0.606***	0.910***	0.567***	0.550***
		(0.039)	(0.030)	(0.040)	(0.041)
两人都在数学小组				0.421***	−0.449
				(0.152)	(0.340)
两人都在运动小组				0.496***	−0.367
				(0.166)	(0.345)
两人都不参加小组					−0.398
					(0.702)
参加小组的差异性					−0.562***
					(0.199)
截距项	−5.899	−5.018	−3.835	−5.224	−4.296

注：括号内是logistic模型的标准误。

无论如何，"相互性"的系数很大，这告诉我们至少小孩在谁是朋友上是有共识的。对方的地位系数是正的且高度显著，看来小孩更倾向于选择那些受欢迎的人。我们接下来还想进一步了解，“那些更受欢迎的孩子会更多地**把别人当成**朋友吗？还是只是更多地**被别人当成**朋友？”我们在模型2中加入了本人的受欢迎程度，以及与你朋友的朋友成为朋友的倾向（传递性封闭）。

首先，关系对的传递性系数非常大，它部分地消减了“对方的受欢迎程度”的效应。这很合理。在线性层级当中，处于顶端的位置会具有最多的传递性三人结构。当然，传递性趋势存在还有一个原因：学生们在同一个班里或者会在一起玩。其次，我们看到一个明显的趋势：更受欢迎的学生会**更少地**把别人当成朋友。事实上，这一系数非常大，我们可能会因此怀疑数据的可靠性。为什么这一效应如此显著？

幸运的是，有朋友提醒了我们：模型中已经包括了“相互性”，因此我们的发现其实表明了，更受欢迎的学生会更少“**非互相性**”地把别人当成朋友。为了检验这一点，我们在模型3中去除了“相互性”这一变量。结果“本人的受欢迎程度”的系数小了很多且不再统计显著（即便我们这里的统计显著性标准是更宽松的）。看来，这些小星星还是比较可靠的。

我们这里的数据中变量不多，但是包括了谁在象棋小组、谁在数学小组的信息。因此，我们用模型4来检验处在同一个兴趣小组能否预测友谊关系。[①]结果表明可以。接下来我们还想追根

①如果是实际在进行的研究，我一般还会加入EGO_CHESS、ALTER_CHESS、EGO_MATH、ALTER_MATH，以确保我以为的“同质相吸”参数并不是由于节点的异质性造成的。但是我在这里没有向模型中加入这些项目，原因稍后会讲到。

究底：这是由于社交机会的增多，还是因为人格特征的相似呢？为此，模型5中包括了“两人都**不参加**任何小组”和“两人参加小组的**差异性**”两项。我们加总了双方有一人在一个小组而另一人不在的次数，因此结果可能是0、1、2，然后把这个变量纳入模型。

结果非常清楚。关键不是他们在**相同**的小组里，而在于他们参加小组的**差异性**。当然，“在相同的小组里”和“参加小组的差异性”是密切相关的，在这种参数化方式中，我们只是去掉了“一方参加某一小组而另一方没有参加此小组”或反过来的情况。但是参数之间的差异非常显著。这表明真正重要的是人格特性的差异，而不是小组中的交往机会。事实上，这完全符合我们生成模拟数据的过程（见前面）。

换而言之，使用这一“错误”的模型让我们达到了目标：理解真实的社会过程。我们的目标不是得到某个**唯一**正确的参数，比如说受欢迎程度对建立朋友关系有多大的影响，或者处在不同小组对建立朋友关系的影响究竟是多少。**因为那些东西并不是切实的存在**。回想一下，在我们生成数据的过程中，根本就没有用到过那些东西。我们不必纠结得到的估计值是否精准正确。因为你纠结一番之后会发现，它们原本就不存在。

现在，让我们用指数随机图模型来重新进行上述分析。[①]在表8.4的模型1中，常数项被“边”参数替代（代表边的基准概率），“对方的受欢迎程度”被“几何加权后的入度”（GWID）替代。这是

①我使用的是R中非常好的ergm包。我采用了基准的默认设置，在20次迭代后停止。但是，之后我会重新开始，然而有时会给出更早的结果，毕竟程序运行时间越长，结果中的麻烦就越多。

一个经过了精巧设计的参数，以便处理度参数（degree parameter）上下跳动的倾向。这个模型无法收敛。我们当然可以进行一些微调来得到“入度”参数的标准误，但是考虑到这个参数估计结果难以解读，我们直接转向了模型2。模型仍然无法收敛，而且由于这个度参数在人际链条中没有变异，我们没有办法对它进行显著性检验。我在显示的那个值上重启算法，但结果变得更糟糕，无法在任何参数上得到变异。但是不要担心，之后结果变得好看起来了。我们不必要求中间过程中的模型拟合要特别好，只要最终得到的模型能够“好看”就行。即便结果还很粗略，但我们能看到与前面的表有一些相似之处。

在模型3中，我们试图检验前面“本人受欢迎程度”的系数是否只与**非相互性**的关联相关。遗憾的是，模型仍然无法收敛，而且后面的取值的AIC比先前更差，因此我给出的是最初20次迭代之后的结果。在模型4中也是如此，虽然拟合有所改进。此外，模型4的结果相当反常：传递性的参数变得不再显著（虽然接近显著，$p = 0.059$）。

现在让我们再来问表8.3曾经成功回答的那个问题：“同一小组”效应到底是机会造成的，还是同质性（homophily）造成的（模型5）？遗憾的是，模型也未能收敛，它不断地陷入到奇异性当中，似乎预测变量之间存在线性关系或接近线性的关系。我们几乎是把小组的所有可能性都进行了参数化，因此我删除了其中一项再运行结果，但是仍然不行。（指数随机图模型在包括了像这样的项之后往往会出问题，因此如上一个脚注所说明的那样，我没有包括EGO_MATH等项目。）

表8.4 指数随机图模型

	模型1	模型2	模型3	模型4	模型5
相互性	8.450***	5.013***	——	4.637***	4.835[a]
	(1.026)	(0.133)		(0.230)	(—)
对方的受欢迎程度(GWID)	-8.919[a]	-4.000[a]	-1.868***	-1.272***	-3.113[a]
	(—)	(—)	(—)	(0.386)	(—)
衰减值	-1.010	0.389	-0.697	1.59	0.860
本人的受欢迎程度(GWOD)		2.882[a]	-0.697[a]	4.630***	3.736[a]
		(—)	(—)	(1.191)	(—)
衰减值		-0.242	1.865	0.769	-0.007
传递性(GWEP)		0.426***	0.922***	0.413	0.336[a]
		(0.086)	(0.174)	(0.219)	(—)
阿尔法值(Alpha)		1.652***	2.128	1.400	1.524
两人都在数学小组				0.464***	0.195[a]
				(0.141)	(—)
两人都在运动小组				0.566***	0.339[a]
				(0.133)	(—)
两人都不参加小组					-0.111[a]
					(—)
两人在不同的小组					-0.274[a]
					(—)
截距项(边参数)	-0.911	-4.464	-3.745	-5.022	-4.160[a]
AIC	54005	3894	31008	3684	3600

a:由于算法中各步骤间的估计值无法收敛,因此标准误无法估计。

我要说明一下，我并不是刻意找到这么一个数据使得指数随机图模型崩溃的。我费了好大劲，才写完那个生成模拟数据的程序，然后就再没改动过它。对于这个用最直接方式模拟出来的友谊关系数据，简单的logistic模型是管用的，而指数随机图模型却崩溃了。

我相信，如果有足够的精巧来进行强力修补，人们还是能够造出一些办法来用ERGM模型得出近似于模型5那样的东西来。但更可能的是，人们会把我们的参数剔除出去，来问一个用ERGM估计程序就能够回答的问题。即便我们可以得到ERGM模型的MCMC估计值，我也认为那未必是一个好主意。ERGM模型不是**唯一**“正确”的模型，而且它还要花费更多的时间——这也可能是好事，它可能因此逼着我们得熟悉数据，我们得在模型一次次崩溃之后去找漏洞。但是，把那些时间用在探索其他不同的模型设定上，可能有更好的效果。我担心，多数使用者在终于成功估计出来一个ERGM模型之后，就再也不愿意尝试解释结构依赖的其他方式了！

我并不是说，面对两个等同的模型，一个可以通过拟合程序得到最大似然估计，一个得不到，而你不应当偏好前者。你当然应当偏好前者，这意味着你能够更好地把握数据告诉你的答案。但是，最重要的是，你要的是对正确问题的稳健答案，而不是对错误问题中参数的最佳估计。如果你琢磨一下，就会发现前述两个表格中的参数**都不是**唯一“正确”的，因为它们并不能对应于(我们模拟出来的那个)真实世界中的任何性质。“对方的受欢迎程度”**无法**进行增加选择这一行动；“在不同的运动队”**无法**进行降低选择这一行动。它们确实都间接地触及到了真实发生的过程，但只是间接地。我们的目标是使用统计学来拒斥不靠谱的解释，而不是打磨估计量本身。

总而言之，ERGM很漂亮，但也很脆弱。它并不具有认知方式上的特权。因此，我一直在到处劝说别人不要用这种方法。这种模型与哈默斯利-克利福德定理已经不再有严格的关联，它也不具有任何行动层面的解释力（那才是社会学家永远最在意的东西）。我们要的并不是一个关于抽象概率分布的故事。汤姆·斯奈德斯（Tom Snijders）一直在致力于发展一种有对应行为解释的方法来解决同样的问题，他称之为“行动者取向的随机模型”（stochastic actor-oriented models，简称SAOM）。我一直和别人说，可能这才是前进的方向。但是我发现我错了，原因会在下一章详细解释。

中心性

ERGM模型（以及下一节将要讲到的SAOM模型）本身没有错，错误在于某种教条主义：有些并不懂技术的专家会自满地认定，ERGM模型或SAOM模型是处理网络数据“唯一正确”的方法。在此之前还有一种更糟糕的教条做法，那就是盲目地依赖各种“封装好的”（canned）网络“测度”。在本章的最后，我们来简要讨论下这种问题。

使用这些所谓的网络测度存在两个麻烦。第一，这些统计量的意义在很大程度上取决于你考察的联结的类型。第二，这些测度的实际表现与你以为的并不一样。

先来看第一个麻烦。我们要明白,这些数字并不是真正的**测量**。它们只是计算的结果,以便得到一些能够被理解的数值。但是,“实际计算的内容”和“计算结果的名称”并不一定是一回事。在对“中心性”(centrality)的理解上混乱尤其多,很大程度上这是因为人们把“中心性”当成一个基础概念(master concept),但其实它有各种不同的解读方式。只有网络中**确实存在**趋向于中心化(centralization)的倾向时,中心性才是有意义的。但有时候人们在谈论“中心性”时,实际意思只是“度”而已——节点所拥有的联结数量。

有时候,度的测量触及到的是“受欢迎程度”(popularity)。但是最受欢迎的人未必是“中心”的人(无论“中心”这个词是何种意义)。有些处于中心地位的人并不受欢迎,有些受欢迎的人其实处于边缘地位。当网络中**确实存在**中心—边缘的结构时,你对这种结构有所把握后,才能对节点进行这种分类。而要把握这种结构,你可能要做的是像“块模型”这样的定性模型,或者像“多维尺度模型”(multidimensional scaling model)这样的定量模型。中心性是一个很重要的概念。但是,如果你把它和其他重要概念混为一谈,它真正的重要性将被抹杀。

第一种易被混淆成“中心性”的重要概念是,你认识**多少**人并不重要,关键是你认识的是**谁**。因此,我们要基于你在**牛人**(cool kids)那里的受欢迎程度,来给你一个地位值。我们如何决定谁才是牛人呢?认识很多牛人的人才是牛人。这就成了一个循环圈子,不过在数学上可以破解这种循环。这有点像在空间滞后模型里，每个地块都会受到周边地块的影响。这就引出了特征向量(eigenvector)表达式。这种“特征向量”中心性，就相当于我们对某人对他人地位的贡献进行了加权，权数相当于与他有关联的那些人的地位(Bonacich,1987)。不过，对于多数社会网络来说，它和度的区别并不大——这种测度通常与度是高度关联的。如果它与度的关联不高，这通常意味着这种测度背后的假定没有得到满足。①

第二种易被混淆成“中心性”的重要概念是，我们可以看那些能够“介于”别人中间的人。②这与我们说的中心性更为接近，但是它与**全局**中心性(global centrality)并不相同。在某些特定的网络中，它可能会有很大的误导性。比如说，让我们看一下图8.8中的网络。在此讨论中介性看起来很合理，中间的那个点是最能够“介于”别人中间的，因为对于大多数关系对来说，联系必须要通过这个点。当我们从“中介地位”(brokerage)的角度来想问题时，我们会以为它是一个“中介人”(broker)。但是,只有这组关系是对称性的时候，这种说法才合理。如果关系是非对称性的，这种结构其实最好用图8.9中的那种形式来理解。

第一个图中看起来是“中介地位”的东西，在第二个图其实是“层级位置”。如果要在第二个图中寻找真正的中介人，他不会是在最上面的那个人，而是居于上面节点与下面节点之间的那四个

①斯科特·菲尔德(Scott Feld)在一次交谈中让我明白了这一点，但他至今还没有把这些写出来发表过。

②对这一指标的数学计算方式是，对于每一个节点，看所有其他节点构成的关系对，然后看连接它们的最短路径经过这一节点的比例。此外，有时它会和信息理论关联起来，可以应用到运筹学研究和流体动力学中，那是更加有趣的。

人。同样的计算方式,关系的类型不同,得到的结果的意义就不同。

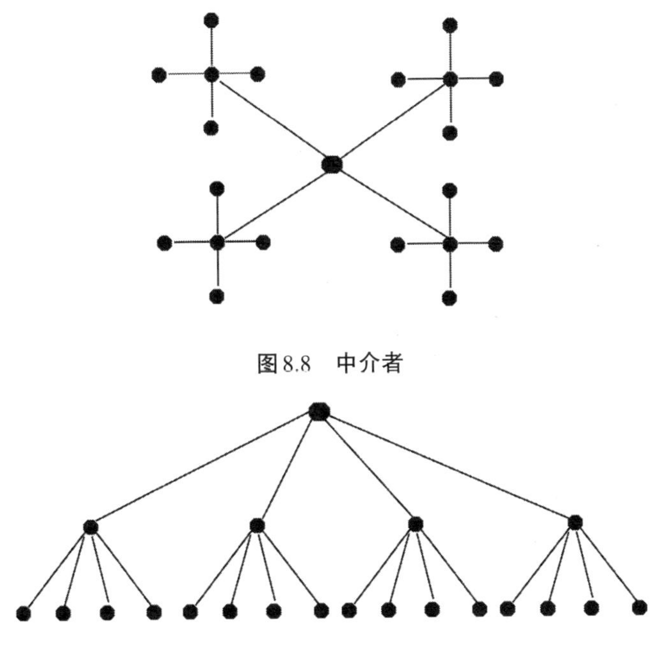

图8.8　中介者

图8.9　领导者

使用这种"封装好的"统计量的第二个麻烦,出现在它们被纳入到传统线性模型里时(比如说,"我要把每个人的中心性、地位、中介性都考虑在内")。但是,如果你考察的是网络,那么你很有可能引爆"非线性关系"这个火药桶。无论你是要比较一个网络与另一个网络(跨网络比较),还是比较一个节点与另一个节点(网络内比较),这时都会有麻烦。

先看跨网络比较。很多这类网络测度,与网络的规模都有着难以厘清的关联。我在这里不再举例了。总的原则很简单:如果你有一个想法，要看自己能否构建一个模型，那就要先在结构类似但规模不同的模拟网络数据上运行一下这些模型。比如说，你想了解对某篇经典论文的引用的变化趋势，那就把它写成一个选择过程。然后，把它应用到不同规模的网络上（因为引用网络会随时间而扩大）。如果你看到结果与N的关系是非线性的（几乎一定如此），你就会明白自己不能依据传统的线性模型来下判断了。

最近已经有研究在处理这些议题了（Smith, Calder, and Browning, 2016）。研究表明，与把规模N作为控制变量引入或者依据经典分布来对结果进行标准化相比，更好的办法是用参数来表达网络图的**类型**。这肯定是对的——只是很多时候网络图的类型并不那么显而易见。正是由于这个原因，我们才会想要用ERGM模型来解读不同网络图中的参数差异（比如说，这个网络比那个网络有着更强的传递性封闭[transitive closure]趋势）。

不过，我们也可以使用ERGM模型来生成各种嵌套网络，然后比较不同网络测度在其中的分布，而不是用ERGM模型来估计那些效应。处理复杂模型时，这种使用ERGM的办法更有优越性，因为ERGM模型中的那些“净效应”实在难以解读。你也可以用非参数方法生成有理论意义的嵌套随机网络，这涉及*dk*序列（Orsini et al., 2005）。对此进行详细解释，就要偏差本书的主题了，你如果有兴趣，可以参看我即将出版的论文。[1]

在进行跨网络比较时要小心，在对同一个网络中的不同个体

①这篇在本书写作时“即将发表的论文”已经发表：Martin, John Levi. 2017. “The Structure of Node and Edge Generation in a Delusional Social Network.” *Journal of Social Structure* 18 (5)。——译者注

进行比较时也要小心。我们常常得到个体层面的某种网络测度，然后把它们放到个体层面的回归中去。统计学家会批评说，这违反了OLS回归的这条假定或那条假定，但那些其实不会引发大麻烦。最麻烦的是，我们用到的多数的节点层面的网络统计量通常和“度”（联结数目）高度相关。这意味着，我们不能把“中介度”放到回归里来，然后就以为测度了“中介地位”的效应——它其实测量的还是“受欢迎程度”。

你可以想，我只要再控制住“受欢迎程度”就好了。但是这两个测度的纠缠方式可能并非那么简单，因此这种办法未必有效。我明白，教育获得过程和收入获得过程是纠缠在一起的，但是用线性模型可以很好地把两者的效应分解开来。如果中介度与关联度的相关程度不太高（如$r < 0.75$），这样做可能确实有效。不过，你必须要先看散点图，看变异究竟落在了哪里。不要只是对网络图类型进行假定，而要实际去看。

图8.10给出了不同网络图中三种节点统计量之间的散点分布与相关度（每个网络网中都包括500个节点）（R8.6）。左上角是完全随机的网络图（固定联结概率的Erdős图），右上角是给定偏好的网络图（Barabasi/Albert图），左下角是小世界图（Watts图），右下角是我模拟生成的那个高中生网络图。所有这些都被当成是无向图（undirected graphs）。你可以看到，统计量之间的相关模式完全不同。在那个基于对实际过程的合理猜测而生成的网络图中，关联度与其他测度之间的关联要比给定偏好的网络图或小世界网络图中更高。在现实的网络数据中，往往会出现这样的高相关。

因此，你需要透彻思考你要向数据提出的问题，确保它不是"双管问题"(double barreled)(即把两个问题的答案混杂到一个答案里)。不要信任测度的**称呼**。去理解数据本身。

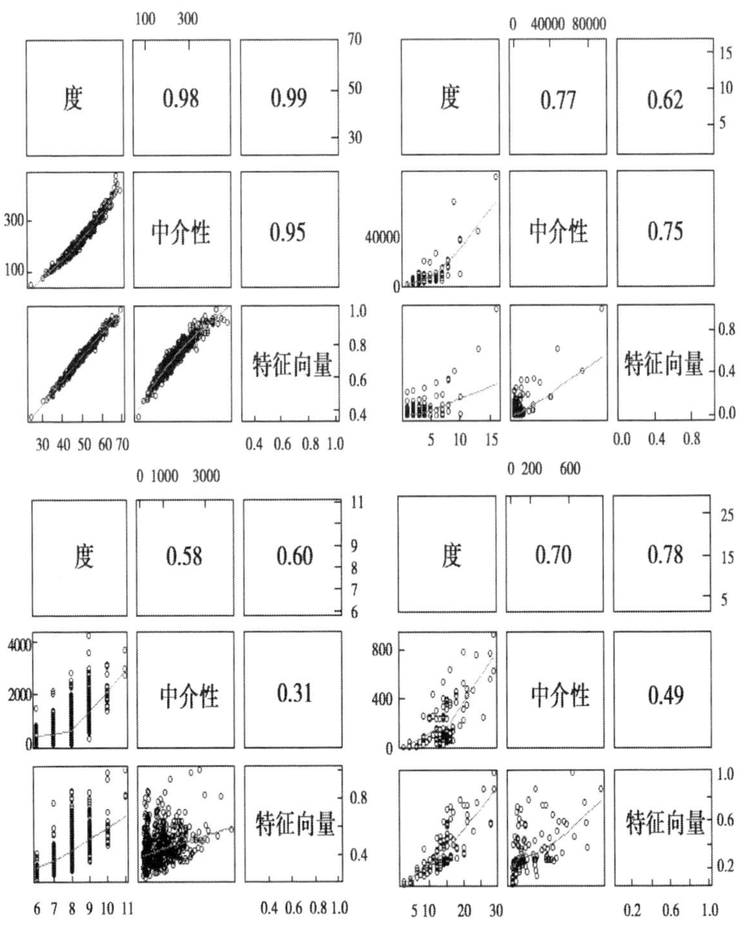

图 8.10　一些节点层面统计量间的相互关联

结　论

社会学要研究的就是社会结构。统计学的用处就在于能够帮助我们完成这一目标。但是,有时候我们以为统计模型向我们揭示了一些有趣的结构效应,其实是因为我们把当事人都当成了傻瓜。我们假定,当事人不知道自己喜欢什么音乐,不知道周边哪些人很讨厌,不知道自己属于哪一种族,不知道聪明人是什么样子,因此,得依靠朋友或父母或其他什么因素来影响他们,他们才能知道这些东西。在我们试图考虑"两个人可能因为有共同的口味所以才成为朋友"这一事实时,做出的那些假定同样是令人生疑的(他们都喜欢"书",因此把这作为控制变量纳入就能够控制品味的异质性了——但是"书"和"书"未必一样。)当然,现实世界中社会影响无处不在。但是,我们的统计学未必擅长发现这些东西。

不要放弃！在进行各种探索时,我们必须要避免教条主义,要关注自己研究问题的**实质意蕴**(substantive implications),而不要盲目追随最时髦的模型,也不要盲目固守那些所谓的"传统"路数。

第9章

好得让人生疑

概　述

在前两章中，我们讨论了得到看似很吸引人的结果，但其实模型设置存在错误的情况。这些模型设置错误的共通之处是，引导我们得到结果的其实是这样一些因素：案例落在**哪里**、发生在**何时**、彼此间**如何关联**。然而，我们却对这些因素并不了解。在本章中，我们继续讨论得到看似很吸引人的结果，实则不然的另一种情况。原因在于，某些方法的假定过于强硬，对于外部世界的某些设定已经内嵌到这些方法当中了。

导览：本章中我会讨论三种“好得让人生疑”的方法。它们能够给你提供数据中并不存在的信息，因为方法中内嵌了很多假定。在使用这些模型的时候，你往往并不是依据数据中**实际存在的**证据下判断，而是依据模型中的那些假定下判断。一旦那些假定不牢靠，你就会犯了错而不自知。

第一类方法是潜类分析（latent class analysis），以及其他同类型的方法。这种方法在**形式**上极其漂亮。你会觉得自己在做的就是我提倡的那种归纳性的数据探索。但是,如果我们去认真解读结果,就会发现那些形式上看似漂亮的部分并不可靠。潜类分析的结果非常不稳定,更为简洁的分析才更合理。第二类方法是定性比较分析(简称QCA),以及衍生出来的其他方法。定性比较分析需要的假定虽然并不多,但都过于强硬,这使得你用它必然能够有所“发现”。第三类方法是基于推理的微观模拟仿真(microsimulation)。在这种方法中,我们会坚持不懈地增加参数,直到模拟出自己想要的结果来,这是在往错误的方向行进。

我在这里不会讨论结构方程模型(SEM),尽管很多人都知道它其实并不能成功地识别出横截面数据中的双向因果关系。我不讨论结构方程模型有三个原因。第一,社会学者现在很少采用结构方程模型(但是心理学取向的社会心理学研究中仍然能够见到不靠谱的结构方程模型)。第二,在结构方程模型的教学中,人们已经意识到了这些难题的存在,因此会教给学生如何考查估计量的稳健性。第三,人们在抛弃结构方程模型的同时,也一并抛弃了对测量误差的严肃思考。如前所述,忽视测量误差对于社会科学来说是一场灾难。即便你认为结构方程模型过于复杂,其结果并不可信,因此并不打算采用这一模型,你也仍然可以把它作为一种思想实验,来琢磨一下数据可能是如何生成的,这一定会让你从中受益良多。

此外,结构方程模型被人认为是“落伍”的方法,而我将要讨论的那些方法却被人们认为是“时髦”的(虽然事实上一点也不新颖)。在社会统计学里,“落伍”的方法往往值得你认真琢磨,因为

“落伍”的东西往往更“可靠”；而那些“时髦”的方法，你往往投入大量时间，最终却收获甚微。

“这么想想是不错的”

潜类别混合模型

表9.1显示的是人们对堕胎和死刑的态度（这是2000年美国社会综合调查的真实数据）。我们可以用很多不同的方式来思考这个表格。第一种方式是，想象出一个“一般人”（a generic person）来，把人际比较内摄到他/她的头脑中，然后将其转换成头脑内的观念（Martin，2000；Borsboom，Mellenbergh，and Van Heerden，2003）。因此，我们认为这讲的是两种理念之间的**互依关系**（dependence）：持有这种理念，会让你更可能（或更不可能）持有那种理念。如果你原先认为死刑是基本可以接受的，我一旦说服你改变这种理念，你对于堕胎的看法也会改变。这种关联程度可以用表中的比率比（odds-ratio）来表示。当然，我们在此看到两者之间没有关系（比率比为0.95，非常接近于1），这表明上述理念在人们的头脑中根本没有关联。这有点奇怪，因为它们都是与生死有关的高度政治化的议题。

如果你觉得这两种观念间“没有关系”很奇怪，我也有同感。你可能会想到，这是因为同时有两种不同的关联正好抵消了。一方面是基于生命感受的正向关联，另一方面是基于政治因素的负向关联。

表 9.1　对堕胎和死刑的态度的交叉分类表

堕胎合法化	**死刑**	
	支持	反对
支持	447	210
反对	670	298

或者,你也可以认为这里并不只有**一类**人,我们不必把四个数字合成一个比率比。这里有**不同**类型的人,我们需要把他们区分开。这里可能有两种类型,也可能有三种类型,也可能有四种类型。在某种意义上,我们知道这里**有**四种类型。这些类型就体现在四个单元格中:有些人支持堕胎但不支持死刑,有些人支持死刑但不支持堕胎,有些人两项都支持,有些人两项都不支持。但是,接受这种分类将会扼杀你的社会学调查。因为在每一类型中,这两个题项的回答不存在任何变异。因此,这两个题项是“**条件独立**”的(即在所处单元格既定的**条件**下它们是独立的)。除此之外,就没有什么东西好说了。

但是,我们不必只在一种类型和四种类型中进行选择。比如说,你可以认为真正持有态度的人其实只有两种类型:支持保全生命的人和支持选择死亡的人。前者既反对堕胎也反对死刑,后者支持堕胎也支持死刑。那么,为什么有些人只支持某一件事却反对另一件事呢?因为他们答错了(或者访问员记错了)。此外,还有些人根本没有任何态度,只是随口一答。那些人构成了第三类。

也许是这样吧。这里还有另一种看法。真正持有态度的人其实只有两种类型，但并不是支持保全生命和支持选择死亡，而是自由派和保守派。前者支持堕胎但反对死刑，后者反对堕胎但支持死刑。为什么有些人会同时支持或同时反对这两件事呢？因为他们答错了（或者访问员记错了）。此外，还有些人根本没有任何态度，只是随口一答。在前述两种看法中，我们都认为这里有三种类型而不是四种。有两种类型有一致的逻辑，另有一类人是些“糊涂人”。①

最后两种理论可以表述为非常精巧的潜类模型（Latent class model，简称为LCA）（Lazarsfeld and Henry，1968；Goodman，1974）。我们有 J 个类型的人，每个类型在总人口中占比为 π_j。提出 K 个题项，类型 j 的成员（C_j）在某道题 k 上有肯定回答的概率为 p_{jk}。（为了简便起见，我们假定题项都是两分变量，但这里的结论是可以一般化的。）那么，第 i 个人在某道题 k 上有肯定回答的总概率 x_{ik} 是多少呢？那应该是 i 属于每一种类型 j 的概率（π_j），乘以属于此类型 j 时有肯定回答的条件概率，然后进行加总：

$$\Pr\left[x_{ik}=1\right]=\sum_j \Pr\left[x_{ik}=1 | i\in C_j\right]\times \Pr\left[i\in C_j\right]=\sum_j p_{jk}\pi_j \tag{9.1}$$

由于在某一种类型中对各个题项的回答是条件独立的，因此回答模式 $\boldsymbol{x}_{\mathrm{i}}$ 为 $\left[x_{i1},x_{i2},\cdots,x_{i1}\right]$ 的概率就应该是：

$$\Pr\left[\mathrm{x_i}\right]=\prod_k \sum_j p_{jk}\pi_j \tag{9.2}$$

非常精巧，是不是？但是，麻烦在于三类别模型中将会有2 +

①在潜类分析最盛行的时候，我们把这种类型称为“混杂类型”（miscellaneous class）。

3 + 3 = 8个参数（π_j参数有2个，因为3个π_j必须服从加总为1的约束条件；每一个类别和每一个题项搭配都会有一个p_{jk}参数，因此有6个）。参数是单元格数的两倍，模型无法识别。如果我们有三个题项，参数数量（11）也仍然超过单元格数量（8），模型仍然无法识别。如果我们有四个题项，单元格数量就能达到16，我们就能够识别参数了（单元格数刚刚够用）。但是，即便解决了模型识别的问题，这种做法也很可能并不靠谱。

为什么呢？基本道理是，因为我们此时试图从**一项**观察中（被访者对一道题回答“是”还是“否”）掏出**两样**东西来。一样东西，是这种类型的人对这道题进行肯定回答的条件概率；另一样东西，是这种类型中有多少人。我们想让这个类型中的人数多一些，那就降低对条件概率的估计；我们想让这个类型中的人数少一些，那就抬高对条件概率的估计。

当然，模型最终能够被识别，是因为你要对需拟合的多个观察同时做上述工作。但是，前面那一点仍然有效：我们只有一项信息，但要生成**两个**组件。借用我在《领悟理论》中使用过的比方，我把这类技术称为“特威双胞胎”（Tweedles），因为就像《爱丽丝梦游仙境》里的双胞胎兄弟“特威帝”（tweedledee）和“特威丹”（Tweedledum），这些组件永远紧紧抱在一起，掰也掰不开。这种技术寻找的是一些无形的群体：**如果**这些群体存在，**如果**他们有这些性质，那就会生成这些数据。[①]

①如果你有充分的数学训练，可能会说：“但是在多数情况下，参数估计就是互相纠缠的，纠缠程度由信息矩阵决定。”你说得有道理，我这里的表述确实不够精确。但是，我希望你能够用“特威双胞胎”的方式来琢磨一下这个问题，那会帮助我们明白“局部解”（local solutions）的麻烦出在什么地方。

上述问题导致的结果就是，通常都会有很多个几乎都一样好的解。如果我们要估计两个参数(如两个回归系数)，那目标就是要挑出能够使观察似然值最大的那个解。想象有一片山地或峰峦，它的纬度代表一个系数的值，经度代表另一个系数的值。在那些只有一座平缓的山峰的地方，不同的估计技术得到的结果都一样好：不管你从哪里起步，只要不断向上走，最终都能到达同一山顶。但在那些有悬崖绝壁和多座山峰的地方，如果你的起点是在错误的山峰上，就可能会不断向上走，最终抵达的却是波卡尔德峰(Mount Pokalde)；你永远不会想到，如果你先向下走再向上走，就能够到达珠穆朗玛峰，那比波卡尔德峰还要高上三千米。因此，多数能够抵达最高峰的路线要求你的起点必须落在最高峰附近才行。

换而言之，我们的算法此时会被困在“局部最大值”上，而不是全局最大值。在这种情况下，最终解对起始值极其敏感。我必须要强调，对起始值的敏感性并不一定表明我们提的问题是错误的。但在有些情况下，这确实表明我们提的问题是错误的。如果外部世界原本有多种方式可以运作，它们有非常不同的实质意义，它们能够同样好地解释数据，那么此时还非要计较某一个解的似然值比另一个解的似然值低了0.00004就是没有意义的。你为什么要在意？在很多情况下，潜类分析让你做的就是这种事情。你得到了参数的局部最大似然估计值，它可能是全局最大似然估计，但是你并不知道数据对于你的理论的**反命题**也几乎同样支持。[①]

①我不会对此进行演示，因为任何潜类分析的入门介绍都会提醒你这一点，并介绍某些解决这一问题的(数值)方法。但是，它们不会说，这一点可能会从整体上对潜类分析这种方法构成威胁。

在另一些情况下，麻烦在于似然值的平面过于平缓(在包括过多内生性的结构方程模型中也会遇到同样的问题)。你设定某个类型占人口的24%，它对A题做出肯定回答的概率为82%。但是，如果你设定这个类型占人口的58%，它对A题做出肯定回答的概率为45%，对数据的拟合程度可能和前者几乎差不多。这就是前面讲过的“特威双胞胎”。你心里想的是要去登山，却身处大平原当中。目力所及之处，根本没有什么山峰。最后，在有些情况下，地面并不是平的，而是有一条绵延的山脉。在山脉走向的方向上，无论你怎么走，高度都差不多。你只要仔细察看参数估计的标准差，通常就能够发现这些情况。

让我再次声明，这些问题不是潜类分析独有的，而且有办法能够避免局部最大值(如采用多个起始点，模拟退火算法[simulated annealing]，从首次收敛值再次开始，等等)。但是，对于非约束性的潜类分析模型来说，上述问题应该足以警醒你，如果没有(通过加入约束条件来)切实核查其他的类型架构(包括五种类型构成的各种系统)，那么在进行实存性的(existential)判断(这里“有”五种类型)时就要非常小心。换而言之，比似然值的差异更重要的是不同高点(maxima)在**实质意蕴**(substantive implication)上的差异。

这种开放性，这种“要讲清背后故事”的性质，把拟合的难题变成了理论的难题。但是，你可以施加一些约束条件(如“我只想要那些在接近或拒斥某些态度上接近完全一致的类型”)，甚至把LCA当成一种验证工具来使用(如吉姆·威利和我[Wiley and Martin，1999；Martin and Wiley，2000]使用LCA来在代数模型中纳入回答误差,我们至今仍然坚持这一做法)。不过,在**探索性**分析中,由于我们允许模型同时选择"特威双胞胎"中的两个部分,还是不要采用LCA为好。这里面有太多不好把握的因素了。

LCA可以帮助你从数据中看到某种东西吗?当然可以。LCA可以帮助你从数据中看到某种**真实的**东西吗?大概可以。那些东西是(实存性的)"类别"(classes)吗?通常不是。那些"潜类"通常的意义,其实与我们日常生活中谈论"高""中""低"的意义一样(Bonikowski and DiMaggio,2016:958)。它们的差异,只在于对一组题项的回答模式有所不同。这只是对定量数据的一种定性简化方式。这种简化方式其实并没有必要(我们完全可以用连续的方式来思考这些问题),而且也没有得到数据的充分支持。在另外一些情况下,这种"潜类"只是指向了不同的事项(如"这些人喜欢宗教"而"那些人喜欢政治",我们看到的是对事项实质的归类)。在这些情况下,LCA并没有给更直接的方法新增任何东西(除了混乱)。

LCA看起来与传统的因子分析很相像,而我对因子分析的评价是正面的(参看第1章)。因子分析及相关的主成分分析技术与LCA的本质区别在于,它们是极其稳定的。就像OLS一样,无论你做的是什么,它们总会给出同样的结果(你如何解读或进行因子旋转则取决于你自己)。因子分析对于探索性分析来说很管用,因为它所做的只是旋转数据空间,然后把数据投射到维度被压缩的空间中。"特威双胞胎"不一样。它们极其敏感。它看起来很漂亮。如果你需要的只是压缩数据(而不需要对外部世界做出有意义的判断),那么它确实管用。但是要小心:你可能花了很长时间和一件扯不清的事情“掰扯”,最后得到了一堆“胡扯”。

最后我要指出,这种方法的最初灵感来自一种已经被证明是不可靠的思想传统。弗洛伊德把梦境的内容区分为显在的与潜在的,而拉扎斯菲尔德受到了弗洛伊德的启发(拉扎斯菲尔德的母亲就是一位心理分析师,她是阿德勒的学生)。用某位富有洞察力的分析者的话来说,那些梦境的潜在内容其实是“弗洛伊德自己的联想”,只不过是“反向投射到病人的梦境中”(Martin,2011:103)。它就像是分析者**给自己**做了罗夏墨迹测试(Rorschach test)之后,把自己的联想说成“科学事实”。非常遗憾,在很多情况下LCA做的事情和这没有太大区别。

序列

潜类分析只是一种最简单的特例,还有许多方法具有这种“特威双胞胎”性质。它们在纸面上显得很不错,你会花好多时间琢磨算法和作图等,却始终没有办法来把握结论中的东西是否切实存在。

有一类有趣的问题是关于生命轨迹与序列的。在很多数据中,我们在不同时间对同一单位(如个体)的同一些变量(如体重、职业等)进行观察。我们想知道是否存在不同类型的轨迹。最近,沃伦等人(Warren et al.,2015)对一系列最常用的方法进行了比较,如最优匹配(optimal matching)、隶属度模型(Grade of membership models)模型、有限混合模型(finite-mixture models)。他们使用真实数据集和模拟数据集,来看哪种方法是最好的。这是方法学者最喜欢干的事情:赛马。你猜,最终获胜的是哪种方法?

事实上,所有方法都输了。继续用赛马的那个比喻,我们可以说它们是在沿不同方向游荡。这些方法不仅没有得到正确的答案,而且得到的答案彼此都不相同。最常被选择出来的答案是错的。如果让它们在真实值与其他值之间进行选择,它们更可能(但并不一定会)挑选真实值,但这一点并不太重要。重要的是,在依靠它们来把握真实情况时,它们的表现实在不能让人放心。

但是我们多数人永远不会知道自己犯错了。这种看起来极其酷炫的方法的麻烦在于,它们在失败的时候不会流露出任何迹象,连吱一声都不会。我们问一个它们回答不了的问题,它们也会欢快地给你一个答案。它们在数学上极其优雅,与数据的关联极其复杂,我们很难清楚地知道实际发生的事情。

很多序列数据都会被强行塞到并不适合它们的那些算法当中。序列数据在实质意义方面是有差异的。有些序列数据在固定的时点对每一种状况进行测量(如健康研究中回答人要每年汇报自己的BMI),有些序列数据则没有(如从简历中得到的职业生涯数据)。有些序列数据涉及的状况每人只能拥有一次(如"是大学生"),有些序列数据涉及的状态可以反复拥有(如"失业")。有些序列数据是有高低阶序的(如军队中的位置),有些序列数据没有高低阶序(如怀孕、哺乳、生育、不能生育)。还有很多序列数据是处于中间的(如通常的职业生涯)。

要把数据改造成那些技术所需要的形式,你就得花力气引入大量新的伪信息(pseudo-information)[1],因此采用那些技术变得不划算。你完全可以认真地思考手头数据的实质性质,进而提出一个更加清晰的问题来(如"晋升到中将的时间"),这样就可以不必(根据某个武断的标准)选择一个"最佳的"世界,而忽略许多其他可能的世界(真实的世界可能就在其中)。

迷失方位

我并不认为,你完全不能用这些有趣的探索性方法。我只是认为,你最终呈现给读者的不应该是这些东西。你应该用它们来得到一些更直接的看法,因为你几乎一定得用**显变量**才能解读最终结果。没有人会在乎在这个世界上的人有八种类型还是九种类型。关键是,我知道了这个,又怎么样?你在把人分成了八种类型之后,就要更实在地了解他们。你可能会发现,前四种类型多数都是男性,后四种类型多数都是女性。你可能会发现,1、3、5、7类型的人多数都完成了大学学业,2、4、6、8类型的人多数都没有大学毕业。你可能会发现,1、2、5、6类型的人多数都是共和党人,3、4、7、8类型的人多数都是民主党人。很好!**扔掉那些潜类吧**。按照这三个二分变量交叉分类得到的八种**显类**(manifest class)来展示你的结果。读者想要读到的是那些东西,因此你要呈现给他们的也是那些东西。

当然,不是所有人都乐意这么干。费了那么大事,为什么要

[1]这里所谓的"伪信息",指的是与数据的实质情况不符合,但为序列分析模型所必需的假定。——译者注

重新回到交叉表？例如，在最近的一篇论文中，艾森布雷和法桑(Aisenbrey and Fasang，2017)使用序列分析的方法，对美国人和德国人在工作和家庭方面的生命序列(life sequences)进行了聚类。对德国，他们基于工作声望和子女数提出了8种类型。其中一种类型被标记为“已婚无子女；向上流动”。他们发现，“这一类型涵盖了总体中的10%，包括了那些与配偶生活但到了44岁仍然没有子女的回答人。”不过，如果你看一下他们的图，就会发现这一类型中相当数量的人是**有子女的**。这一类型中确实有很大比例都是没有子女的，但是这一类型和标签的指涉并不吻合。这个类型的成员可能还有别的共同点，但是我们对此没有任何理论把握。如果我们要谈论和思考那些没有子女的人，那就应该构建一个**确实**没有子女的群体。否则，命题和方法就会出现脱节。

有时候，我们确实有着强烈的理论兴趣，要借聚类来发现真正的类别。比如说，埃米尔·戈德伯格(Amir Goldberg)花了很大精力琢磨一系列彼此关联的算法，他希望借此能够发现总体中的那些“有共同基础的不同立场者”(agreed to disagree)：那些人对于“应该选择做什么事”持有不同立场，但是他们对于“那些事意味着什么”有共同的看法。这个想法其实非常有意思。如果人们是在不同的场地上彼此争斗，那么传统的分析技术给我们的就可能是完全错误的答案。[①]他和巴尔达萨里(Baldassarri and Goldberg，2014)把这种算法应用到了民意调查数据中，结果发现似乎存在着三种类型：第一种类型与政治观念的通常印象吻合，第二种类

①即便我们想要了解的就是这一点，那也有更好的办法来实现这一点(请参看Boutyline，2017)。

型对经济议题和道德议题的看法有另外的配对方式，第三种类型是持有混乱看法的“剩余”者。

但麻烦在于，这里的每一种类型都是持**敌对立场**的人的组合，他们必定包括了非常不同的一些人。你要描述每一种类型的人，就必须要同时描述处于两端的人，而不是中间状态。但是，这事实上就相当于先“退回一步”（分成不同类型然后看成员的特征），然后再“前进一步”（看每个类型内部使得某人处于某一极的特征）。换而言之，通常的社会学思维方式是从解释出发，然后归到结果上。但是大多数潜类分析把人分类依据的是后者（结果），这虽说不是欺骗，但是与我们通常检验命题的方式相比起来，相当于是抄了近路。因此，我们就非常有必要比较潜类模型与使用显变量的传统方法的预测效力。在这里，我认为就有一种对美国政治的传统看法，它和巴尔达萨里与戈德伯格的核心看法是相关的：私营部门的经理在社会议题上是自由派，但在经济议题上是保守派；公立部门的经理在社会议题和经济议题上都是自由派；工会工人在社会议题上是保守派，但在经济议题上是自由派；自雇阶层在社会议题和经济议题上都是保守派。按照这种方式，我们完全可以不使用潜类，而是使用**显类**的精细信息来推进分析，看这种方法能否解释人们的最终观念选择。

最后要说明的是，随着文本分析成为时尚，现在有一系列相关的新方法被引入到了社会科学中。其中最简单的一种就是“潜在狄利克雷分配”（Latent Dirichlet Allocation，简称 LDA），它其实是对词语（而不是对回答）进行潜类分析。它的数学算法与 LCA 有些不同，但是做的事情与 LCA 基本类似。你可能以为我会说你应该远离这种方法，但其实我认为，它可能比其他技术要更好一些。这主要有两个原因。首先，用它来处理的数据量通常都非常大，因此不太可能出现“过拟合”的情况。此外更重要的是，我们也没有其他选择，我们**总得**以某种方式来压缩数据。其次，对此已经有很多批评性反响，实践者对可能遇到的各种问题很快就已经有所警觉。但最重要的是，LDA及其相关方法的对象是**词语**。这就有点像是对你熟悉的那些人进行LCA分析。在LCA中，你看到一个类型，然后说“这个类型中34%是中产阶级，8%是超重，53%是大学毕业……，因此我把这个类型称为嬉皮士吧。”但是在处理词语时，事情有点像是“看，这是巴利和哈里逊和彼特和罗恩，我认识这些家伙！”这样做确实有帮助。

定性比较分析：像统计而非统计

基于案例的分析

如果能有一种名为“RWOST”的新方法，该有多酷！这种方法的名字，其实就是“Regression Without Statistical Tests”（不需要统计检验的回归）的首字母。你使用这种方法必定会有所发现，永远不会面临“我不知道”的困境。“定性比较分析”（Quantitative Comparative Analysis，以下简称QCA）的本质和“RWOST”差不多。它其实简单而老套，但就是因为日益变成了RWOST，所以才大为流行。我必须要说明，我喜欢在社会学当中引入逻辑学以及布尔逻辑体系这种想法,我赞赏查尔斯·拉金(Charles Ragin)开创的这些工作。我认为他是社会学里真正的杰出人物。社会学需要去尝试新的路数,开辟新的分支,而不是把所有鸡蛋放在一个篮子里。但是,某些策略不见效时就要淘汰,这样多样化策略才会管用。QCA 就是应当被淘汰的路数。拉金尝试过很多策略,即便这一项失败了,他也照样了不起。事实上,科学上的多数尝试都没有什么结果;正因为如此,我们才会进步。系统的运转就是这样的:多样化,淘汰剔除,再多样化,再淘汰剔除,循环往复。

我先讲一下定性比较分析的基本逻辑,然后再来考察一些最新的推进。在第 4 章中,我们讲过,交互作用分析很容易出错,而 QCA 靠的就是交互作用分析。它安营扎寨的地方,就是方法最容易出错的地方。

QCA 的基础,是比较历史研究者(尤其是在 1980 年代的美国)使用的基本逻辑。他们往往从**必要性**(necessity)的角度来思考问题。在他们那里,说“结盟模式是第一次世界大战的原因”就相当于说“如果没有结盟,第一次世界大战就不会爆发”。麻烦在于,必要性只要有一个反例就会被推翻(我在《领悟方法》里讲过这一点)。如果你只想解释某一件事,那么你可以说结盟模式是**这一次**战争的必要条件。但是,如果你有二十次或者甚至十次战争的资料,那么对所有的命题,你几乎总能找到反例。

QCA 想要做的,就是在多案例研究中继续沿用上述基本逻辑,而不是吸取背后的根本教训。它主张,结果可以有多种路径来达到。每一条路径本身都是结果的**充分**条件,但是**必须**要有**一条**路径被采用才会出现结果。

QCA既允许多种解释同时成立，又不需要传统的统计检验来约束我们的判断。QCA其实就是要你在所有可能状态构成的表格中，寻找能够把因变量取值较高的案例和取值较低的案例截然分开的变量模型。这本身没有问题，我们在考察案例时也经常这么做。但是，定性比较分析把这变成了“自动化流程”，因此使得我们做出太强的假定，把“无知变成有知”。

QCA声称，传统分析的基础是变量，QCA的基础是案例。事实并非如此（Lucas and Szatrowski，2014：63）。它的逻辑和回归是一样的。QCA分析中的“路径”，就是用变量（而不是案例）表达的。如布雷泽（Breiger，2009）所言，每个变量其实就是一束案例（a bundle of cases）。人们之所以说QCA是“以案例为基础”的，其实只是因为他们的案例数目**比较少**，因此每个案例在他们的头脑中就显得特别大。大概是因为这个原因，QCA用到的案例通常都比较“大”，比如说国家。在这里，已经有一个很强的假定：大的结果一定是由于大的原因造成的（我在《领悟方法》中讲过这一点）。QCA往往假定，原因应该是大象而不是跳蚤。这一点我们姑且不论。

如果案例数目比较少，你能包括起来的变量数目也不能多（即便你只关注那些大原因）。每个“变量”就是一束案例。如果案例数目比较少，很可能不同变量对案例的分组是完全一样的。它们在用来进行QCA分析的数据中的名字可以不一样，但对案例的分组才是它们在分析中真正起到的效果。你有9个代表不同国家的案例，在变量“低福利国家”上它们的取值分别是[0,0,1,0,1,1,0,0,1]。后来你也构建了一个新变量“弱天主教势力”，它们的取值也是[0,0,1,0,1,1,0,0,1]。在前面的分析中你关于“福利国家”那些论断,现在可以原封不动地换到“天主教势力”头上。原来你会认定福利国家是关键因素,现在你会认定天主教势力扮演了重要角色。

你很可能会说:“回归分析也是一样的。如果两个变量完全相关,它们就可以互换!”**完全正确**。QCA的逻辑与回归**完全**相同。仅有的差别在于,QCA有如下特征:

(1) 对可能存在的所有模式,进行自动化的穷尽式搜索;

(2) 搜索一定会有所发现,解释力一定保你满意;

(3) 不需要进行统计检验。

如果你有一个3400人的数据,然后用算法来对30个变量进行模型筛选,模型中不仅可以包括主效应,而且可以包括**四维交互作用**,然后你**不**进行任何**统计检验**,就把这当成确切的结论,你一定会被**解聘**。但是,为什么当案例数只有原有的百分之一时,你就可以合理地用QCA来筛选各种路径,而且不进行任何统计检验呢?这是荒唐的。记住,统计学可不是出租车,你可以随心所欲地把它叫停。①

被QCA当成无可驳斥的具有决定性的因果关系的东西,很可能只是数据中的某种随机模式。这是数据分析者最不希望出现的事情。你也许也有些不解,当前的统计学已经如此发达,计算能力的增加如此迅猛,人们为什么会对这样一种在十八世纪就能做到的粗疏技术投入如此热情呢?其原因和网络诈骗案件有共通之处:它实在太过诱人了。

---

①QCA与回归类型的方法之间的关系,已经在布雷泽(Breiger,2009)的一篇文章中被分析得很透彻了。社会学家都应该去读一下那篇文章。

决定论的假定

QCA分析者得出的那些复杂模式背后，有着决定论(determinism)的假定。QCA的结论往往是这样的：成功的革命，它要么发生在一个国家管制程度低、多语言政体、出口导向的国家，要么发生在一个信奉天主教的、出口导向的国家，要么发生在一个国家管制程度高、单一语言政体、进口导向的国家。我们费尽心思地去解释，为什么同样一种因素在这条路径里有这样的影响，在那条路径里有那样的影响。我们认定了这些属性**就是**真正的原因，而这其实还有待检验。大多数情况下，它们都不是真正的原因。这就好比说，我们发现汽车前进时**必然伴随**着前盖上的装饰物的前进，然后就去解释装饰物如何使汽车前进。我们认定了装饰物就是真正的原因所在，其实对汽车的工作原理一无所知。①

我承认，如果我们对于某种决定性过程有非常完整且没有任何误差的数据，QCA方法就是用的。但是，我从来没有遇见过人们在那样的情形中使用QCA。因为能够满足上述条件的情形，只有一些极其简单琐碎的小事。在那些情形中，正常人动动脑筋就知道答案了，根本用不着使用电脑。我们对于某种(本体论或认识论上的)随机性过程有不完整且包含误差的数据，这才是实际要面对的难题。为了使用自己偏好的技术而假定事实如此，这是掩耳盗铃："我们要用QCA，所以就当误差不存在，过程也是决定论的吧。"这就好比工程师们说："我们要发射火箭，所以就当O形

①马奥尼(Mahoney,2008:415f)直接宣称说，发生了的事情的真实概率就是1(!)。如果能把概率论讲成这个意思，那决定论又是什么意思呢？

环是安全的吧。”[①]

很多QCA的使用者现在认为,只要改换一种解读方式,他们就不必依赖因果关系的决定性假定了。他们说,他们只是想了解哪些**策略**或者方案管用,哪些不管用,这和决定论没有关系。比如说,革命运动要成功,应该采用暴力策略还是和平策略,是应该结盟还是对抗,等等。可是要注意的是,策略是行动者在那一时刻可以采用或拒绝的某种东西。麻烦的是,选择某种策略未必可以用来**解释**成功,反倒可能是你能够选择某种策略的**基础**就是成功。

我在《领悟方法》中讨论过这一点。你可以想象一下,希特勒用QCA分析来教训他的将军们。他比较了德军在波兰的胜利与在苏联的失败,发现每一次的成功都必然伴随“闪电突袭”与“压垮对手”这一对组合。可是,那些将军们如此冥顽不化,拒不执行这般睿智的方案。使用QCA来理解政治策略及其后果,这有点像是在拿出一些象棋棋谱来,抽取其中的8个招式进行编码,然后看是否把不同招式联合起来就能够确保获胜。

一个例子

让我们来看一下使用QCA的一个实例(Hicks, Misra and Ng, 1995)。数据如表9.2所示。研究问题是,哪些因素与一个国家在

①1986年1月28日,美国“挑战者”号航天飞机在发射中失事坠毁。事后发现,原因之一是作为关键部件的“O形环”失灵。在发射前夕,已经有工程师认为当时气温极低,O形环会有异常,因此要求推迟发射。但是,这种意见并未被组织采纳。有兴趣的读者可以参看组织社会学的经典研究案例:Diane Vaughan,1996,*The Challenger Launch Decision: Risky Technology, Culture, and Deviance at NASA*,University of Chicago Press.——译者注

20世纪初社会保障项目得以巩固有关联(表中的最右一栏)。

表9.2　Hicks等人的数据

	自由体制	天主教	父权制	单一制	工人运动	得以巩固
丹麦	1	0	1	1	1	1
英国	1	0	0	1	1	1
德国	0	0	1	0	1	1
意大利	0	0	1	0	1	1
比利时	0	1	1	1	1	1
荷兰	0	1	1	1	0	1
澳大利亚	0	0	0	0	1	0
美国	1	0	0	0	0	0
法国	1	0	1	1	0	0
挪威	1	0	0	1	0	0

让我们沿用QCA的惯例方式来给出结果:黑体表示这一条件为真,楷体表示这一条件为否。QCA分析会得出如下的解:

天主教*父权制***单一制***工人运动**+

天主教*自由体制***单一制***工人运动**+

自由体制*天主教***父权制***单一制***工人运动+

自由体制***天主教***父权制***单一制*工人运动

这是什么意思呢?这意味着,在天主教国家中社会保障项目要得以巩固,它要么必须是单一制、非父权制或非自由体制、强大的工人运动,要么必须是父权制、非自由体制、非单一制、薄弱的工人运动。在非天主教国家社会保障项目要得以巩固,它必须是父权制、单一制、非自由体制、薄弱的工人运动。如果你琢磨一下,会感觉这个结论还挺有道理。

但是,QCA 的支持者会说:“等一下,那篇文章的结论可不是这样的。他们的结论是,在 1920 年代,社会保障项目的巩固可以源自:(a)非自由体制、父权制、单一制民主的天主教国家,或者满足以下条件之一的非天主教国家;(b)自由体制、单一制民主、强大的工人运动;(c)父权制治理、非单一制民主、强大的工人运动。”你说得对。我把每一行的数据进行了**随机置换**。即便基于这样的随机数据,我还是能够从中得到一些**必要因果关系**的结论。

这就是 QCA 方法的缺陷。如果使用的是其他方法,你无法基于一堆噪声得出结论来。如果使用的是 QCA,即便数据是一堆噪声,你也总能从中得到决定性的因果关系——多数人心目中科学的黄金标准(Lucas and Szatrowski,2014:20)。对于社会科学的方法技术来说,没有比这更糟糕的了。让我们来看一下为什么。

前面已经讲过,QCA 的基础其实还是变量,而一个变量**就是**一组案例。你可以看到,“天主教”这一栏可以被更形式化地定义为“把比利时与荷兰归为一组而把其他国家归为另一组的某种东西”。它在此被称为“天主教”。这一标签是有道理的,但说“这一标签未必正确”也有它的道理(荷兰也有很多新教徒,而法国的天主教徒也不少)。此外,只要能够把这两个国家归为一组而把其他国家归为另一组,你给它换个标签(如“诞生于反对哈布斯堡王朝的独立运动的国家”),也照样能够说得通。

你还可以看到,这里共有 5 个解释变量,因此共有 $2^5 = 32$ 种可能的组合。但是,我们只有 10 个观察,其中两个(德国与意大利)的变量分布完全相同。因此,引向社会保障项目的巩固的一条路径,就被认为是非单一制、非天主教、强工人运动、父权制的组合。数据中这样的案例有两行,一行是德国,一行是意大利。但是,他们都是非自由体制的。假如说有一个国家,它满足非单一制、非天主教、强工人运动、父权制国家的组合,但是它属于自由体制,结果社会保障项目并没有得到巩固,那我们就不能接受那个简约解(非单一制、非天主教、强大工人运动、父权制的组合,如果这也能被称为"简约"的话),而必须接受那个复杂解(非单一制、非天主教、强大工人运动、父权制、**非自由体制**的组合)。[①]因此,我们必须对那些**未观察到的**案例进行一些假定和判断,才能依据**观察到的**案例得出结论。

我们又如何对那22种未观察到的可能类型做出判断呢?这里有三种办法。第一种是拉金曾经倡导过的办法,就是**假定**这些类型中的结果变量**取值为0**。这种做法看似武断,但是它的理据在于,QCA是一种以逻辑为基础的技术,它更在意的是不要让命题被**否定**掉,而不是找寻到**支持**它们的证据。设定未观察到的类型中的结果变量为0,这是一种看起来更严谨的做法。例如,假如我们有两个解释变量A和B,结果变量为C。A与B共有四种可能的取值组合,但是我们只观察到了三种,取值分别为[1,0,1],[0,1,0],[1,1,0]。第三种模式告诉我们,A的存在不是结果C的充分条件,但是我们不确定B的不存在是否是结果C的充分条件。有人可能据此就认定,只要B不存在,就会导致结果C。但是,如果我认定当$A = B = 0$时结果变量C为0,就会否定那种简约解,而坚持复杂解("A的存在"与"B的不存在"的组合才是结果C的充分

---

①希克斯等人(Hicks et al.,1995)说,他们遵循了拉金的建议,把所有未观察到的模式都设定为结果变量取值为0。但是当我这样做时,却得到了不同的结果。

条件)。[1]

不过,这种看似严谨的做法存在一个麻烦:我们对事情的编码明显是不对称的。我们要预测的是"和平"还是"战争"?采用前述规则,不同的编码方式将导致完全不同的结论。有人会为这种非对称性进行辩护,但理由很牵强,我会在下面"病症的表现"一节中进行批驳。拉金在认识到这个问题之后,提出了第二种解决办法来处理未观察到的模型:将未观察到(或极少观察到)的案例按"可能的反事实状况"(possible counterfactual)来处理。"凡是能够产生更简约解的反事实组合,都被纳入进来得到最终解。"(Ragin,2008:173)这种方式把我们推向更简约的解,从而避免了过分拟合。从这一点来说,它**确实**不错。但弊端在于,我们已经知道QCA是很容易把噪声当作定论的,而如果那些虚假结论是简约解时,我们更可能会**相信**它!这种做法在某种意义上掩盖了相关证据,让我们看不到"QCA在基于极少的数据编织虚拟的故事"。

第三种办法是,我们希望得到什么结果(符合自己偏见的结果或者看起来更简约的结果),就按什么方式来对未观察到的案例进行假定。说自己对于**实际存在**的案例的编码都绝对正确,这也罢了;说自己对于**实际并不存在**的案例结果的猜测也一定正确,这就过分了。这就是拉金赞同的"最佳中间解"。判断一种技术糟糕的最佳标准是,它会**要求**你按照自己的成见来捏造数据。

①你可能注意到了,希克斯等人涵盖德国和意大利的解为"**父权制治理*****工人运动***天主教*单一制"。但是,在案例中只要是父权制治理且有强大的工人运动,社会保障项目就一定得到了巩固。那么,为什么不能够得到这个更为简化的解答呢?因为没有一个案例是在这两个因素取值较高,且在天主教上取值较高却在单一制民主上取值较低;如果有这样一个案例出现,而它的社会保障项目并没有得到巩固呢?但是,也没有一个案例有前述组合却是自由体制的,因此依我看来,真正的组合应该是"自由体制***父权制治理*****工人运动***天主教*单一制"。

拉金说,QCA“要求研究者利用自己的理论知识和实质了解”(Ragin,2008:174)来对未观察的案例进行假定,这其实就是那个意思。我们随后再来讨论这一点,现在继续讨论更简单的议题:QCA的分析结论对于案例的选择和误差的存在太过敏感。

敏感性

很多研究者已经指出,QCA的结果对于案例的选择太过敏感,因此结论无法令人信服(Lucas and Szatrowski,2014:55)。即便在满足QCA的因果决定论的情形中,QCA的表现也不好(Hug,2013;Bowers,2014)。如果我们采用把所有未观察案例的结果设定为零的原则,那么支撑你的结论的就只有那些结果等于1的案例(在前述例子中,这一数目为6)。6个案例无法支撑起四维交互作用的结论。案例数极少时,去掉一个或者加上一个都会影响到你的“理论”结论。也就是说,你的结论非常不牢靠。

QCA的结果对测量误差也非常敏感(Lucas and Szatrowski,2014:9)。这个问题如此明显,所以使用QCA的人干脆不承认测量误差的存在。确实,如果是“俄国发生了革命”这种事,那是不会有什么误差的。(不过,俄国革命是发生了一次还是两次,这事真不好说。)但是,如果要判断的是“强大的工人运动”或“父权制国家”,大家就会有各种不同意见了。

统计学都有假定,但是“因果决定论且测量误差不存在”的假定与其他假定不一样,它把统计学告诉我们“什么事也没有发生”的大部分能力都刻意压制下来了。我们已经看到,即便面对完全随机的一堆数据，你使用QCA也能够信心满满地说自己有所发现（Marx and Dusa，2011）。[1]

令人不安的是，QCA的使用者对此的反应往往是强调他们的**本体论**，说这种方法对世界有着不同的假定。他们以此为理由，对QCA结论的脆弱性视而不见。面对在各种模拟中QCA都表现不佳这一事实，他们以他们的假定没有得到满足为由而拒绝理会。在最近的一篇论文中，蒂姆和鲍姆加特纳（Thiem and Baumgartner，2016：348）说："QCA寻求的是INUS条件[2]，因此在检验它能否鉴别出因果上并不相关的因素时，必须确保数据不包括前面提及的那些类型，如此方能让那些因素不会被误认为是因果上相关的因素。"这一大堆话，到底是什么意思呢？意思就是说，**你只能在QCA必定能通过检验的情形中去检验它**。

他们最近继续对QCA进行更严格的检验（Baumgartner and Thiem，2017），但其论证的根据是**没有**技术能够在不满足自身假定的数据中得到合理的检验。那种说法是**不对的**；即便连接函数是probit函数或互补log-log函数，你使用logistic回归也仍然可以得到正确结果，否则我们就会被告诫说不要用它。我们在意的是，即便数据中没有决定性的因果关系，QCA也会告诉我们存在决定性的因果关系。而鲍姆加特纳和蒂姆说，你只能在有决定性因果关系的数据中检验QCA——有疑问的地方就用假定去填补。

---

①QCA也会遇到得不出任何结论的困境。但悲哀的是，研究者通过"扔掉"数据的办法能够跳出这种困境，最终"发现""真实"的原因。这里存在一种"扭曲的激励机制"（见第4章）。

②INUS条件指的是"充分不必要条件中的必要不充分部分"（an insufficient, but necessary part of an unnecessary but sufficient condition）。这是哲学家（John Mackie）提出的一个概念，他认为"原因就是某个充分不必要条件中的必要不充分部分"。——译者注

他们与早期的历史比较学者(如Skocpol,1984)一样,认为结论不具有**样本之外的意蕴**。但是,按照我们开始时的实用主义理念,不能支持推论的知识根本就不是知识。他们在QCA**根本不可能**失败的情形中进行模拟(如同在检验逻辑是否可能出错一般),以此来向我们证明经典的QCA能够正常运转。根本的问题从来就不在那里。根本的问题是,使用在现实世界中获得的数据资料时,QCA是否会误导我们?答案是:非常可能。[①]

模糊集合

QCA的使用者会说:"你谈的都是QCA早期的情况,而不了解它的最新发展。QCA已经引入了'模糊集合'的逻辑,从而解决了上述所有问题。它现在更加复杂,我们可以放心使用它。"事实并非如此。引入"模糊集合"之后,QCA变得更加**经不起**推敲了。

让我们来看一下拉金面对的基本问题。他最初思考的变量都是二分变量(如"专制""革命"等),因此用逻辑技术来处理这些变量。他随后想要把那些并非二分变量的东西(如"贵族掌握的权力多少""国家的富裕程度")也纳入进来。QCA的使用者并没有把这些定量数据当成定量数据来使用,而是把它们二分化,在他们认为合适的地方划下界线。拉金认为应该有更严格的处理方式,因此引入了模糊集合理论。这确实是一个好主意,要比二分化的办法更有道理。至少在理论上如此。

①鲍姆加特纳和蒂姆(Baumgartner and Thiem,2017)对于不同解的一致性的看法,我也不赞同。他们认为,解"[A和B]或[C]是Y的充分条件"与解"[A和B]或[C和D]是Y的充分条件"并不矛盾。但是,第二个解明明意味着C并不是Y的充分条件。

模糊集合理论背后的思想是这样的：确实存在着一些集合（如“革命发生”与“革命没有发生”，或者“强大的工人运动”与“薄弱的工人运动”），但是集合之间的边界是模糊的（虽然并不全是模糊的）。我们可以说这个案例确实没有发生革命，但是我们并不能确定它是属于“强大的工人运动”还是“薄弱的工人运动”。因此，我们（基于数据而非自己的主观判断）提出一个数字，表明它在多大程度上属于某一集合。注意，这不是它确实属于这一集合的**概率**（这是与潜类分析更接近的思维方式），而是“在这个集合中的参与度”的量化表达。

首先，这样一种思考数据的方式会让多数人感到困惑。这并不是说这种方式是错的，事实上我能够理解它。确实有一些典型的社会过程，你可以用不同的方式来思考它。你在一些时候说这个东西是0.5，在另一些时候说它是一半0一半1——这两种思考方式是不一样的。采用模糊集合的逻辑，是对我们传统思维习惯的一种有趣而重要的拓展。有人已经利用模糊集合进行过很好的理论拓展（参看 Montgomery, 2000）。但是，我所见过的QCA中使用模糊集合的研究实质上采用的还是概率思维，只不过是打扮成了别的东西而已。

我不进行模拟了，因为有人已经做过模拟。采用模糊集合的QCA（以下简称为fsQCA）并不能解决QCA的根本难题：它具有把噪声当成决定性因果关系的倾向。它只是将这种有缺陷的技术应用到了更广泛的数据中而已，起初使用QCA的那些**理据**在那些情形当中愈加经不起推敲。克罗格斯兰等（Krogslund, Choi, and Poertner, 2014）表明，fsQCA具有把噪声转变成假阳性的强烈倾向，对参数的微小变化极其敏感（特别是个案被视为更可能是某一类型而非另一类型的那些临界点参数)。他们基于实际数据进行了模拟,在实际数据中混入了一个完全随机变量之后,有75%~99%的可能性fsQCA会返回一个因果组合告诉你说“那个随机变量很重要”。事已至此,无可抵赖。[①]

对QCA的统计检验

QCA使用者宣称,他们发展出了对QCA解(特别是fsQCA)的拟合优度的数值测度。他们说,可以把这些测度当作统计量来用。第一种想法是,如果在每一个案例中,y的模糊值得分都高于x的模糊值得分,那么这与“x是y的充分条件”的因果论断更为吻合。反过来,如果在每一个案例中,y的模糊值得分都低于x的模糊值得分,那么这与“x是y的必要条件”的因果论断更为吻合。[②]但是,按这种判断方式,图9.1中的左右两图提供了同样强的证据来支持x与y之间存在关联的假设!

因此,人们试图提出关联强度的加权指标。这种“一致性指标”的计算公式为$\sum_i[\min(x_i,y_i)]/\sum_i[x_i]$,它代表了与“$x$是$y$的充分条件”这一论断的一致性程度。这里的逻辑是:如果x永远小于y,这个统计量将会是1;如果出现了x更大的情况,那么这个统计量也会反映出x比相应的y大的程度(Ragin,2008:52)。我在图9.1

①即便在那些与QCA要求的条件完全相符的模拟数据中,QCA的表现也不好。因此西赖特(Searight, 2014:121)得出结论说:“考虑到有限多样性的现实情况,QCA在实践中探测真正的因果复杂性方面作用有限,但是极易给出假阳性的结果。”

②在二分化的世界中,如果x是y的充分条件,那就不会出现$x=1$而$y=0$的情况。转换成模糊测度,这意味着我们会期望所有的案例都在$y=x$那条直线的上方。

中标注出了按这种方式计算出的一致性指标，你可以看到它们的表现并不好。

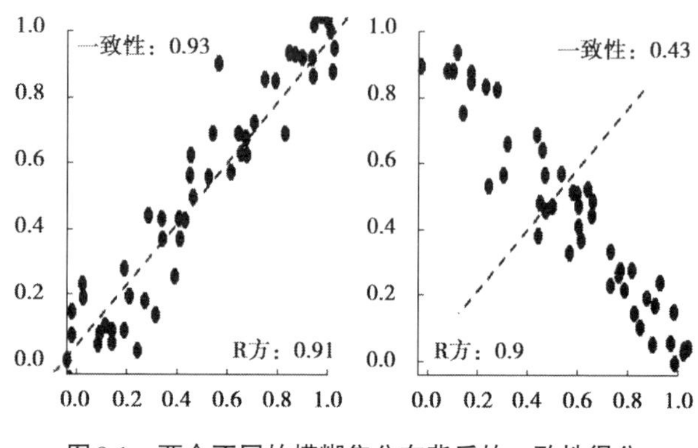

图9.1　两个不同的模糊集分布背后的一致性得分

此外还有“覆盖性指标”，它的分子与“一致性指标”相同，但是分母是y值的加总（Ragin，2008：57）。一致性高而覆盖性低，这意味着x确实是y的充分路径，但是凭借取值较高x而导致结果y的案例并没有那么多，因此对这条路径不必特别在意。拉金（Ragin，2008：58，62）用维恩图（Venn diagrams）说明了上述逻辑。他做的与1940年代和1950年代曾经流行的phi统计量基本相同。我们如今在统计学课上已经不学这些东西了。为什么？因为它们只是一些经验法则——只有在缺乏严密理论基础的统计学时，你才会用这些东西。

我们能够理解这些数字背后的道理，这些想法也不错。但是，它与过去150年间发展起来的**统计科学**是不相干的。没有人知道如何对QCA类型的假设进行恰当的统计检验。当然，对小样本的命题进行统计检验的办法是有的，如置换近似（permutation approximations)和精确检验(exact tests)(关于对QCA进行统计检验,请参看Braumoeller,2015)。但是,QCA的使用者才不会进行这样的检验。为什么?因为用那些方法来检验,几乎所有的QCA距离统计显著都有十万八千里。所以,他们一直在用一些更容易的办法(有点像游戏)来对QCA作检验。[①]

比如说,埃利亚森和史崔克(Eliason and Stryker,2009)认真地考虑了对模糊集关系进行统计检验这一问题。他们的起始假定是,如果理论命题是A是B的充分必要条件,那么你就不应该看到$A \cap \sim B$和$\sim A \cap B$,案例就不应该远离“A的隶属度等于B的隶属度”那条直线。因此,偏离对角线就可以视为偏离充分必要条件的证据。这些说法有合理之处,可是它与fsQCA依据的那些集合逻辑并不一致。[②]如果我“有一点傻”,而傻瓜得到了晋升,那么我是否也该得到“一点”晋升呢?如果是这样,我们用传统的统计学就可以了,没有必要再用模糊集的逻辑。有趣的是,为了说明白他们的逻辑,埃利亚森和史崔克(Eliason and Stryker,2009:105)也不得不采用概率意象,他们注意到“这与严格的模糊集逻辑是不完全相符的”。猜猜看,他们最终落到了哪里呢?

---

①马奥尼(Mahoney,2003:75)认为对QCA的统计检验不必像标准的多元分析一样去考虑自由度的问题,因为它每一次检验的都是某一种组合与其他所有组合之间的差异。事实并非如此。如果你宣称某一组案例与其他组案例不同,对此进行拟合就会消耗一个自由度;如果你进行多重检验,那么自由度就会被耗尽。马奥尼对自由度的看法,与美国银行业对负债的看法类似:因为我们没有那么多钱,所以就可以花两倍的钱出去。

②这种逻辑与拉金(Ragin,2008:129)对各种测度的代数解读是不相符的。他认为,属于集合AB的模糊隶属度(称为fm)为$\min[fm(A),fm(B)]$。如果某个案例中$[fm(A),fm(B)]=[0.6,0.6]$,它在AB中的隶属度就是0.6;如果另一个案例中$[fm(A),fm(B)]=[0.6,1.0]$,它在AB中的隶属度同样是0.6。他(Ragin,2008:137)强调说,同一组合可以被视为某一结果的预测变量,也可以视为这一结果的反面的预测变量,或者至少没有理由认为对正面结果得到的一致性得分与对反面结果得到的一致性得分会呈现负相关关系。

回到了原点

埃利亚森和史崔克认为,要对fsQCA中得出的结论进行统计检验,就需要把隶属度当成一种概率。兜了一圈,又回到了原点。这就好像是某位剧作家买下了《窈窕淑女》的版权,然后把其中的音乐删除掉,改编成话剧《卖花女》[①]。(此外,还确实有人要把QCA扩展到包括多个取值的变量中。)

不过,模糊集的逻辑和概率的逻辑还是**不一样**。比如说,按照模糊集的逻辑,即便没有一个案例在某种变量组合上有最大隶属度,这种变量组合上的整体隶属度仍然是可以存在的。[②]这不符合我们的思维方式。因此,拉金(Ragin,2008:131ff)认为,也许合理的做法是剔除这类变量组合。我们看到,似乎没有人能够始终如一地按照模糊集的逻辑来思考问题。

如果我们要把西班牙和富裕国家的行列组合中的数字0.83理解为西班牙成为富裕国家的概率是83%,那么为什么不干脆返回到它的**本来面貌**?毕竟你原本就有这些实实在在的数字,如西班牙的人均GNP。这个实在的数字的分布当然并不是(与贫/富二分的思维方式相吻合的)双峰分布(bimodal distribution)。模糊集得分其实就是把原本接近的数字人为"拉远",把原本的单峰数据"改造"成双峰的。看一下图9.1的右图,你就知道用来评判拟合

---

①《窈窕淑女》(*My Fair Lady*)是一部经典的好莱坞歌舞影片,改编自萧伯纳的戏剧《卖花女》(*Pygmalion*)。——译者注。

②按照模糊集的逻辑,"在由给定的一组前因条件形成的逻辑上可能的组合中,每个案例(最多)只有一个的隶属分数大于0.5"。(《重新设计社会科学研究》,拉金著,杜运周等译,机械工业出版社,p92)此时,这个案例就在这种变量组合上拥有"最大隶属度"。——译者注

度的那些QCA"测度"只是对散点云的一种简单描述。如果允许你对x轴进行各种伸缩,对y轴进行各种调整,那你肯定能够证明你"知道"的那些东西是真的。

如果**有**实在的数字,那就应该**用**实在的数字。不过既然要用实在的数据,那我们为什么不用OLS呢?QCA的拥护者会**希望**,在数据背后存在着某种"理想的富裕国家"和"理想的贫穷国家"的柏拉图式理念。但是这听起来有些愚蠢,不是吗?如果我们连"按事情的实在面貌地来称呼事情"都做不到,又如何做科学研究?

换而言之,QCA拥护者时而使用模糊集逻辑,时而使用清晰集逻辑,时而根本不讲逻辑。他们只是依据他们的理论看法和实质看法来决定如何摆弄数据。令人震惊的是,这种技术的最大**卖点**就在于此。

病症的表现

面对这些非常严重的问题,QCA的支持者往往处之泰然。他们会回应说,他们从来都没有支持"乱用"这些方法;这些工具是给那些有经验的实践者使用的,他们应该已经非常了解研究对象,因此有能力来校准(calibrate)隶属度,有能力来挑选出合适的案例等等。[①]李伯森(Lieberson,2001:332)对此评论道,"他们似乎有一个假定:在使用基于模糊集的测度时,你就会变得比使用传统统计程序时更聪明"。QCA是基于简单的是/非二分法的,却被

①维西(Vaisey,2014:111)很有担当地如此评论:"我承认,乱用QCA比乱用回归更容易得到假阳性的结果,因为QCA的复杂结论可能完全是由于单元格的缺失造成的。但是,有经验和见识的使用者不会出现这样的问题。"

称为“复杂方法”;传统方法是基于概率论思维的,却被称为“过分简单的”(参看 Berg-Schlosser et al.,2008:9;Ragin,2008:178)。在这些看法背后是一种自以为是的信念:常规统计学者比他们要笨一些;大样本研究者**需要** p 值的学术工具,而**超人一般**的 QCA 研究者不需要(参看 Lee and Martin,2015)。李伯森还是太客气了,依我看这就是胡说八道。

拉金(Ragin,2008:72)说,“未校准过的测度明显劣于校准过的测度”。事实并非如此。[①]一旦以为校准过的测度考虑到了“理论和实质知识”,因此更优越,这就将为形形色色的伪科学打开大门。布拉穆勒(Braumoeller,2015)对此评论说,这就像是一位临床医生对你说:“我有实际经验和理论知识,所以你别信那些随机对照实验,而要信任我。”我相信,确实有很多对知识做出了重要贡献的、值得信任的临床医生。但是,正如我(Martin,2011)在《社会行动的解释》一书中所讲过的,在社会科学中对逻辑、真理、尊严的最大羞辱背后,一直是有一套认识论来支持的:它允许某些人自诩高人一等,而无视那些判断真假与否的通行标准。

如果有研究者声称自己的研究结果如此精微而无法复制,这种人居然又因此得到奖赏,那么科学就会走上歧路。如果声称发现 N 射线的布朗洛(Prosper-René Blondlot)得到了诺贝尔奖[②],物理学会怎么样?物理学界不会给他诺贝尔奖的,因为他追逐的只

①拉金对这一看法的解释是,如果对温度计不进行调整,那我们能够知道 A 比 B 更热,但是不能知道 A 到底是热还是冷。这其实是一种中世纪的标准(“从这儿以下,冷这一属性就是真正存在的”),从文艺复兴以来就已经被抛弃了,这充分说明了 QCA 方法的倒退性。

②1903 年,法国物理学家布朗洛宣布发现了一种新射线(N 射线),一时在科学界引起轰动。但是,布朗洛的结果无法被其他物理学家复制,N 射线最终被证明纯属子虚乌有。它只是布朗洛把主观判断与客观事实相混淆导致的幻象。——译者注

是一种幻象。布朗洛拒绝理会别人无法复制他的结果这件事，因为他认为自己能得到结果而别人得不到结果，那恰恰说明自己就是比别人更留心和更敏锐。

我们做的事情和布朗洛差不多：我们说自己有理论的指导，因此拒绝理会那些粗糙而缺乏理论含量的数字。事实上，在测量中是绝对**不能**让你的理论掺和进来的，否则就是骗人。你想要证明以贸易为基础的早期现代政治不会发生革命，但是发现英国的贸易值太高了，破坏了你的理论。你此时就可以基于“理论”而把它的贸易值进行“校准”，由此压低了几个点，这样就可以把英国放到右边的单元格里。你这样做并没有丰富任何理论，而是在败坏学术伦理。QCA的支持者宣称，自己对事情有实质了解，因此就可以不必满足“笨人”在做大样本研究时才要满足的那些标准，这是QCA可能败坏科学精神的最佳证明。这类人确实应该在接触资料前就先公开自己的假设。没有人有资格给自己发放“免予统计检验”的通行证。

即便你相信了他们，他们确实对这些案例有足够的实质了解，他们能够做出足够可靠的判断，因此他们可以放心地使用QCA，可是既然如此，这岂不意味着“真正有资格使用QCA的人，正是那些不需要使用QCA的人”？我不太能够理解，既然那些人对那些复杂的案例已经有如此**透彻的**了解，他能够准确地判断出哪个国家的女性主义运动是“强的”，哪个国家的体制属于“抗争型”，他能够确定体制崩溃的起因都是决定性的，他能够确定起因恰好就是他们所测量到的那些宏大因素——可是他怎么会**唯独**对一件事情（这些起因的**哪些组合**能够导致最终的结果出现）不了解？

这一道理是对的：真正完善的理论在指引我们研究方面，要比简单流程更好。但是，**真**理论(ture theory)和**强**理论(strong theory)之间有很大的差距。那些更热衷于某个理论的人，并不更有资格来评判这一理论的正确性。科学不允许这样做。

小 结

我说过我喜欢QCA的研究取向，这不是开玩笑。它刚出现时，我对它很有热情，很长时间内都对它感兴趣。我一直在钻研代数方法，有些适用于包含误差结构的数据(Wiley and Martin, 1999; Martin and Wiley, 2000)，有些(和QCA一样)只适用于不包含误差的小数据集(Martin,2002; 2006; 2014; 2016a)。那么，为什么我要花这么多时间说明这种方法存在的问题？

拉金(Ragin,2008:82)曾经这样说："采用模糊集，我们就可以同时得到两种好处：既有了精确性(这是定量研究者最珍视的事情)，又可以使用实质知识来对测度进行校准(这是定性研究的核心)。"听到这样的话，你就应该小心了：这里兜售的东西有些好得让人生疑。他们这样做，很可能是因为那些东西不值这个价。说到底，它们只是一些简单的比较。

但是，我并不是说你永远不能用QCA。我只是在说，你永远不要信任QCA。你通过归纳来搜寻模型，一定有可能得到假阳性的结果。这就是我们为什么还需要有统计学。只要QCA不用统计学，那就不能相信它。

但是，就像采用LCA方法时一样，你可以用QCA来得到一些假设,然后再用其他方法来检验这些假设。如果样本量太小,无法采用通常的统计验证,你还可以采用其他方法(参见Vaisey,2007)。例如,在涉及历史问题时,你可以去召集很多历史社会学家,他们每个人对一些案例应该都足够精通,因此能够和那些专门研究单一案例的研究者有同样的可靠度,然后就你所要论证的那些总的模式是否存在去征询他们的意见。如果你不能够得到20位研究者来赞同你通过25个案例归纳出的模式,那就相当于你在p=0.05的标准下没有能够拒斥零假设。

当下还有人在努力解决QCA中存在的麻烦,有些研究很有趣。但是,我认为这是在浪费时间。人们喜欢QCA,喜欢的其实就是它的毛病。你当然可以努力把RWOST变得更接近统计理论(或数学理论),但是真没必要。解答QCA涉及的那些问题的统计学,早在一百年前就已经存在了。花20年时间让它从“很差”变成“不太差”,这事不太值当。重新发明一遍轮子可以让自己很开心,就像业余爱好者们总想在厨房里自己酿造啤酒一样,但是你不能强求其他人对此买账。喜欢使用QCA的人,要么抛开它重新拾起统计学,要么就只能退缩到小圈子里,就像某些薄弱的理论传统在无法经受严格的哲学推敲时一样。

我曾经说过,QCA使用的基本上是十八世纪的数学。当然,如果它管用,那么历史久远或者逻辑简单都不是问题。你可能会奇怪,为什么它这么迟才出现。通常情况下,只要社会学家提出什么有趣的东西来,过不了几年统计学家和物理学家就会夺为己有,然后加以利用和润色。但是在这里,流行病学家从来不曾理睬。如果这真是一种用少数几个案例就能够得出因果结论的方法,那它能够挽救多少条性命?就算流行病统计学家起初没有发现它,那在它出现之后,他们也应该好好利用这种方法,因为QCA在本体论上的前提条件(必要因果关系或充分因果关系)在疾病生成的过程中要比在社会过程中更可能得到满足。但是在流行病学里,QCA只被用在了那些更具有社会学色彩的问题上,比如说与饮酒或社会服务有关的研究中。

因此,最终的结论很简单:即便是那些极力推崇QCA的人,对它其实也不完全放心。它不是一种能够让人在要紧的事情上放心使用的技术。

模　拟

最后一种常常让研究者抱有侥幸心理的研究方式,就是用模拟的办法来回答模拟并不能回答的问题。我的基本主张非常明确:对于几乎**所有**的社会学问题来说,如果你用模拟来回答问题,那模拟就一定要足够简单;如果你用模拟来核对用**其他**方法得到的答案,那模拟就要足够复杂。

模拟特别有吸引力,因为它比传统的统计学更符合当下的社会学理论潮流。在过去,理论家们争论的是:社会是一种有机体?还是一种心智模式?或者只是一种人为骗局?如今,不同流派的理论家似乎达成了共识:要解释社会行动,我们没必要再诉诸于那些语义不详的约束个体的社会事实,也没有必要对个体特质进行回归分析(似乎其他都是虚构的)。我们认为,社会模式并不是强加在我们行动上的法则,它们是我们行动的结果。由于我们每个人在行动时都会考虑其他人的可能行动,因此才有社会模式。这种理念在吉登斯(Giddens)和巴恩斯(Barnes)等英国理论家以及美国的亲英派那里得到了最充分的阐释,但是我认为你可以从类似的前提中推衍出系统理论来。在这样的视角下,社会秩序是一种自组织的开放系统。这算不上一种特别强的理论,但我认为它是有道理的。模拟可以让我们秉持这样一种核心看法,而其他技术不能。但是,这一点并不足以弥补模拟方法的根本缺陷(那同时也是它的根本优势)。

越提升,越退步

假如你像许多热衷于数理社会学的人一样,想了解人际影响这一社会过程,比如说:它如何影响人群中观念的分布?离散性观念或连续性态度,在这个过程中有什么样的差异?人们是随机地受到单个人的影响,还是会受到很多人的影响然后平均?为此,你决定进行一次模拟。你设定人们有一种很简单的观念:支持(+1)或反对(−1)。此外,每个人(总数为N)都在空间中占据一个位置。简便起见,你设定这个空间为$G \times G$的方块网格。人们的初始位置是随机分配的,然后他们可以从摩尔近邻(Moore neighborhood,即周围8个单元格的任何人)中随机抽取一人,然后采纳此人的观念。他们也可以保持初始观念不变,因为你设定他们自己的初始观念也包括在要抽取的范围内。你在25×25的方格空间中进行了1000人的模拟。[①]

你运行了第一次模拟，发现人们很快地换到了某一边。你再运行一次，发现模拟结束的时候结果还没有收敛。于是，你增加了迭代次数。你看到这个小世界的图景不断地变化。我把其中出现的一些图景放在了图9.2和图9.3里。

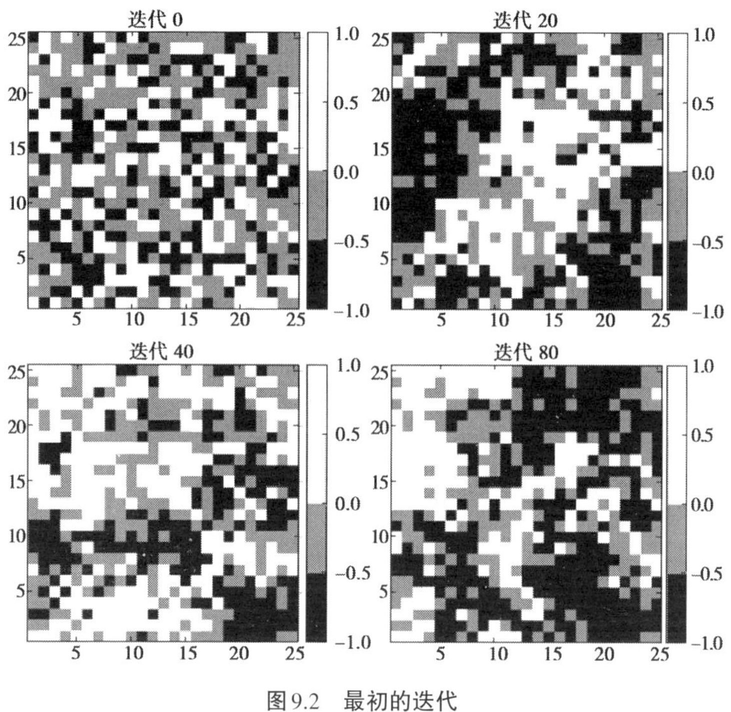

图9.2　最初的迭代

①所有的模拟程序都可以在本书前言中的二维码下载。模拟编号表明了其中所使用的参数。第一个模拟程序编号为S1。

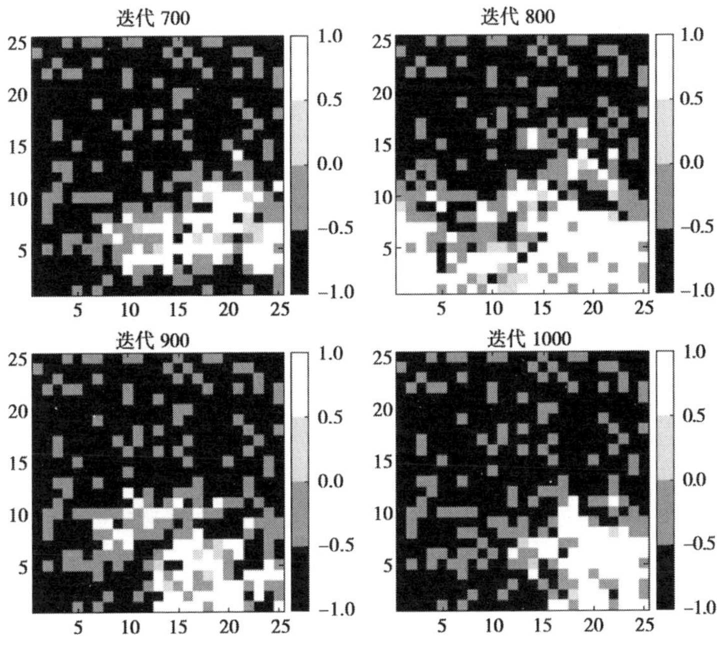

图9.3　最终的迭代

图9.4展示了对结果的汇总。你可以看到，似乎有某种秩序很快形成了，但是它并不一定会继续沿某一方向前进。它**似乎**最

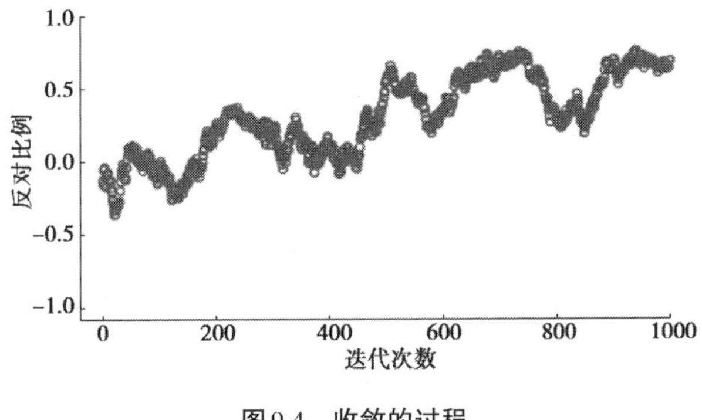

图9.4　收敛的过程

终能够收敛于某一点,但是我们对此没有把握。它完全有可能会永远上下波动。

此时你会想到,如果人们不是采纳近邻中某个人的观念,而是采纳近邻的所有人的**均值**,那会发生什么?你修正了程序,进行了模拟S2。可以看到,如果你总是把均值进行四舍五入变成+1或-1,分布一定会很快稳定下来。这个结果有点无趣。所以你又想,如果人们对近邻进行民意测验,哪种观念占多数就采纳哪种观念,这时会发生什么?哇,模拟经过少数几次迭代之后,很快就得到了收敛的结果(S3)!图9.5给出了在7次迭代之后就达到均衡的一个例子。它并没有导向观念的一致!你看到的是人们形成了支持或反对的稳定小圈子。你得到了一个有趣的结论:随机过程在复杂的发展中可以起到关键作用,它们会引发某种变动,但往往也会导致同质(homogeneity)。你还可以进一步扩大或缩

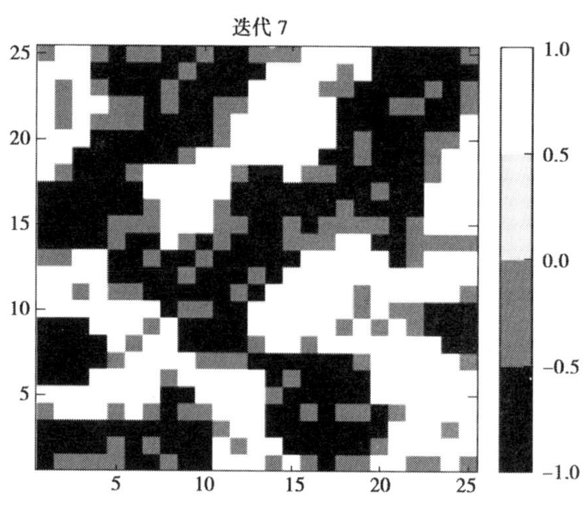

图9.5　在新秩序下出现的分布

小模拟中使用到的近邻**范围**。你对此进行了系统的模拟，然后绘制成一张图。结果表明，近邻范围越大，达到收敛结果所需的迭代次数就越少。

你问我这个结果是否有趣，我说很有趣。然后你写了一篇论文，然后参加了某个以“政治、文化、社会及其他”为题的午餐研讨会。听众却如此**刻薄**！有人发言说，你的模拟**不现实**，因为你假定人们是被**固定**在一个位置上的，只能被动地接受观念，但事实上，人是**能动**的主体，可以起身到处移动。

他们说得有道理，你觉得有些丢脸。你回到计算机前去琢磨那些代码。这时，你灵机一动，加入了一段新的代码，以便让模拟对象可以自由移动。他们会对邻近的方块进行调查，然后比较他们观念的均值与自己的观念，然后基于一个随机过程决定是否要移动。事实上，为了防止人们堆积在一起，你还对人们移动到人数过多的方格中施加一个“罚分”。你甚至加入了一个可调整的参数（用希腊字母α代表），来表示人们在移动决策时在“观念投合”与“过度拥挤”之间进行的权衡。

为了看得更清晰，我们增加了人们在空间上的集聚程度，在20 × 20的网格中进行2000人的模拟；首先模拟没有移动时的情形（S4），然后模拟有移动时的情形（S5）。你非常兴奋地把结果展示给我，却没有注意到我的眼神有点不对劲。你回到研讨会上，再次展示自己的研究。你震惊地发现，听众竟然还是这样**刻薄**。有人发言说，你的模拟**不现实**，你假定人们是**同质**的且**只在意**那些观念，事实上，人们存在**文化差异**，这必然会影响到改变观念的过程。

他们说得有道理,你觉得有些丢脸。你回到计算机前去琢磨那些代码。这时,你灵机一动,加入了一段新的代码,把每个人分配到C种不同的文化中。现在人们在进行移动决策时,他们首先会对与**自己**文化相同的人数进行正向加权,同时又对已经在那里的**总人数**进行**负向**加权(你加入了一个调节参数β来代表上述数目之比)。此外,他们在采纳他人的观念时仍然会抽样,但是会给与自己文化相同的人更大的权数,给与自己文化不同的人更小的权数(你用参数γ来表示这种差异)。

现在你发现,文化的数量确实减缓了收敛的速度。事实上,在有些情况下,你根本得不到收敛的结果。你非常兴奋,因为借此可以**说明为什么文化差异会持续存在**!你说要把结果给我看一下,但是我们没有找到合适的时间。你回到研讨会,再次展示自己的研究。你震惊地发现,听众竟然如此**刻薄**。又有人发言说,你的模拟**不现实**,因为你把文化当成了与观念**独立**的东西,但事实上,人们的**文化**指的就是他们的**观念**!

他们说得有道理,你觉得有些丢脸。你回到计算机前去琢磨那些代码。这时,你灵机一动,加入了一段新的代码。你给每一种文化赋予一个参数δ_c,表达此种观念在这种文化中的分布。通过调节这一参数,你就可以知道之前存在的文化差异对于同质化过程有多大影响。现在你可以在α、β、γ参数给定的情况下来调节参数δ_c的分布,然后得到新的模拟结果。你拿着40页打印出来的结果找我,但没有人应门,虽然办公室里还亮着灯。于是,你回到研讨会,再次展示自己的研究。

这一次结果会怎么样?没人能知道。也许又会有人说,你还需要加入一个参数ϕ，来表示个体对于他人影响的抵制程度。你这样做下去，每次都觉得在提升，实际上是在退步。你把当初一个有趣的、能够从中获得启发的实验，变成了某种无趣的电脑游戏。你做的不再是社会科学，而是在用电脑来给你设定的各种游戏人物填写角色资料（character sheets）。这里面有太多不好把握的方面，但每一个方面和现实都没有牢靠的连接。有非常多不同的模型可以导致完全同样的数据。要记住，研究的诀窍是要从数据出发来寻找关于外部世界的模型，而不是反过来。但是，模拟所做的事情正是后者。

形形色色的假定

我希望上面这个小故事让你能够停下，来反思“通过模拟来求解”的做法。你可能会说，不能把故事当成证据，因此这种做法没有意义。那我要提醒你，模拟本身其实就是构建出来的故事。真正重要的不是“故事”(fiction)，而是它是“构建”（faction）出来的。（“faction”的拉丁文词根是“facere”，即制造的意思。）关键问题是，我们基于哪些假定来进行构建。模拟完全基于假定的方式有三种类型。最简单也最常见的一种方式是，我们的一系列假定所包含的意涵（implications）如此**明显**，我们不动用模拟也能知道。

但是，对某些人来说显而易见的东西对另一些人来说未必如此。例如，南希·乔德罗（Nancy Chodorow）提出过一种和市面上流行的各种再生产理论非常接近的性别再生产理论：人们在长大成人时（时间点1）的条件影响到了他们长大成人之后（时间点2）的性情倾向(constitution),这种性情倾向又影响到了他们对子女的抚育方式;他们的子女在这种抚育方式下长大成人,这又影响到了他们的子女长大成人之后(时间点3)的性情倾情……。如此下去,无穷无尽。乔德罗并不指望因此而获得诺贝尔奖。如果说它有错(它有可能有错,因为它过于完美地吻合了当时性少数群体的想法),也是因为通常的那些原因。但是杰克逊(Jackson,1989)认为,错误在于上述理论中涉及的机制。他用形式化方式再现了上述机制,但是认为其中应该加入误差项,此时几代人之后乔德罗的过程产生的结果将会是平等,而不是不平等。

杰克逊的方法,是把它设定成随机过程(stochastic process)。但是,只要进行了这样的设定,就没必要进行模拟了。只要在马尔科夫过程中加入误差项,传统的再生产理论就必定不会得到支持。值得赞赏的是,杰克逊强调了这一点:“无论怎么调整这一随机模型的假定,都不可能按乔德罗想要的那样运转。”(Jackson,1989:225)这就是说,乔德罗可能是错的,但也有可能随机模型本身就不是对此建模的正确方式。(或者,需要加入一个新的步骤,“所有的男性或女性都会选择他们性别中占多数的那种性别态度”。)我们要避免通过设定过程具有随机性而得出自己的最终结论。

在另一个很类似的例子中,布鲁赫和迈尔(Bruch and Mare,2006)宣称托马斯·谢林的经典著作(Schelling,1978)是误导性的。谢林要说明的是,在一个由两类人组成的系统中,如果人们对于自己所居住区域的整合程度有一定的偏好,即便人们的偏好分布是偏向于整合的,最后的结果也可能是完全的隔离。布鲁赫和迈尔认为，如果设定一个更加随机的模型（即增大误差项），我们就不会看到这样的结果。这种说法本身没有错。**任何**事情，你只要增大其中的误差项，原有的模式就会被淹没。但是真正引起人们注意的是，他们还认为即便**不**增加误差项，原有模式也不会出现；可是这一点随后被范德瑞特等人（van de Rijt et al.，2009）证明是错的。这种发现是稳健的，但是没有什么意思。

如果你加入噪声，你就会听到很多噪声，这种事情不用你讲，我们也知道。此外，还有一种类型的模拟没有必要做。很多模拟，其实只是说明了按照他们的设定设置出来的假想世界会按照他们的设定来运行。这实在算不上是什么结论。事实上，模拟中加入的设定越复杂（变得越"现实"），它就越不可能有任何反常识的发现。如果有反常识的发现，太多的调节参数就是**原因**所在。在前面的那个模拟中，要设定的参数包括：N，G，宽度，样本/均值，$\alpha,\beta,\gamma,C,\delta_c$。此时，每一个特定的模拟都是10维空间中的一个点，你是无法真正系统地理解这样一个空间的（Boorman，2010）。不同于传统的统计学，多数模拟都不会提供任何信息来说明特定参数与估计结果之间的互依关系。

很多模拟研究中还有一个问题。本来有**一类型的**问题已经得到了充分理解，但我们把它拿过来，换了个**新名字**。我们现在都知道可以用矩阵乘法来模拟马尔科夫过程，以此来理解事情在特定类型的网络中如何扩散。你可以把那个事情称为"宗教信仰"，也可以称为"衣原体感染"，但对社会科学来说这并不是两件不同的东西。

什么样的模拟才管用?

满足如下条件的模拟最可能管用:(1)**少量**的假定和调节参数;(2)这些假定与**众人公认的**(而不是便于自身的)对研究对象的理解是相一致的;(3)模拟展示的结果,是有一定能力的学者**不能**从假定中直接推论得出的。

这样的范例有哪些?有谢林(Schelling,1978)的研究。他通过模拟表明,在居住隔离的一定偏好分布下,社区将只会有一种均衡状态,即完全隔离。再如格兰诺维特(Granovetter,1978)的类似研究。他通过模拟表明,在一群有着不同参与门槛的个体中,集体物品(collective goods)生产的博弈结果将会对初始条件极端敏感。可能还有其他一些例子,我一时想不起来了。

当然,正如安迪·克拉克(Clark, 1997:96)指出的,这里面还有一个问题:模拟往往遵循的是大众中流行的某种行动理论,它会过多地归因于行动者,而过少地归因于环境的性质。但是,我们还没有很好的理论来把握环境出现差异的过程。先验地构建出某种强环境,让它按我们希望看到的方式来指导行动,这种研究方式并不能奏效。

最后,**复杂**的模拟有没有可能在某些情况下也能奏效呢?确实有可能,此时需要满足以下三个条件。首先,我们要有高质量的数据来与模拟的预测结果相比较。其次,我们对于特定参数要有很好的经验估计。最后(也是最难满足的),我们对涉及的行动主体(agent)要有经得起推敲的、非常严谨的模型。一个很好的例子就是关于HIV感染的模拟研究。只要我们对差异性的感染率有很好的估计，SIR模型(S代表易感者;I代表感染者,R代表恢复者)就能够告诉我们一些东西。如果我们没有比较好地拟合出总体模式,我们就会意识到要么是参数有偏误,要么是模型有问题。[①]

注意,在这些情况下,我们在意的其实是使用一种**已被公认的**理论来预测,而不是在构建新的理论。这就是为什么非常复杂的模拟在气象学里会很管用。这也是为什么它们在经济学里也常常被用到(虽然表现并不一定良好;宏观经济模拟**不是**很好的预测者,虽然人们一直为此努力)。在社会生活里,这种工作在哪些方面会管用?比方说,在步行道的设计上或者在交通流量方面,模拟就可能会管用(参看Helbing, 1995; Helbing and Molnar, 1995)。我们对成人的反应时间的分布有很好的经验测量。在单行道的交通模型中只有两种行动方式(刹车或踩油门),这正是真实世界中驾驶者的行动方式。

你将来会越来越多地看到这类研究,因为物理学家正在开始侵入社会科学的地盘。这类研究被人们冠以"社会科学"的名头(就好像社会学原本不存在,或者根本不是科学)。它们用的是物理学家的方法,即创建模型和生成数据。只要它用在前述条件满足的地方,这种研究会是很有趣的。而用在不合适的地方,这种研究就是在浪费时间。

①布鲁赫(Bruch,2014)最近的研究令人印象深刻。她对模拟参数进行了接近真实的经验估计,然后又结合了经得起推敲的行动模型,最后试图以此拟合社会科学数据。模拟中包括了很多组件,但每一部分都被充分考虑过。

与传统的方法相比，模拟确实能够更好地把握我们对于社会突生性（social emergence）的看法。但是，它们对于我们的假定太过敏感，因此并不能成为一种使用数据来理解社会世界的稳健方法。

行动者取向的随机模型

上述教训同样（令人伤心地）适用于我认为是网络分析方法中最令人鼓舞的一种推进。我指的是斯奈德斯（Snijders, van de Bunt, and Steglich, 2010）提出的“行动者取向的随机模型”（Stochastic Actor-Oriented Models，以下简称SAOMs），以及他设计的SIENA统计程序（Simulation Investigation for Empirical Network Analysis）。斯奈德斯的想法是，过去的做法是先去拟合各种效应作为结构参数，然后在此基础上建构各种故事；我们现在可以先对个体行动建构合乎情理的模型，然后通过“向前推衍”使它与数据点吻合在一起，以此来拟合出参数。

基本模型如下所示：每个行动者从他立足之处开始审视整个网络（他有完全信息）。他对于某种结构有偏好（比如说，他想和他朋友的朋友也成为朋友，或者他会和没有回应性关系的人断交）。在每一个时期内，一个人可以“走一步”。通过比较两个（或多个）时期之间的结构变化（甚至考察某一个时期中的关系构成），我们就可以估计出人们（或某一类人）的参数了。这是种精彩而且严谨的想法。

我非常喜欢这种方法，直到我把它实际用到数据上。为什么？恰恰是**因为**它是一种强行为模型。一旦行为偏离那些假定，你就会得到非常奇怪的结果。与此不同，相关系数永远就是相关系数。即便你的理论错了，相关系数仍然有意义。但基于模拟的方法不一样。如果你的理论是错的，你就像是在遵循一系列基于错误地图的精准指示一样。你很**精准**地迷失了方向。SAOMs方法本身没有错，错在你把它当成解决网络数据中问题的**普遍**方法。

以汉比奈克、扎布洛克和我（Habinek, Zablocki and Martin, 2015）做的一项研究为例，我们关心的是网络局部的格局对于关系断裂和关系建立的效应，我们有两期数据。我们特别想知道，如果张三和李四周边的关系格局表露出“李四比张三更受欢迎”，会不会因此出现张三结交（nominate）李四、李四却不去结交张三的情形。比如说，有一个人叫王五，他和张三彼此结交，但是他结交李四而李四却不去结交他。这就可以被当成是一项指标，说明有一种“向上”的结构关系促使张三去结交李四，以及有一种“向下”的结构关系促使李四结交张三。如果王五既和张三彼此结交，也和李四彼此结交，那么这时存在一种“并行”的结构关系促使张三结交李四，李四也去结交张三。

我们研究了友谊关系变动的相关数据。表9.3展示的是使用logistic回归运行截面模型的结果。前两个模型是截面分析，显示了人们在不同背景下建立朋友关系的倾向。（这些模型中还包括了“我与对方之间的地理距离”，以及“对方是否把我当成朋友”。）在对变动建模时，我们把分别考虑了那些在第一期时自我**有**把对方当朋友的对子（他们第二期可能与对方**断交**），和那些在第一期时自我**没有**把对方当朋友的对子(他们在第二期可能与对方**结交**),分别是模型3和模型4。关于变动的模型结果表明,向上的结构关系对于“和对方结交”来说很重要,但对于“和对方断交”来说不重要。此外,他人**变得把**我当朋友,我相应地也会把对方当朋友;他们**变得不把**我当朋友,我却并不一定会相应地不把对方当朋友。

表9.3 友谊关系的logistic回归模型

样本	模型1 时点1时的所有对子	模型2 时点2时的所有对子	样本	模型3 时点1时是朋友	模型4 时点1时不是朋友
向上关系	1.76*	2.17*	Δ向上关系	0.54	1.71†
	[p<0.01]	[p<0.01]		[p=0.26]	[p=0.09]
并行关系	0.95*	1.32*	Δ并行关系	0.05	0.34
	[p<0.01]	[p<0.01]		[p=0.36]	[p=0.64]
向下关系	−0.23	0.43	Δ向下关系	0.29	−0.91†
	[p=0.19]	[p=0.74]		[p=0.48]	[p=0.09]
地理距离	−0.02	0.00	Δ地理距离	0.00	−0.02
	[p=0.16]	[p=0.55]		[p=0.43]	[p=0.24]
对方把我当朋友	2.98*	3.15*	对方变得把我当朋友	0.93	3.83*
	[p<0.01]	[p<0.01]		[p=0.40]	[p<0.01]
			对方变得不把我当朋友	−0.95	−1.02
				[p=0.20]	[p=0.15]
常数项	−3.12	−3.67		0.01	−4.81
LL	−561.01	−484.58		−119.74	−41.01
N	2488	2909		187	755

(*** $p<0.001$; ** $p<0.01$; * $p<0.05$; † $p<0.10$。单侧QAP检验)

这些结果有什么问题吗？一个问题在于，尽管我们用QAP置换检验来判断参数的统计显著性，logistic回归的假定仍然在这种二方关系数据(dyadic data)中不能完全得到满足。我们无法保证这是参数的最佳估计，(通过置换检验得到的)统计显著性检验也有失效的可能。让我们来看看能否进行改进，办法是采用SAOM中得到的估计量。

表9.4中的第一个模型展示了一个简单的SAOM模拟的结果。这个SAOM模型中包括了最接近于前面logistic回归中那些项的SAOM效应项。我们包括了出度(outdegree)参数，以便使

表9.4　友谊关系的“行动者取向的随机模型”

	模型1	模型2	
样本	全部联结	全部联结	
功能	评估	评估	建立
传递性	0.68†	−4.56†	4.48*
	(0.36)	(2.98)	(2.09)
平衡	−0.31	2.28*	−0.27†
	(0.67)	(0.42)	(0.15)
3-Cycles	0.14†	3.57	−2.39
	(0.08)	(3.54)	(2.32)
距离	−0.02*	−0.01	−0.03
	(0.01)	(0.05)	(0.02)
互惠性	2.45*	3.66*	0.60
	(0.42)	(0.53)	(1.63)
出度	−3.11*	−4.19*	−4.10*
	(0.21)	(0.50)	(0.50)
率(rate)	3.45*	5.08*	

SAOM有恰当的条件logistic函数,进而有更明确的解读。在logistic回归中,向上的结构关系(选择那些"局部结构中受欢迎者")有很强的效应,且统计显著;在SAOM模型中,相对应的效应(传递性)比较小,只是刚够显著。

怎么会这样呢?可能是因为数据中"与对方结交"和"与对方断交"具有非对称性,而SAOM模型没有考虑到这一点。幸运的是,斯奈德斯也意识到这种非对称性在很多应用情境中是一个问题,因此提出了一种包括两种效用的通用模型:一种用于**维系**联结,一种用于**建立**联结。我们在模型2中对此进行了区分,重新运行了模型。结果表明,传递性结构对于联结的**建立**是高度显著的,但是一旦建立,它们就变成了极端**不利**的因素!在其他效应不变的情况下,一段联结产生一个传递性的三角结构的比率是非常低的($\exp[-4.56]=0.01$),生成联结的比率则大约是相平的($\exp[-4.56+4.48]=0.9$)。人们似乎喜欢建立联结,但不喜欢维系联结。

世界有可能是这样的,但我对此有所怀疑。有经验的人会知道,在一个动态模型中如果同一效应出现了方向截然相反、强度却都很大的情况,通常都是模型出了问题。[①]与此不同,前面两个变化模型(表9.3中的模型3和模型4)彼此之间是一致的,与截面模型的结果一致,与简单列联表的结果一致,与现在关于联结建立和维系的研究文献也一致。它们没有给我们任何理由来相信,

①在写作本书时,汉比奈克和我只发现了两篇已发表的论文使用了建立关系和维系关系的参数,两篇论文的结果都出现了方向截然相反、强度却都很大的估计值。它们来自同一研究团队(参看Cheadle, Stevens, Williams, and Goosbby, 2013; Cheadle and Williams, 2013)。

向上的关系路径**更**可能随时间而消解掉。

那么，为什么SAOM模型会出现奇怪的结果？因为**它的**假定没有得到满足。与logistic回归背后的那些数学假定相比，SAOM模型的假定要强得多。SAOM模型假定，行动者要充分知晓其他行动者的存在，完全掌握网络的形态，可以发出和拒绝建立联结的提议，测量的时间间隔足够密集（连续性时间）。在这个例子中，模型表现不佳的一个原因是我们只有两期数据，两期数据之间的变化并不太大（两期数据之间的杰卡德系数[Jaccard index]相当高，为0.816）。更重要的原因是，这些变化并不来自SAOM模型假定的那种社会过程（行动者会主动审视局部网络，然后做出改变）。我们怎么知道这一点的？因为我们在这个国家已经生活了好多年了。真实的情况更可能是，要有第三方跑来**告诉**我说有个人住在附近，我才会出动开始去找他。在我们的模型中，**统计**假定未必能完全经得起推敲，但它没有那么多的**行为**假定。

SAOM模型在这里所做的事情，是对错误的参数进行了非常漂亮的估计。它的做法，让你很难察觉到模型是错的。它的任务是告诉你，假如世界确实按照它假定的方式运行（但事实并非如此），那么那些参数（它并不对应任何有意义的东西）就应该是这些数值。拒绝接受**形式**假定得不到满足的logistic回归的结果，却接受**实质**假定得不到满足的SAOM模型的结果，这是说不通的。实质假定要比形式假定重要得多！

尴尬的事情是，我们对这种方法提出的**任何**批评，都可以用某种办法来补救。以“每个行动者都有完全信息”这一假定来说吧。确实，目前为止的操作都会做出这一假定，去掉这一假定将会在相当程度上把事情复杂化。但是,它并不是必要的。那么,为什么不放松这一假定呢?事实上,斯奈德斯一直就在做这样的尝试。如果你有合适的数据,你做出专属于自己的模型来,我也会对你的结果很感兴趣,相信它们比其他建模方法更好。但是,你的这个模型仍然不会成为网络分析中解决一切问题的灵丹妙药。首先有一个很实际的问题,你必须为了你的模型而让斯奈德斯专门修改他的程序,才能成功地使用这种策略。抛开这点不谈,更大的麻烦在于:当我们远离**单一**的基本模型和方法,开始加入越来越多的复杂因素时,我们能够拟合任何数据,但是代价却是加入了过多的参数——这正是我们讲过的让模拟失去意义的东西。我们拟合了数据,但对于**原因**仍然无知。

换而言之,这种模型的成功之处在于它借用实质假定来确定其他模型难以完全确定的参数。如果那些假定错了,你可以进行修正,但是与此同时你会越来越像是进行某种"小世界模拟",而不是借用假定来拟合一个模型,因此和其他拟合方法将不再有可比性。你的放宽假定与传统模型中加入更多参数是完全不同的。在传统模型中,参数通常是变量的斜率,那是与观察关联在一起的东西。每个参数都被锚定在现实世界上。与此不同,我们除了要设定人们在建立、断除、维系关系中的效用,还要进一步估量网络中人们所拥有的"知识"时,我们是在加入更多的灵活性,**切断**了我们与现实世界之间的数据缆绳。

当然,**如果**你知道这**就是**现实世界的运行方式,那么恭喜你!你得到了最佳估计。但是,你很可能**不**了解世界的运行方式。你没有那么走运。这种方法的缺陷有着我们在其他方法那里见过的缺陷(只有在我们已经知道答案时,它们才管用),而且这一缺陷对它来说更为要命。

尾声:什么时候必须进行模拟

我并不反对进行模拟,这本书里的好多例子就是模拟。如果你有一个复杂的模型,尤其是你自己发明的新模型,那最好先进行一下模拟。你可以生成各种不同的随机数据,然后输入到模型中,看看结果会怎样。要按自己最想要**驳倒**的那种对世界的看法来模拟生成一些数据,然后看模型在那样的数据情况下有何表现。如果遇到好得令人生疑的方法,你尤其要把数据故意打乱甚至颠倒,然后看模型能不能发现这一点。你常常由此会发现,有一些你用来支持自己结论的模型,即便在你完全错误的情况下也仍然会告诉你"你是正确的"。你能发现这一点,这是好事。

我认为,人们在用模拟来获取答案时往往过于繁杂,但在用模拟进行核查时却往往过于粗疏。我们在比较不同方法时,往往事先假定"真实"的模型就是某一种线性模型,其中"真实"的系数是多少,然后去看模型能否发现这些结果。这有点像是挑选了最容易的活儿,来证明自己能干。你去商业的垂钓园钓鱼,一定能钓上来的,因为他们每天要往里面投放好多鱼。即便在如此宽松的标准下,我们的模型往往还会失效,正如我们在对序列进行分类时看到的一样。

我们还可以更进一步:不仅要用真实的**模型**来检验方法,而且要尽可能猜测实际的**社会过程**是怎样的,据此来模拟生成这种可能世界中的数据,然后用它来检验方法。这样生成的数据,与基于回归而生成的假想数据可能很不一样。我们在第8章中检验ERGM模型时,用的就是这样的方式,不是设想某个**参数模型**会是什么样的,而是尽可能设想**合乎情理的世界**是什么样的。这才是我们从统计中想要得到东西:对社会世界的一种合乎情理的推断。

总结一下

“我的对手说,容易的解决方案是不存在的。
我要说,那是他们找得不够使劲!”
——巴特·辛普森的竞选演说,《辛普森一家》

好得让人生疑的东西,通常都有问题。和大家一样,我对这些技术也很感兴趣。我也巴不得从数据中多得到些东西。如果有人说有办法做到这一点,我会洗耳恭听。**确实会有**突破性的技术产生。比如说,LED灯在同等照明度下的热输出就比白炽灯少得多。这时候,你就不能把从老式灯泡中总结出来的经验,套用到LED灯那里了。再比如说,混合模型(mixed models)能够得到相当稳健的大样本近似,它们确实能让你从同样的数据中得到更多的东西。

但是,这些方法必须以坚实的统计学为基础。你必须有**更多**(而不是更少)的统计学知识,才能创建出这些方法来。你利用了固态物理学上的知识推进,使得LED灯成为可能,那是科学。你说只要向油箱里加上一些平常的东西,就能让里程数加倍,那肯定是蒙人。科学突破不是乱来的,它得遵守基本的规矩。你不能忽视小样本的不确定性,不能假定模型是已知的。考虑到这些因素,你在拟合模型时,模型不能永远说"我没问题"。

这样的技术,才是你**想要**的技术。本章中考察的那些方法,其问题就在于它们几乎永远在告诉你"没问题"。这和那些信誓旦旦地告诉你投资没有任何风险的人没有两样。那是骗人的,哪怕有人百分之百地相信它。

如果你不去除草,草坪上最终会满是蒲公英。如果我们放任这种糟糕的统计方式继续盛行,那些真正好的统计工作就会被驱逐干净。开始除草吧,我的朋友。

结　语

“我要他找东西，可他找不到我要找的东西。那我怎么能找到我要找的东西，如果他找不到我要找的东西？”

——电影《小菜一碟》中奇科对格劳乔说的话[①]

谁能帮你？

统计学家往往帮不到你，虽然他们都是好人。他们能帮的是另外一些人，那些人的工作目标比你的要更容易一些。那些人已经非常明了世界是怎么回事（即真实模型），只是想给他们的知识再添上最后一笔（获得真实模型的最佳参数估计）。但是你的问题是，你不知道世界是怎么回事。你不了解全部相关变量是哪些，你遗漏的变量通常与现有变量都是相关的。这才是通常你面临的处境。怎么办？**不要**想着如何获得模型的“最佳估计量”，而是要想着如何防范**最糟糕**的错误，以免得出错误的推断。

你的处境就有点像电影《小菜一碟》中的奇科。你甚至可能和他一样，还有一个在帮倒忙的队友（或顾问）。

---

①《小菜一碟》（*Duck Soup*）是美国1930年代的经典喜剧。这段话是剧中演员奇科·马克斯（Chico Marx）对格劳乔·马克斯（Groucho Marx）说的话，用绕口令式的方式引人发笑。——译者注

我能帮到你。因为我会认真梳理我们在研究中遭遇到的失败,不会因为情面而有所顾忌。我们通常都不会这样做。社会科学里同样存在格雷欣法则(Gresham's Law):“劣质统计学驱逐优质统计学”。更差劲的技术比更好的技术更流行。为什么呢?因为越是差劲的技术,越能够帮你得到虚假的显著结果,而且越能够让别人难以察觉到这一点。它通常(在核心思想或输出结果上)极其复杂,和数据没有直接的关系,这样就让你错了还毫无觉察。就像杂草一样,你需要时常回去清理这些东西,否则它们就会蔓延起来。在清理的时候,你有时会发现其中有值得保留的部分,那可能是一项真正重要的可用的方法创新。但是,其余的部分是一些丢掉也不必可惜的东西。

在结语当中,我要做两件事。首先,我要讨论一些学术伦理议题。其次,我要留给你几句忠言,它会有助于你以后的研究实践。在此之前,我想再次强调一下我的主要观点。由于它极其简单,而且在当前主流的方法路数中对它不予讨论,因此你很容易忽视它。

模型都是有错误的

我已经讲过,我们的模型基本上**都是**“错误”的。如果你用统计学家的眼光来看待这个世界,你可能会认为,这不是浪费时间吗?当然,我们都知道,如果模型是错误的,结果也是错误的。那我们为什么这么干?但是,很少人能够意识到的一点是,我们往往对于某些类型的研究问题容易有**巨大**的模型误设,然而这些模型误设引发的**可预见**偏差，往往又被我们当作了重要的发现。事实上，我们会特别关注这类问题（如与时间或集合案例有关的问题），原因正是我们能够依靠模型误设获得假阳性的结果。

模型错误指的不仅仅是遗漏变量的问题，尽管那确实是最大的问题。即便你有正确的预测变量，你也几乎不可能完全正确地对模型进行**设置**。这里说的并不是变量关系应该是线性的，对数线性的，还是二次项关系的。你可以拟合一个模型 $y = b_1x_1 + b_2x_1^2 + b_3\ln(x_2) + \varepsilon$，其中考虑到了 x_1 可能具有二次项关系，x_2 的最小取值为零，因此与 y 可能有对数关系。你会感觉这样很高明。

但是，假如“真正”的模型是 $y = b_1x_1 + b_2x_1^{1.4} + b_4x_1^{2.2} + b_3\log_5(x_2) + \varepsilon$ 呢？你可能会说，“为什么你要这样吹毛求疵呢？我的模型已经足够好了。”你说得很对。可是，你在统计学课上学到的多数内容，其实都是在吹毛求疵。你可以问一个统计学老师，在模型设置并不完全正确的情况下，对一个二分变量运行 logistic 回归得到的参数估计比 OLS 回归的结果是否必定更加“正确”。她（他）会告诉你，未必如此。如果模型设置不正确，那么泊松回归的预测未必比 OLS 更正确。其实，你学到的那些东西，在现实生活中其实并不是那么重要。更重要的是，复杂的模型会使得你对数据更难产生“感觉”。即便你准备最终采用复杂的模型，着手时也应该先用那些更加透明的模型。

不过我并不是说，你永远只用 OLS 就好了！首先，你应该使用各种非线性模型来检查，结果是否是由某些假定造成的（此外，坦诚而言，那些模型是很精美的）。其次，有时候，我们的简单技术造成的偏差是可知的。不是“这有可能是错的”，而是“给定你的假定，你的结果肯定是太大了。”（一个例子是，从聚集抽样框中得到的数据中计算出的标准误是太小了；另一个例子是，用OLS来预测计数数据中将会得到负数的预测值。）我绝对不是建议你忽略掉统计学家所说的，但如果他们告诉你的“解决方法”中涉及一些重要的假定时，你不能只是按照“理想状态”进行分析就了事。再次，有一些技术是相当好的，可以帮助我们使用数据来回答我们的问题：把噪声排除出去，从而得到我们要寻找的信号。有时候，这些技术确实需要相当复杂的数学。但是我们最终获得的是稳健的工具，而不是某种“正确的”走过场。使用稳健的工具，我们才能够做好社会科学。先辈们就是这样做社会科学的，我可以做见证。

迈向严肃的社会科学

我所说的这种社会科学，最恰当的叫法是“严肃的”（serious）社会科学。我用“严肃”这个词所表达的意思，其实是亚里士多德所说的“*spoudaios*”（善好）：一个人在做事时，真正达到了他所做事情的内在德性的标准。[①]按照这个标准，有些社会学家对待自己的工作是不够严肃的。在他们眼里，社会科学就是个“游戏”：游戏有游戏规则，按游戏规则玩就够了，别太当真。规则说要加入控制变量，那就加入；规则说要进行最大似然估计，那就这么估计；结果出来了和我的理论一致，那我就去发表。至于事情本身

①亚里士多德关于“善好”的论述，读者尤其可以参看《尼各马可伦理学》的第一卷第七章。“人的善就是灵魂的合德性的实现活动，如果有不止一种的德性，就是合乎那种最好、最完善的德性的实现活动。”（《尼各马可伦理学》，廖申白译注，商务印书馆，p20）——译者注

其实还有三种不同的解释方式，它们与数据结果同样吻合（甚至更加吻合），那就没有必要去操心了。

那样做，你的职业生涯也许相当不错。但是，你的生命毫无价值。至少在我看来是如此。我们的生命是有限的。做社会科学，你发不了大财，也出不了大名。它的唯一意义，是让你有可能真正了解我们生活于其中的这个世界。你不在意这个，那么为什么要做社会科学？

社会统计研究可以做得非常有意义，可以让你的生活真诚且富有价值。与任何严肃的人在认真做事时一样，我们必须面对一些伦理议题。

统计伦理

挑樱桃

社会学中的伦理讨论，几乎都是围绕研究对象展开的。如果你使用的是二手数据，那似乎就和研究伦理没有关系了。但是，真正做过研究的人都知道并非如此。伦理审查委员会也许不会管这些事，但你自己要考虑这些事。我们先来讨论“坦白”（fess up）的问题：什么时候需要坦白？需要坦白什么？这涉及两种情况：一是你自己犯错了，二是有相反的证据。我必须要说，确实有一些社会学家需要提升自己的标准。但另一方面，我确实也看到有一些学生对这种道德约束过于严苛，需要缓和一下。

例如,我们都知道,“挑樱桃”(cherry-pick)的做法是错的:只挑选与自己看法吻合的发现。因此,有些分析者会事无巨细,以各种不同的方式来呈现他所做的**所有**分析。但是,没有人会希望听到这一切。**你**要决定要给别人看什么,不用给别人看什么。你应该是值得信任的。你应当有选择性且不失诚实地呈现结果。

对数据时进行某种选择性的编排(marshalling),是完全没有问题的。例如,如果你要拟合一个过去发生的事情如何影响现在的模型,分析者通常会用数据来决定“滞后”(lag)应该是多长。我们会试验各种滞后间隔,然后采用关系最强的那一个。这是不是一种“挑樱桃”?不是,这是从数据中学习新知。我们只需要告诉人们我们做了什么就可以了(“我们试验了20种不同模型”)。如果你能把这个过程变成一个可估计参数,那当然最好不过。通过搜索不同模型来确定滞后间隔,这种做法会给你的结论打多大的折扣,多数读者直观上就能有比较公正的判断。在多数情况下,这不会让结论打太大的折扣,除非滞后间隔有些不合乎情理,或者数据的时间序列太短。

如果你认为“教育”与某种结果是相关的,但你不确定真正相关的是“教育年数”,还是“是否获得学位”,还是“在百分位分布中的相对位置”,你能否全部试验一下?这算不算一种“挑樱桃”?当然不算,这是从数据中学习新知。这意味着你的统计检验中的p值是错误的吗?当然,但是我在第4章中讲过的,这样做仍然是理所当然的。如果你一直在对你的解释追根究底,就会想办法在数据中检验它蕴含的种种推论,来试图推翻它——你已经尽己所能地严格行事了。如果你把所有一切失败的尝试都呈现出来,读者反而会迷惑。你要对结果是否稳健有足够的自信,确信你在另一个不同的样本中进行类似的研究仍然会有这样的结果。如果你对此并不自信,那就不要继续推进你的观点,此时仅仅在修辞上加上某些限定或隐晦的表达是无济于事的。你要返回到数据当中。如果你自信你的看法是对的,那就行了。①

我们需要努力从数据中学习新知,对于某一想法中蕴含的种种推论追根究底,反复进行多次检验。所以,我一直反对那种认为应当在收集资料之前就公开说清楚自己假设的主张,这是要求人们提前去“登记”假设(registration)。不过,对于那些把社会科学当成“游戏”的人,那些认为只要是按游戏规则玩的,哪怕明知结果错误也可以拿去发表的人,我觉得应该让他们“登记”假设。对那些惯于赎买交互作用来得到假阳性结果的人来说,不仅要“登记”他们的假设,最好还要给他们的假设绑上一个不可去除的GPS定位脚链,以免他们作弊。

报告哪一个检验值

还有一种令人尴尬的处境,我相信很多人都曾经遇到过。比如说,你的分析要通过模拟或者置换检验的方式来进行显著性检验,结果显示你关心的那个系数的p值为0.0502。此时,你会不会让小指“有意无意地”敲击回车键,再运行一次程序,如果这一次

①什么时候你的自信其实是一种“盲目自信”?通常来说,如果你已经进行了好多好多的分析,你的自信就**不是**“盲目自信”。在以下情况下,你的自信有可能是“盲目自信”:你用数据仅仅检验了你自己提出的某种“理论”;你的观点依据的是模型中的某种“**交互系数**”;只有在两个高度相关(或负相关)的变量在同一模型中时某种效应才会出现。

结果是$p=0.0498$,就把这个结果写到论文中提交?这种诱惑是很难抵制的。因此,我在编写基于置换检验的QAP程序时(Martin,1999),就加入了如下程序让它自动运行:如果p值接近于临界值(0.1/0.05/0.01),程序会继续运行更多次模拟,来确定它究竟是处在哪一边。我不想在这种地方考验自己的品行,因为我不确定自己见到不合心意的结果时,能够抵制住那些诱惑,不找个理由再来做一次。如果我们把落在哪一边当成是规则,那就一定不要装模作样。也许有人会说,因为这么微小的差异而大动干戈,太愚蠢了!这样说的人,做出来的东西一般都有问题。

如果你确实是错的,那该怎么办?有时候,你展示(或发表)了一篇论文,但结果其实不对。如果你只是口头展示,不必担心。我见过有学生突然发现他们计算错了年龄的二次项系数,它不是0.018而是0.030,然后着急给听过他展示的所有人发电子邮件来通知这一点。展示中的结论不会被人当成是最后定论的。事实上,人们很可能已经记不得那些结论,甚至也记不得你是谁了,因此你不需要在一周后发邮件来撤回自己的结论。如果还有听众能记得你展示时讲到的那些事,那你非常幸运。

但是,如果是你发表的东西中可能有错误呢?首先,如果有人想要挑战你的结论,你唯一正确的反应是,把自己的数据和程序提供给批评者。这意味着,你必须保存好你的数据和程序。如果数据本身是不可以公开的,那你可以把能再现你的数据的相关矩阵分享给他。[①]如果批评者要对你的研究发表批评性意见,而

①我们这些老家伙出于善意,还是会相信你是把数据和程序都丢失了。但是,数字时代生长起来的年轻一代不会相信你能把所有文件都“丢失”了,他们会认定这就表明你心里有鬼。

你也认为批评意见并没有大错，那就不必再去捍卫自己原先的发现了。感谢他，然后继续做你的研究。[①]

如果是你自己发现了事情有错呢？首先，即便你做的没有任何问题，也总会发现事情出差错。你没有犯错，但是在你使用的数据中有差错。如果你修正了那些数据中的差错，你的**主要**结论就改变了，那你就得发表撤回论文的声明。如果有人提醒你注意这些差错，那你可以感谢他，然后合作撰写一篇评论文章，来指出原先论文中的错误。

你也许会担心，承认自己犯错会让自己看起来像个傻子。但是事情已经这样了。在那些知道事情怎么回事的人眼中，你已经看起来像个傻子了。既然如此，何不干脆做个有骨气的人？承认错误，吸取教训，继续前进。

最后的提醒

1.不要把“忽略”当成“了解”

如果你假定自己的测量是完美的，而且以为只要不去管它，它就不存在，这就是把“忽略”当成了“了解”。

2.明白你的位置

你得到的结论更接近于上限，还是更接近于下限？对于有些

①我没有讲你在博客上讲错了应该怎么办，因为我认为你就不应该到博客上去讲。如今的网络博客上都是些完全不在意对错的大嘴巴们在比着说疯话。如果你没有经过专家的查验，就先把研究发现发布到博客上，你一定会后悔的。我以个人名义向你保证这一点。

模型来说,比如说婚姻同质性(marital homogamy)模型,你得到的估计很可能是一个最低限的估计值。因为你的测量并不完美,完全有理由认为行动者会依据某种你不了解的信息来行事。因此,真正的阶级同质性不太可能比你的估计值**更低**,但是它可能会更高。对于其他模型来说,比如说影响力(influence)模型,你得到的估计很可能是一个最高限的估计值。因为你并不能完全把握其中的选择性,完全有理由认为行动者会依据某种你不了解的信息来行事。因此,真正的影响力不太可能比你的估计值**更高**,但是它可能会更低。

3.熟悉数据

你要明白数据来自哪里,谁生成了数据,是如何生成的。此外,你还要熟悉数据的数值特征。有多少缺失值?缺失情况存在什么模式?这和生成数据的访谈过程有什么关联?变异落在了哪里?共变落在了哪里?

4.不要过于聪明

如果你并不确信某些复杂的技术是否合理,那就不要信任通过这些复杂技术得到的结论。如果你用一种复杂的技术找到了一种模式,那么你可以对这种模式进行解读,然后用更直接的方式来检验其中蕴含的推论。

译后记

与《领悟方法》相比，本书涉及很多技术细节，讨论具有更强的专业性。但是，定量研究的初学者（甚至并不从事定量研究的学者）也仍然会从本书中获益。它确实讨论了一些前沿的技术议题，但最重要的议题其实是社会学定量研究的工作方式和工作态度。这种工作方式与教科书上讲授的"假设—演绎"路数有着很大的不同。它的核心，是要透过数字真正地关心和思考背后的社会实体到底是什么，实在的社会过程究竟是怎么发生的，而不是停留在变量层面来理解社会问题。这种工作方式看似有些离经叛道，其实有着悠久的渊源和传承，只不过在当下已经日渐式微。读过《自杀论》的人，都会对涂尔干透过数据理解社会实体的方式有深刻的印象。

要正确地利用数据来理解社会，必然涉及三种不同的过程：统计逻辑过程、数据生成过程、背后的社会行动过程。统计学逻辑过程是重要的，但并非全部，甚至并非最重要的部分。社会学的核心技艺在于能够以整体性的视角，把这三种不同的过程贯穿起来，最终服务于加深对社会行动过程（最后一种过程）的理解这一目标。我们的工具取自于统计学,但是使用这种工具来透视社会世界背后的机制原理的手艺是社会学独有的。因此,我们不能只抽象地理解统计学上的“选择性”难题,更要落实到行为层面的“选择行为”;我们不能只抽象地理解数据中的“时间”,更要落实到事件层面的“时序”;我们不能只抽象地理解数据中的“空间”,更要落实到场景层面的“地点”。面对数据时,我们必须时时记住实在的社会世界才是最终思考的立足点,否则研究就可能变成构建空中楼阁,或者为事先的成见作佐证,沦为观念的奴隶。

作者在行文中对传统的“假设—演绎主义”的工作流程进行了不留情面的批评。当然有人会说,假设—演绎主义的工作流程是没有问题的,问题出在对这种流程的教条化使用,或者是未能按照这种流程严格进行。这种辩护的方式给人似曾相识之感。严格来说,这里不仅仅是一个方法问题,还是一个理论问题。要真正理解作者的这一立场,就需要了解他一贯的理论立场。他的观点提示出,学界对传统“假设—演绎主义”的研究模式或许需要进行更深入的检讨工作。作者对现在流行的“因果推断”中的一些误区也有批评,这些批评对于我们理解社会学定量研究的独特性是有帮助的。

我很开心地读到作者对学术界的某些风气进行的嘲讽。他在序言中说,在他交往的人中,学术界的人是最为胆小怕事的。这只是个不太严肃的断言,但是有它的现实基础,值得我们给予严肃的对待。这不单纯是个体的品德问题,而是制度设置下的系统性扭曲。我们很容易由此想到关于心性与制度之间关联的某些经典论述。在讲解马克思的“异化劳动”时,老师们最好拿自己所处的行当作为典型范例来分析,这应该是践行"反思社会学"的大好机会。此外,我要诚实地告诫一下读者,如果按照本书要求的那种标准来进行研究,"生产周期"会更长,发表难度会更大(因为它不符合"主流"的标准规范)。那些希望寻找"论文发表秘笈"的读者,这本书怕是要让你失望了。但如果你是一个在乎如何通过数据来探寻社会过程真相的人,阅读本书会是一次很有趣的智识旅程。

不妨把本书视为一位认真的学术手艺人对自己技艺的心得总结吧。当然,既然是一种技艺的总结,那么当中肯定有很多可以商榷和斟酌的地方。作者也在前言中说,欢迎读者来批评和挑错。那些对技术细节熟悉的读者,也许会发现某些最新的文献已经对书中提到的一些问题提出了更完善的解决方案。作者用来生成诸多模拟的R代码,如他自己坦言的,仍有改进和拓展的余地。事实上,本书对其提出批评意见的某些研究,本身也有非常精彩且有创见的地方(要知道严肃的学术批评绝对不是单纯的否定)。所以,读者也不妨把本书看成是一本旅行手册,尽可以沿着它指出的那些方向继续深入探索,发现更有趣和更独特的风景。

定量研究的初学者,可以主要阅读前四章,那里已经充分阐释了本书的最主要观点。更高阶的读者,可以根据自己的偏好来分别阅读其他章节:对多水平模型感兴趣的,可以读第5章;对汇总数据分析感兴趣的,可以读第6章;对纵贯数据分析和空间数据分析感兴趣的,可以读第7章;对网络数据分析感兴趣的,可以读第8章。当然,能够对这些内容进行通读是最好的,你会因此发现原本针对不同类型数据的模型(如空间统计模型与网络分析模型)在更基础的层面其实有着相通之处。

译文初稿得到过沈崇麟老师的指正。沈老师是引领我走进社会学研究大门的人。20年前,我翻译了阿肯(Christopher H. Achen)的《回归的解释与应用》,那也是一本很精彩的书。那本书就是沈老师向我推荐的,我现在仍然记得他在返给我的译稿上画满的红圈①。本书初稿完成后,我又打印出来给沈老师审阅。他在上面再一次画满了标注和修正,如同多年前批改我的课堂作业一样。

在开始动手翻译本书之后不久,我得知周忆粟老师出于教学的需要,已经译出了本书的第1章。他的译文严谨精准,对文中逻辑和术语的把握都十分到位。我对比了他的译文,对自己第1章中的某些术语译法进行了修正。除此之外,周老师对译稿其他章节也提出了他的意见。他的很多意见,我认为是可以进一步发挥,单独形成一篇篇学术论文的。

我还要感谢赵锋先生。他说社会学在方法上最重要的事情,是做到“不自欺”——这其实正是本书的立场。他还劝诫过我,不要再把更多精力投入到翻译上,“为什么不把时间用到更重要的事情上呢?”只有最诚挚的朋友才能提出这样直率的批评。

---

①译文的部分章节发表在中国社会科学院的内部刊物《国外社会学》(2003年第6期)上,后收录于《社会统计方法与技术》(社会科学文献出版社,2005)。在此摘录其中一段:

许多人文学者认为社会科学亵渎了人类的精神……。文采稍逊的自然科学家也有与此相同的观点,虽然依据的理由基本相反。……这些“罪人”中的某些人,常常也称自己罪孽深重。然而,大多数社会科学家对此都无悔改之意。他们之所以持这样的态度是可以理解的。首先,做一个传统教条的年轻的反叛者,这种事本身就很有吸引力。……当然,社会科学家对传统学术信条的违抗,还有其他更为严肃的原因。居于这些原因之首的是他们的工作逻辑。社会科学的理解方式,既不同于自然科学,也不同于人文学。它追求的既不是文艺美学,也不是既定的科学哲学,而是忠实于自己的目的。

本书的写作风格仍然是口语化的。那些口语化的表达在特定情形下有很细微的意蕴,其实最难翻译。我的很多统计学知识都是零零散散自学的,没有什么体系。书里例子中涉及的很多实质性议题,我也并不熟悉。因此,读者如果发现翻译中有些理解不到位甚至错误的地方,请麻烦告知我,以便再版时进行更正。我的邮箱是gaoyongvincent@163.com。

高 勇

2024年3月28日

参考文献

更多参考文献
请扫码查看

Abrutyn, Seth, and Anna S. Mueller. 2014. "Are Suicidal Behaviors Contagious in Adolescence? Using Longitudinal Data to Examine Suicide Suggestion." *American Sociological Review* 79: 211–227.

Achen, Christopher H. 1975. "Mass Political Attitudes and the Survey Response." *American Political Science Review* 69: 1218–1231.

Achen, Christopher H., and W. Phillips Shively. 1995. *Cross-Level Inference*. Chicago: University of Chicago Press.

Aisenbrey, Silke, and Anette Fasang. 2017. "The Interplay of Work and Family Trajectories over the Life Course: Germany and the United States in Comparison." *American Journal of Sociology* 122: 1448–1484.

Alba, Richard, Noura E. Insolera, and Scarlett Lindemann. 2016. "Is Race Really So Fluid? Revisiting Saperstein and Penner's Empirical Claims." *American Journal of Sociology* 247–262.

Allison, Paul D. 1982. "Discrete-Time Methods for the Analysis of Event Histories." *Sociological Methodology* 13: 61–98.

Allison, Paul D. 1987. "Introducing a Disturbance into Logic and Probit Regression Models." *Sociological Methods and Research* 15: 355–374.

Allison, Paul D. 1999. "Comparing Logic and Probit Coefficients across Groups." *Sociological Methods and Research* 28: 186–208.

Almquist, Zack W., and Carter T. Butts. 2014. "Logistic Network Regression for Scalable Analysis of Networks with Joint Edge/Vertex Dynamics." *Sociological Methodology* 44: 273–321.

Anderson, David R. 2012. *Model Based Inference in the Life Sciences*. New York: Springer.

Angrist, Joshua D., and Jörn-Steffen Pischke. 2009. *Mostly Harmless Econometrics*. Princeton: Princeton University Press.

Anselin, Luc. 1988. *Spatial Econometrics: Methods and Models*. Dordrecht: Kluwer.

Anselin, Luc. 2002. "Under the Hood: Issues in the Specification and Interpretation of Spatial Regression Models." *Agricultural Economics* 27: 247–267.

Aronow, Peter M., and Cyrus Samil. 2015. "Does Regression Produce Representative Estimates of Causal Effects?" *American Journal of Political Science* 60: 250–267.

Arum, Richard, and Josipa Roksa. 2011. *Academically Adrift*. Chicago: University of Chicago Press.

图书在版编目(CIP)数据

领悟统计 / (美) 约翰·李维·马丁(John Levi Martin)著 ; 高勇译 . -- 重庆 : 重庆大学出版社, 2024.7

(万卷方法)

书名原文: Thinking Through Statistics

ISBN 978-7-5689-4479-3

Ⅰ. ①领… Ⅱ. ①约… ②高… Ⅲ. ①社会统计 Ⅳ. ①C91-03

中国国家版本馆 CIP 数据核字(2024)第 094239 号

领悟统计

LINGWU TONGJI

[美] 约翰·李维·马丁(John Levi Martin) 著

高 勇 译

策划编辑:林佳木

责任编辑:林佳木 版式设计:林佳木

责任校对:谢 芳 责任印制:张 策

*

重庆大学出版社出版发行

出版人:陈晓阳

社址:重庆市沙坪坝区大学城西路 21 号

邮编:401331

电话:(023)88617190 88617185(中小学)

传真:(023)88617186 88617166

网址:http: / / www. cqup. com. cn

邮箱:fxk@ cqup. com. cn (营销中心)

全国新华书店经销

重庆升光电力印务有限公司印刷

*

开本:890mm × 1240mm 1/32 印张:15.5 字数:336 千

2024 年 7 月第 1 版 2024 年 7 月第 1 次印刷

ISBN 978-7-5689-4479-3 定价:88.00 元

版贸核渝字(2019)第 179 号

社会学家的窍门：
当你做研究时你应该想些什么？

解释社会行为：
社会科学的机制视角

社会科学研究：
从思维开始